조총과 장부

리보중 지음

이화승 옮김

조총과 장부

경제 세계화 시대, 동아시아에서의 군사와 상업

글항아리

일러두기
- 각주는 옮긴이의 것이다.
- 고지명은 한자 독음으로 표기했고, 지명과 인명 표기는 현행 표기법에 따랐다.

차례

제7장 명대 후기, 동아시아에서 일어난 네 번의 전쟁

결론을 대신하며

중국과 한국은 지리적으로 인접하고 문화가 유사해서 수천 년 동안 교류해왔다. 때로는 갈등과 다툼이 있긴 했지만 전반적으로 매우 우호적인 관계였다. 특히 근대 초기(15~17세기) 이후, 동아시아에서는 새로운 위협이 탄생했고, 양국은 서로의 지원군이 되어 강적에 맞서면서 생사를 함께하는 운명 공동체가 되기도 했다.

20세기 이후, 경제 세계화가 비약적으로 진행되자 '세계화'는 국제 학계가 풀어야 할 가장 중요한 과제 중 하나가 되었다. 오랫동안 진행된 경제 세계화를 잘 이해하려면 그 역사를 먼저 알아야 한다. 그에 따라 경제 세계화의 역사는 많은 사람이 알고 싶어하는 영역이 되었다.

이제 경제 세계화는 피할 수 없는 시대적 흐름이다. 세계화는 인류에게 이익을 가져다주기도 하지만 동시에 특정 시기에 어떤 지역에서는 재난이 되기도 한다. 노벨 경제학상 수상자인 폴 새뮤얼슨은 "세계화는 칼의 양날과 같다. 경제의 성장 속도를 빠르게 해서 신기술을 전파하고 국민들의 생활 수준을 높이기도 하지만, 다른 국가의 주권을 침략하고 현지 문화나 전통을 침식하며 경제와 사회 안정을 위협해서 쟁론을 불러일으키기도 한다"고 했다. 초기 경제 세계화 시대에 동아시아 각국은 긴밀한 관계를 유지했지만, 이익 앞에서는 충돌이 불가피했고 상호관계는 더욱 복잡해졌다. 이로 인해 15~17세기 동아시아에서는 중국, 조선, 몽골 등 전통적인 나라 외에도 안남, 미얀마, 시암, 일본, 만주 등 신흥 세력과 포르투갈, 스페인, 네덜란드가 새롭게 가세했다. 이들은 중국과 조선을 위협적으로 압박했는데, 그 좋은 예시가 바로 임진왜란이었다. 중국과 조선은 일본에 맞서 승리를 거두면서 이후 200여 년 동안 동북아시아의 안정을 유지했다. 이 역사는 초기 경제 세계화라는 배경을 고려해야만 비로소 이해가 가능할 것이다.

이화승 교수는 명청사明淸史 연구로 중국(대륙과 타이완) 학계에서 지명도가 높은 역사학자다. 그는 다양한 학문 배경을 통해 중국 학계와 밀접한 관계를 유지하고 있다. 외국인 학자라고는 믿을 수 없을 만큼 중국 사학계를 깊이 이해함으로써 그가 발표한 논문들은 학계의 호평을 받고 있다. 우수한 중국 역사학자이자 중국어에 정통한 그가 이 책을 번역했다는 것은 큰 행운이 아닐 수 없다. 부디 이 책이 한국 독자들에게도 널리 읽히기를 기대하면서 한국에서의 출판에 깊은 감사를 드린다!

2018년 6월, 베이징대 옌위안燕院에서
리보중 李伯重

나는 지난 수십 년간 중국 경제사, 특히 명청 시대 강남江南 경제사를 연구해왔다. 최근 변화를 시도하면서 경제사뿐만 아니라 정치, 사회와 군사사로 연구의 영역을 넓히고, 대상 지역도 강남에서 중국 전역, 더 나아가 동아시아로 확장했다. 반면 시기는 명청 시대 전체에서 명대 말기로 범위를 좁혀보았다. 2008년 캘리포니아공대에서의 강의가 변화의 큰 계기가 되었다. 그곳에서 근대 초기 유럽 경제사를 연구하는 저명한 경제사학자이자 미국 경제사학회 회장인 필립 호프먼 교수를 만났는데, 우리는 매일 얼굴을 맞대고 열띤 토론을 벌였다. 당시 그는 근대 초기 서유럽(특히 프랑스)에서 군사와 경제가 어떤 관계를 맺고 있는지에 관해 연구하고 있었다. 그의 이야기를 들으면서 나도 모르게 어릴 때의 기억이 떠올랐다. 나도 대다수 남자아이처럼 '전쟁'과 '탐험놀이'를 즐겼고 중학생이 되면서는 국경 분쟁이나 전쟁에 관한 문학작품을 읽으며 역사 속 전쟁에 대해 상상해보기도 했다. 러시아 작가 바실리 얀의 소설 『칭기즈칸』은 내게 깊은 인상을 남겼고, 이후 경제사를 연구하면서 틈틈이 군사사에 대해서도 관심과 흥미를 갖고 있었다. 갈수록 이 분야는 흥미로웠고, 관심이 쏠리는 것을 멈출 수 없었다. 2009년 런던정경대에서 강의할 때는 케임브리지대의 역사학자이자 인류학자인 앨런 맥팔레인 교수와 꽤 자주 교류했다. 그는 「잉글랜드 튜더 및 스튜어트 왕조의 마법Witchcraft in Tudor and Stuart England」 「영국 개인주의의 기원The Origins of English Individualism」 「현대 세계의 수수께끼The Riddle of the Modern World」 등 유명한 논문을 써냈고, 『차의 제국The Empire of Tea』 『유리의 세계사Glass: A World History』 등 완전히 다른 분야에서 연구 성과를 내놓았다. 그는 이런 변화를 오랜 연구의 정해진 틀에서 벗어나기 위한 노력이라고 설명했다. 새롭게 사고하지 않으면 연구는 습관적인 일이 되어버려서 매일 똑같은 일만 되풀이하니 도전하지 않게 되고, 흥미 또한 사라진다는 얘기였다. 새로운 영역을 개척하면서 도전하고, 새로운 사고를 통해 흥미를 느낀다는 그의 말은 감동적이었다. 학문은 진정한 흥미를 얻는 과정인 만큼 결과가 어떻게 나오든 그것은 그다지 중요하지 않을 것이다. 비록 뛰어난 재주는 없지만 적어도 내가 연구해온 영역 바깥에서 무엇인가를 시도해봐야겠다는 도전의식이 마음속에서 싹트기 시작했다.

그러나 명나라 말기의 군사 문제는 예상했던 것보다 훨씬 어려운 주제였다. 이는 명 말이라는 시기의 특수성 때문이기도 했다. 이 시기에 경제 세계화가 이미 시작되었던 것이다. 만약 이 커다란 과정을 배제한 채 중국사를 연구한다면 "한漢나라를 모르니 위진魏晉을 이야기할 수 없다"는 함정에 빠지게 될 것이다.* 명나라 말기, 세계는 도대체 어떤 변화를 맞이한 것인가? 이는 오늘날 학계에서 가장 뜨거운 화젯거리지만 아직 공통된 의견에는 도달하지 못했다. 이런 상황에서 연구를 지속하는 것은 당연히 힘든 일이었고, 내게는 커다란 도전이 아닐 수 없었다.

역사학자들은 새로운 영역이나 새로운 문제가 주는 도전에 수시로 직면한다. 페르낭 브로델이 말했듯 "모든 역사학자, 사회과학자, 과학자에게 눈앞에 놓인 신대륙은 영원히 탐색할 만한 가치가 있다." 만약 눈앞에 신대륙이 없다면 "역사학자는 기본적으로 보수주의적 입장을 취하게 된다"는 영국 전임 역사학회장 제프리 배러클러프의 말처럼 대다수 역사학자는 "그저 전통을 답습하면서 자신들이 예전부터 가지고 있던 오래된 기계를 사용한다. 이 기계들은 현대의 선진화된 표준에는 미치지 못하지만 기업이 전통 브랜드에 힘입어 적은 자본으로도 일정한 수량을 시장에 공급하도록 돕는다."

이 두 가지 외에 또 다른 도전도 있다. 샤보자夏伯嘉 교수는 예일대에서 공부할 때 가장 영향을 많이 받은 스승으로 조너선 스펜스 교수를 꼽았고, 그가 훌륭한 문장력으로 역사가 재미있는 학문이라는 것을 일깨워주었다는 이야기를 들려주었다. 폴 새뮤얼슨은 "간단한 언어로 문제를 설명할 수 있는데 왜 지루하고 긴 문장이 필요한가? 추상적인 문제일수록 통속적으로 쉽게 설명할 필요가 있다"고

---

* 동진東晉 도연명陶淵明의 『도화원기桃花源記』. 도연명이 진나라의 난을 피해 도화원에 와서 외부 세계와 단절된 삶을 살다보니 이미 한나라가 세워졌음을 몰랐고, 한나라를 모르니 당연히 그다음 나라인 위, 진을 모르는 것이다.

했지만, 이는 매우 어려운 것이다. 많은 역사학자가 어려운 용어를 전문적으로 쓰는 데 익숙하다보니 습관을 바꾸는 것은 엄청난 도전이 아닐 수 없다.

나는 수십 년 동안 여러 권의 책을 출간했다. 새로운 조류에 발맞춰 대중과 소통하기 위해 책을 집필할 때마다 방식을 바꿔야 했고 이는 해보지 않은 일이라 매우 조심스럽다.

여러 도전이 모여서 더 큰 도전이 되었다. 국제 학계엔 중국학 연구의 선구자인 존 페어뱅크 교수가 제창한 '충격과 응전Impact-Response'이라는 유명한 이론이 있다. 서양에서뿐만 아니라 중국에서도 많은 학자가 이에 호응했다. 생물 진화론의 관점에서 보면, 자극이 없으면 당연히 반응도 없고 유기체 내부의 잠재력이 발휘될 기회를 잃고 만다. 학문도 마찬가지다. 도전하지 않으면 매일 반복되는 작업만 습관적으로 되풀이하게 된다. 배러클러프 교수가 비평했듯이 계승받은 자산에 만족하며 구식 기계로 낡은 물건만 생산하는 것과 다름없다. 학자의 생명은 이렇게 끝나버리는 것이다.

새로운 도전을 해보자고 결심했을 때, 다행스럽게도 푸단復旦대에서 좋은 기회를 마련해주었다. 2013년 이 대학에서 "상전商戰과 실전實戰: 초기 경제 세계화 시대의 중국과 동아시아"라는 제목으로 '광화인문강좌 光華人文講座'를 열었다. 여기서 나는 다섯 가지 테마로 강의했다. 그리고 강좌가 마무리될 무렵 출판사로부터 강연 내용을 바탕으로 『조총과 장부: 초기 경제 세계화 시대의 중국과 동아시아』라는 책을 내보자는 제안을 받았다. 사실 연구의 초기 단계라 전혀 성숙하지 않은 강연이었으며, 대상도 역사학자가 아닌 일반 대중을 염두에 둔 것이라 당연히 학자들에게는 내용이 부족하다고 여겨질 수밖에 없다. 『후한서後漢書』「마원전馬援傳」에 이르길 "좋은 장인匠人은 잘 다듬어지지 않은 물건을 함부로 내보이지 않는다良工不視人以璞"라고 했다. 처음엔 나 역시 이런 생각이었지만 이내 마음을 고쳐먹었다. 독자들에게 호응을 얻고 더욱 완결성 있는 결론에 도달한다면, 그리고 더 많은 사람이 역사학의 새로운 조류에 동참하고 세계사적인 관점에서 중국사를 볼 수 있게 된다면 책을 내는 것도 괜찮겠다고 말이다.

새로운 도전의 과정에서 석학들의 도움을 많이 받았다. 하버드대 스티븐 샤핀 교수의 『과학 혁명』도 그중 하나다. "이 책은 학술적인 것이 아니고 여러 사람이 말한 것을 종합해놓은 것에 지나지 않는다. 지난 10~15년 동안 '과학 혁명'에 관한 연구가 누적되었고, 이를 포함해서 독자들에게 최신 해석들을 보여주기 위한 것이다. 여러 역사학자의 성과를 임의로 인용하고 저작과 논문의 출전은 마지막 참고문헌에 담아놓았다. 그렇기에 이 책의 저자는 나 혼자가 아니며 내 방식대로 그들의 작품을 해석하고, 서로 다른 방법과 의견을 결합했는데 역시 개인의 관점을 반영한 것이다. 이에 대한 모든 책임은 나에게 있다." 나는 샤핀 교수처럼 여러 학자의 작품을 해석하고, 상이한 의견을 조합했으며 개인적 관점을 표현했다. 다른 학자들의 작업에 감사를 표하며 이 책에 관한 모든 책임은 나에게 있다는 것을 밝혀둔다.

이외에도 미국의 역사학자 앤서니 그래프턴은 역사서의 주석에 관한 책인 『각주의 역사』에서 서양 역사서의 주석은 17세기에 시작되었으며 19세기에 이르러 전문 역사학자의 필수 도구가 되었다고 했다. 현대 역사학은 갈수록 엄격해져서 주석 달기는 더욱 강화되는 추세다. 그러나 역사학 저술은 완벽하게 결론을 내리는 것이 아니므로 주석은 그저 보조적인 역할에 머물러야 한다. 일부 저명한 역사학자들은 작품에 주석을 사용하는 것을 철저하게 거부하기도 한다. 서양사의 대가인 에드워드 기번은 자서전에서 『로마 제국 쇠망사』에 주석을 달아야 한다는 주변의 설득 때문에 서술에 좋지 않은 영향을 받았다고 후회했다. "전체 14권 내용의 주석을 마지막 두 권에 담았는데, 독자들이 각 페이지 아래로 옮길 것을 강력히 요구해서 그대로 이행했다. 이를 항상 후회하고 있다." 발터 벤야민은 "책의 주석은 기생 치맛속의 수표와 같다"고 했다. 따라서 어떤 학자들은 주석을 (과도하게) 사용하지 않으려고 한다. 법학자 허버트 하트는 명저 『법률의 개념』에서 "이 책의 본문에서는 다른 학자의 저술을 인용하지 않아서 주석을 많이 달지 않았다. 그러나 책의 말미에는 많은 주석이 발견될 것이다. 나는 독자들이 먼저 책을 읽고 난 뒤에 다시 그것을 조사하기를 바라는 마음에 이렇게 순서를 정했다. 중요한 것은 책 내용의 연속성인데 중간에 각주가 끼어들어서 다른 이론과 비교하게 한다면 연속성은 끊어질 것이다"라고 했다. 위잉스余英時도 학술 저서는 창조성에 있고 각주는 그다음이라고 이야기했다. 옥스퍼드의 노교수들은 험프리 보가트의 영화를 보다가 "각주 따윈 됐고, 본문을 주시오Give me the text, forget about the footnotes!"라는 대사에 감탄하기도 했다. 이 책은 일반 독자들을 상대로 한 것이므로 주석을 넣는 것은 적절하지 않다고 생각했다. 이런 면에서 샤핀의 말은 큰 도움이 되었다. 그는 "책이 일반 독자에게 효율적으로 전달되도록 주석을 매기는 관습에 얽매이지 않기로 했다. 또한 사물을 다루는 방식이 설득력이 있거나 우리에게 영감을 주는 글, 혹은 전달하는 방식에서 탁월한 평가를 받은 글만 인용했다"고 했다. 영국의 정통파 역사학자 닐의 『엘리자베스 1세Queen Elizabeth I』는 매우 성공적인 사례일 것이다. 닐은 이 책에서 대담한 시도를 했다. "나는 특별한 시점에서 특정한 독자를 위해 이 책을 썼다. 특별한 시점이란 엘리자베스 1세의 탄생 400주년을 말하고, 특정한 독자란 이 위대한 역사적인 인물에 흥미가 있는 이를 가리킨다. 따라서 나는 고심 끝에 집필과정에서 수집한 많은 권위 있는 문헌 자료를 포기했다. 어떤 독자들은 참고 자료를 첨부하지 않은 데 아쉬움을 느낄 것이다. 그러나 오히려 그것이 다른 측면에서 이 책의 가치를 올려줄 것이라 기대한다." 닐의 이런 시도에 대해 동의하지 않는 학자들도 있었지만 이 책은 공전의 히트를 기록했다. 엄격한 역사학자라고 해도 역사서를 통해 일반 독자와 소통할 때는 습관에서 벗어나 독자들의 요구에 부응할 필요가 있다. 나처럼 일반 독자들과 소통이 생소한 경우에는 이와 같은 경험은 큰 도움이 될 것이다. 또한 이 책은 푸단대에서 출간한 『광화 인문강좌 총서』 중 한 권이고, 강연을 기록했기에 각주를 대부분 생략했다. 여기서 생략한 각주와 인용문은 이후 집필될 학술서에서 읽을 수 있을 것이다.

책을 쓰면서 최선을 다했지만 전문가들은 내 노력에 대해 "겉모습만 배워 나쁜 결과를 초래했다東施效顰"거나 "잘못 배워 오히려 자신이 쌓아온 성과를 망쳤다邯鄲學步"고 질책할지도 모른다. 그러나 스스로 올바른 방향이라고 생각하고 노력한다면 그것으로 충분하다. 새로운 시도를 하는 것 자체가 즐거움이고 성공 여부는 그다음 문제다. 제갈량이 「출사표出師表」에서 "성공과 실패, 유리함과 불리함에 관해서는 신의 지혜로도 알 수 없습니다"라고 말한 것과 같은 의미다.

1장

이 책은 무엇을 말하는가

이 책은 글로벌 히스토리global history의 관점에서 중국사를 읽어낸다. 시기적으로는 15세기에서 17세기 중반까지, 공간적으로는 동아시아에 초점을 맞춰서 몇 가지 개념을 가지고 역사 읽기를 진행할 것이다.

1. 새로운 역사 흐름

역사는 과거에 대한 인류의 집체 기억으로, 오직 인류만이 이런 기억을 가지고 있다. 역사를 이해한다는 것은 과거에 발생한 사건에서 경험과 교훈을 얻어서 현재 당면한 문제들을 좀더 잘 처리하고 미래를 계획하는 것이다. 만약 역사를 잘 알지 못하거나 그에 대한 정확한 인식이 없다면 종이 위에 '최근 들어 가장 아름다운 그림'을 그렸다고 해도 이를 증명할 수 없다. 근대 초기의 영국 철학자 프랜시스 베이컨은 여러 학문에 대해 평가하면서 역사학을 첫 번째 자리에 놓고 "역사를 배우면 사람이 현명해진다"고 했다.

중국인은 역사를 매우 중시하는 민족이기에 중국에서 역사학은 매우 특수한 위치를 점하고 있다. 중국인은 역사가 한번 쓰이면 영원히 고칠 수 없다고 생각하고, '역사에 이름을 남기는 것青史留名'을 인생 최고의 목표로 삼았다. 폭군이나 간신들이 가장 두려워했던 것은 자신들의 악행이 사서에 기록되어 후대에 전해지는 일이었다. 그래서 이들은 온갖 방법을 동원해서 역사를 고쳐 쓰거나 정직한 사관史官

을 죽이곤 했다. 제나라 태사를 지낸 진晉나라의 동고董孤가 바로 이런 정직한 사관의 대표적인 인물이다. 역사학이 이런 위치를 점하며 오늘날에 이르기까지 대다수 중국인은 일단 '사서에 기록되면' 그것은 '역사'가 되고 결론이 난 것으로 받아들인다. 과연 이것은 정확한 인식인가?

최근 역사학은 포스트모더니즘의 맹렬한 공격을 받았다. 포스트모더니스트들은 객관적인 역사 연구를 근본적으로 부정하고 "소설가들은 허구를 통해 사실을 구성하지만, 역사가들은 사실을 조작해서 거짓을 만들어낸다"고 한다. 물론 과도한 비평이지만 완전히 틀렸다고 할 수도 없다. 역사는 쓰인 다음에도 수시로 변하므로 절대 변하지 않는 '정해진 결론'이 아니다. 저명한 역사학자 스타브리아노스는 "시대마다 사람들은 역사를 다시 써야 한다. 시대마다 생기는 새로운 문제에 대해 새로운 답을 탐구해야 하기 때문이다"라고 했다. 역사학자 크리스토퍼 힐도 "과거에 발생한 사건 자체는 변하지 않지만 그것을 바라보는 시각은 시대마다 달라진다. 과거에 대해 새로운 문제를 제기해서 새로운 느낌을 발견해야 한다"고 말했다. 그뿐만 아니라 소재와 운용 방식도 끊임없이 변한다. 새로운 소재와 방식의 출현은 우리로 하여금 역사를 다시 쓰도록 요구하는 것이다.

철학자이자 역사학자인 베네데토 크로체는 "모든 역사는 현대사"라고 했고, 콜링우드는 이에 대해 "모든 역사는 현대사다. 현대사가 비교적 가까운 과거의 역사를 가리키는 것은 아니다. 엄밀히 말하면, 사람들은 어떤 행동을 실제로 해야만 자신에 대한 인식을 완성시킬 수 있다. 따라서 역사는 살아 있는 영혼의 자아 인식이다"라고 했다.

모든 역사가 현대사라면 역사에 대한 인식 역시 현대의 변화에 따라 바뀌어야 한다. 지난 수십 년간 세계는 엄청나게 변화했다. 현재의 '현대'는 수십 년 전의 '현대'와 큰 차이가 있다. 역사학이 '현대'의 변화에 따르는 것은 필연적이다. 그렇다면 '현대'에 일어난 많은 변화 중 가장 중요한 것은 무엇인가?

첫째, 경제 세계화의 비약적인 발전이다. '세계화'는 오늘날 사회과학에서 가장 중시하는 연구 과제 중 하나로, 맬컴 워터스에 따르면 "1980년대 포스트모더니즘이 가장 중요한 개념이었던 것처럼 1990년대 이후 세계화는 인류사회가 건너야 할 세 번째 1000년대를 관통하는 현상이다."

중국은 WTO에 가입한 이후 '세계화'라는 용어를 사용하기 시작해서 많은 사람이 세계화가 최근 몇 년간 일어난 일이라고 오해한다. 사실 경제 세계화는 오래전부터 진행되었다. 어떤 학자들은 인류의 역사가 곧 세계화의 역사(역사학자 피터 스턴스는 12세기부터 세계화가 시작되었다고 했다)라고 하지만 대다수 경제사학자는 세계화가 시작된 시점을 15세기 말에서 16세기 초, 즉 대항해 시대로 본다. 이 시기부터 18세기 산업혁명 시기까지의 3세기를 경제 세계화의 초기 단계 혹은 초기 경제 세계화 시대라고 한다. 20세기가 끝날 무렵에 경제 세계화가 비약적으로 이뤄졌다. 오늘날 북한 등 몇몇 국가를 제외하면 세계 경제는 긴밀하게 서로 연결되어 있다. 몇몇 국가는 때때로 충돌을 일으키기도 하지만 전 세계는 서로를 떠나서는 살 수 없는 '지구촌'을 형성하고 있다. 이는 유사 이래 초유의 상황이다.

둘째, 중국의 부상이다. 골드먼삭스 짐 오닐 회장은 브라질, 러시아, 인도, 중국을 합쳐 브릭스BRICs라는 단어를 만들었다. 그는 "중국의 중요성이 너무 크기에 브릭스에서 중국을 따로 떼어내야 한다고 말하는 사람도 있다. 그러나 중국이 없는 브릭스는 별 의미가 없다고 주장하기도 한다. 모두 일리가 있는 말이다. 중국은 우리 세대에 가장 위대한 이야기를 가진 나라로, 내가 중국을 방문한 횟수는 나머지 세 나라를 방문한 횟수를 합친 것보다 많다"고 했다. 1978년 중국의 GDP는 세계 GDP의 5퍼센트에 불과했고, 개인 평균 GDP도 세계 평균의 22.3퍼센트로 중국은 세계에서 가장 빈곤한 나라 중 하나였다. 문화대혁명으로 중국 경제가 크게 파괴되어서 1978년 중공 중앙 11차 전체 회의에서는 이미 붕괴 수준에 근접했다고 경고할 정도였다. 하지만 개혁 개방 이후 중국 경제는 세계 역사상 전례가 없을 정도로 빠른 속도로 성장했다.

　미국 경제학자 토머스 무어는 세계은행의 보고서를 인용하면서 1979년 이후 중국의 경제 발전에 대해 모든 국가가 질투 어린 시선을 보냈다고 했다. 중국 GDP 성장 속도는 같은 시기의 영국, 일본, 브라질, 한국을 능가했다. 만약 중국의 각 성省을 하나의 독립적인 경제 주체라고 가정한다면 1978~1995년 사이 세계에서 경제 성장이 가장 빠른 20개 경제 주체는 모두 중국일 것이다. 1995년부터 현재까지 20년이 지났지만 중국은 여전히 빠른 속도로 발전하고 있다. 낙관적인 경제학자들은 중국의 경제 성장은 앞으로 50년 이상 지속될 것이라고 주장한다. 많은 이가 중국은 적어도 20년 동안 7~8퍼센트대의 성장률을 유지할 것이라고 전망한다. 이것도 매우 빠른 속도다. 1960년대 일본이 고도로 성장할 때 성장률이 8~9퍼센트였는데, 만약 중국이 7~8퍼센트대로 계속 성장한다면 머지않아 미국을 초월하면서 세계에서 가장 큰 경제 주체가 될 것이 분명하다. 1993년 노벨 경제학상 수상자인 로버트 포겔은 2040년이 되면 중국의 GDP가 세계 GDP의 40퍼센트를 차지하면서 미국의 14퍼센트, 유럽연합의 5퍼센트를 뛰어넘고, 개인 평균 GDP도 8만5000달러에 달해 미국보다는 낮아도 유럽연합의 두 배에 이를 것이라고 예상했다.

1986년 중국 경제가 부상할 때 경제학자 드와이트 퍼킨스는 18세기 영국에서 산업혁명이 시작된 후 250년이 지나서야 중국에서 산업화가 실현되어서 오늘날 세계 23퍼센트 인구의 생활 수준이 향상되었다고 했다. 만약 중국이 지금의 경제 발전을 계속 유지한다면 40~50년 내에 또 다른 23퍼센트 인구의 삶도 윤택해질 것이다. 이렇게 본다면 중국의 경제 발전은 세계 역사상 최대의 기적이라고 할 수 있다.

중대한 역사 변화는 갑자기 일어나지 않는다. 독일의 문호 괴테는 "나는 단테가 위대하다고 생각하지만 그의 작품은 로스차일드 가문의 경제적 후원에 크게 힘입었다. 여기에는 한 세대의 노력만이 아니라 우리가 상상할 수 없을 정도로 깊은 이야기들이 숨어 있다"고 했다. 오늘날 경제 세계화는 여러 세기에 걸쳐 일어난 변화 가운데 가장 새로운 단계다. 중국 경제의 기적에 대해 퍼킨스는 "중국의 현재는 과거로부터의 연속이다. 최근 중국은 수십 년 동안 엄청난 변화를 겪었지만 중국 역사는 여전히 오늘날에 영향을 미치고 있다. '과거'의 그림자는 여러 곳에서 발견된다"고 했다. 따라서 장기적인 역사 발전이라는 측면을 고려해야만 경제 세계화와 중국의 경제 기적을 제대로 이해할 수 있다.

그러나 기존의 역사 지식만으로는 이 두 가지 중대한 변화를 합리
적으로 해석할 수 없다. 예전 역사 교과서에는 청나라가 쇄국 정책을
고수했다고 나와 있지만 새로운 사료에는 당대의 다른 나라들과 비
교했을 때 청나라가 훨씬 개방적이었음을 보여주는 증거가 등장한다.
19세기 중엽 이전 중국은 세계 무역의 중심에 자리하고 있었다. 이것
이 바로 안드레 군더 프랑크가 저서 『리오리엔트』에서 내린 결론이
다. 그는 19세기 초 중국이 세계에서 가장 큰 무역국으로 세계 무역
의 중심이었고, 상대국들은 반드시 중국에 백은白銀으로 상품 대금
을 지불했다고 했다. 16~18세기 세계 은 생산량의 절반이 중국으로
유입되었다. 만약 중국이 쇄국 정책을 고수했다고 알고 있으면 이런
상황은 해석이 불가능할 것이다. 당시 국제 환경을 고려해보면 중국
은 쇄국 정책을 실현할 수도 없었다. 조너선 스펜스는 『현대중국을
찾아서』 서문에서 "1600년 이후 중국은 운명적으로 다른 나라들과
얽히면서 다른 국가들처럼 희귀한 자원을 찾고 상품을 교환하며 지
식을 넓혀갔다"고 이야기했다.

역사학은 일반 독자들에게 새로운 견해와 사유를 제공해야 한다.
만약 역사가들이 한결같이 전 세대 사람들의 이야기를 되풀이한다
면 그들은 더 이상 존재할 가치가 없을 것이다. 이것이 바로 역사가
들이 쉬지 않고 싸우면서 역사에 대한 새로운 생각을 제공해야 하
는 이유다.

'현대'는 역사에 도전하게 하고 역사가들에게 새롭게 세계와 중국
의 과거를 해석하도록 요구한다. 뿐만 아니라 새로운 해석과 만나게

해주기도 한다. 따라서 역사는 항상 새로 쓰여야 하고 지금이 바로 그 시기다. 이런 배경에서 글로벌 히스토리(전구사全球史 혹은 지구사地球史)가 생겨났고, 오늘날 국제 역사학계의 떠오르는 별이 된 것이다.

2. 글로벌 히스토리

글로벌 히스토리는 새로운 세계사new world history라고도 하는 역사학의 새로운 영역이다. 20세기 후반 미국에서 시작되었는데, 초기에는 역사 교육을 개혁하려는 시도의 일환으로 새로운 각도에서 세계사를 이야기하고 세계통사를 편찬하는 방법으로 제시되었다가 최근에 하나의 학파로 발전했다. 1789년 프랑스 혁명 이후 서양에서는 한 국가를 기술하는 개별 국가사national history가 주류를 이뤘다. 19~20세기 역사가들은 한 나라를 선택해서 역사를 연구했는데 정치 혹은 문화적 민족주의에 기초한 '네이션nation(중국어로 번역하면 국족國族)' 연구가 주된 주제였다. 제2차 세계대전이 끝난 뒤 유럽의 역사학자들은 전쟁 이전에 성행하던 민족주의 사학에 피로를 느끼고, 민족주의가 세계대전을 일으킨 근원 중 하나라고 생각했다. 이런 분위기에서 글로벌 히스토리가 탄생해서 새로운 학문적 조류로 주목받았고 뜨거운 토론을 거치며 반향을 불러일으켰다. 역사학자 헤이든 화이트는 "글로벌 히스토리에서 규정하는 글로벌한 일들은 역사학에서는 참신한 '사건'으로 근대 서양의 시공간 개념이나 사건들의 인과 관계 등을 와해시킬 수 있을 것"이라고 진단했다.

글로벌 히스토리는 학문적으로는 새로운 영역이지만 사실 예전부터 발전해왔다. 이 연구를 이끌어가고 있는 패트릭 오브라이언은 이렇게 말한다. "글로벌 히스토리는 헤로도토스가 지구 물질문명의 진보를 탐구했을 때부터 시작되었다. 계몽 시대의 몽테스키외, 볼테르, 흄, 튀르고, 로버트슨 등도 각자 연구를 계속했다. 애덤 스미스 역시 마찬가지다. 그러나 이 연구는 유럽에 한정되었다." 이렇듯 이전의 글로벌 히스토리 연구는 유럽에 한정되어 있어서 진정한 의미의 글로벌 히스토리라고 할 수는 없었다.

최근 20여 년간 '역사학 위기론'이 계속 심화되자 글로벌 히스토리 연구가 새롭게 주목받았다. 국제적으로 큰 학술회의가 몇 번 개최되었다. 대표적인 것이 1998년 12월, 미국 노스이스턴대에서 열린 안드레 군더 프랑크와 데이비드 랜더스의 토론과 케네스 포머랜즈를 둘러싼 논쟁이다. 이후에도 여러 나라에서 유사한 논쟁이 이어졌으며 그뒤 10여 년이 지났지만 논쟁은 끊이지 않고 있다. 이 논쟁에는 서로 다른 영역의 연구자들이 참여하고 그 중심에 글로벌 히스토리가 자리하고 있으므로 글로벌 히스토리가 국제 역사학계의 가장 뜨거운 이슈라는 점은 분명하다.

지난 20년 동안 많은 연구서가 출간되었다. 제리 벤틀리와 허버트 지글러의 『전통과 만남: 과거에 대한 새로운 시각Traditions & Encounters: A Global Perspective on the Past』, 존 윌스의 『1688: 글로벌 히스토리1688: A Global History』, 찰스 만의 『1493: 콜럼버스가 창조한 미지의 신세계1493, Uncovering the New World Columbus Created』 등이 있다. 글로벌 히스토리는 특히 경제사와 밀접한 관계를 맺고 있어서 이 분야에서도 성과가 있었다. 2009년 한 해에만 로버트 앨런의 『글로벌 시각으로 보는 영국 산업혁명The British Industrial Revolution in Global Perspective』, 네덜란드 위트레흐트대의 얀 라위턴 판 잔던 교수의 『산업 혁명으로 가는 긴 여정: 글로벌 시각으로 보는 유럽 경제 1000~1800The Long Road to the Industrial Revolution: The European Economy in a Global Perspective, 1000~1800』, 조르조 리엘로의 『방적의 세계: 면 직물의 글로벌 히스토리 1200~1850The Spinning World: A Global History of Cotton Textiles 1200~1850』 등이 출간되었다. 이 연구들 덕분에 우리는 과거와 오늘의 세계에 대해 좀더 풍부하고 새로운 인식을 갖게 되었다. 그리고 더 많은 학자가 참여하는 학술 단체들도 새롭게 조직되었다. 2003년 9월, 49개국의 저명한 경제사학자들을 중심으로 런던정경대, UC어바인, UCLA, 네덜란드의 레이던대, 일본 오사카대 등이 중심이 되는 '글로벌 경제 네트워크GEHN'가 창설되었다. 뒤를 이어 2005년 독일에 '글로벌 유럽 네트워크ENIUGH', 2008년 중국에 '아시아 세계 역사학회AAWH', 2009년 나이지리아에 '글로벌 히스토리아와 아프리카 네트워크ANGH', 2010년 독일에 '글로벌 히스토리와 세계사 조직 네트워크NOWGHISTO' 등이 생겨났다.

여러 나라에서 글로벌 히스토리에 관한 연구와 교육이 보편화되자 대학에도 이 연구를 중점으로 하는 기관이 설립되었다. 2004년에 중국 서우두사범대首都師範大學에 처음으로 글로벌 히스토리 연구센터가, 2007년에 영국의 워릭대에도 글로벌 히스토리 문화연구센터 GHCC가 세워졌다. 2006년 영국에서는 학술지 『글로벌 히스토리 저널』이 발간된 이후 서우두사범대에서도 『전구사평론 全球史評論』 『전구사역총 全球史譯叢』이 출판되었다. 2008년 미국 역사학자 패멀라 카일 크로슬리가 『글로벌 히스토리란 무엇인가』를 출간했다. 샤지궈夏繼果와 제리 벤틀리는 『상호 작용: 글로벌 히스토리의 초지역적 관점 Interactions: Transregional Perspectives on World History』, 맥신 버그는 『세계의 역사를 쓰다: 21세기를 위한 도전Writing the History of the Global: Challenges for the 21st Century』, 펠리페 페르난데스아르메스토는 『세계, 역사The World, A history』 등을 출판했다.

　그러면 도대체 글로벌 히스토리란 무엇이고 어떤 특징이 있으며 무슨 연구를 주로 하는가? 어떤 학자는 이를 가리켜 간단히 지구의 역사라고 말했지만, 현존하는 국가 간의 경계를 허물고 세계 각 지역을 네트워크에 편입시켜 각자의 역할을 강조한다는 점에서 과거의 세계사 연구와 차별된다고 할 수 있다. 류신청劉新成 교수는 다음과 같이 글로벌 히스토리의 기본 입장을 정리했다.

① 과거 국가별 연구의 전통적 사고방식을 버리고 기본적으로 서로 의존관계를 맺고 있는 사회가 형성한 네트워크에 대해 서술한다.

② 세계사 발전의 어떤 단계에서도 한 나라의 발전이 전체의 추세를 대표할 수 없다. 전체 발전의 추세는 모든 사회의 인구 증가, 기술 진보와 전파, 서로 다른 사회의 교류를 통해서만 나타난다.

③ 위의 과정에서 가장 중요한 것은 서로 다른 사회 간에 날로 증가

하는 교류다.

④ 학문적 입장에서 유럽 중심론은 철저하게 배제한다.

⑤ 사회 참여와 그 사이의 역사 사건의 원인을 고찰할 때 사건 발생의 우연성과 특정한 조건을 충분히 고려한다.

글로벌 히스토리는 다음과 같은 면에서 이전의 세계사와 분명히 다르다.

① '국가 본위'를 부정하고 국가가 아닌 '사회 공간'을 기본 시각으로 한다.

② 큰 범위에서 오랜 시간에 걸쳐 일어난 전체적인 변화에 주목해서 새로운 연구 영역을 개척한다.

③ 인류활동과 사회 구조 간의 관계를 중시한다.

방법론에서도 글로벌 히스토리는 비교 연구를 중시하는데, 여기에는 반드시 서로 영향을 주고받는다는 전제가 깔려 있어야 하고 그 영향은 대화의 방식이어야 하며 비교 대상을 새로운 합의체라는 하나의 구조로 분석한다.

어떤 학자들은 인류의 전체 역사가 모두 글로벌 히스토리라고 한다. 제리 벤틀리와 허버트 지글러는 글로벌 히스토리가 기원전 3500년 전에 시작되어 지금까지 7단계를 거쳤다고 했다. (1)초기 복잡 사회(기원전 3500~기원전 500) (2)고전 사회 조직체(기원전 500~서기 500) (3)포스트 고전 시대(500~1000) (4)지역을 넘어선 문화 교

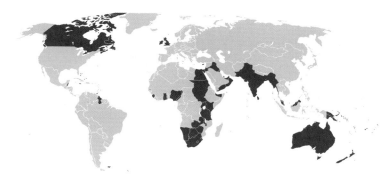

1921년 무렵 대영 제국의 판도.

류 시대(1000~1500) (5)글로벌 일체화의 시작(1500~1800) (6)혁명, 산업과 제국 시대(1750~1914) (7)현대 글로벌의 재구성(1914~현재) 등이다.

그러나 대다수 학자는 경제 세계화가 시작된 이후에야 비로소 세계 대부분의 지역이 서로 긴밀하게 연결되기 시작했다고 본다. 이런 의미에서 '세계사'에서는 1500년대를 전후로 '글로벌 히스토리'가 전개되었던 것이다.

1500년대 전후를 글로벌 히스토리의 시작이라고 하는 것은 특별한 의미가 있다. 이 시기는 서양사에서 근대사의 시작이기도 하다. 중국 역사학계에서 말하는 '현대'와 '근대'는 모두 영어 modern을 번역한 것이다. 근대화와 현대화는 영어로 모두 modernization이다. 서양사에서 근대modern와 근대화modernization의 관계는 매우 밀접하고 글로벌 히스토리의 관점에서 본다면 '근대화'는 아직 끝나지 않은 장기적인 역사과정이다. 글로벌 히스토리를 연구할 때 '근대'라는 말은 1500년대 이후를 지칭하므로 이 시기의 어떤 정치적 사건에 따라 '근대'와 '현대'로 두 시기를 구분하는 것보다는 좀더 적합할 것이다.

기존 학계에서는 세계의 근대화가 곧 서양의 근대화이자 그 확장이라고 했다. 그러나 후대로 이어질수록 근대화는 글로벌 히스토리의 과정의 일환이고, 물론 서양이 중요한 역할을 했지만 다른 지역에서의 작용도 저평가하거나 홀대해서는 안 된다는 주장이 힘을 얻는다. 미국 역사학회 회장인 케네스 포머랜즈는 만약 아메리카, 아시아, 아프리카의 자원이 없었다면 서양은 경제 근대화를 결코 이룰 수 없었을 것이라고 주장했다. 그런 면에서 모든 국가와 지역은 정복자, 피정복자를 가리지 않고 글로벌 경제 근대화에 공헌했다. 단지 누구는 이익을 보았고 다른 누군가는 손실을 보았을 뿐이다.

경제 근대화가 진행되면서 여러 지역에서 중요한 일이 발생했다. 과학기술 전문가들은 만약 중국, 인도, 이슬람 지역에서 기술을 전파하지 않았다면 유럽의 산업혁명이 발생할 수 있었을지 의문을 제기한다. 많은 사람이 아크라이트Arkwright 방적기를 산업혁명의 상징으로 여기는데 이 기계는 중국의 물레방아 방적기와 깊이 관련 되어 있다. 발명자인 리처드 아크라이트는 물레방아 방적기를 직접 본 적은 없지만 적어도 선교사를 통해 그림을 보았거나 여러 경로를 통해 영국에 전달된 부품들을 보았을 것이다. 그렇다면 경제 근대화를 '오로지 서양의 산물'이라고 볼 수는 없다.

글로벌 히스토리와 전통적인 중외中外관계사는 매우 다르다. 전통적인 중외관계사는 다음과 같은 특징이 있다. 1)연구 대상은 중국

과 서양이고, 여기서 서양은 서유럽의 일부분을 지칭한다. 2)이 연구
는 일방적 관계를 강조하는데, 16세기 이전에는 중국으로부터 서양,
그 이후부터는 서양으로부터 중국으로의 흐름을 강조한다. 만약 글
로벌 히스토리의 관점에서 본다면 이는 잘못된 것이다. 중국과 서양
사이에는 많은 지역이 끼어 있어서 중·서가 교류하려면 반드시 중간
에 여러 지역을 통과해야 한다. 이 지역들은 단순히 중개만 한 것이
아니라 교류의 내용과 형식에도 영향을 끼쳤다. 1500년대 이후 중국
과 서양의 관계는 일방이 아닌 쌍방으로 진행되었다. 대부분은 간접
적이지만 직접적인 경우도 있었다. 이 교류의 양 끝단에는 중국과 서
양이 있지만 실제 교류과정은 글로벌한 것이었다. 군사적인 면에서
본다면 이 점은 명확해진다. 16세기 오스만 제국은 유럽에서 전해온
조총을 개량했고 이를 중국에 전했다. 명나라의 전문가들은 이 총을
다시 개량해서 당시 세계에서 가장 좋은 조총을 만들어냈다. 명 말
기, 중국은 세계에서 흑색화약을 제조하는 가장 적합한 배합법을 개
발했는데 비록 증거는 부족하지만 선교사들이 이를 유럽에 가져갔을
확률이 매우 높다. 앞으로 더 많은 증거가 나올 것이다.

　글로벌한 시각은 근대화가 오직 서양의 산물이라는 서구 중심주의
를 완전히 바꿔놓았다. 서양이 발전하고 확장되면서 가져온 글로벌
한 발전은 근대화의 주된 원인임은 분명하지만, 서양의 영향을 받거
나 정복당한 지역도 서양의 근대화에 아주 큰 역할을 했다. 서양 외
의 지역 없이는 서양의 근대화가 실현될 수 없었다.

3. 동아시아, 동북아시아, 동남아시아와 동아시아 세계

공자는 "반드시 명분을 바르게 하라_{必也正名乎}"고 했다. 모든 사물은 특정한 시간과 공간의 범위에 존재한다. 초기 경제 세계화 시대의 동아시아 세계를 논하기 전에 반드시 '초기 경제 세계화 시대'와 '동아시아 세계'의 시공 개념을 명확히 할 필요가 있다.

동아시아는 우리가 쉽게 접하는 단어지만 그 범위를 명확하게 규정하기는 어렵다. 오늘날 국제관계에서 말하는 동아시아는 중국, 한국/북한, 일본을 포함하지만 문화사에 따르면 유가 문화권에 베트남을 더하기도 한다. 이는 비교적 합리적이지만 몇 가지 문제가 있다. 먼저 중국, 한국/북한, 일본을 포함하는 동아시아는 인도차이나반도와 남양 군도를 포함하는 '동남아시아'와 구별되며 '동북아시아'라고 부르기도 한다. 그러면 동아시아는 동북아시아와 같은 말이 되어 개념상 혼란을 가져온다. 동아시아와 유교 문화권은 같은 말일까? 어떤 학자는 동아시아라는 말이 유럽이나 서양에 상대적인 개념이며 유럽의 세력이 확장하자 '근대적 상상'이 발동해 만들어졌다고 주장했다. 서양에서 말하는 '지역' 즉, 세계라는 공간을 형성하는 한 부분이고, 동아시아의 분명한 경계나 명확한 내용이 없다고 본 것이다. 서양인들이 동아시아에 오기 전, 유교 문화권에서는 권내圈內와 권외圈外 사이에 문화적으로 분명한 차이를 보였고 권내 사람들은 권외 사람들을 '오랑캐蠻夷'라고 부르며 차별했다. 베트남이 프랑스 식민지가 된 이후 '탈중국화'를 시작하면서 자국 언어를 로마자로 표기했고 사회적으로 한자가 차지한 지위를 강등했다. 제2차 세계대전 이후 베트남 정부가 '탈중국화'를 더욱 가속화하면서 한자 사용으로 대표되던 유교 문화권(혹은 한자 문화권)의 색깔은 점차 희석되었다. 유사한 상황은 한국에서도 나타났다.

물론 역사적으로 중국, 한국/북한, 일본, 베트남은 문화적 공통점이 많으므로 이 국가들을 유교 문화권으로 묶는 것은 무리가 없다. 그러나 이 국가들을 동아시아라고 통칭할 수는 없을 것이다. 베트남은 한국/북한, 일본과 멀리 떨어져 있고, 이들 국가보다는 인근 인도차이나반도 국가들과 더욱 밀접한 관계를 맺고 있기 때문이다. 그렇기에 통상적으로 베트남은 동남아시아에 포함시키고 동아시아라고는 하지 않는다. 만약 베트남을 제외하고 오늘의 중국, 한국/북한, 일본을 동아시아라고 한다면 앞서 말했듯 개념이 불분명해진다.

가장 중요한 문제는 중국이다. 과연 중국은 동아시아에 속하는가? 근대 이전 중국은 세계에서 비교할 만한 대상이 없는 초대형 국가였다. 역사학자 펠리페 페르난데스아르메스토는 근대 초기에 "중국은 세계에서 가장 강력한 힘을 가진 국가여서 적대국이라고 할 만한 나라를 모두 합친 것보다 더 부유했다. (…) 1491년 명 조정은 인구가 6000만 명에 미치지 않는다고 했지만 이는 실제보다 현저히 낮게 잡은 것이었다. 아마도 당시 중국인의 수는 이미 1억 명에 달하여 유럽 전체 인구를 합친 것보다도 두 배나 많았을 것이다. 생산량과 시장의 규모는 인구와 비례하므로 그 방대한 경제 규모는 다른 나라들이 도저히 쫓아오지 못할 정도로 압도적이었다"라고 했다. 조너선 스펜스도 묘사하길 "1600년대 중국은 세계에서 가장 큰 영토에 훌륭한 통일 정부를 가지고 있었다. 영토가 얼마나 넓은지 다른 나라들은 그 끝을 알지 못했고, 당시 러시아만이 통일 국가를 이뤄가고 있었다. 인도는 몽골인과 인도인이 나누어 통치하고 있었으며 멕시코, 페루 등 고대 문명국은 스페인 정복자의 지배를 받으며 전염병이 유행해서 신음하고 있었다. 중국의 인구는 이미 1억2000만 명을 넘어서 유럽 전체 인구를 합친 것보다 훨씬 많았다." 사실 1800년 전에 세워진 한漢나라 역시 세계에서 가장 넓고 인구가 많은 두 나라 중 하나였다. 명나라 때 중국 영토는 원나라 때에 비해 작았지만, 스펜스의 말처럼 여전히 세계에서 가장 넓었고 동남아 전체와 동북아 국가들을 합친 총면적보다 넓었다.

타이완의 황쥔제黃俊杰 교수는 기후, 온도 등 풍토의 특수성을 고려할 때 동아시아 지역은 중국, 한반도, 일본, 인도차이나반도를 포함한다고 했다. 일본의 철학자 와쓰지 데쓰로和辻哲郎는 풍토의 유형을 몬순季風, 사막沙漠, 목장牧場 등 세 가지로 구분하고 동아시아 지역은 몬순형에 속한다고 했다. 몬순형 지역의 사람들은 예민하고 감정이 풍부한 반면 책임감이 강하고 역사의식이 투철하다고 했다. 황쥔제는 와쓰지의 주장이 지리 결정론의 위험에 빠질 수도 있다고 비판하면서도 동아시아 지역은 기후와 환경의 공통점이 확실하다는 것에 동의했다. 그러나 중국의 넓은 땅은 대부분 이 몬순형에 속하지 않는다. 중국 북부(만리장성 북쪽)와 서북부(란저우蘭州 서쪽)는 중앙아시아와 가까운 가뭄지역이고, 칭짱青藏고원과 윈구이雲貴고원의 일부분은 고지대 한랭지역이며, 둥베이東北 역시 한랭지역이다. 중국 내륙도 몬순형 환경과 큰 차이를 보인다. 페르낭 브로델은 중국 남방과 북방은 자연과 경제 조건의 차이를 볼 때 '두 개의 중국'에 가깝다고 표현했다. 중국 남쪽의 주장강珠江 유역은 창장강長江 유역과 유사하지만 남쪽에 있는 인도차이나반도와 더욱 가깝다. 따라서 중국은 동북아시아에 포함되기도 하지만 동시에 동남아시아, 북아시아, 중앙아시아를 포괄하는 국가라고 할 수 있다.

중국은 이렇게 넓고 다양한 유형의 풍토를 이용해 아시아의 다른 나라들과 교류하면서 전방위적인 특징을 갖출 수 있었으며 동시에 각 지역만의 독특한 특징도 유지했다. 황쿤제는 엄밀히 말하면 중국이 한반도 및 일본과 교류하는 것이 아니라 장쑤江蘇와 저장浙江 지역에서 일본과 교류하고, 산둥반도에서 한반도와 교류했다고 하는 것이 역사적 실체에 가깝다고 했다. 동아시아 지역은 2000년 동안 여러 나라, 민족, 문화의 '접촉 공간contact zone'이었고, 각 주체가 대등하지 않은 지배 구조나 종속관계를 맺으며 교류했다. 이 공간에서 중화제국은 넓은 영토와 유구한 역사를 지녔고, 조선, 일본, 베트남에 정치, 경제, 문화적 영향력을 발휘하면서 '중심' 역할을 했다. 주변 국가의 입장에서 본 중국은 한자, 유학, 의학 등 동아시아 문화가 가진 공통 요소의 발원지로서 거대하고 피할 수 없는 '타자他者'

황허강과 창장강을 연결하는 대운하를 건설한 수양제.

였다. 중국이 동아시아에서 중요한 역할을 했기에 동아시아 역사에서 중국은 국가를 초월하는 정치, 사회, 문화 공동체라고 할 수 있다. 이런 황권제의 주장은 일리가 있지만, 이렇게 넓은 영토를 보유하고 지역 간 큰 차이를 보이는 중국이 그럼에도 내부 결속이 느슨한 나라는 아니었다는 점에 주목할 필요가 있다.

근대 이전 수많은 제국이 내부적으로 분열을 겪었던 것과 달리 중국은 어느 정도 '지리적 특수성'이 있었다. 역사학자 존 맥닐은 "중국은 세계 역사에서 유일무이하게 내륙에 수로水路(혹은 하류河流) 시스템을 가동해서 공간을 연결시켰다. 기차가 등장하기 전에는 운송 비용 측면에서 세계의 어떤 육지 운송 네트워크도 경쟁 상대가 되지 못했다. 중국은 수로 시스템 덕분에 세계 어디에서도 찾을 수 없는 통일된 시장을 갖추고 이를 기반으로 정치 세력, 사회를 창조했다. 아무리 멀리 떨어진 지역이라도 수로 시스템으로 연결되는 한 생산 방식, 토지 이용, 자원 개발에 크게 영향을 받았다. 중국은 국가 형성과 발전과정이 매우 특수했다. 진秦나라 이래 오랜 기간 통일된 중앙집권제 국가 체제를 유지하고 하나의 정치, 경제, 사회 제도를 실행함으로써 '국가'를 초월하는 정치, 사회, 문화 공동체를 형성했다.

이런 특수성으로 인해 초기 경제 세계화 시대의 동아시아는 중국과 중국 이외의 지역(해양과 육지를 포함해서) 이렇게 두 부분으로 구성되었다고 할 수 있다. 이는 '중국 중심론'에 따라 구분한 것이라기보다는 역사적 사실에 근거한 것이다. 오해를 피하기 위해 이 책에서 주로 등장하는 동북아시아, 동남아시아와 중국을 포함하는 아시아 동부 지역을 '동아시아 세계'라고 지칭하겠다.

4. 15~17세기 중기: 세계사 대변화의 시작

1872년(청 동치 11) 대신 이홍장李鴻章은 "지난 100여 년 사이에 유럽의 국가들이 인도와 남양을 거쳐 중국에 와서 변방을 소란케 하는 것은 역사상 유례가 없는 일로, 이들 모두 시장을 개방하기를 청하고 있습니다. 황제께서 넓은 도량으로 통상 조약을 맺고 은혜를 베풀면 전 세계 사람들이 중국으로 모여들 것입니다. 이는 3000년 만의 대변화입니다"라고 상소문을 올렸다. 이 말이 널리 알려지면서 '3000년간 일어난 적 없는 대변화'는 누구에게나 익숙한 유행어가 되었다. 민국 시기의 저명한 역사학자 장팅푸蔣廷黻는 이에 대해 "중화 민족은 19세기에 특별한 경험을 했다. 이전까지 주변 이민족들과 오랫동안 관계를 맺어왔지만 그들은 문화 수준이 낮았기에 중원의 혼란을 틈타 침입하더라도 이내 물러나곤 했다. 19세기에 들어서자 국면은 완전히 달라졌다. 영국, 미국, 프랑스 등은 그동안 접촉해오던 흉노, 선비, 몽골, 왜구, 만주족과는 절대 비교할 수 없는 나라였다. 그들은 과학, 기계, 민족주의로 무장한 열강이었다"라고 했다.

'대변화'란 표현은 중국사 연구의 공통분모가 되어 근대사 연구의 기조基調를 이루었다. 그리고 19세기 중반에 발발한 아편 전쟁은 중국 역사를 '고대사'와 '근대사'로 나누는 분수령이 되었다.

좀더 심도 있게 분석하면, 이 '대변화'는 이미 오래전에 시작되었고 그 핵심은 바로 경제 세계화였다. 경제 세계화가 진행되는 과정에서 중국도 예외는 아니었고 중국의 운명은 세계 다른 지역들과 긴밀하게 연결되어 있었다. 스펜스가 "1600년대부터 중국은 다른 국가와 얽히면서 어쩔 수 없이 다른 국가들과 마찬가지로 희귀한 자원을 찾고 상품을 교역하며 지식을 넓혀갔다"고 분석했다. 『한서漢書』「천문지天文志」에서는 "하늘의 움직임에는 30년마다 작은 변화, 100년마다 중간 정도의 변화, 500년마다 큰 변화가 있고, 3번의 큰 변화를 가리켜 일기一紀라 했다. 3기가 지나면 크고 작은 변화를 다 경험한 덕분에 하늘이 움직이는 규칙을 대체로 알 수 있다"고 했다. 지금으로부터 역산해보면 500년 전은 1600년대 전후로 바로 '500년만의 큰 변화'가 시작된 때다. 물론 산술가術數家의 말이니 과학적이라 할 수는 없지만 말이다.

만약 1600년대 전후가 '대변화'의 시기가 맞다면 변화가 최초로 시작된 시기는 이보다 훨씬 전이었을 것이다. 최근 적지 않은 연구자들이 서로 다른 측면에서 '명 말 역사의 대변화'에 주목하고 만명晚明이라는 용어가 자주 등장한다. 이 시기는 대체적으로 16세기 중엽에서 17세기 중엽(즉 가정, 융경, 만력, 천계, 숭정)을 가리킨다.* 중국은 명대 후기에 이미 '비상시국'이 시작되었다고 보는 것이다.

중국을 비롯해 다른 지역에 큰 변화를 가져온 주요인은 바로 '서

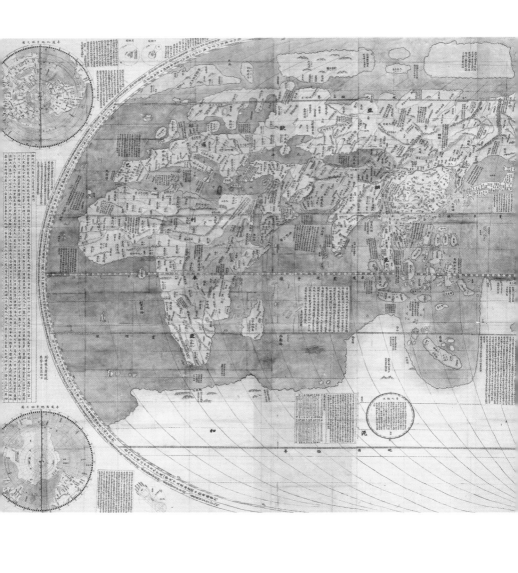

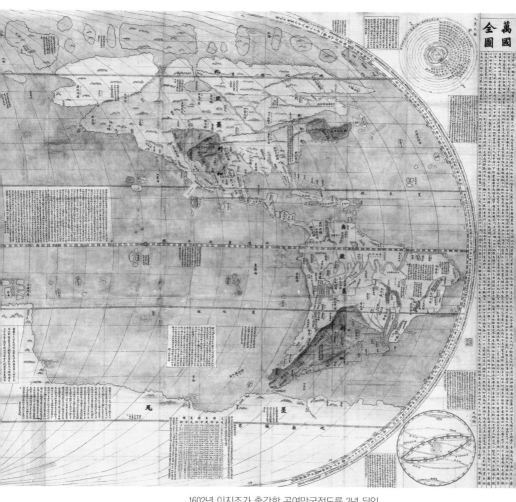

1602년 이지조가 출간한 곤여만국전도를 2년 뒤인
1604년 일본이 그대로 모사하여 컬러판으로 다시 그린 지도.

양'이었다. 서양은 무엇인가? 오늘날 정치학의 개념에 따르면 서양은 서유럽과 여기에서 확대된 북아메리카와 호주를 지칭한다. 19세기 후반 이전, 북아메리카는 서유럽보다 영향력이 적었고 호주는 더욱 왜소한 존재였으므로 이 '500년만의 대변화'를 만들어낸 지역을 서유럽으로 좁힐 수 있다.

중국과 서유럽 사이의 교류는 한대漢代 혹은 좀더 이른 시기까지 거슬러 올라갈 수 있지만, 1600년대 이전까지는 중개를 거쳐야 했기에 직접적인 접촉은 매우 제한적이었다. 따라서 중국과 서양은 서로 잘 알지 못했다. 원대에 이르러 교류가 크게 증가했지만 아직도 상대에 대한 분명한 인식이 없었다. 마르코 폴로 같은 서유럽인들은 중국을 둘로 나눠 북쪽을 '거란', 남쪽을 남쪽 오랑캐란 뜻으로 '만자蠻子'라고 불렀다. 중국인들은 서양을 '프랑拂朗, 富浪'이라고 칭했고, 서유럽 사람들을 페르시아어로 '불랑기佛郞機'라고 부르기도 했다.

16세기가 되자 상황은 엄청나게 변했다. 이제 서유럽인들은 중국에 대해 많은 것을 알게 되었다. 이때부터 중국은 하나의 실체적인 존재가 되었고 고대 인도인들이 Cina(지나支那, 또는 脂那, 至那, 斯那라고도 쓴다)라고 불렀던 것에 연유하여 시나Sina라고 부르기 시작했다. 명대 후기에 중국에 온 마르코 폴로는 자신이 전에 알던 '실크의 나라'가 바로 이곳이며 유럽인들이 말하던 '거란Khitai 혹은 Xathai' 역시 중국의 또 다른 이름이었다는 것을 알게 되었다. 다른 선교사

---

* 예전에는 이 시기를 '명 말'이라고 표현했으나 최근 중국학계에서는 '만명晩明'이라는 명사를 사용한다. 시기가 딱 정해진 것은 아니지만, 대략 1500~1644년 사이를 가리키며 이 시기의 변화가 매우 특징적이어서 역사학자들이 일반적으로 사용하는 용어다. 그러나 본서에서는 일반 독자들이 쉽게 이해하도록 '명대 후기'로 대체할 것이다.

들은 저서에서 중국을 시나Sina라고 불렀다. 같은 시기 육로로 중국에 온 포르투갈 선교사 벤투 드 고이스는 "거란은 다른 곳이 아니라 시나의 다른 이름이다"라고 분명하게 밝혔다. 선교사들은 '구라파歐羅巴'라는 새로운 단어도 중국에 소개했다. 1602년(만력 30), 이지조李之藻가 출판한 『곤여만국전도坤興萬國全圖』에서는 마테오리치의 말을 인용하면서 "세상의 땅은 다섯 부분으로 나뉘는데, 구라파는 그중 하나로 남쪽으로는 지중해, 북쪽으로는 그린란드, 동쪽으로는 도나우강과 흑해, 서쪽으로는 대서양까지를 가리킨다"고 했다. 1600년 전후 서광계徐光啓, 이지조 등이 '태서泰西'라는 단어를 만들어 유라시아 대륙의 한쪽 끝에 있는 서유럽을 지칭했다. 이때 영어와 프랑스어에서도 아시아 대륙의 한쪽 끝인 동유럽을 가리켜 '원동遠東, Far East/Extreme Orient'이라고 했다. '태서'와 '원동'이라는 두 명사가 출현했다는 것은 멀리 떨어진 중국인과 서유럽인이 서로에 대해 상당히 인식하기 시작했음을 의미한다. 세계가 변화하면서 유럽과 아시아 대륙 양 끝에 살고 있는 사람들이 이 공동의 세계를 인식하게 되었다.

'대변화'가 왜 명대 후기에 시작되었는지 묻기 전에 '경제 세계화가 무엇이며' '언제 시작되었는가'라는 질문이 선행되어야 하는데, 경제 세계화가 이 '대변화'를 이끌었기 때문이다.

이 책에서는 17세기 중엽 이전 당시의 명칭을 사용하고 오늘날까지 상황이 연속되는 경우에는 현재의 명칭을 사용할 것이다. 예를 들면 오늘날 한국/북한은 당시에는 한양을 수도로 하는 조선이다. 베트남은 1803년 이전 명칭이 안남이고, 그 이후는 청나라의 가경제가 내려준 명칭인 월남을 사용한다. 타이의 예전 명칭은 시암(수도의 이름을 따서 아유타야라고도 칭한다)인데 1939년 이후엔 타이로 칭한다. 오늘날 말레이반도와 남양 군도의 작은 나라들은 빈번하게 흥망성쇠를 겪다가 제2차 세계대전 이후에 인도네시아, 말레이시아 등의 국가로 성립했다. 역사적 진실을 유지하기 위해 나는 가급적 원래의 명칭을 사용하려 한다.

2장
무역이 만들어낸 세계

1. 세계화, 경제 세계화와 초기 경제 세계화 시대

'대변화'의 초기 단계에서 나타난 특징은 서유럽 국가들이 해외 정복과 약탈에 나섰다는 것이다. 중국 교과서엔 "자본주의의 여정에는 무기와 폭력, 피와 눈물로 가득 차 있다"라고 서술되어 있다. 그러나 세계사의 관점에서 본다면 '무기와 폭력'이나 '피와 눈물'로 가득한 정복과 약탈이 근대 초기에 서유럽이 해외로 영토를 확장하는 과정에서만 등장한 것은 아니었다. 인류 역사는 정복과 약탈로 가득 차 있었다. 그중 특히 눈길을 끄는 것은 칭기즈칸과 그 자손들이 벌인 전쟁이다. 몽골인들은 이 정복 전쟁을 통해 아시아에서 유럽을 거쳐 아프리카에 이르는 광대한 지역을 차지하고, 인류 역사상 가장 큰 정치적 실체인 몽골 제국을 건립했다. 정복과정에는 '무기와 폭력'이 동원되었고 피정복지역의 백성에게서 엄청난 '피와 눈물'을 자아냈다. 또한 중국과 유럽 여러 지역의 역사를 변화시킴으로써 어떤 의미로는 세계사의 '대변화'를 만들어냈다. 하지만 피정복지역의 사회, 경제 구조를 근본적으로는 바꾸지 못했고 위용을 자랑하던 몽골 제국은 오래 버티지 못하고 사라졌으며 몽골의 언어와 문화 역시 더 이상 존재하지 않는다. 또 다른 '세계 제국(페르시아 제국, 아랍 제국, 훗날의 오스만 제국 등)'은 몽골 제국보다는 영향력이 강해서 피정복 지역의 종족, 언어, 문화, 종교 등을 변화시키긴 했지만 세계 전체를 완전히 다른 시대로 이끌지는 못했다. 이런 전통적 관점으로는 이 책에서 말하는 '대변화'를 제대로 이해할 수 없다. '대변화'는 이전 시대와는 성격이나 영향력 면에서 완전히 다른 역사적 전환이다. 대변화는 바로 경제 세계화의 시작을 가리킨다.

경제 세계화는 무엇인가? 오늘날 '세계화'는 사용 빈도가 높은 단어 중 하나다. 이렇게 자주 쓰이는 단어이지만 출현한 지는 그리 오래되지 않았다. 영어 사전에는 1944년에야 나타나고, 연관된 개념인 세계 통합주의(글로벌리즘Globalism) 역시 1943년에 출현했다. '세계화'는 불과 60여 년 전에 등장해 반세기 동안 그다지 사용되지도 않다가 1990년대부터 학계에 보편적으로 받아들여진 이후 언론 매체의 주목을 받았다. 즉, 세계화가 일반적으로 사용된 지는 20~30년밖에 되지 않았다. 이렇게 짧은 시간에 전 세계를 '정복'한 것을 감안하면 그 위력은 대단하다고 할 수 있다. 도대체 세계화란 무엇인가?

세계화는 내재되어 있는 의미가 많아서 명확한 정의를 내리기 쉽지 않다. 조지 로지는 "세계화의 개념이 광범위하고, 심오하며 모호한 데다 신비롭기까지 해서 우리 같은 학자들도 경제학, 정치학 혹은 사회학 등 각 전문 분야별로 토론해야 한다"고 고충을 토로했다. 오늘날까지도 학계는 세계화에 대해 통일된 정의를 내리지 못하고 있다. 그러나 대다수 학자는 세계화가 경제 세계화를 의미한다는 데 동의한다. 위르겐 하버마스는 세계화를 "세계 경제 시스템의 구조가 변하는 것"이라고 정의했고 마이클 보르도 등도 통상적으로 세계화는 "경제 세계화를 이야기한다"고 했다. 이 책에서 말하려고 하는 세계화 역시 경제 세계화와 같은 의미다.

'경제 세계화'는 1985년 시어도어 레빗이 처음 언급했다. 국제통화기금은 1997년 발행한 『세계 경제 전망』에서 "세계화는 국가를 넘나드는 상품, 서비스, 국제 자본 흐름의 규모가 커지고 기술이 광범위하고 신속하게 전파되면서 세계 각국의 경제적 상호 의존성이 증가하는 것"이라고 했다. 여러 정의 중 가장 간략하고 명확한 것은 경제학자 자크 아다의 "경제 세계화의 최종 기착지는 통일된 하나의 세계 시장이다"라는 것이다. 경제 세계화는 세계가 하나의 시장으로 연결되는 것을 추구한다. 만약 모든 경제 주체가 이 시장에 진입하면 경제 세계화는 완성되는 것이다.

"로마는 하루아침에 이루어지지 않았다"는 말처럼 경제 세계화 같은 역사적 대사건도 지난한 과정을 겪었다. 로버트 코헤인과 조지프 나이는 "세계화는 과거와 현재 양쪽 모두에서 '세계적' 요인들이 증가하는 과정이다"라고 했는데, 여기서 말하는 요인은 "각 대륙이 서로 의존하는 네트워크"를 말한다. 이 관계는 자본, 상품, 정보, 관념, 사람, 군대 및 생태 환경과 관련된 물질의 흐름과 그로부터 생긴 영향을 통해서 실현된다. 또 "세계적 요인은 고대에서부터 있었던 현상"으로 양적으로 증가하고 오랜 시간 누적되었는데, 15세기 지리상의 대발견 이후에는 질적인 변화를 시작했다. 이 변화는 점차 속도를 더하면서 도저히 막을 수 없는 역사적 흐름이 되었고, 이것이 진정한 의미의 경제 세계화다.

경제 세계화의 시작 단계에는 무역이라는 수단을 통해 세계 주요 지역을 연결해서 희소가치가 있는 세계 시장 네트워크를 형성했다. 이렇게 연결하는 과정에서 폭력을 포함한 여러 수단이 사용됐다. 어떤 의미에서 초기 경제 세계화는 무역 및 '무기와 폭력'이 함께 만들어냈다고 해도 과언이 아니다.

경제 세계화의 가장 명확한 특징은 두 권의 책 제목으로 정리된다. 하나는 포머랜즈와 스티븐 토픽의 『무역이 창조한 세계』이고, 다른 하나는 레스터 브라운의 『인간, 땅, 음식Man, Land and Food』이다. 앞의 책은 역사 분야의 저술이고, 후자는 현대의 문제를 비평적으로 논한 책이다. 초기 경제 세계화는 무역이 창조했고, 이 세계에서 무역 네트워크는 국가 경계를 무너트리면서 더욱 많은 지역을 긴밀하게 연결했다. 인간과 땅, 식량 같은 각종 생산 요소가 이 무역 네트워크 속에서 나라를 넘나들며 움직이면서 국경 없는 세계를 창조했다고 할 수 있다.

2. 실크로드:
15세기 이전의 세계 무역 네트워크

15세기 이전 이미 국제 무역이 이뤄지는 대륙 간 네트워크가 존재했는데 가장 대표적인 것이 바로 실크로드다. 실크로드는 당시 세계에서 가장 발달한 지역(중국, 인도, 지중해)을 연결한 횡단 거리가 가장 긴 의미 있는 상업로였다. 2000년 전, 로마의 지리 박물학자 가이우스 플리니우스는 "아주 먼 동방에 위치한 나라의 숲속에서 비단을 수확해서 여러 가공 단계를 거친 후 로마에 수출하자 로마는 비단옷에 매혹되기 시작했다"며 "아무리 보수적으로 계산해도 인도, 중국, 아라비아반도는 매년 무역을 통해 1만 세스테르세스 sesterces(고대 로마의 화폐 단위)의 이익을 남겼다. 이는 로마 부녀자들이 사치품을 구매하는 총액과 같은 규모였다"고 했다. 기원전부터 실크로드는 유럽과 아시아의 양 끝에 있는 로마와 중국 및 인도를 연결했음을 보여준다.

오랫동안 실크로드는 주요 국제 무역로였지만 그 경제적 의미를 과장할 필요는 없을 것이다. 한대漢代에 실크로드는 로마 제국의 수도에서 출발해 서아시아, 중앙아시아를 거쳐 최종 목적지인 중국의 수도 장안長安으로 연결되었다. 당대唐代에는 지중해 동안과 흑해 연안 항구 도시(알렉산드리아, 다마스쿠스, 알레포, 콘스탄티노플 등)를 거쳐 아시아 내륙의 바그다드를 통과해서 들어온 후 작은 지선으로 나뉘었다가 아랄해 부근에서 다시 모였다. 한쪽은 중앙아시아의 부하라에서 나뉘어 남하한 다음 인도의 델리와 아그라로 향한다. 다른 길은 동쪽으로 부하라를 거쳐 파미르 북부의 사마르칸트로 가서 다시 북으로는 알마티, 동으로는 중앙아시아를 관통하면서 쿤룬산맥이나 톈산산맥을 끼고 장안에 도착했다.

어떤 길을 선택하든 고산, 사막, 초원, 황야 등 사람들이 살지 않는 지역을 지나야 했다. 당나라 고승 현장玄奘법사도 이 길을 통해 서역에 갔는데, 험한 길을 가는 데다 추운 날씨 탓에 열 명 중 서넛 명은 동사했다.

수백 년 후, 마르코 폴로가 고비 사막(뤄부羅布 호수 일대)을 지날 때 가장 좁은 지역을 통과하는 데도 한 달이 걸렸다. 가장 넓은 지역이었다면 1년은 걸렸을 것이다. 이렇게 풀 한 포기 나지 않는 황야를 지날 때는 최소한 한 달을 버틸 만큼의 식량을 구비해야 한다. 특히 파미르고원은 고산들이 중첩해 있어서 12일 동안 걸어도 사람은 물론 참새 한 마리조차 볼 수 없다. 해발이 높고 산소 농도가 낮아 불을 피우기가 어려워서 음식도 익힐 수 없다. 17세기 포르투갈의 선교사 벤투 드 고이스가 실크로드를 따라 인도를 거쳐서 중국에 올 때도 여정은 험난했다. 파미르고원을 넘으면서 "날씨가 너무 춥고 산소가 희박해서 사람이나 말이 숨을 쉴 수 없으니 도처에 시체들이

고비 사막.

즐비했다. 파, 마늘, 생강으로 겨우 버텼다"고 했는데 고이스가 몰고
왔던 여섯 마리의 말도 모두 여기서 아사했다.

고산 지대만 있는 것이 아니라 사막도 있어 모두들 두려워했다. 남
송 말기에 주밀周密(1232~1298)은 "돌아오는 길에 수천 리에 이르는
사막이 있었다. 풀 한 포기 자라지 않고 물도 없으며 모래가 눈을 가
리는 바람에 한 달 만에야 지나갈 수 있었다. 소금과 밀가루를 섞어
낙타의 입에 넣어주면서도 목이 막혀 질식하지 않도록 해야 했다. 사
람들은 떡을 만들어 물과 함께 허리에 차거나 동물 가죽으로 감싸서
보관했다가 물에 적셔 먹었다. 길을 잃거나 물이 다 떨어지면 말의
배설물을 짜서 마셨다. 여기 사는 사람들도 이 길을 가는 것은 마치
하늘에 오르는 것만큼 어렵다고 했다"고 기록했다.

이렇게 길이 험난해서 실크로드를 다니는 각국의 상인들은 온갖 고생 끝에 중국에 도착하면 그 풍요로움에 빠져들고 다시 돌아갈 엄두를 내지 못했다. 주밀은 "상인들이 중원과 강남에 정착해서 돌아갈 생각을 안 한다"고 했다. 외국 상인들은 돌아가려 하지 않고, 중국 상인들도 그 험한 고생길을 가지 않으려 하는 상황에서 무역은 어떻게 진행되었을까?

실크로드에서는 낙타, 말, 당나귀가 가장 중요한 교통수단이었다. 마르코 폴로는 황량한 고원에서 상인들이 낙타를 이용하는 것을 많이 보았다. 낙타는 무거운 화물을 옮겨주면서 음식은 적게 먹었다. 삭막한 고원에서 당나귀나 낙타에 식료품과 상품을 싣고 가다가 이들이 움직이지 못하면 죽여서 식용으로 쓰기도 했다.

실크로드 주변의 나라나 부족들은 상인들에게 폭력을 행사하며 금품을 갈취했다. 프랑스의 역사학자 장노엘 로베르는 로마 제국 시대의 정치 상황이 좋지 않았음에도 이 길은 2세기 동안 동서를 연결했다고 했다. 3세기 이후 세계는 혼란에 빠졌고, 안전이 보장되지 않자 무역도 중단되었다. 도적들이 횡행하며 상인들을 약탈하고 살해하는 것이 일상적인 일이 되었기 때문이다. 현장법사도 서역으로 가던 중 여러 차례 도적을 만났는데, 그중에는 2000명에 달하는 '돌궐 도적 떼'도 있었다. 한번은 상인들과 같이 가다가 "상인들이 먼저 가려는 욕심에 밤중에 길을 떠나 약 4킬로미터를 앞서갔는데, 도중에 도적을 만나 한 명도 살아남지 못했다. 법사가 도착했을 때는 재물은 간데없고 해골만 남아 있었다"고 한다.

몽골 제국 시기에는 상황이 개선되어서 실크로드는 또다시 번영을 맞았다. 그러나 마르코 폴로의 기록에 따르면 여전히 도적들이 등장한다. 페르시아만 입구의 무역항 호르무즈Hormuz 부근에서는 도적들이 창궐해서 상인을 습격하고 강탈하는 등 매우 위험했다. 몽골제국이 와해된 후 중앙아시아 지역은 오랫동안 혼란스러운 상태가 지속되었다. 1603년 3월, 고에스가 인도에서 중국으로 올 때 라호르Lahore에서 상인들과 함께 카불로 갔는데, 동행한 500여 명 대부분이 자위능력을 갖추고 있었지만 도중에 도적의 습격을 받아 상당수가 중상을 입었고, 고이스와 몇몇은 숲속으로 도망쳐서 목숨을 부지했다. 상인들은 길을 장악한 이들에게 상납을 하면서 신변 보호를 받기도 했지만 그럴수록 상품 가격만 높아졌다.

상당히 오랫동안 실크로드는 중국이 외부 세계와 통하는 수단이었고, 특히 초기의 문화 교류에서 중요한 역할을 했다. 그러나 무역이라는 측면에서 본다면 그 의미는 매우 제한적이다. 한 무제武帝 때 실크로드가 개통된 이래 명나라가 건국될 때까지 당나라 전반기와 원나라 때를 제외하고 이 노선은 실제로 개점휴업 상태였다. 후한後漢 때나 송나라 때는 사용되지 않은 것으로 짐작건대 이 노선의 경제적 의미는 그리 크지 않았을 것이다.

육로 외에도 해로가 있어서 국제 무역의 또 다른 선택지가 되었다. 중국과 인도, 유럽을 연결하는 바닷길도 일찍이 발달해서 '해상 실크로드'라고 불렸다. 해상 실크로드는 서태평양 해역(중국 동해와 남해, 믈라카 동쪽 동남아 해역), 인도양 해역과 지중해 3대 해협을 연결하면서 아시아 동부 항로, 인도양 항로와 지중해 항로를 포함했다. 그중 아시아 동부 항로와 인도양 항로는 믈라카 해협과 마주하고 있지만 인도양 항로와 지중해 항로는 수에즈가 가로막고 있었다. 따라서 이 3대 항로로 구성된 해상 실크로드는 실제로 연결된 것은 아니었다. 홍해 북단 수에즈에 배가 이르면 상인들은 육로로 지중해 동안의 사이드Said 항까지 이동한 뒤 다시 배를 타야 했다. 기원전 500년경, 페르시아의 다리우스 1세가 이집트를 정복한 이후 수에즈 운하를 건설해서 인도양과 지중해 항로를 연결했다. 이후 1000년 동안 이 운하는 수차례 파괴와 중건을 거듭했다. 그러다가 로마 제국이 쇠락하자 이 항로도 중단되었다. 7세기 아라비아인들이 이 지역을 점령하면서 운하를 다시 개통했지만 유럽의 기독교와 중동의 이슬람교가 대치하는 바람에 항로 이용이 순조롭지 못했다. 원래 있던 수에즈 운하는 640년에 중건된 후 150여 년이 지나 8세기 아바스Abba-sid 왕조의 만수르에 의해 폐기되었다. 운하가 사라지니 해상 실크로드 역시 단절되었다. 수에즈 운하는 1869년에 와서야 프랑스인들에 의해 다시 개통된다.

수에즈 운하가 폐기된 1000년 동안 무슬림은 무력으로 동아프리카, 페르시아, 인도, 자와 등 인도양 연안지역을 이슬람 세력에 포함시켰고 인도양 무역은 활기를 찾았다. 아라비아, 페르시아 상인들이 말레이반도와 중국에 와서 중국 도자기, 사직품絲織品, 남양의 향료를 구입한 다음 홍해를 거쳐 지중해로 갔다. 이탈리아 상인들은 이들에게 물건을 산 뒤 다시 유럽 각지로 운반했다. 인도양 무역에서 무슬림 세력이 강대해진 현상을 두고 포머랜즈는 아시아를 중심으로 하는 국제 무역은 7세기 이슬람교의 흥기로부터 시작되었다고 했다. 그는 국제 무역 네트워크의 형성을 예시로 들었다. 카이로 유대인 회관에서는 한 유대인 상인이 인도, 이란, 튀니지, 이집트 등지의 분점과 연락을 주고받은 서신이 발견되었다. 당시 국제 무역 네트워크는 종교 갈등과 지역 분쟁의 영향을 많이 받아서 제한적이었다. 설사 무슬림 통치 아래에서도 유럽과 아시아 해상 무역의 연결 지점인 수에즈 운하는 큰 장애물이었다. 160여 킬로미터에 달하는 노정은 오늘날 (철도 기준으로) 항저우에서 상하이까지 거리에 해당하며 주변은 온통 사막으로 둘러싸여 있어서 숙식이 극히 어렵고 화물 운송은 오로지 낙타에 의존해야 했다. 수에즈 운하에 도착한 화물들은 많은 짐꾼이 식량과 물, 생활용품과 함께 낙타에 싣고 옮겼다. 이 기후와 상황에 익숙한 낙타는 컨디션이 좋을 때는 약 180킬로그램의 화물을 싣고 하루에 60킬로미터를 걸었다. 160킬로미터를 가려면 3~4일간 쉬지 않고 걸어야 했다. 도중에 도적 떼라도 만날 것에 대비해 상인들이 주변 부족민을 무장 호송 인력으로 고용하면 경비가 만만치 않았다. 13세기 십자군 전쟁이 발발하면서 수에즈 해협의 북단 도시들과 수에즈를 잇는 목젖에 해당하는 콜줌Kolzum은 폐허가 되었는데, 이는 수에즈를 오가는 국제 무역이 철저히 몰락했음을 보여준다. 해상 운송의 측면에서 본다면 해상 실크로드는 수에즈 남단의 아이다브Aidab 항에서 마무리되었다.

우리가 흔히 알고 있는 '해상 실크로드'는 사실상 서태평양 해역과 인도양 해역을 연결하는 해로를 말한다. 동쪽에는 아시아 동부 해역, 서쪽에는 인도양 해역이 놓여 있고 두 해역은 믈라카 해협에서 서로 연결되므로 믈라카는 해상 실크로드 양쪽 지역의 연결점이자 분수령이라고 할 수 있다.

아시아 동부 해역에서 해상 교통은 일찍 시작되었지만 조선 기술과 항해술이 낙후되어서 선박들은 가까운 연해에서만 운행했고 비교적 먼 곳을 항해하기에는 어려움이 많았다. 중국과 일본이 황해를 사이에 두고 있어 '일의대수一衣帶水(해협을 사이에 둔 가까운 이웃)'라고 칭하긴 했지만 당대唐代까지도 양국을 오가는 여행은 고난의 연속이었다. 고승 감진鑒眞이 여섯 차례나 일본행을 시도했지만 다섯 번 실패하고, 여섯 번째는 일본 견당사遣唐使의 배를 타고서야 성공했다. 그마저도 두 달이나 걸렸고, 동행한 선박 중 견당사 후지와라노 기요카와藤原淸河, 아베노 나카마로阿倍仲麻呂(중국 이름은 조형晁衡이며 왕유王維, 이백李白의 친구)가 탄 배는 좌초된 다음 폭풍우를 만나 안남까지 표류했다가 180명 중 두 사람을 포함한 10명 정도만 목숨을 건지고 나머지는 모두 죽고 말았다.

남해 해역은 상황이 비교적 좋았다. 중국인들은 한대에 이 해역을 건너 인도양까지 나갔다. 기록에 따르면 양한兩漢 때부터 푸젠, 광둥 등지에서 출발해 인도 서남부 항구까지 가서 비단을 거래했다고 한다. 『한서』「지리지地理志」에는 한 무제가 파견한 사신과 상인들이 일남日南(베트남 중부), 쉬원徐聞(광둥 최남단), 허푸合浦(광시족 자치구 남단)에서 출항해 인도차이나반도 남쪽으로 항해하고, 다섯 달 뒤 메콩강 삼각주의 도원국都元國(베트남 남부의 끼엔장)에 도착했다고 나와 있다. 이들은 인도차이나반도 서안을 따라 북쪽으로 향하고, 4개월의 항해 끝에 미남湄南 하구 읍로邑盧(타이의 나콘빠톰)에 도착했다. 여기서 남쪽 말레이반도 동안을 따라 20일가량 배를 탄 다음 쁘라쯔웝 키리에 도착해서 도보로 10일 동안 걸어서 테나세림에 도

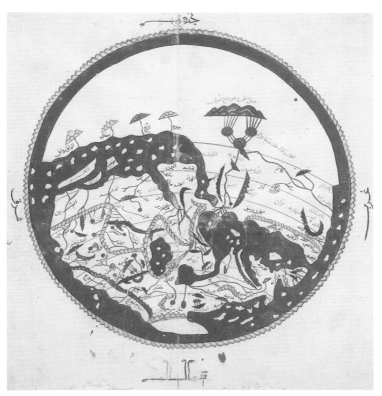

아랍 지리학자 알-이드리시가 1154년에 만든, 유럽 남쪽이 그려진 지도.
대항해 시대 이전에 그려진 지도 중 정확도가 가장 높다.

착했다. 다시 배를 타고 서쪽으로 떠나면서 인도양을 건너 두 달 뒤에 칸치푸람Kanchipuram에 도착했다. 돌아올 때는 칸치푸람에서 남하해서 지금의 스리랑카에 온 뒤 다시 동쪽으로 떠나, 8개월 뒤 믈라카 해협에 도착하고, 풀라우피상PulauPi-sang(싱가포르 서쪽)에 정박했다가 다시 두 달여를 항해해서 일남日南의 상촌현象林縣에 도달했다. 이렇듯 이 여정은 여러 번 배를 바꿔 타야 했고 육로도 통과해야 했다. 시간도 오래 걸려서 남인도부터 믈라카까지 무려 8개월이 소요되었다.

당대에 이르러 해상 무역은 괄목할 만한 발전을 이루었다. 지리학자 가탐賈耽은 『해내화이도海內華夷圖』 『고금군국현도사이술古今君國縣道四夷述』 『황화사달기皇華四達記』에서 당시 7곳의 주요 교통로를 소개했는데, '등주登州에서 고려, 발해로 들어가는 노선'과 '광저우통해이도廣州通海夷道' 중 두 곳이 해로였다. '광저우통해이도'는 중국에서 인도양으로 가는 해상 노선으로, 광저우를 출발해서 인도차이나반도와 말레이반도를 따라 싱가포르 해협까지 향한 다음 동남쪽으로 가면 자와, 서남쪽으로 가면 믈라카 해협으로 스리랑카와 인도반도의 남단에 도착했다. 인도 서쪽에서 출발해서 페르시아만의 오파라 항구와 바스라Basra 항으로 향한 다음, 아라비아반도 해안을 따라 수에즈 운하까지 항해했다. 『황화사달기』에는 이 노선 주변의 국가 30여 곳과 지명, 위치, 기후, 풍습, 항해 일지 등을 기록해놓았다. 이는 상인들이 자주 오가면서 얻은 경험에 기초한 것이다.

아랍인들의 기록에 따르면 당대 후기 광저우에는 해로를 통해 들어온 '번객蕃客'(외국 손님)이 많았다고 한다. 아라비아인 하산은 "878년에 황소黃巢가 광저우를 공격했을 때 성안에서 장사를 하던 이슬람교도, 유대교도, 기독교도, 배화교도 등 모두 12만 명을 살해했다"고 기록해두었다. 여행가 마수디 역시 이 상황에 대해 "당시 광저우성 안에는 이슬람교도, 유대교도, 기독교도, 요교도祆教徒와 중국인이 있었는데, 황소는 광저우성을 포위하고 관군을 물리친 뒤 여자들을 납치했다. 훗날 그의 병사들이 20만 명의 주민을 도살했다"고 했다. 두 사람의 묘사는 상당히 과장되었지만 당시 많은 아라비아인, 페르시아인, 유럽인이 광저우에 거주했던 것은 사실이다. 이 '번객'들이 어떻게 중국에 왔는지에 대해서는 기록이 남아 있지 않다. 고승 감진의 경우를 고려하면, 야자 가죽을 꼰 밧줄을 묶어서 만든 봉합식縫合式 목선은 좌초해서 물이 들어오면 바로 침몰할 위험이 있었다. 아라비아의 배들은 중국 연안을 따라 항해했을 것이다. 아라비아 여행가인 마수디는 바스라에서 중국으로 오는데 페르시아해, 라위해Larwi, 하르칸드Harkand, 칼라Kalah, 쿤랑Kundrang, 참파Champa, 칸카이Cankhay 등 모두 7곳의 바다를 지난다고 했다.

송대에 이르러 중국의 항해술과 조선 기술은 크게 발전했다. 나침반의 사용과 수밀창水密艙의 발명이 한몫했다. 이전에는 암초에 부딪히면 선창에 물이 들어와서 침몰했는데, 수밀창은 물이 새지 않아서 한 곳에 물이 들어와도 다른 곳은 영향을 받지 않아 사람들과 화물은 안전했다. 덕분에 중국은 당시 세계에서 가장 좋은 선박을 보유했고, 아랍, 페르시아, 인도 상인들은 원양 무역을 할 때 중국 선박에 타기를 원했다

주거비周去非의 『영외대답嶺外代答』(1178)과 조여괄趙汝适의 『제번지諸蕃志』(1225)에는 송나라와 대식大食(아라비아 지역) 사이의 해상 무역 노선에 관해 분명하게 기록되어 있다. 아라비아 상인들이 중국에 오려면 먼저 돛이 하나인 소형 선박으로 인도 남부 항구인 쿨람Koulam Malaya(오늘날의 퀼론Quilon)까지 온 뒤 다시 중국의 대형 선박으로 바꿔 타고 스리비자야Sri Vijaya를 거쳐야 했다. 『영외대답』에

서는 "겨울에 광저우에서 출발하면 북풍을 타고 약 40일 뒤에 란리(오늘날 수마트라 북단)에 도착한다. 그리고 소목蘇木, 백석白錫, 장백등長白藤을 사서 다시 동북풍을 타고 60일이면 말라바르에 도착했다"고 했다. 페르시아만으로 가는 중국 상인들은 다시 작은 배로 바꿔 탔다. 페르시아만에서 광저우까지 "비록 1월의 남풍을 타더라도 왕복하는 데는 2년이 걸린다"고 했다.

원대에 중국 선박이 동아프리카까지 항해했다는 명확한 기록이 있다. 유명한 항해가인 왕대연汪大淵은 1330년(지순 원년), 처음으로 푸젠 취안저우泉州에서 상선을 타고 하이난섬海南島, 점성, 믈라카, 자와, 수마트라, 미얀마, 인도, 페르시아, 아라비아, 이집트, 인도양을 지나 모로코까지 갔다가 다시 이집트, 홍해, 소말리아, 모잠비크, 인도양을 건너 스리랑카, 수마트라, 자와, 마하라니, 칼리만탄, 필리핀을 거쳐 취안저우로 돌아왔는데, 총 5년의 시간이 걸렸다. 1337년(지원 3) 왕대연은 다시 취안저우를 출발해서 남양 군도, 아라비아해, 페르시아만, 홍해, 지중해, 모잠비크 해협 및 오스트레일리아 각지를 거쳐 2년 만에 돌아왔다.

그는 훗날 이 경험을 바탕으로 『도이지략島夷志略』을 펴냈는데 "모두 눈과 귀로 직접 보고 들은 것으로 남에게 전해들은 이야기는 기록하지 않았다"고 했다. 이로써 그는 글로벌 히스토리와 인도양 지역의 역사를 연구하는 데 진귀한 자료를 제공했다. 이외에도 원대에 나온 『통제조격通制條格』에서 알 수 있듯 당시 중국인들은 아라비아반도에 이주하고, 중국 상선은 소말리아, 케냐, 탄자니아 해역까지 갔다. 원나라의 사절단도 이 배를 타고 모가디슈Mogadish, 말타, 세일

락Seylac(Zelia라고도 함) 등지를 갈 수 있었다. 인도양의 여러 나라 상선들도 이 노선을 따라 중국과 인도양을 왕래했다. 1342년, 모로코 여행가 이븐 바투타는 인도 말라바르Malabar 해안을 여행하면서 중국 선박을 보고 "캘리컷Calicut과 콜람Kollam으로 들어오는 중국 배는 마치 큰 도시처럼 선상에서 약초와 생강을 기르는 것은 물론 고위 관료들은 독립된 방에서 지냈다. 당시 중국인들은 세계에서 가장 부유한 사람들이었다"고 했다. 또한 그는 1346년(지정 6), 해로를 통해 중국에 와보고 "당시 인도와 중국을 오가는 길은 모두 중국인들이 장악했다"고 기록했다.

송원 시대에는 아라비아, 페르시아, 인도 상인들이 인도양 해상 무역을 장악하고 있었다. 해상 실크로드 중 가장 긴 구간(인도양 해역)의 동쪽(인도 남부에서 중국까지) 구간에서 중국 선박이 우세했지만 서쪽 구간은 전통적으로 아라비아 선박이 절대적인 우위를 차지하고 있었다. 취안저우에서 이름을 떨친 상인 포수경蒲壽庚 같은 번객 가문은 "해상 무역으로 엄청난 돈을 벌었고 하인이 수천 명에 달했다"고 한다. 이 집안은 송원 양대에 걸쳐 상당한 세를 형성하고 조정에서 대접받으며 해상 무역의 관리자로서 오랫동안 이익을 독점했다. 이들은 중국에서 제조한 많은 선박을 소유했는데(포수경의 사위는 페르시아 사람인 불련佛蓮(?~1293)으로 80척을 갖고 있었다) 주로 중국에서 동남아를 오가며 향료 무역을 했다. 앞에서 언급했듯이 해상 실크로드는 여러 항로로 연결되어 있고 주로 연안이나 해안을 따라 운행했으므로 항상 해적의 공격에 노출되어 있었다. 인근 연안 국가나 지방 정부의 보호를 받으려면 그들은 협박을 일삼았고 값비싼 대가를 요구했다. 이처럼 해상 실크로드는 거리도 멀고 불편했으며 도처에 위험이 도사리고 있어서 상인들의 지출이 많아 운송비가 높아질 수밖에 없었다.

15세기 이전의 해상 네트워크는 아직 규모나 거리, 안전 면에서 매력적이지 않았다. 각 지역을 연결하는 네트워크는 수에즈까지 연결되었지만 그 연결고리는 상당히 느슨하여 세계 주요 거점을 긴밀하게 연결시키지는 못했다. 사회학자 재닛 아부루고드는 "13세기 이전에도 아라비아해, 인도양과 중국 남해에는 이미 해상 무역 네트워크가 형성되어 있었다. 가장 서쪽은 무슬림 구역이고 중간은 인도, 가장 동쪽은 중국의 '천하', 즉 조공 무역이 이뤄지는 지역이었다. 이 세 무역권은 상당히 일찍 시작되었고 꾸준히 강화되었지만, 대규모의 무역은 지속되지 않았다. 따라서 15세기 이전, 세계 여러 주요 지역에서 긴밀한 경제관계가 형성되었다고는 보기 힘들다"고 지적했다.

3. 대항해 시대:
경제 세계화의 시작

15세기 이후 중대한 변화가 발생했다. 15~17세기에 전례 없는 원양 항해가 성행했고, 이 3세기를 '대항해 시대'라고 칭한다. 대항해 시대는 세계를 새로운 단계로 진입시켰다.

서태평양 해역과 인도양 해역의 해운은 15세기 이전부터 꾸준히 발전해왔다. 그러나 지중해와 인도양 사이의 해운은 수에즈로 인해 단절되어 있었다. 이슬람교가 흥기하면서 상황을 변화시켜 결국 유럽을 아시아 해상 무역의 바깥으로 밀어냈다.

15세기 유럽의 조선 기술은 크게 발전했다. 14세기 말, 새로운 대형 선박인 카라크선carrack이 출현했는데 이는 서유럽 원양 선박의 최초 모델이다. 15세기에 카라크선은 돛대 한 개, 돛 하나의 이전 형태에서 발전해 돛대 3개와 여러 개의 돛을 세워 16~18세기 대항해 시대의 기본 모델이 되었다. 또 포르투갈에서는 카라렐cararel이라는 삼각돛을 사용한 배가 등장했고, 속도가 빠르고 조작이 쉬워서 역풍에도 '갈 지之'자를 그리며 바람에 맞서 곡선으로 전진했다. 이 새

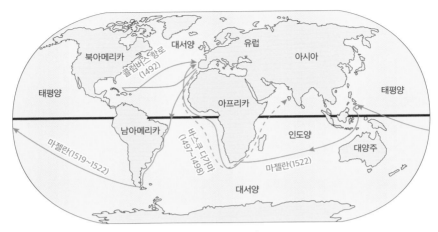

대항해 시대의 주요 해로.

로운 선박을 타고 과거에는 갈 수 없던 곳으로 항해를 떠났다. 콜럼버
스가 거느렸던 핀타Pinta와 니나Nina 두 선박은 가벼운 평저식平底式
카라럴이었고, 기함 산타마리아Santa Maria호는 장비가 잘 갖추어진
카라크형이었다. 바스쿠 다가마가 1497~1498년 인도 항로를 개척할
때 이용한 선박들도 기본적으로 이 두 가지 형태였다.

새로운 선박이 출현하면서 유럽 국가의 운송능력은 크게 향상되었
다. 14세기에 베니스 상선은 100톤에서 300톤까지 적재할 수 있었
는데 16세기 중반에 들어서는 베니스의 카라크선으로 600~700톤까
지 운반 가능해지면서 적재량이 두 배 이상 증가했다. 1450~1550년,
포르투갈 선박은 적재능력을 두 배로 늘렸고, 네덜란드도 250톤에
서 500톤으로 늘렸다. 파도를 견디는 내구성이 강화되어 항해 시간
도 늘어났다. 1250년 전후, 유럽에서 나침반은 크게 발전해서 오차

복원된 산타마리아호.

범위가 3도 이내로 정확도가 높아졌다. 다만 아직 보편화되지 않아 일반 선원들은 사용하지 못했다. 13세기 후반이 되자 나침반이 광범위하게 사용되기 시작했고, 유럽인들은 비로소 무슬림이 500년 동안 독점해서 '무슬림의 바다'로 불리던 지중해를 벗어나 광활한 대서양으로 나와 동아시아로 통하는 길을 찾게 되었다.

과거에는 대항해 시대가 15세기 말 지리상의 대발견과 함께 시작되었다고 보았으나 요즘은 그 시기를 좀더 앞당기는 추세다. 메리 위즈너행크스는 대항해 시대를 1350~1600년이라고 보기도 한다. 경제사, 기술사, 글로벌 히스토리의 관점에서 본다면 대항해 시대는 15세기 초 정화鄭和의 대원정, 15세기 말 콜럼버스의 신대륙 발견, 바스쿠 다가마의 인도 항로 발견 등을 시작점으로 본다. 이 위대한 대항해활동과 16~17세기의 진일보한 발전이 최초로 세계 각 대륙을 연결하면서 경제 세계화가 전개되었다. 잘 알려진 콜럼버스와 마젤란의 항해활동보다는 최근 정화의 대원정이 더욱 관심을 끌고 있다. 물론 정화의 원정이 중대한 사건이기는 하지만 콜럼버스와 마젤란에 비할 수는 없을 것이다.

그럼에도 기술과 규모 면에서 정화의 여행은 분명 세계사적인 사건이다. 『케임브리지 중국사: 명 왕조, 1368~1644』에서는 정화가 거느린 함대가 20년도 채 안 되는 시간에 지구의 절반을 돌며 먼 곳까지 제국의 위엄을 떨쳤는데, 이는 15세기 말 지리상의 대발견 이전에 일어난 일이자 세계 역사상 가장 큰 규모의 해상 탐험이라고 기술했다. 어떤 이들은 이렇게 놀랄 만한 규모와 기술적 성과를 소극적으로 평가하기도 한다. 밀스J. V. G. Mills는 "해상 원정이 후대 사람들에게 남긴 것은 몇 차례의 무력 과시와 단순한 공적뿐"이라고 했다. 중국 내에서도 정화의 여행은 "그저 호화로운 연출"일 뿐이고 연출이 끝나자 영원히 막을 내렸다고 평가했다. 역사학자 장빈춘張彬村은 정화가 여행을 떠나면서 조정이 통제를 강화해서 시장 경제를 약화시켰고, 중국 경제에서 나아가 해양 경제 발전까지 심각하게 저해했다고 비평했다.

이와는 반대로 콜럼버스, 마젤란과 그 이후 유럽인들의 항해활동은 계속되어 세계 역사를 바꿨다. 페르난데스아르메스토는 『1492: 세계가 시작된 그해1492: The Year the World began』에서 다음과 같이 말했다. "1492년에는 기독교 국가가 변모했을 뿐만 아니라 세계 또한 완전히 바뀌었다. (…) 현대 세계는 대부분 1492년에 시작되었다. 따라서 글로벌 히스토리의 특정한 연대를 연구하는 역사학자라면

1492년을 눈여겨봐야 하지만, 의외로 소홀히 다뤄지고 있다. 1492년 하면 가장 먼저 떠오르는 것은 콜럼버스가 아메리카 대륙 노선을 발견해 세계를 변화시킨 중대한 사건이다. 콜럼버스 이후 구세계는 신세계와 접촉하게 되면서 장벽이었던 대서양이 통로로 바뀌었다. 과거 분리되었던 문명이 하나로 합쳐지면서 명실상부한 글로벌 히스토리, 진정한 '세계 시스템'이 가능해졌다. 각지에서 발생한 사건들이 하나로 연결된 세계 안에서 반응하고, 사상과 무역이 일으킨 효과는 마치 나비가 날갯짓으로 큰 바람을 만들어낸 것과 같게 되었다. 유럽의 제국주의는 다시 한번 전 세계를 강타했다. 서양 세계로 편입된 아메리카 대륙은 서양 문명에 풍부한 자원을 제공함으로써 아시아의 맹주를 자처하던 제국을 쇠퇴의 길로 들어서게 했다."

또한 그는 바스쿠 다가마가 아프리카를 돌아 아시아로 가는 노선을 발견한 일을 높이 평가했다. "13세기 중엽 이후 무슬림 중심의 중동이 쇠락하고 유럽, 인도, 중국이 새롭게 등장하면서 이후 250년 동안 경제가 번영하고 가장 활력 있는 지역이 되었다. 이 세 지역은 방직품, 무기, 도자기, 유리와 금속 기구 등 공업 제품을 생산했다." 유럽, 인도, 중국 세 지역 가운데 중국과 서유럽이 특히 중요하지만 둘 사이의 직접적인 무역은 없었다. "로마 시대부터 유럽인들은 세계에서 가장 부유한 시장에 들어가려고 꾸준히 노력해왔다. (…) 15세기 중국과 동아시아에서 형성된 경제 시스템은 새로운 기회를 만들어가고 있었다. 지폐와 동전에 대한 신뢰가 동요하면서 중국 시장의 백은 수요는 여느 아시아 시장보다 높았다. 백은 가격이 상대적으로 낮은 인도, 일본 등지에서는 중국으로 백은을 수출하고, 유리한 조건에서 중국의 황금 및 다른 상품과 바꿔서 부를 축적했다. 유럽인들이 배를 타고 동방의 항구에 가기만 한다면 이 가격 차이를 이용해서 큰 이익을 얻을 수 있었다. (…) 이렇듯 이전과는 완전히 다른 상황이 세계를 전혀 경험하지 못한 새로운 곳으로 이끌었다. 콜럼버스가 중국으로 가려던 계획은 세계를 확장시켰고, 결국 동서양의 경제를 연결시켜 하나의 글로벌 경제 시스템이 되도록 했다."

이렇듯 유럽인의 항해활동을 통해 유럽에서 아메리카 대륙과 아시아를 오가는 해상 통로가 개척되었고, 세계의 주요 지역이 처음으로 연결되었다. 이후 경제 세계화는 왕성해지기 시작했다. 자크 아다에 따르면, "경제 세계화는 15세기 말 유럽에서 탄생한 자본주의 발전의 원인이자 결과였다. 최근 일체화된 하나의 시스템으로 나타난 세계경제는 유럽의 경제, 혹은 유럽 중심의 경제에서 시작되었다고 할 수 있다."

이 세계화의 흐름 속에서 중국인들은 특수한 위치를 점하고 있다. 초기 경제 세계화 시대에 중국에서 발생한 일은 가장 위대한 이야기 중 하나가 될 것이다. 초기 경제 세계화 역사를 흥미진진한 연극이라고 한다면, 이를 상영하는 무대는 당시 막 형성되고 있던 국제 시장 네트워크이고, 시장에서 유통되는 상품들은 소품이며 극의 주인공은 바로 상인일 것이다.

4. 무대, 초기 경제 세계화 시대의 세계

대항해는 경제 세계화의 문을 열었다. 국제 무역을 통해 형성된 네트워크는 국가 경계라는 벽을 허물고 더 많은 지역을 긴밀하게 연결시켰다. 또한 세계 곳곳의 사람들과 생산 요소들이 이 네트워크 안에서 활발하게 움직이며 경제가 빠르게 발전할 수 있도록 했다.

이 국제 무역 네트워크는 유럽인들이 최초로 만들었다. 17세기 중엽, 유럽인들은 세계 대부분 지역을 발견했고 스페인, 포르투갈, 네덜란드, 영국, 프랑스 등은 해외에 넓은 식민지를 구축했다. 러시아도 적극적으로 동쪽으로 진출하면서 1636년에는 오오츠크해를 건너 시베리아 전 지역을 차지했고 광대한 식민 제국을 건설했다. 유럽인들이 세운 식민 제국은 중국의 농업 제국과 달랐고, 아랍인, 몽골인, 터키인들이 세운 유목 제국도 아니었다. 식민 제국은 국제 교역을 통해 나라 간 밀접한 관계를 구축한 신형 무역 제국이었다. 초기 경제 세계화는 식민 제국의 주도하에 진행되었다. 유럽 대륙 서쪽 끝에 있는 스페인과 수천 킬로미터 떨어져 있는 동쪽 끝의 중국, 필리핀 그

필리핀 마닐라에 있는 성벽 도시 인트라무로스에는 16세기부터
마닐라와 멕시코 아카풀코 사이를 운항했던 갤리선을 기념하는 비석이 서 있다.

리고 남북 아메리카 대륙이 어떻게 서로 연결되는지를 보면 이 과정
을 알 수 있다.

　찰스 만은 『1493: 콜럼버스가 창조한 미지의 신세계』에서 생동
감 있게 이 시기의 역사를 서술했다. 1565년, 안드레스 데 우르다네
타는 태평양을 서쪽에서 동쪽으로 가로지르는 130일간의 긴 항해를
마쳤다. 처음으로 마닐라에서 멕시코 항구 도시 아카풀코Acapulco
에 이르는 노선을 개척한 것이다. 같은 해 아시아 이민자들이 멕시코

에 가면서 이후 수십 년 동안 수천 명이 이 길을 따라 아메리카 대륙에 와서 조선술을 전해주고, 성곽 축조와 기타 공공 건설 사업에 참여했다. 17세기, 멕시코의 아시아 이민자 수는 이미 5~10만 명에 달했다. 사람들은 이들을 '치노스Chinos(중국인)'라고 불렀는데 실제로는 중국 푸젠성 출신과 필리핀계 푸젠성 사람, 필리핀인을 통칭한 것이었다. 이 중국인들은 큰 범선을 타고 태평양을 건너서 아카풀코에 내린 다음 아메리카의 여러 스페인 식민지로 퍼져나갔다. 스페인 사람들이 원거리 항해를 꺼리자 이들은 그 자리를 대신해서 태평양을 오가는 무역의 주인공이 되었다. 스페인령 아메리카에서 백은 운송로를 따라 아카풀코에서 멕시코시티, 푸에블라, 베라크루스까지 퍼져나갔다. 심지어 아시아 사람(특히 일본 사람)들은 이 길을 순찰하고 치안을 담당하기까지 했다. 1630년대, 일본이 쇄국령을 선포하자 타국에서 떠돌던 일본인들은 귀국하지 못하고 수백 명이 멕시코에 남았다. 스페인 당국은 예외적으로 일본인들이 무사도와 짧은 칼을 소지할 수 있도록 허락하고 백은 운송로를 관리하도록 맡겨 도적들의 준동에 대비했다.

멕시코시티는 스페인령 아메리카의 중심 도시로, 서로 다른 나라에서 온 이민자들은 자신들의 구역을 정해서 살았다. 아시아 이민자 구역은 아메리카 최초의 차이나타운이었다. 이곳의 시장에는 여러 나라의 서적을 거래하는 사람, 재봉사, 신발 수리공, 정육점 주인, 자수 장인, 악사와 서기書記들이 아프리카, 인디언 및 스페인 상인들과 경쟁하면서 장사판을 벌였다. 중국인들은 장사 수완이 좋아서 유럽인들이 장악하고 있던 금속업을 잠식해갔고 식민지 당국을 긴장시켰다. 1620년대, 한 도미니크 수도회 신부는 "기독교에 귀의한 중국인들이 매년 끝없이 늘어나더니 이 업종에서 스페인 사람들을 완전히 몰아냈다"라고 한탄했다. 1604년, 시인 베르나르도 데발부에나는 유명한 시 「위대한 멕시코」에서 다음과 같이 읊었다.

> 여기에서
> 스페인과 중국이 결합하고
> 이탈리아와 일본이 결합하면, 최후에
> 전 세계의 무역과 질서도 하나가 된다.
> 여기에서, 우리는 서방 최고의 보물을 즐기고 있다.
> 여기에서, 우리는 동방에서 창조한 빛나는 진수 전부를 얻었다.

이 시는 서양 식민지 제국이 세계화 과정에서 담당했던 역할을 충실하게 설명해준다.

초기 세계 경제화가 진행되는 과정에서 유럽 못지않게 중국 역시 중요한 역할을 했다. 그동안 우리는 명청 시대에 쇄국 정책을 실시했고, 아편 전쟁에서 패배한 이후에야 강제로 개방하게 되었다고 교과서에서 배웠다. 또한 '폐관자수閉關自守(외국과의 교류를 중지하고 스스로 문을 걸어 잠그는 정책)'의 시기를 명나라 초기까지 소급하고, "정화가 죽은 뒤 명나라 황제들은 항해 정책을 폐지하고 배를 불태우면서 바다로 나가는 것을 금지했다. 쇄국 정책은 청나라 초기에 들어 더욱 엄격하게 실시되었다. (…) 이렇게 500년에 달하는 폐관자수의 긴 역사가 시작되었다"고 알려져 있다. 그러나 예일대 밸러리 핸슨 교수는『열린 제국: 고대부터 1600년까지The Open Empire: A History of China Through 1600』에서 1600년 이전 중국이 폐관자수 상태가 아니었음을 주장했다.

오늘날 전통적인 '명청 폐관자수론'은 더 이상 통하지 않는다. 사실상 16세기보다 훨씬 이전부터 중국은 아시아 동부와 인도양 동부 경제권에서 매우 중요한 역할을 담당해왔다. 16세기에 유럽인들이 바닷길을 통해 중국에 온 뒤, 중국을 중심으로 하는 경제권과 유럽, 아메리카 대륙을 중심으로 하는 지역의 경제권이 밀접하게 연결됐고 진정한 의미의 경제 세계화 조류가 일기 시작했다. 여기에 중국이 참여하지 않았다고 해도 이는 피할 수 없는 시대적 흐름이었다. 다만 그것은 진정한 의미의 경제 세계화라고는 할 수 없을 것이다.

5. 도구: 초기 경제 세계화 시대 국제 무역 상품

마이클 보르도 외 몇몇 학자는 16~17세기 국제 무역의 중요한 특징으로 상품의 종류가 여전히 비경쟁적인 것에 집중되어 있음을 꼽았다. 비경쟁적인 상품에는 몇몇 지역에서만 생산되는 특산품이 해당되는데, 주로 아시아에서 생산되는 생사와 사직품, 향료, 면직품, 차, 자당蔗糖 등이었다. 이 시기 주로 거래된 상품은 이외에도 도자기, 염료, 무기, 노예 등이 있었다. 무역량으로는 생사와 사직품, 향료, 면직품, 차, 자당 순이었다.

(1) 생사와 사직품

유럽인들에게 중국은 '실크의 나라'로 불렸다. 16~17세기 국제 무역에서 중국은 생사와 사직품을 주로 공급하고 일본, 포르투갈, 스페인, 네덜란드가 주요 구매자였다.

·일본: 16세기에 일본의 사직업은 크게 발전했지만 생사의 생산이

수요에 크게 미치지 못했다. 스페인 상인의 기록에 따르면 당시 일본은 매년 생사 22만500킬로그램을 소비했고, 수확이 가장 좋을 때의 생산량이 9만4500~12만6000킬로그램으로 나머지는 수입에 의존해야 했다. 명대 가정嘉靖 후기 정약증鄭若曾은 "생사는 견직물을 짜는 데 필요한 것으로 일본에서는 전통적 디자인에 따라 연회 등 주요 행사가 있을 때마다 짜서 입었다. (…) 만약 수입하지 않으면 생사가 없어서 옷을 짤 수 없었다"고 했다. 17세기에 일본은 매년 중국에서 2000~3000단抯의 생사와 사직품을 수입했다.

・포르투갈: 포르투갈은 중국에서 생사를 구입해서 일부는 식민지인 인도 고아Goa를 거쳐 유럽으로 가져가고 나머지는 일본에 가져가 팔았다. 꽤 많은 수량이었는데, 1580~1590년 사이 매년 아오먼澳門(마카오)에서 고아로 운송한 생사는 3000단, 원가는 은 20만 냥이었지만 이윤이 36만 냥에 달한다고 했다. 1636년(숭정 9)에는 6000단을 운송하고 72만 냥의 이윤을 남겼다. 중일 간 직접 무역은 어려움이 많았기에 포르투갈 상인들이 중간상 역할을 한 것이다. 1637년에는 아오먼에서 일본으로 운송된 전체 상품 가운데 생사가 차지한 비율이 81퍼센트나 되었다.

・스페인: 1570년, 스페인인들은 필리핀에서 중국 상인들과 처음 접촉했다. 2년 후, 중국 상인들은 생사, 면직품, 도자기의 견본품을 필리핀에 있는 스페인 식민 당국 관리에게 보여주고 가격을

정한 후 멕시코에 운송하기로 계약을 맺었다. 1573년 7월 1일, 비단 712필匹, 면포 1만1300필, 도자기 2만2300점 등 중국에서 가져온 화물을 실은 스페인 범선 두 척이 마닐라를 출발해서 아메리카로 향했다. 17세기 초 멕시코인들이 입은 고급 의류는 대부분 중국산 비단이었다. 1636년 이전 대범선 한 척당 보고된 사직품은 대략 300~500상자였는데 1636년 이후 아카풀코로 향하는 대범선에 실린 사직품의 양은 1000상자를 넘어섰다. 한 상자당 주단 250필, 견직물 72필 등이 실려 있어서 1000상자면 약 114톤에 해당했다. 1701년 마닐라의 한 대주교는 멕시코로 운송되는 생사와 사직품의 가격이 통상 약 200만 페소에 달하고 무역이 한창 번성할 때는 300~400만 페소에 달한다고 기록했다.

· 네덜란드: 17세기 초, 네덜란드는 매년 중국에서 500단의 생사 제품을 구매해서 대부분 일본으로 보내고 나머지는 유럽으로 가져갔다.

포르투갈, 스페인, 네덜란드 상인들이 중국에서 생산된 제품을 유럽으로 가져가자 현지인들의 엄청난 사랑을 받았다. 17세기 초, 한 유럽 상인은 "중국에서 가져온 각종 생사 제품 중에서 눈처럼 하얀색의 천이 가장 잘 팔린다. 유럽에서는 이런 색깔을 도저히 낼 수 없다"고 감탄했다.

(2) 도자기

중국 도자기의 주요 구매처는 일본, 포르투갈, 스페인과 네덜란드였다.

- 일본: 일본은 중국 상인을 통해 직접 도자기를 수입했다. 17세기 전기에는 정지룽鄭芝龍 집단이 중일 무역을 통제했다. 1635년 8월, 정씨 집단은 타이완에서 중국 도자기 13만5005점, 그중 청화그릇 3만8863점, 홍록채반紅綠彩盤 540점, 청화반靑花盤 2050점, 밥그릇과 찻잔 9만4350점을 운송했다. 1637년에는 75만 점의 도자기를 운송했다.

- 포르투갈: 1514년, 포르투갈의 항해사 안드레아 코르살리 등이 중국에 와서 징더전景德鎭의 오채자기五彩瓷器 10만 점을 사서 본국으로 돌아갔다. 1522년 포르투갈 국왕은 동방에서 돌아오는 상선이 적재한 화물 중 3분의 1은 반드시 도자기로 채워야 한다는 명령을 내리기도 했다.

- 스페인: 1573년 '마닐라 대범선 무역'을 시작하면서 처음으로 두 척의 대범선에 2만2300점의 도자기를 싣고 왔다. 16세기 스페인과 포르투갈 두 나라가 유럽으로 가져간 도자기는 약 200만 점에 달했다.

- 네덜란드: 1636~1637년, 1639년, 네덜란드는 징더전 도자기

16세기 대항해 시대의 네덜란드는 세계 최강국 중 하나였다.
그림은 네덜란드 서인도 회사가 1625년 7월 뉴욕의 맨해튼 남쪽 끝에 건설한
식민 도시의 모습이다. 당연히 이 시기 무역의 중심엔 늘 네덜란드가 있었다.

수십만 점을 구입했다. 네덜란드 동인도 회사의 자료에 따르면 17세기 초, 대략 300만 점이 넘는 도자기를 유럽에 가져갔으며 주로 네덜란드인들이 구매했다고 한다. 1602~1644년, 동인도 회사가 인도네시아로 운송한 도자기가 42만 점 이상이었다. 네덜란드 상선들은 중국의 저가 도자기를 콜카타에 가져가 되팔아 이익을 남기기도 했다. 명대 후기부터 청대 초기까지 대략 80년간 동인도 회사를 거쳐 국외로 운송된 도자기는 모두 6000만 점 이상이었다.

(3) 차

중국차의 주요 구매자는 네덜란드였다. 1606~1607년, 네덜란드 상인은 고아주에 와서 차를 구매하고 아오먼을 거쳐 바타비아로 가져간 뒤 1610년에 본국으로 가져가서 되팔았다. 이후 서유럽과 중국 간의 차 무역이 개시되었다. 이후 영국, 프랑스에서도 차를 마시는 문화가 급속도로 퍼져나가서 중국에서의 수입량도 큰 폭으로 증가했다. 기록에 따르면 1648년 3월, 네덜란드 선박 베르크하우트Berkhaut호는 타이완의 대원人員(오늘날의 타이난)*에서 출항해 바타비아에 도착했는데, 적재 화물 중 중국 차는 1200킬로그램에 달했다. 영국 동인도 회사도 1664년부터 중국차를 대량으로 구매하기 시작했는데 첫 구매 액수가 무려 100파운드였다.

(4) 저당

중국 저당의 주요 구매처는 일본, 네덜란드와 영국이었다.

- 일본: 17세기, 일본은 저당이 거래되는 주요 시장 중 하나였다. 17세기 초에 포르투갈인들은 중국에서 저당을 구매한 다음 일본에 가져갔다. 중국인들도 일찍 이 무역에 참여했다. 기미야 야스히코木宮泰彦 교수의 연구에 따르면 1609년 7월, 10척의 중국 상선이 사쓰마薩摩에 왔고 가고시마鹿儿島와 보노쓰坊津에도 정박했는데 신고 온 화물 중 백당白糖, 흑당黑糖이 있었다. 이는 중국 저당이 일본에 처음 수입된 것이었다. 이후 중국은 일본에 저당을

---

* 대원은 타이난 안핑의 옛 이름으로, 이 지명(타이완 발음은 다이웬)으로부터 타이완의 명칭이 탄생했다.

공급하는 최대 공급자가 됐는데 1641년에는 양이 345만6000킬로그램에 달했다. 네덜란드도 이 무역에 뛰어들면서 상당한 양을 공급했다.

- 네덜란드: 17세기 초, 네덜란드는 중국에서 저당을 매년 120만 킬로그램가량 구입했고 1639년에는 180만 킬로그램까지 늘어났다. 이 저당은 네덜란드 본국에서는 소비되지 않고 중계 무역을 통해 다른 유럽 국가에 판매되었다. 중국에서 유럽으로 수출하는 저당은 주로 네덜란드가 담당했다.

- 영국: 1637년(숭정 10), 영국 동인도 회사의 상선들은 광저우에서 1만3028단의 백당과 500단의 빙당氷糖을 구매했다.

저당과 차, 두 상품이 유럽에서 유행한 데에는 재미있는 배경이 깔려 있다. 유럽에 차가 대량으로 수입되자 점차 차를 마시는 문화가 생겼는데, 유럽인들은 차를 마실 때 중국인들과 달리 설탕을 넣어 쓴맛을 제거했다. 따라서 차를 많이 마실수록 저당 시장도 확대되었던 것이다.

(5) 향료

향료는 동남아시아와 남아시아에서 공급되고 주요 구매자는 중국인과 유럽인들이었다. 향료의 종류는 지역에 따라 다양했지만 주로 후추, 육두구nutmeg, 정향clove, 시나몬cinnamon, 소목caesalpinia

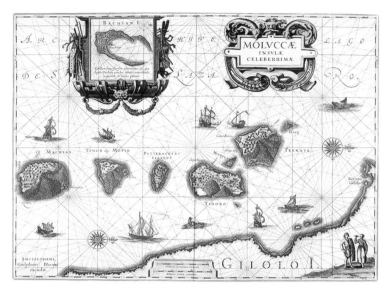

17세기 네덜란드의 유명한 지도 제작자
빌렘 블라외Willem Blaeu가 그린 말루쿠 제도 해역 지도.

sappan 등이 주를 이뤘다. 향료는 식품의 맛을 내거나 오래 저장하는 데 쓰였고, 그 외에도 종교 의식, 각종 사교 행위에서나 개인 취향에 따라 다양하게 사용되었다.

후추는 주로 인도와 남양 군도에서, 육두구와 정향은 남양 군도의 반다해banda의 섬들과 말루쿠Maluku 제도에서, 시나몬은 스리랑카와 미얀마에서, 소목은 인도, 스리랑카, 미얀마, 베트남, 말레이반도에서 생산되었다. 중국 남쪽의 광둥, 광시, 윈난에서도 생산되었지만 수량이 많지 않고 질도 좋지 않았다. 중국은 당나라 때부터 이미 바닷길을 통해 향료를 수입해왔다. 당시에는 수입 상품을 '향약서상香

藥犀象'이라고 통칭했는데 주로 향료를 가리키는 말이었다. 748년(천보 7), 감진鑒眞대사가 다섯 번째 일본행을 시도했으나 바람을 만나 하이난섬 완안저우萬安州에 표류했다가 그곳에서 "브라만(인도), 페르시아, 곤륜 등에서 온 선박을 많이 봤는데 모두 향약과 진귀한 보물을 산처럼 싣고 있었다"라고 했다. 중국 서적에서 말하는 남해 곤륜은 자와, 수마트라 등지를 포함한 남해 제국을 통틀어 지칭했다. 따라서 이 '향약'들은 인도와 동남아시아에서 왔음을 알 수 있다. 송원 시대에는 주로 페르시아와 인도 상인들이 인도와 실론, 동남아시아에서 향료를 가져왔다.

명대에 들어서 세계 향료 수급과 공급에 중대한 변화가 생겼다. 동남아시아의 향료 생산이 인도를 추월하면서 세계 향료 시장에서 가장 큰 공급원이 되었고, 서유럽의 향료 수요 또한 급증해서 중국 이외의 주요 소비처가 되었다.

동남아시아에서 말루쿠 제도는 가장 중요한 향료 산지여서 '향료 군도香料群島'라고도 불렸다. 16세기 초, 포르투갈인 토메 피레스는 이렇게 말했다. "향료 군도 중 반다섬이 육두구피와 종자 등 두 가지 향료의 주 생산지로 매년 육두구피 100톤, 종자 1200톤을 생산한다. 정향은 말루쿠 군도에서 1200톤을 생산한다고 했다. 각국 상인들이 모두 이 지역에 와서 향료를 구매했다."

명대 이전, 중국은 세계 향료 시장에서 최대 고객이었으나 서유럽의 경제가 빠르게 발전하면서 향료의 수요 또한 급증했고, 서유럽이 또 다른 주요 고객이 되었다. 하지만 유럽은 향료 생산량이 매우 적어서 중동, 북아프리카, 인도양 등지에서 수입해야 했는데 그중 가장 중요한 공급지가 바로 인도양 지역(특히 인도)이었다. 동방에서 생산된 향료를 유럽까지 운송하는 무역 노선을 '향료 로드'라고 했다. 그러나 이 향료 로드는 항해하기에는 너무 길고 불안한 요소가 많았다. 15세기 들어서 상황은 더욱 불리해졌고 이에 대해 페르난데스아메스토는 다음과 같이 결론을 냈다.

향료는 아시아에서 가장 값나가는 물건이다. 향료 무역의 주인공은 후추로 인도 서남부에서 전 세계 시장의 70퍼센트 이상이 생산된다. (…) 값이 나가지만 생산량은 많지 않은 상품들, 즉 스리랑카의 시나몬, 반다섬과 말루쿠 제도에서 전문적으로 생산하는 정향, 두구, 육두구도 중요하다.

유럽은 향료를 얻기에 불리했다. 중국이 거의 절반을 가져가고 나머지는 도대체 몇 번의 중간상을 거친 것인지도 모를 만큼 천신만고 끝에 유럽에 전해졌다.

중세기(대략 700∼1000년)에 오면, 향료 무역은 주로 무슬림과 구자라트Gujarat 상인들이 독점하고 유럽 상인들은 유럽 내에 묶여 있었다. (…) 당시 유럽 상인들 중 일부는 대담하게 인도양으로 뛰어들었지만 위협적인 이슬람 상인들을 만나는 등 위기를 겪었다. 또 일부는 터키나 시리아를 건너 페르시아만으로 가기도 했다. 좀 더 일반적인 경우는 이집트 당국의 통행증을 얻어 나일강을 거슬러 다시 사막 상인들과 이디오피아인들이 통제하는 항구로 가는 것이었다. 많은 방법이 시도되었지만 결국 모두 실패했다.

1883년경 테르나테섬의 상징인 화산을 배경으로 식민 조계지역을 그린 그림.

　　이 상황은 15세기 중엽에 이르러 더 악화되었다. 1453년, 오스만 제국 군대가 콘스탄티노플을 공격한 뒤로 향료 무역로는 단절되었다. 유럽인들은 어쩔 수 없이 해양으로 눈을 돌려 중국과 인도로 가는 새로운 항로를 찾을 수밖에 없었다. 그들이 새로운 항로를 찾은 직접적인 동기는 향료다. 포르투갈의 해상 탐험대가 내세운 구호 역시 '그리스도와 향료를 위하여For Christ and spices'였다. 1510년, 포르투갈은 인도 고아를 점령하고 이듬해 다시 향료 무역의 중심인 믈라카를 탈환했다. 1522년 포르투갈인들은 정향을 많이 생산하는 테르나테섬에 성을 쌓고 말루쿠 제도 각 섬의 향료 무역을 통제하려 했다. 당시 말루쿠 제도에서 정향을 구매한 다음 스페인에서 되팔아도 이윤이 7~10배가 남았다. 구자라트에서 실론까지는 8일이 걸렸는데, 향료 이윤을 10배나 올렸다. 시나몬을 인도에서 페르시아만의 호르무즈나 서남인도의 디우Diu로 가져가면 6배의 이윤을 얻을 수 있었다.

이 거래에서는 상인뿐 아니라 포르투갈 왕실도 거액을 챙겼다. 1510년부터 포르투갈 국왕은 매년 향료 무역에서 대략 100만 크루자도cruzado(포르투갈 옛 화폐 단위. 당시 부유한 집의 하인이 매년 4크루자도를 받았다)를 벌었다. 포르투갈인은 말루쿠 제도 — 믈라카 노선에서 향료를 사서 중국, 인도, 아라비아, 유럽 시장에 공급했다. 17세기 중기, 네덜란드인들이 말루쿠 제도의 향료 무역을 독점한 이후 이곳에서 생산된 향료는 고가에 팔려 유럽 시장에서의 가격은 원산지 가격의 17배, 인도 시장에서의 가격도 14배에 달했다. 1620년, 향료와 후추가 네덜란드에게 가져다 준 이윤은 전체 수입의 75퍼센트를 차지했다. 17세기 초, 서유럽 열강이 동남아시아에서 세력을 형성하면서 네덜란드는 남양 군도의 많은 무역 항구를, 영국은 인도의 무역 항구를 통제했다. 이들은 중국과의 무역에서 향료와 자신들에게 필요한 비단, 차, 도자기를 교환했다.

6. 배우: 초기 경제 세계화 시대
국제 무역상인

초기 경제 세계화 시기, 국제 무역의 무대에서는 각양각색의 배우들이 등장했다. 각국의 상인들은 여러 유형을 보여주었는데, 일반 상인, 특허 상인, 개별 상인, 상방商帮(상인 집단), 디아스포라 상단, 무장 상인, 해적 상인 등이었다.

중국을 중심으로 한 동아시아와 무슬림이 주도하는 인도양 지역 간의 해상 무역은 송원 시대부터 꾸준히 발전하고 있었지만, 명나라 건국 이후 해금海禁이 실시되면서 해상 무역은 쇠퇴하고 전통적인 육로 무역이 다시 국제 무역을 주도했다. 여기서 중앙아시아 상인들이 중요한 역할을 했다. 15세기, 중앙아시아 상인 가완 질라니는 오이라트Oirat의 관리 신분으로 중국에서 무역을 했다. 그는 9월이나 10월에 베이징에 와서 겨울을 보내고 봄에 몽골고원으로 돌아갔다가 이듬해 가을에 다시 중국으로 왔다. 1447년(정통 12), 그는 북방 다퉁大同에서 2000명의 대상단을 이끌고 표피豹皮 1만 2000장, 말 4000마리를 가져와서 중국 상품과 교환했다. 이는 분명 조공 무역이었다.

명나라와 서역 각국(혹은 정권)의 조공 시스템은 오랫동안 지속되었고, 조공 사절단은 적을 때는 수십 명, 많을 때는 300~400명으로 구성되었다. 말, 낙타가 수십에서 수백 마리, 많으면 3000~6000마리에 이르는 등 공물의 양에 따라 사람 수가 달랐다. 명나라 조정은 2~6만 냥의 돈과 1000여 필의 명주를 내렸다. 서역의 각국 통치자들과 밀접한 관계를 유지하는 무슬림 상인과 그 가족들이 조공 무역을 장악했다.

명대 중엽이 되자 상황이 크게 변했다. 육로 무역은 가완 질라니처럼 정부를 등에 업은 무슬림 상인들이 유럽과 아시아 간 무역을 독점했으나 점차 개별 상인들이 끼어들기 시작했다. 유대인, 그리스인, 아르메니아인 등 비非무슬림 상인들이 이슬람 지역에서 광범위한 무역 네트워크를 형성하기도 했다. 17세기 초, 아르메니아 상인들은 인도양과 중앙아시아에서 유럽에 이르는 상업세계에 '침입'했다. 포르투갈의 선교사 벤투 드 고이스는 인도에서 중국으로 갈 때, 아르메니아 상인으로 변장하고 이름도 압둘라라고 고쳤다. 그렇게 하면 무슬림 지역에서 자유롭게 행동할 수 있고 여행할 때 안전이 보장되었기 때문이다. 17세기 후기, 티베트의 라싸처럼 무역의 중심에서 멀리 떨어진 곳에서도 아르메니아인들은 기반을 닦아놓았다.

1522년(가정 원년), 도어사都御史 진구주陳九疇, 어사 노문盧問은 서역과의 조공 무역을 철폐할 것을 건의했다. '그들이 중국인들보다 많은 이익을 가져가고' 중국은 별다른 이익도 없이 손해만 보기 때문이었다. 육상 실크로드 무역은 갈수록 쇠락했고, 15~17세기 이 지역을 장악하고 있던 무슬림 상인들도 점차 빛을 잃었다.

캄베이: 인도양 무역의 중심.

인도양 해상 무역을 선점하고 있던 아랍과 페르시아 상인들은 점차 인도 상인들에 의해 밀려났다. 15세기 구자라트인들은 인도양 무역에서 가장 핵심적인 역할을 했고, 주로 힌두교 교도였다. 구자라트 상인들은 여러 항구에 무역 공동체를 세웠다. 특히 인도 캄베이Cambay는 인도양 무역의 새로운 중심이 되었다. 16세기 초기, 포르투갈 상인 피레스는 "캄베이가 날개를 펴면 오른쪽 어깨는 아덴Aden에 닿고, 왼쪽 어깨는 믈라카까지 뻗치는데 이 두 곳은 항해를 할 때 가장 중요한 지역이다"라고 했다. 인도 서해안 말라바르 해안선에 위치한 콜람, 캘리컷, 코친 등은 모두 번화한 항구였다. 코친에는 명나라 초부터 중국인들이 정착해 있었고, 인도인, 유대인들은 무역을 했다. 오늘날 코친의 상징은 중국식 어망인데, 한 비석에는 "1341년 홍수가 났을 때 중국인들이 코친으로 이주했다. 그들이 중국식 어망을 가지고 왔다"라고 적혀 있다. 이곳에는 적지 않은 유대인이 사는 '유대인 도시'도 있었다. 이들은 주로 향료 무역으로 큰돈을 벌었다.

동아시아와 인도양 항선이 만나는 믈라카에는 각국에서 상인들이 모여들었다. 1500년에 이곳에는 대략 1000여 명의 구자라트 상인이 거주했고, 매년 4000~5000명의 구자라트 선원들이 방문했다. 16세기, 믈라카는 국제 무역의 중심지가 되었고, 여러 나라에서 온 상인들이 거주했다. 상인 거주지에는 중국인과 포르투갈인을 비롯해 무어인, 아바스인, 킬와인, 호르무츠인, 파시인, 럼인, 터키인, 데칸인, 말라바드인, 극림인, 오리사인, 스리랑카인, 방글라데시인, 라카인, 몰디브인 등이 있었다. 그 외에도 동남아의 발고인, 시암인, 케다인, 말레이시아인, 파항인, 파타니인, 캄보디아인, 코친인, 참파인, 예각隷各, 브루나이인, 노구魯寇, 탈라마심인, 라우에, 방카인, 임가인, 말루쿠인, 반다인, 비마인, 티모르인, 마두라인, 순다인, 말망방인, 잠비인, 동카이同卡爾, 영라기리英拉紀裏, 가말탑迦帕塔, 미낭카바우인, 사아극斯亞克, 아골디노인, 아로인亞路人, 바타, 탁가낙托加諾, 바스인, 피조우인 등이 살고 있었고, 여기에는 물론 중국인과 포르투갈인도 포함된다.

1397년(홍무 30) 자와의 마자파힛Majapahit 왕국은 삼보자Samboja 왕국을 멸망시켰다. 삼보자에 머물던 1000여 명의 화인華人들은 광둥 난하이南海 출신의 양도명梁道明을 새로운 왕으로 옹립했다. 양도명은 마자파힛에 저항했고, 수만 명이 광둥에서 바다를 건너와 그를

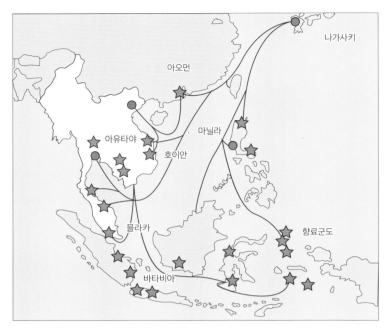

아시아 동부 해역의 무역 경로.

도와주었다. 1405년(영락 3) 성조는 양도명과 동향 출신인 감찰어사 담승수譚勝受와 무관 천호千戶 양신楊信을 보냈다. 그러자 양도명은 신하 시진경施進卿에게 통치를 맡기고 정백가鄭伯可와 함께 명 조정에 와서 공물을 바쳤다.

플라카 동쪽의 상업 항구에서는 중국인, 일본인, 포르투갈인, 스페인인, 네덜란드인들이 활동하고 있었다. 이들은 바타비아, 마닐라, 아유타야, 호이안會安, 아오먼, 웨강月港, 솽위雙嶼, 류큐琉球(오키나와) 등지에서 합법적으로 무역하고 비합법적인 활동을 하기도 했다.

그중 중국인들의 상인 집단이 가장 컸다.

　16세기에 유럽인들이 오기 전부터 인도양 해역과 동아시아 해역에서 무역은 번성했고, 여러 나라의 상인들이 왕래하면서 지역 간 무역 네트워크를 형성했다. 이 네트워크는 그렇게 정교하지 않았다. 무역 규칙이나 안전 보장 시스템, 중재 조직도 없었으며 공통의 무역 언어조차 없었다. 포르투갈인이 오기 전 인도양 지역에서 무역을 할 때는 아랍어와 구라자트어를 사용했고 타밀어와 방글라데시어를 보조어로 삼았다. 동아시아에서는 중국어(특히 민난어閩南語와 광둥어)가 사용되었다. 서로 다른 언어를 구사하는 상인들이 어떻게 거래했는지는 아직 밝혀지지 않았다.

　포르투갈인, 스페인인, 네덜란드인들이 인도양과 동아시아 지역에 오면서 상황은 크게 변화했다. 이들은 먼저 고아, 코친, 믈라카, 마닐라, 마카오, 바타비아 등을 무역 거점으로 아시아 해상 무역의 중심으로 만들었다. 그리고 대서양 무역과 인도양, 태평양 무역을 연결해서 동아시아와 인도양 지역을 세계 무역 네트워크에 편입시켰다. 원활한 국제 무역을 하기 위해 국제적으로 통용되는 무역 언어도 들여왔다. 포르투갈어가 해상 무역의 통용어가 되었고, 18세기 말에 이르러서야 영어가 이 자리를 대신했다.

　16~17세기 서양의 식민지 정복자들이 어떻게 아시아를 침략했는지에 대해서는 이미 연구가 많이 이뤄져 있어서 굳이 다시 서술하지 않아도 된다. 다만 다음 세 가지는 짚고 넘어갈 필요가 있다. 첫째, 이 시기에 중국, 포르투갈, 스페인, 네덜란드 외에 어떤 나라가 동아시아 국제 무역에서 활동하고 있었을까? 둘째, 이들은 어떤 관계를

맺고 있었을까? 셋째, 상인과 해적은 어떤 관계였을까?

첫째, 14세기 중엽부터 17세기 중엽까지 중국, 포르투갈, 스페인, 네덜란드를 제외하고 일본, 조선, 류큐, 베트남, 타이 등 아시아 국가도 어느 정도 무역에 참여하고 있었다. 특히 일본이 중요하다. 이들은 '왜구倭寇'라고 불리며 13세기 초에 처음 역사책에 등장했다. 1350년 이후 그 수가 크게 증가하면서(1351년 조선 인천 연해에 나타난 왜선은 130여 척에 달했다) 활동 범위도 넓어졌다. 1358년(원 지정 18), 산둥 연안에 나타난 것을 시작으로 5년 뒤부터는 거의 매년 연해지역을 습격했다.

명 조정은 일본과의 교역을 금지했다. 1567년(융경 원년), 조정은 연해 지방 주민들 중 일부가 남양으로 가서 무역을 하도록 금지령을 해제했으나 여전히 일본과의 교역은 금지했다. 일본 상인들은 류큐, 타이완, 동남아 여러 지역 등 중국 대륙 이외의 지역에서 제3 무역을 하거나 현지 주민들이 중국 상품을 구매하는 방식으로 진행했다. 17세기 초 도쿠가와德川 막부는 일본을 통일한 후 '주인선朱印船' 제도를 실시해서 해외 무역을 관리했다. 1603년부터 막부는 무역을 허가하는 주인장朱印狀을 발부했는데, 1635년에는 그 수가 360장에 이르렀다. 주인선 무역은 중국 동남 연해, 타이완 및 동남아 각지에 있는 19개 주요 무역 항구에서 이뤄졌다. 이로 인해 '니혼마치日本町'라 불리는 마을이 생겼다. 타이완, 아오먼, 마닐라, 아유타야, 반텐, 믈라카 등 주요 무역항에는 수백 명에서 수천 명에 이르는 일본 상인과 낭인들이 거주했다. 1610년(만력 38), 아오먼을 둘러본 감찰어사 왕이령王以寧은 "이곳에서는 포르투갈인들이 2000~3000명의 일본인을 첩자로 이용한다"고 상소를 올렸다. 아유타야에도 1000~1500명의 일본인이 살고 있었다. 1635년 막부가 일본인의 출항을 전면 금지하자 주인선 무역도 막을 내렸다. 이후 쇄국 정책이 실시되자 해외에 거주하던 일본인들은 귀국하지 못하고 결국은 살고 있던 곳에서도 점차 사라져갔다.

둘째, 상인들은 경쟁하기도 하고 때로는 협동하기도 했다. 서양의 식민지 정복자들은 '힘을 합쳐' 현지인들을 괴롭혔고 중국인들이 주 대상이었다. 바스쿠 다가마는 인도의 코친에 와서 대리점을 설치하고 향료 등 상품 구매에 나섰는데, 그 과정에서 그곳에서 살고 있는 중국인들을 배척하고 쫓아냈다. 1511년에는 포르투갈이 명나라에 조공하던 믈라카를 점령했다. 1521년, 포르투갈 사신 피레스가 황제를 알현하기 위해 베이징에 왔을 때 조정은 믈라카를 돌려줄 것을 요구했지만 거절했다. 이후 중국 상선은 믈라카 서쪽으로는 항해할 수 없었다. 네덜란드 동인도 주식회사도 각종 수단을 이용하여 중국 상선이 후추를 구매하는 것을 방해했다. 1615년 11월 30일, 동인도 회사는 중국인들이 말루쿠 제도, 암본섬 및 기타 지역에 옷감, 비단 등 중국 상품을 운송하는 것을 금지하고 백은, 침향, 육두구 등 향료 반출도 금지했으며 이를 위반하면 화물을 몰수한다는 법령을 반포했다. 네덜란드인들은 중국 상선을 습격해서 중국과 스페인의 무역을 방해하기도 했다. 1616년 예수회 대주교 레데스마는 스페인 국왕 펠리페 3세에게 "네덜란드의 공격으로 마닐라와 중국의 무역이 크게 위축되어 작년에는 50~60척의 선박이 왔지만 올해는 겨우 7척만이 마닐라에 왔다"고 보고했다. 1618년 한 역사가도 "네덜란드의 약탈로 인해 중국인들이 감히 마닐라로 오지 못해 중국과의 무역만으로 번영을 유지하던 이 섬의 상업은 침체되고 있다. 네덜란드인들은 빼앗은 물건을 일본, 유럽, 바타비아로 가져가고 중국인들을 노예로 팔아버린다. 영국인들과 손잡고 마닐라행 중국 선박을 함께 약탈하기도 한다"고 기록했다.

서양인들은 다른 나라 상인들도 약탈했다. 1607년, 아오먼의 포르투갈인들은 일본의 주인선 선원을 비롯해 수십 명을 살해했다. 네덜란드인들은 타이완에서 일본인을 몰아내기 위해 1625년 타이완에 있는 일본 상인들이 거래하는 무역 상품에 10퍼센트의 수출세를 부과한다고 선포했다. 1628년, 일본 상인 하마다 야효에濱田弥兵衛는 수백 명의 선원을 이끌고 타이완에 왔다가 네덜란드 당국에 의해 구금당하자 무력으로 항거했다. 그 유명한 '하마다 야효에 사건'이다. 이후 일본은 타이완 무역에서 한발 물러났다.

동아시아 해상에서도 같은 시기의 지중해에서처럼 무역 경쟁이 격렬하게 전개되었다고 주장하는 학자들도 있다. 서양의 식민지 정복자들이 동아시아에 온 것은 무역을 통해 돈을 벌기 위해서다. 이들은 서로 경쟁하며 이익이 충돌할 때마다 격렬한 싸움이 벌어지기도 했다. 스페인은 1606년 델리를 공격하는 등 수차례 네덜란드가 통제하는 향료 군도를 공격했다. 스페인은 1626년 타이완 북부를 점령하고 단수이淡水와 지룽基隆에 성을 쌓아 중국 대륙과 일본으로 가는 중간 거점을 건설했다. 이들은 포르투갈인들과 연합해서 1624년 타이완에 침입한 네덜란드인들을 상대하기도 했다.

1596년, 네덜란드 원정대는 자와 서쪽 해안의 후추 교역항인 반

야효에 사건을 그린 판화.
무장한 선원들에게 인질로 잡힌 네덜란드 총독의 모습이 보인다.

텐에 도착했으나 주둔하고 있던 포르투갈인들의 저항에 부딪쳤다. 네덜란드는 연합 동인도 주식회사Verenigde Ostindische Compagnie, VOC(영문으로는 Dutch East India Company)를 세워서 인도양과 동아시아에서 무역을 독점하고 있는 포르투갈에 대항했다. 1605년에 동인도 주식회사는 무력으로 말루쿠 제도의 포르투갈인을 몰아내고, 1623년에는 반다해의 영국인을 쫓아내면서 향료 군도를 차지했다. 1609년, 동인도 주식회사는 일본 히라도平戶에 상관商館을 설립하고 대일 무역에 나서면서 포르투갈인들과 경쟁했다. 1619년에는 포르투갈의 통제에서 벗어나 자와인이 다스리던 순다 해협sunda strait 부근의 바타비아를 빼앗아 동인도 주식회사의 본부로 삼았다. 1641년, 네덜란드인들은 포르투갈인의 거점인 믈라카를 공격해 동남아시아의

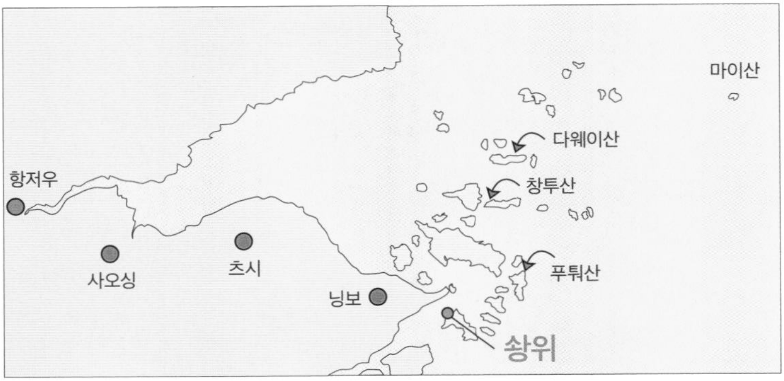

솽위의 위치.

향료 산지이자 무역항을 차지했고, 1659년 실론(스리랑카)을 점령해서 육상 무역까지 독점했다.

영국도 적극적으로 세력 확장을 꾀했다. 1602년 영국 동인도 주식회사는 반다에 첫 상관을 설립한 뒤 향료 군도의 암본섬 등으로 진출하려 했다. 하지만 네덜란드의 강력한 저항에 부딪혀 어쩔 수 없이 그들의 세력이 아직 미치지 못하는 반자르마신Banjarmasin, 마카사르Makassar, 아유타야, 타이완, 히라도 등으로 방향을 틀었다. 네덜란드의 방해 공작이 이어지자 영국은 17세기에 이 상관들을 폐쇄하고 떠났으며, 인도를 경영하는 데만 온 힘을 쏟았다.

서양 열강들의 세력 범위 밖에서 여러 나라 상인들이 모이는 항구 도시가 새로 생겨났다. 17세기 초, 베트남의 용헌庸憲과 호이안은 국제 무역 항구였다. 용헌에서는 일본과 중국 상인들이 포르투갈, 영국, 스페인 상인들과 교역하고 있었다. 호이안도 마찬가지였다.

1642년 현지 일본인이 네덜란드 동인도 회사에 보낸 보고서에 따르면 호이안에는 중국인이 4000~5000명, 일본인이 40~50명 있었다고 한다. 1633년 네덜란드 상인까지 이곳에 합류하면서 상인들이 국적을 불문하고 평화롭게 공존했다.

중국 저우산舟山 군도의 솽위항에는 1520년대에 포르투갈인들이 들어온 뒤, 후이저우徽州 출신의 해양 상인 집단의 우두머리인 왕직汪直도 와서 국제 무역의 중심이 되었다. 일본의 학자 후지타 도요하치藤田豐八는 이곳을 '16세기의 상하이'라고 비유했다. 이곳에는 중국인, 일본인, 유럽인, 포르투갈인들이 모여 살았는데, 특히 포르투갈인들이 사는 곳은 "마치 리스본과 산타페(포르투갈 항구) 중간에 위치한 것 같다"고 했다. 1541년, 포르투갈인 페르낭 멘지스 핀투는 포르투갈의 인도 총독 페드루 드파리아가 탄 선단과 함께 솽위항에 왔고, 훗날 저서에서 다음과 같이 기록했다. "항해 6일 만에 솽위에 도착했다. 이곳은 포르투갈인들이 장사하는 곳에서 11킬로미터가량 떨어진 두 개의 섬이다. 포르투갈인들은 1000여 호가 살 수 있는 마을을 세웠는데, 시의원, 배심원, 지방 장관과 6명의 공화국 법관과 관리들이 다스리고 있다. 3000명 주민 중 1200명이 포르투갈인이고 나머지는 여러 나라에서 온 기독교인들이다. (…) 솽위가 인도의 어떤 포르투갈인 거주지보다도 훨씬 부유하고 잘 가꾸어져 있다."

셋째, 해상에는 항상 해적이 있었다. 동아시아 해역에서 활동하던 일본 해적인 왜구 외에도 포르투갈, 스페인, 네덜란드 등의 유럽 국가도 이곳에서 해적 행위를 했다. 동남아시아의 해적 중 술라웨시Sulawesi 남부의 부기스Bugis에서 활동하는 약탈 선박이 가장 유명했다. 이들의 활동 범위는 서쪽으로는 싱가포르, 북으로는 필리핀까지 뻗어 있었다. 오랑라우트Orang Laut 해적 또한 악명이 높았는데, 믈라카 해협을 오가는 선박과 싱가포르 주변 해역에서 약탈을 일삼았다. 말레이시아와 보르네오에서 활동하는 해적은 싱가포르와 홍콩을 오가는 상선을 주 대상으로 삼았다. 그러나 이 무시무시한 해적들도 동남아 해역에서 활동하면서 강력한 무기를 갖추고 조직력을 발휘하던 중국 해적에는 비할 바가 못 되었다.

중국 해적들은 대부분 광둥과 푸젠 출신으로 원대부터 활동하고 있었다. 이들은 동남아 현지인들을 고용해서 성을 쌓아 거주지를 만들고 수마트라와 자와 부근 해역에서 활동했다. 명나라 초기에 가장 유명한 해적은 진조의陳祖義가 이끄는 집단이었다. 그는 광둥 차오저우潮州 사람으로 홍무 연간 남양으로 도망하여 해적이 되었다. 믈라카를 근거지로 10여 년을 활동했는데 한때는 따르는 무리가 1만여 명, 선박이 100여 척이었으며 일본, 남해, 인도양 등지를 누볐다고 한다. 이들은 아마 당시 세계에서 가장 큰 해적 집단이었을 것이다. 그가 수마트라 부근에서 스스로 왕이라 칭하자 동남아시아의 국가들은 조공을 바치기도 했다. 훗날 정화 함대와 충돌하여 격전을 벌였는데, 5000명이 죽고 10여 척의 배가 소실되었으며 진조의와 두목급 세 명이 생포되자 바로 와해되었다.

명대 중기, 중국 해적들은 다시 힘을 모으기 위해 일본과 밀접한 관계를 맺고 왜구의 구성원이 되었다. 최근 학계에서는 왜구를 전기 왜구와 후기 왜구로 구분하는데 전기 왜구는 14세기에서 1552년(가정 31)까지 활동한 서일본 출신들을 가리킨다. 후기 왜구(일본에서는 가정 왜구 嘉靖倭寇라고 부른다)는 1552년에 활동한 왜구를 가리키는데 이들 중 다수는 중국인이었다. 『명사明史』에서는 "진짜 왜구가 3할, 왜구를 따르는 자가 7할"이라고 했는데 왜구를 따르는 자가 바로 중국인이었다. 명대의 소설 『유세명언喻世明言』 「양팔의 모험기楊八老越國奇逢」에는 이 중국인들을 생동감 있게 묘사하고 있다. "원래 왜구들은 중국인을 만나면 노약자까지 가차 없이 다 죽였다. 건장한 남자는 머리를 삭발하고 얼굴에 기름을 발라 왜구로 가장시켰다. 그리고 전투할 때 이들을 맨 앞에 세웠다. (…) 이 가짜 왜인들은 자신이 죽을 운명이라는 것을 감지하고 어떻게든 왜구들에 빌붙어 며칠이라도 잘 지내보려고 더욱 흉포하게 굴었다. 진짜 왜구들은 이들을 앞세우고 자신들은 뒤에서 쫓아가곤 했다." 왜구를 평정하는 데 앞장섰던 관리 정효鄭曉는 "근래 왜구 중 중국인이 많은데 힘이 좋고 머리가 총명했다. 이들은 성동격서 전법을 구사하며 우리 약점을 공략했다. 수년 동안 이들이 끼친 피해가 막심하여 아직까지 회복하지 못하고 있다. 이들은 본래 천한 신분으로 거칠고 용감한데 몸을 기탁할 곳이 없자 고향을 떠나 왜구가 되었다. 폭력배나 도망자, 관직에서 쫓겨난 자, 파계한 승려, 시험에 떨어진 서생들도 무리를 지어 왜구가 되었다. 소심한 자는 그저 호구지책이나 하려고 했고, 한이 많은 자는 분노를 표출하려고 뛰어들기도 했다"고 했다.

이 진짜와 가짜 왜구들은 서로를 이용하면서 약탈을 일삼았다. 정효는 "왜구는 중국인을 앞잡이 삼고 중국인은 왜구를 발톱 삼아 서로 의지했다"고 기록하고 있다. 왜구 소탕에 공을 세웠던 또 다른 관리 종신宗臣은 "중국인은 교활해서 쉽게 왜구를 속인다. 성을 공략할 때 선봉에 서는데, 관병들은 왜구만 봐도 먼저 도망쳐버린다. 성이 함락되면 수천 명의 왜구가 한꺼번에 몰려들지만 중국인들은 재빨리 금고를 털어 사라져버린다. 그래도 왜구들은 속은 줄도 몰랐다. 그러다가 관병이 반격해서 이들을 잡으면 주로 일본인들이고 중국인들은 한 명도 없었다"라고 했다. 만력 연간 푸젠에 머물며 왜구를 가까이서 지켜보았던 창러長樂 출신 사대부 사결謝杰도 "왜구가 중국의 화근이었다고 하지만 사실은 모두 차오저우, 창저우, 닝보, 사오싱 출신 중국인들이다"라고 했다. 왜구 두목 중 가장 유명했던 허동許棟, 왕직, 이단李旦 등도 모두 중국인이었다. 왕직은 1557년(가정 36) 11월 배 500여 척을 이끌고 일본에서 천강岑港(저우산舟山 부근)으로 와 이곳을 근거지로 규슈九州, 고토五島, 히라도에서 활동했다. 이들은 당시 동아시아에서 가장 큰 해적 집단이었다.

해적들은 단순한 도적이 아니었다. 명 조정이 해금 정책을 펴서 바다에 나가 장사하는 것을 금지했기 때문에 이들이 활개를 쳤다. 왕직은 본래 후이저우 상인이었는데 허동의 밀수 조직에 들어갔다가 저장순무浙江巡撫 주집朱紈이 허동 집단을 토벌하자 남은 무리를 수습해서 우두머리가 되었다. 그리고 중국과 일본을 벗어나 넓은 동아시아 해역을 활동 범위로 삼았다. 허동의 동생 허삼許三은 일찍이 믈라카에서 세력을 형성한 뒤, 국내에 있던 다른 형제인 허사許四, 허일許一 등과 연합해서 밀수를 했다. 왕직은 광둥에서 큰 배로 초황硝黃, 사면絲綿 등을 일본과 동남아로 팔면서 아유타야, 믈라카, 중국을 오갔는데, 이 과정에서 마침 동남아에 온 지 얼마 되지 않았던 포르투갈인들을 알게 되었다. 1541년(가정 20) 그는 두 명의 포르투갈인과 100여 명의 현지 상인들을 데리고 시암에서 배를 타고 샹위항으로 향하다가 폭풍우를 만나 일본 다네가섬種子島에 도착했다. 덕분에 처음으로 일본 상인들과도 거래를 틀 수 있었다. 이듬해, 남풍을 타고 샹위항에 와서 허동 집단에 합류했다. 이때 마침 일본의 조공 사절단을 만났고 동시에 다른 나라 상인들과의 거래를 성사시킬 수 있었다. 거래가 끝나자 허동은 왕직에게 초마선哨馬船을 타고 일본 사절단과 일본에 가서 교역하도록 했다.

1545년(가정 24), 왕직은 일본 하카다츠博多津에서 일본 상인들에게 샹위로 가서 밀수 무역을 하자고 제의했다. 포르투갈 상인들도 샹위를 일본과 무역하는 화물역으로 삼았다. 샹위 일대에 살던 많은 백성이 통역, 안내, 선박 제조와 수리, 일용품 제공 등의 일을 하면서 국제 무역에 참여했다. 푸젠 퉁안同安의 사대부 임희원林希元은 "포르투갈인들은 백성에게 후하게 대했다. 쌀이나 면, 돼지, 닭고기를 사면서 가격을 배로 쳐주었다. 백성도 이들을 좋아해서 약탈이나 살상 등의 문제가 발생하지 않았다"고 했다. 백성은 "해적을 부모처럼, 관병을 원수처럼" 대했다. 따라서 관청의 입장에서는 백성이 '오랑캐의 협력자'거나 '왜구'로 보일 수밖에 없었다. 해적은 여러 나라를 유랑하며 오직 이익만을 추구하는 '국제 낭인'이었다. 명나라 말기의 정지룡이 바로 전형적인 예였다. 그는 푸젠 취안저우 난안南安 스징石井 출신으로 마닐라를 오가며 포르투갈인들과 교류하고 천주교 세례를 받아 니콜라라는 세례명도 있었다. 외국인들은 그를 니콜라 이콴Nicholas Iquan이라고 불렀다. 그는 일본 히라도로 가서 히라도 번의 가신 다가와 웡이황田川翁昱皇의 딸인 다가와 마쓰田川松와 결

정지룡이 활약할 당시의 광둥, 푸젠, 타이완 해역.

혼했다. 다가와 웡이황은 화교(일본의 취안저우 해상海商이라는 설도 있다)인데 다가와田川라는 일본 성을 취한 것이다. 정지룡이 포르투갈 여자와 결혼했다는 이야기도 있는데, 어쨌든 그는 매우 '국제화'된 인물임에는 틀림없다.

　명나라 후기, 도적 겸 상인인 해상 무장 집단은 갈수록 몸집을 키웠다. 17세기 정지룡 집단은 동아시아 해역을 수십 년간 장악하면서 세계에서 가장 용맹한 해상/해적 집단이 되었다. 이들은 약탈만 자행한 것이 아니라 주로 무역을 했다. 네덜란드 동인도 주식회사의 기록에 따르면, 1639년(숭정 12) 나가사키를 오가던 정씨 집단의 선박이 수십 척에 이르렀다고 한다. 1641년 여름, 정씨 소유의 상선 22척이 생사, 방직품, 도자기 등을 싣고 진장晉江 안핑항安平港을 떠나 나가사키에 도착했는데 이는 그해 일본과 중국을 오간 전체 상선의 20퍼센트에 해당했다. 정지룡은 일본으로 운송하는 사직품 중 일부는 포르투갈이 통제하는 아오먼에서 구매했고, 또 일본 화물을 필리핀에 가져가서 스페인 상인에게 팔기도 했다. 정지룡의 선박은 사주絲綢, 도자기, 철기 등을 가득 싣고 캄보디아, 시암, 참파占城, 코친, 삼불제, 필리핀, 자카르타, 믈라카에 가서 팔았다. 그곳에서는 소목, 후추, 상아, 코뿔소 뿔 등을 사가지고 왔다. 이런 형태의 무역은 서로 관계가 돈독하지 않으면 불가능한 것이었다.

당시 해상 무역에는 안전 시스템이 갖춰져 있지 않았기에 상선이 바다로 나가려면 스스로 무장하거나 아니면 강력한 무력을 갖춘 해상 무장 집단의 보호를 받아야 했다. 경쟁 상대를 무너뜨리기 위해 상인들은 무장 집단을 이용해서 약탈하기도 했다. 무장 집단에는 여러 형태가 있었다. 동남아시아에서 활동하는 포르투갈, 스페인, 네덜란드 식민 당국에 소속되거나 이들의 지지를 받으면 해적이 아니었다. 반면 일본 연해 번의 지지를 받는 왜구처럼 지방 정권의 지지를 받는 집단은 국가에 해로운 해적으로 간주되었다. 또는 중국의 해상 무장 집단처럼 개인이 이끄는 무장 집단도 해적이었다. 상선들과 해상 무장 집단들 사이에는 밀접한 관계가 형성되었고, 해상과 해적은 명확한 구분이 불가능했다. 사걸謝杰은 "도둑과 상인은 동전의 양면과 같다. 시장에서 도둑은 상인이 되고 시장이 닫히면 상인은 도둑이 된다"는 유명한 말을 남겼다. 사실상 근대 초기의 국제 무역에서 상인(해상) 겸 도둑은 매우 정상적인 범주의 존재들이었다.

7. 주제곡: 초기 경제 세계화 시대의 백은 무역

대항해활동은 초기 경제 세계화라는 대형 뮤지컬을 무대에 올리는 일과 같았다. 무대 장치(상품)와 배우(상인)가 완비된 후 막을 올리려는데 작품을 이끌어갈 주제곡이 빠질 수는 없는 노릇이다. 주제곡이 없으면 왠지 허전하고 순서가 엉망이 될 수 있다.

15~17세기 동아시아 국제 무역의 주요 참가국은 중국, 일본, 동남아와 서유럽이었다. 중국은 생사, 차, 저당, 도자기를 수출하고 남양 군도에서 향료 등을 수입했다. 이는 모두 고부가가치 상품이었지만 동남아 지역의 경제 수준이 높지 않아 중국 상품에 대한 수요는 제한적이었고, 향료 위주의 동남아 상품들에 대한 중국의 수요는 많았지만 큰 폭으로 증가세를 보이진 않았다. 서유럽과 일본은 중국 상품에 대한 자신들의 거대한 수요에 비해 중국 시장에 팔 상품이 없어서 매년 누적되는 무역 적자를 피할 수 없었다. 이 문제가 해결되지 않으면 무역은 계속 진행될 수 없었다. 일본은 이와미은산石見銀山에서 은광이 발견되기 전까지 이 무역 적자를 해결하지 못하고 해적질에 목

을 매고 있었다. 포르투갈과 네덜란드 역시 처음 동아시아에 왔을 때는 해적질이나 중계 무역을 통해 겨우 이윤을 내고 있을 뿐이었다.

16세기에 엄청난 변화가 발생했다. 일본과 서유럽이 중국에 대한 무역 적자를 해결할 수단을 발견한 것이다. 이들은 곧 중국 상품을 대량으로 구매하고 중국의 가장 중요한 무역 파트너가 되었다. 어떻게 이런 일이 가능했을까? 바로 백은白銀이다. 백은은 일종의 화폐다. 화폐는 상품 경제에서 빼놓을 수 없다. 1820년 프랑스의 한 상인은 "윤활유가 기계를 더욱 잘 돌아가게 하듯이" 화폐는 상품 유통을 도와준다고 표현했다. 초기 경제 세계화는 화폐의 발전과 분리해서 말할 수 없다. 그러면 백은은 초기 경제 세계화에 어떤 작용을 했을까?

인류 역사상 화폐의 재료는 여러 가지가 있었고, 형식이나 사용 방식도 시기에 따라 달랐다. 13세기 이전, 세계 주요 문명은 모두 고유의 화폐 제도가 있었는데 당시까지만 해도 백은과 황금은 보편적으로 사용되던 화폐는 아니었다. 13세기 이후가 되어서야 금과 은이 주 화폐로 자리매김했다. 근대 초기, 국제 무역의 발전하자 은은 세계 통용 화폐가 되었는데, 이를 국제 화폐의 백은화白銀化 현상이라고 한다. 이는 규모가 큰 장거리 무역이 상대적으로 안정된 화폐 제도 아래에서 진행된다는 측면에서 매우 중대한 의미를 띤다.

14세기 중엽까지 세계에서 은을 가장 많이 생산한 곳은 유럽이었고, 14세기 후반에 중부 유럽과 동부 유럽에서도 백은이 생산되었다. 1000~1500년의 5세기 동안 유럽에서는 은광이 증가하고 채굴 기술과 가공 기술도 발전했다. 유럽의 은 생산량은 14세기 중반에 정점에 달해 매년 평균 50톤에 이르렀지만, 이후 수십 년간 큰 폭으로 하락했다. 당시 아시아에서는 은이 아주 소량으로 생산되었다. 중국에서는 1328년(원대 천력 원년)에 생산량이 77만5610냥으로 약 31톤이었고, 서남 변방인 윈난에서 그 절반(47.42퍼센트)을 생산했지만 내륙에서의 생산량은 매우 미미했다. 이슬람 세계에서의 은 생산량은 더욱 적어서 몽골 제국 시대에는 중국에서 은을 수입하기도 했다.

15세기가 되어서도 상황은 크게 변하지 않았다. 아시아에서 중국의 은 생산량은 늘지 않고 오히려 하락했다. 1460년(천순 4) 은의 생산량은 1세기 이전인 천력 원년 생산량의 절반을 약간 넘었고, 1504년(홍치 17)에는 7분의 1 정도로 줄었다. 유럽에서는 새로운 채굴 기술과 제련 기술이 발전하면서 15세기 중반에 14세기 중반 수준으로 회복했다. 그러다가 16세기에 들어와 세계 은 생산에 엄청난 변화가 생겼다. 중국, 유럽, 일본, 아메리카 대륙에서 은광 채굴의 열풍이 불었던 것이다.

1596~1620년 중국에서는 적극적으로 은광을 찾기 시작했고 윈난에서만 비교적 좋은 결과를 얻었다. 명대 후기 여행가 왕사성王士性은 『광지역廣志繹』에서 "채광은 오직 윈난에서 성과를 냈다. (…) 다른 곳에서는 '광야에서 뛰어다니는 토끼를 쫓는 격'이다. 윈난에서는 '토끼가 시장에 쌓여 있어도 지나가는 사람들이 쳐다보지 않는다積兔在市, 過者不願'"라고 했다. 동시대 과학자 송응성宋應星은 『천공개물天工開物』에서 전국의 은광을 소개했다. "중국에서 은이 생산되는 곳은 저장, 푸젠에 예전의 갱구가 있지만 명나라 초기에 채굴하다가 폐쇄했다. 장시江西의 라오饒, 신信, 루이瑞 세 곳의 군郡에는 은광이

있지만 채굴한 적이 없다. 후광湖廣 지역의 천저우辰州, 구이저우貴州에서는 동銅이 생산되고, 허난 이양宜陽의 자오바오산趙保山, 융닝永寧 추수포秋樹坡, 루스가오쥐盧氏高岨儿, 쑹현嵩縣의 마차오산馬槽山, 쓰촨四川 후이촨會川의 미러산密勒山, 간쑤甘肅 다황산大黃山 등은 모두 좋은 광산으로 소문이 났지만 채굴량은 충분하지 못했다. 법이 엄하지 못해 채굴권을 두고 서로 다투기 일쑤고 몰래 파가는 등 혼란을 자초했으니 절대 금령을 등한시해서는 안 될 것이다. 연燕, 제齊 지역에서는 금, 은이 생산되지 않으니 (…) 다른 성을 다 합해도 윈난의 절반에도 미치지 못했다. 추슝楚雄, 융창永昌, 다리大理가 가장 많고 취징曲靖, 야오안姚安이 그다음이며, 전위안鎭源이 뒤를 잇는다." 명대 중엽에 윈난의 은 생산량은 매년 20~30만 냥이었고, 이를 두고 우청밍吳承明 교수는 명대 전국 은 생산량이 연 20~30만 냥이라고 했다. 이렇게 추산하자면 몇 년치를 합쳐도 수백만 냥 정도이니 중국 경제 규모에 비하면 턱없이 적은 양이었다.

반면 유럽에서는 새로운 광산이 채굴되고 기술이 진보하면서 은 생산량이 매년 크게 늘어났고, 1530년 이전까지 매해 90톤에 도달해 역사상 최고 기록을 세웠다.

일본에서는 16세기 이후 은광이 많이 발견되어 30여 곳에서 동시에 채굴되기도 했다. 가장 유명한 곳은 이와미은산으로, 1526년에 은광 맥이 발견되었고 1533년에 하카타博多 상인 가미야 주테이神谷壽貞가 중국에서 배운 정련 기술인 회취법灰吹法을 이용해서 생산량을 대폭 증가시켰다. 은광이 개발되면서 일본은 세계에서 가장 중요한 은의 산지 중 하나가 되었다. 16세기 말 일본의 은 생산량은 세

이와미은산의 탄광 입구.

계 총생산량의 20~30퍼센트를 차지했고, 가장 많을 때는 연 200톤
에 달했다.

좀더 중요한 변화는 아메리카 대륙에서 일어났다. 1545년 포토시
Potosi 은광, 1548년 사카테카스Zacatecas 은광, 1558년에는 과나후
아토Guanajuato 은광이 채굴을 시작하면서 매년 생산량을 늘렸다.

1581~1600년 포토시 은광에서만 매년 254톤이 생산되어서 전 세계 생산량의 60퍼센트를 차지했다.

16세기 국제 무역에서 은이 통용 화폐가 되면서 공급량이 크게 증가하고 초기 경제 세계화의 진전에 중요하게 작용했다. 케인스 등 경제학자들은 이 시기에 금속 화폐가 유통되면서 근대 자본주의가 시작되었다고 주장한다.

은이 대량 공급되자 초기 경제 세계화는 활력을 띠었고 일본, 서유럽은 중국과의 무역에서 발생했던 적자를 메울 수 있었다. 일본은 대량의 경통화硬通貨를 보유하게 되자 1615~1625년에 '무역 전성기'를 맞이했다. 일본, 중국, 네덜란드, 포르투갈 등의 선박이 운송한 일본산 은이 130~160톤에 달했다. 일본은 중국의 상품을 구매하는 데 은을 사용했고, 동아시아에서 중국의 가장 중요한 무역 파트너가 되었다. 기록에 따르면 포르투갈인들은 매년 중국의 사주絲綢를 일본에 팔아서 235만 냥의 백은을 벌었고, 이 돈으로 다시 중국 상품을 사서 유럽으로 가져갔다고 한다. 일본이 무역을 통해 엄청난 부를 축적하자 통치자들은 국제 사업에 더욱 적극적으로 나섰다. 모리毛利 가문과 도요토미豐臣 가문의 신하들이 이와미은산을 공동 관리했고 거기서 얻은 수입은 도요토미 히데요시가 조선을 침략하는 데 사용됐다.

아메리카 백은을 소유한 서유럽의 몇몇 국가는 중국 상품을 대량으로 구매하면서 중국의 새로운 무역 파트너가 되었다. 1565년 스페인 함대가 필리핀 세부에 도착하면서 동남아시아에서의 첫 식민지 거점을 마련하고, 1571년 마닐라를 공격했다. 이로부터 3년 후 정식으로 식민 통치를 시작하면서 중국 상인과 직접 무역을 시작했다. 식민 정부는 마닐라에서 멕시코 아카풀코를 오가는 노선을 개척하고 '대범선Galleon 무역'을 통해 동아시아와 아메리카의 시장을 연결했다. 스페인은 아카풀코에서 대량의 은원銀元을 마닐라로 운송하고, 포르투갈령 아오먼에서 사주 등의 중국 상품을 구매한 뒤 아카풀코로 돌아왔다. 그중 실크 제품은 절반가량을 다시 유럽으로 가져가고 나머지는 스페인령 아메리카에서 팔았다. 중국에서는 '은 가뭄'이라고 할 만큼 은이 부족해져서 푸젠 해상들은 중국 상품을 가지고 벌 떼처럼 마닐라로 건너가서 은과 교환했다. 명대, 마닐라—아카풀코 노선이 불법으로 운행되었기 때문에 얼마나 많은 아메리카 은이 중국으로 유입되었는지 정확하게는 알 수 없지만, 몇몇 기록을 통해 그 규모를 추정해볼 수 있다. 1602년 아메리카에 있는 뉴 스페인New Spain 당국이 마드리드에 보고한 바에 따르면 매년 아카풀코에서 마닐라에 보낸 은의 총계는 500만 페소에 달했고, 1597년에는 1200만 페소로 뛰었다. 초기 무역의 전성기가 지난 1632년에 마닐라의 천주교 주교는 스페인 국왕 펠리페 4세에게 아카풀코에서 매년 은 240만 페소를 운송해왔다고 보고했다. 당시 마닐라에서 성행한 상업을 묘사한 기록에 따르면 "중국 황제는 페루에서 가져온 은으로 궁전을 지을 수 있을 만큼 쌓아두었지만 이것들은 등록되지 않아서 스페인 국왕에게 세금도 내지 않는다"고 한다. 학자들은 중국으로 유입된 은의 양에 대해 서로 다른 통계를 내놓기도 했다. 명대 경제사 연구자인 완밍萬明 교수는 1570~1644년 마닐라를 통해 중국에 수입된 백은은 7620톤이라고 했다. 리처드 폰 글란은 1550~1650년 총액은

2304톤이고, 중국 선박이 1204톤, 포르투갈 선박이 75톤, 밀수선이 1030톤을 운송했다고 주장한다. 엥겔 슬뤼터는 1576~1664년 스페인 식민지에서 생산한 은 가운데 5620만 페소(약 2023톤)가 아카풀코를 통해 마닐라로 운송되었고 대부분이 중국으로 유입되었다고 했다.

서유럽과 일본 상인들은 대량의 은으로 중국의 생사와 사직품, 도자기, 차, 저당을 사들이고, 서유럽 상인들은 동남아 향료 등을 중국에 파는 것이 당시 동아시아와 세계의 국제 무역의 양상이었다. 1628년 정지룡이 네덜란드 동인도 주식회사와 타이완의 대원 상관에서 체결한 3년 무역 협정에 기록이 남아 있다. 정지룡은 매년 동인도 주식회사에 생사 1400단(가격은 1단에 140냥), 당 5000단(1단에 3리알), 밀강蜜薑 1000단(1단에 은 4냥), 흰색 비단 4000건(1건에 14전 은錢銀), 붉은 비단 1000건(1건에 19전은) 등 총 30만 리알에 해당하는 물품을 제공하기로 약속했다. 그 대가로 3000단의 후추(1단에 1리알)와 나머지는 백은으로 받기로 했다. 네덜란드 선박이 장저우漳州까지 운송해주면 후추 한 단의 가격을 10냥으로 내리기로 했다. 정지룡 집단은 중국의 물건을 팔고 네덜란드는 동남아시아의 후추를 판 셈이다.

초기 경제 세계화가 진행되면서 동아시아 지역에서는 국제 무역 네트워크가 긴밀해졌다. 제프리 건의 저서 『국경 없는 역사: 1000~1800년, 아시아라는 세계 영역의 생성History Without Borders: The Making of an Asian World Region, 1000~1800』가 말해주듯이 동아시아에는 '국가 경계가 없는 세계'가 형성된 것이다. '국가 경계가 사라진 세계'라는 무대에서 전례가 없던 초대형 드라마가 상영되기 시작했다. 이 드라마는 앵무새가 울고 제비가 춤추는 문학작품이었을 뿐만 아니라 위험과 폭력으로 가득한 액션물이기도 했다. 그리고 이 액션물에 등장하는 배우들은 전력을 다해 살인 무기를 찾기 시작한다.

3장

경제 세계화 초기의 군사 혁명

1. 군사와 경제 세계화

세상에는 다양한 종種의 생물이 있고, 종 내부에서는 치열한 다툼이 벌어진다. 하지만 이런 다툼은 개체의 행위이고 눈앞의 상대를 몰아내는 것이 목적이지 상대편을 다 죽이려고 들지는 않는다. 하지만 '만물의 영장'이라는 인류는 이들과 다르다. 인류라는 종에는 국가, 민족, 계급, 구역 사회 등의 여러 군체가 존재한다. 군체의 지도자는 재력을 최대한 투입해 가장 발달된 과학 기술로 살인 무기를 개발한다. 그리고 가장 강하고 용감한 사람들을 뽑아 훈련한 뒤 동류同類를 죽이라고 보낸다. 왜 그럴까? 서로 다른 군체 사이에는 반드시 이익이 충돌하기 때문이다. 평화적인 방법으로 충돌이 해결될 수 없을 때, 한쪽이 폭력을 사용해서 다른 쪽이 자신의 의지를 받아들이도록 강요하고 상대방 역시 폭력으로 대항하면 전쟁이 발발한다. 인류 사회가 발전하면서 전쟁은 더욱 복잡해지고 전문적인 영역이 되었는데 이를 뒷받침한 것이 바로 군사 기술이다. 광의의 군사 기술은 무장 역량과 물질적 기반, 기술 수단 등을 갖추고 무기의 연구 개발, 사용과 유지·보수 기술 및 군사 엔지니어 양성, 후방 보급 설비, 군대 조직, 훈련 등을 축적하는 것이다. 협의의 군사 기술은 무기 연구 개발과 사용 기술을 가리킨다.

전쟁의 승패는 군사 기술의 수준에 따라 결정된다. 시대를 막론하고 일단 충돌이 시작되면, 인류는 가장 진보한 군사 기술을 사용하려 한다. 전한前漢 초기, 정치가 조착晁錯은 문제文帝에게 한나라와 흉노 간의 군사 대치 형세를 다음과 같이 설명했다. "흉노 지역의 지형과 그들의 기술은 중국과 다릅니다. 산을 오르내려야 하고 계곡이 많아 중원의 말馬은 별로 소용없습니다. 위험한 길에서는 우리 기병도 힘을 쓰지 못합니다. 만약 평원이라면 경무장한 기마병들이 흉노를 쉽게 교란시킬 것입니다. 흉노는 강한 활과 긴 창에 약합니다. 우리의 견고한 갑옷과 날카로운 칼도 백병전에서 흉노를 압도합니다. 이렇게 보면 우리는 흉노보다 장점이 더 많습니다." 흉노는 우수한 기병을, 한나라는 우수한 병기를 가지고 있었지만 한나라가 지속적인 우세를 점하지 못하면 흉노와의 전쟁에서 이길 수 없었다. 역사상 어떤 선진 기술의 비밀도 오랫동안 유지되지 못했다. 한쪽이 보유한 선진 무기에 관한 정보는 여러 경로를 통해서 상대방에게 흘러들어갔기 때문이다. 군사 역량을 유지하기 위해서는 끊임없이 연구하고 상대의 신무기를 받아들여야 했다. 그렇게 군사 기술은 계속 진보하고 전쟁 방식도 변화했다.

15세기 이전, 군사 기술은 주로 전쟁터에서 직접 접촉을 통해 전해졌다. 여러 개의 활을 연속으로 쏠 수 있는 무기인 노弩는 중국에서 발명한 것으로, 전한 때 흉노와의 전쟁에서 승리를 가져다주었

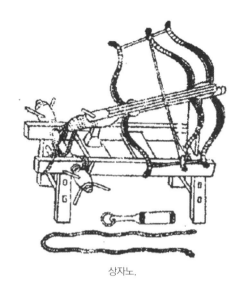

상자노.

다. 송대에는 위력이 좀더 강한 상자노床子弩(별칭 상노床弩라고도 함)
를 개발했다. 이 상자노는 2~3개의 활을 장착하고 발사해서 그 위력
이 훨씬 강했다. 가장 위력적인 것은 삼궁상노三弓床弩(별칭 팔우노八
牛弩)로 100명 혹은 8마리의 건장한 소가 시위를 잡아당기는데, 화
살은 표창처럼 길어서 말의 배를 관통할 수 있었다. 968년(북송 개보
開寶 원년), 위비魏丕는 이를 개량해서 사정거리를 700보에서 1000보
(약 1500미터)까지 늘렸다. 1004년(경덕 원년), 전연澶淵 전쟁 중 요나
라 군대가 공격하자 송나라 군대는 성 위에 상노를 설치하고 요나라
장수 소달람蕭撻覽을 사살했다. 장수를 잃은 요군은 결국 송과 화해
를 청했다. 송나라는 강력한 노와 더불어 연소성이 있는 화기도 개발
했다. 하지만 비밀은 오래가지 않았다. 몽골은 송나라를 멸한 뒤 궁

수들을 유럽 원정에 데리고 가서 큰 승리를 거두었다.

1256년 칭기즈칸의 손자 쿠빌라이의 아우 훌레구Hulegu는 이란 북부에 위치한 무라이국al-Mura'i의 강력한 저항에 맞닥뜨렸다. 이들은 이슬람교의 한 분파인 니자르파였는데, 암살에 능해서 영어 단어인 Assassin(자객, 암살자)의 어원이 되기도 했다. 무라이국의 수도는 지형이 험준하고 성곽이 견고했으며 물자가 풍부해서 공략하기 쉽지 않았다. 몽골군은 수차례 공략했지만 수도를 함락시키지 못하자 송에서 가져온 강력한 우노牛弩를 사용했다. 페르시아의 역사학자 미르자 무하마드는 "아무 방책을 찾지 못할 때 거란契丹(중국) 장인들이 만든 사정거리 2500보의 우노를 유성처럼 발사하자 마귀 같은 이교도들이 죽어나갔다"라고 기록했다. 이 우노가 바로 상자노이며, 전쟁에서 결정적인 역할을 한 덕분에 무라이국의 왕은 바로 항복했다. 이처럼 선진 군사 기술은 전쟁을 통해 바로 전파되었다.

그러나 전쟁을 통한 전파 방식은 한계가 있었다. 선진 기술을 보유한 쪽은 엄격하게 비밀을 유지했으므로 기술이 단기간에 전파될 수 없었다. 또 거리가 멀리 떨어진 국가들은 전쟁을 하지 않았으므로 정보를 얻기가 쉽지 않았다. 그래서 전파의 속도는 느렸고 그 범위 또한 제한적으로 이뤄졌다. 그로 인해 화기火器처럼 중대한 군사 무기가 중국에서 유럽으로 전파되고 보편적으로 사용되기까지는 수 세기가 걸렸다. 초기 세계 경제화 시대가 되어서야 선진 군사 기술이 신속하게 세계 각지로 전파되기 시작했다. 이런 상황을 가리켜 '군사 기술의 세계화', 간략하게 '군사 세계화'라고 한다. 경제 세계화와 군사 세계화는 어떻게 근대 초기의 세계로 들어오게 되었을까?

2. 화약 혁명: 16세기 이전 화약의 발전

군대의 임무는 조직적인 폭력을 통해 적군을 소멸시키는 것으로, 전투능력은 사용하는 무기에 의해 결정된다. 명나라 후기의 명장 척계광戚繼光은 "맹자는 '나무 막대기로도 진·초나라의 강력한 병사들을 이길 수 있다'고 했는데, 이는 사람의 마음이 하나가 되면 막대기를 가지고서라도 누구나 이길 수 있다는 말이다"라고 했다. 이는 물론 군사들의 사기를 진작시키려는 말이지 실제로는 불가능한 일이다. 좋은 무기가 없다면 사기만 높다고 해서 적을 이길 수 없다.

무기는 냉병기冷兵器와 화기 두 종류로 구분된다. 13세기 이전에는 모든 군대가 냉병기를 사용했다. 『수호전』에는 "사진史進은 매일 왕사범에게 창矛, 철퇴鎚, 활弓, 노弩, 총銃, 채찍鞭, 작살叉, 검劍, 쇠사슬鍊, 갈퀴撾, 도끼斧, 큰 도끼鉞, 방패枰, 창戈, 미늘창戟, 방패牌, 몽둥이棒, 총槍杈 등 열여덟 가지 무예를 배우기를 청했다"라고 나와 있다.

냉병기 시대에는 포석기抛石機(投石機라고도 쓰고, 고대에는 포砲라고 했음)가 가장 위력적이었다. 지렛대 원리를 이용해 큰 돌을 적진에 쏘아 공격하는 무기이며 유럽에서도 사용되었다. 그리스 역사가 폴리비우스는 아르키메데스가 거대한 투석기를 설계해서 많은 로마 선박을 궤멸시켰다고 했다. 로마인들이 사용한 포석기는 외관이 노弩와 같은 유력투석기扭力投石機로 밧줄을 당겨 그 탄성을 이용하는데, 화살을 발사하는 두 개의 비틀림 장치를 통해 큰 화살은 물론 돌도 발사할 수 있었다. 중국에서는 전국 시대부터 이미 포석기를 사용했는데 유럽의 포석기에 비해 좀더 큰 돌 포탄을 발사할 수 있어서 위력 면에서 앞섰다.

북주北周와 수당隋唐 시대, 투석기는 중앙아시아에서 아랍을 거쳐 유럽에 전해졌다. 중국과 유럽의 투석기가 다른 점은 사람이 직접

투석기.

쏜다는 것과 돌을 발사하는 큰 나무를 구조틀에 고정시킨다는 것이다. 나무 구조 위에 포대가 놓여 있고, 한쪽에는 밧줄로 돌탄을 감싸는 가죽을 묶고 다른 한쪽에는 사람들이 밧줄을 잡아당긴 후 발사한다. 포대 하나에 7개의 발사구가 있어서 투석기를 작동시키는 데 최대 250여 명이 필요했다. 삼국 시대 초기, 관도官渡 대전에서 이런 대형 포석기가 처음 사용되었다. 원소군袁紹軍은 영내에 흙을 산처럼 높이 쌓고 그 위에 망루를 만들어 조조군曹操軍 진영으로 발사했다. 그러자 조조군도 대형 포석기를 이용해서 원소군의 진지 안에 있는 높은 망루를 궤멸시켰다. 포석기는 위력이 대단해서 '벽력차霹靂車'라고 불렸고, 원대까지 사용되었다. 송대의 병서 『무경총요武經總要』에는 "모든 포砲는 공수 겸용이다"라며 여덟 종류의 기계를 소개했

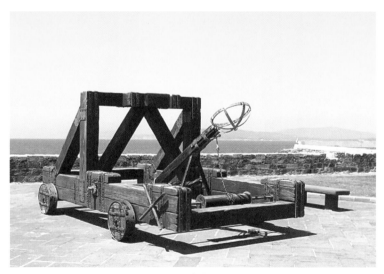

포석기.

는데 그중 가장 큰 것은 250여 명의 인원이 필요하고, 길이는 8.76미터, 돌탄의 무게는 45킬로그램, 사정거리는 140미터에 이르렀다. 그러자 이민족들도 신속하게 이 기계를 도입했다. 1234년, 몽골군은 금나라 수도 변량卞梁(오늘날 중국 허난성의 카이펑開封)을 공격하면서 포석기 수백 대를 동원하고, 밤낮을 가리지 않고 쏘아대니 떨어진 돌 포탄들이 거의 성을 거의 뒤덮을 정도였다. 400~500명이 한꺼번에 60킬로그램에 달하는 무거운 돌을 발사하기도 했다.

몽골군도 이 포석기 때문에 아주 애를 먹기도 했다. 1259년, 몽골 대칸 몽케가 대군을 이끌고 남송의 조어성釣魚城을 공격했다. 성을 수비하던 군사들이 성에서 200미터가량 떨어져 있는 몽케의 파란 파라솔을 발견하고 소형 돌탄을 집중 포화했다. 몽케는 중상을 입고 철수하다가 금검산 온탕협에 이르러 죽고 말았다. 이에 서양 역사학자들은 조어성을 '하늘이 채찍을 돌린 곳'이라 묘사했다.

포석기도 한계가 있었다. 명중률이 아주 낮아서 발사자가 어떤 목표를 향해 쏘려고 해도 힘을 조절하지 못하면 전혀 다른 곳으로 날아가기도 했다. 사정거리도 짧아서 통상 100미터, 아무리 멀어도 200미터 정도였다. 그리고 돌탄은 폭발하지 않고 대상에만 타격을 입혀서 설사 적진에 떨어졌다 하더라도 맞은 사람을 제외한 나머지는 전혀 피해를 입지 않았다. 포석기가 냉병기 시대의 위력적인 무기이긴 했지만, 실제 전투에서의 공격력은 분명한 한계가 있었다.

성벽은 냉병기의 공격을 막아낼 수 있는 강력한 방어 수단이었다. 『수호전』수상본繡像本의 한 삽화에는 진명秦明이 청주성靑州城을 공격할 때 수비하던 모용지부慕容知府가 현수교를 들어올리자 천하의 용맹무쌍한 '벽력차'도 그저 성 바깥을 배회하는 모습이 담겨 있다. 성을 공격하려면 먼저 성벽을 기어올라갈 사다리가 필요했다. 병사들은 사다리를 성벽에 걸고, 비처럼 쏟아지는 화살을 피해 성벽을 기어올라 성 위의 수비군과 육박전을 벌였다. 만약 해자垓字가 있다면 먼저 이 해자를 메꾼 뒤에야 성문을 부술 차가 건널 수 있었다. 해자를 메꾸기 위해 포로나 현지 주민들을 성 밑까지 보내서 성 위에서 쏘는 화살이나 떨어트리는 돌을 무릅쓰고 작업해야 했다. 병사들은 때로 사람들을 강제로 물속으로 밀어 넣은 뒤 시체를 밟고 성을 공격하기도 했다. 성 위의 수비병들은 병사들이 올라오면 사다리를 밀쳐내거나 높은 곳에서 돌을 던져서 그들이 올라오지 못하도록 막았다. 이렇듯 당시에 성을 공격한다는 것은 대단히 어려운 일이었다. 남송 말, 천하무적 몽골 대군은 상양襄陽을 포위했다. 몽골군은 서역의 색목 장인들이 만든 거대한 포석기(90킬로그램의 돌탄을 발포할 수 있었다) 등 당시 가장 선진적인 무기를 사용했지만, 이 전쟁은 무려 38년 동안이나 이어졌고 쌍방의 사상자가 48만 명이 넘어서야 성은 함락되었다. 이렇게 전쟁이 길고 힘겨웠던 것은 성을 공략하는 효율적인 무기가 없었기 때문이다.

냉병기 시대에는 전장에서 보병보다 기병이 돋보였다. 명장 척계광은 다음과 같이 썼다. "몽골 철기병 수만 명과 부딪쳐보니 그 기세가 정말 대단했다. 우리 군은 아직 대오도 정비하지 못했는데 그들이 파죽지세로 달려드니 속수무책으로 당할 수밖에 없었다. 적이 덤비면 우리는 싸우지 않을 수 없었고, 적이 싸우려하지 않으면 그저 손을 놓고 지켜볼 수밖에 없었다. 적이 주도권을 쥐고 있으니 손님이 주인이 된 격이었다. 우리는 두려웠고 기세에 눌려 꼼짝도 못했다…… 적이 활을 쏘면 우리도 활로 대항했지만 상대가 되지 않았다. 우리가 100명을 쏴서 죽이면 그들도 70~80명을 쏘아 죽였다. 적군은 한 사람당 3~4마리의 잘 훈련된 말을 가지고 왔다. 우리 군에도 말이 있었지만 평소에 일을 많이 해서 상태가 좋지 않았고, 가끔 짐이나 운반할 뿐 적의 기병과 상대하며 싸운다는 것은 상상도 못 할 일이다." 기병은 강한 공격력과 고도의 기동성을 가지고 있었고, 몽골군은 세계에서 가장 걸출한 기병이었다. 칭기즈칸은 기병 덕분에 20~30만 명에 불과한 전투 병력임에도 중국에서 유럽까지 광대한 지역을 정복했다. 중원 왕조는 북방 유목 민족과 맞닥트리면 항상 수세에 몰렸기에 엄청난 돈을 들여 장성을 쌓고 방어 공사를 했다. 견고한 성이 있어야 기병을 막을 수 있기 때문이다. 그 강력한 몽골군도 성벽을 무너뜨리는 데 수십 년의 시간을 보내고 전략지인 상양을 함락시킨 다음에야 겨우 남송을 멸망시킬 수 있었다.

송대에 가장 중요한 변화는 화약을 발명한 것이다. 명대 후기 군사 전문가 조사정趙士楨(1553~1611)은 "옛날에는 100보 바깥의 적을 제압할 만한 무기는 오직 활과 화살밖에 없었다. 전국 시대에 노전弩箭이나 박석駁石이 있었지만 활, 화살과 큰 차이가 없었다. 그러나 총에 화약을 장전해서 사람을 향해 쏘면 활이나 박석은 무용지물이 되었다"라고 했다. 동시대 과학자인 서광계徐光啓(1562~1633)는 "옛날에는 활, 화살, 오대 때는 돌대포가 있었으나 화기가 출현하자마자 가장 강력한 무기가 되었다"고 했다. 고대 무기 중에서 가장 사정거리가 긴 것은 활과 화살이었고, 오대 이후 돌대포가 출현했으며 원대 이후에는 주무기가 화기로 변했다. 무기의 성능은 꾸준히 증강되었지만 화기가 출현하자 다른 것들은 쓸모가 없어졌다. 사람들은 화기의 우월한 성능에 감탄했다. 이탈리아 문예 부흥 시기의 시인 루도비코 아리오스토는 『광란의 오를란도Orlando Furioso』(1516)에서 화기의 위력에 대해 다음과 같이 묘사했다.

> 찰나, 천지를 진동하는 번개에
> 성은 전율에 찬 거대한 소리를 내뿜었다.
> 그 괴물은 움직이지 않으면서도 위력을 내뿜고
> 길을 막는 자, 피가 사방으로 튀어오르니
> 바람결에 들리는 탄환 소리는 그저 사람을 두려움에 떨게 했다.

서광계는 더욱 자세하게 화기를 묘사했다. "불을 잘 사용해서 열 걸음에 한 발을 쏘면 빠르다 할 수 있다. 돌로 불을 켜면 화종이 필요 없으니 정교한 것이다. 200보 떨어진 새를 떨어트리면 대단히 정확한 것이다. 조금 큰 것은 절벽을 넘어 수백 보 바깥의 사람을 명중시켰다. 작은 것은 갑옷 몇 겹을 뚫고, 큰 것은 거대한 배도 침몰시킬 수 있으며 한 발에 수백 명에서 수천 명을 살상한다. 이 무기를 접하고 나면 옛날에 쓰던 병기들은 다 무용지물이 되어버린다. (…) 이제 성을 공격할 때 사다리, 갈고리 등은 필요 없으며 대포를 배치한 다음 성벽을 향해 쏘면 된다. 성벽은 무너지고 사람들은 혼비백산하니 그 틈에 진입해서 (…) 기병 앞에서도 화기를 먼저 배치하고 쏘기만 하면 적중한다."

화기는 냉병기보다 절대적으로 우세했기에 냉병기로 무장한 군대는 감히 화기를 사용하는 군대의 적수가 되지 못했다. 전장의 꽃이었던 기병도 마찬가지였다. 척계광은 몽골군과 명군의 전력을 비교하면서 "적의 기병은 50보 앞까지 와서 활을 쏘겠지만, 우리가 사용하는 조총, 쾌총, 불화살, 호준포虎蹲砲, 불랑기포佛朗機砲 등은 활보다 사정거리도 길고, 정확도도 훨씬 높으니 누가 당해내겠는가? 수만 명의 적군이 산을 부수고 강을 메울 것 같은 기세로 달려들더라도 나는 가만히 앉아 화기만 쏘면 충분히 이길 수 있다"라고 했다. 서광계는 명군과 후금을 비교하면서 "오랑캐들은 말을 타고 활에 능하니 우리는 죽기 살기로 덤벼야 한다. 전투에서 이길 수 있는 것은 오로지 강력한 화기뿐이다"라고 말했다.

화기는 냉병기와 작전능력 면에서 엄청난 차이를 보이는 완전히 다른 무기였다. 『대영백과사전』에서는 이렇게 기술했다. "화약의 발명처럼 인류사에 거대하고 결정적인 충격을 준 것은 없었다. 화학 반응으로 분출되는 에너지로 무기를 작동해서 목표를 맞추는 기구는 인류가 에너지를 장악함으로써 필요를 만족시키는 발명의 분수령이 되었다. 화약이 출현하기 이전에는 사람의 힘에 의해 좌우되었지만, 화약이 발명된 이후 무기가 기술 발전의 동력이 되었다." 군사 전문가인 량비친梁必駁도 "화학 에너지를 군사 에너지로 바꾸는 무기가 출현하면서 사람이 기계를 직접 움직여서 전쟁에서의 승리를 이끌어내는 전통적 군사 프레임이 무너졌고, 무기의 살상력이 극대화되자 전쟁은 질적인 면에서 비약적으로 발전했다"라고 분석했다. 화기의 발명 및 사용은 세계 전쟁사에서 변혁을 이끌어냈다. 화약 사용으로부터 시작된 이 변혁을 '화약 혁명Gunpowder Revolution'이라고 부른다. 이 화약 혁명은 유럽, 아시아 등지에서 수 세기에 걸쳐 오랫동안 진행되었는데 두 대륙의 양 끝에 있는 중국과 서유럽에서의 성과가 가장 눈부셨다.

화기는 연소성 화기, 폭발성 화기, 관형管形 화기로 구분된다. 연소성 화기는 북송 시대에 처음 출현했고, 남송 시대에는 폭발성 화기, 관형 화기와 화전火箭(화살을 관 안에 넣고 화약으로 발사한다)이라 불리던 화기가 사용되기 시작했다. 가장 중요한 것은 관형 화기로 총銃이라고도 했으며 이는 훗날의 총槍과 포砲를 포함한다.

송대의 관형 화기는 돌화총突火槍이다. 대나무 마디를 뚫어서 총신을 만들고, 화약을 넣은 뒤 대나무 한쪽 끝 입구에 작은 돌을 밀어 넣고 다른 쪽에 구멍을 뚫어서 심지를 연결해 불을 붙이면 '펑' 소리와 함께 작은 돌이 발사된다. 대나무 탄도가 아주 짧아 화약을 너무 많이 넣으면 안에서 폭발해버리므로 화약의 양을 조절하는 것이 중요했다. 당시 화약이 매우 원시적인 수준이어서 폭발력과 살상력이 약했고, 활보다 사정거리가 짧았다. 또 조준 장비가 없어서 명중률도 낮았다. 따라서 전투에서는 적군, 특히 말을 위협하는 용도로 사용됐다. 송나라와 금나라가 싸울 당시 금나라 기병은 위협적인 존재였지만, 말이 불을 겁냈기 때문에 '펑' 소리와 함께 불이 번쩍 빛나거나 작은 돌들이 말의 눈이나 몸을 맞히면 말들은 놀라서 날뛰었다. 그 덕분에 기병의 전열을 흩트리는 효과는 거두었지만 실제 살상력은 없었다. 송나라의 화기는 매우 초보적인 단계로 실전에서는

중국의 초기 화기.

그리 유용하지 않았다.

최초의 금속 화총은 가공이 쉬운 동鋼으로 만들어졌다. 동의 강도는 대나무보다 훨씬 뛰어나 화총火銃은 살상력이 있는 무기가 되었다. 이 동화총은 명대 초기에 이르러 철화총鐵火銃으로 발전했고, 철의 강도는 동보다 뛰어났기에 더 많은 화약을 장전해서 공격력도 강화되었다. 또 철이 가격도 저렴해서 제조 비용이 낮았기에 널리 사용되었다.

과학기술사 전문가인 판지싱潘吉星은 금속 관형 화기의 발전과정을 설명하면서 1128년 중국에서 나타난 총포銃砲와 1138년에 등장한 분화총噴火槍이 세계에서 가장 먼저 출현한 사격형 관형 화기라고 주장했다. 그리고 1259년에 출현한 돌화창은 총포와 화창火槍이 합쳐진 것이라 보았다. 이 세 가지가 세계 관형 화기의 시조라고 할 수 있다. 현존하는 세계 최초의 금속 관형 화기는 1980년대 중국 우웨이武威와 인찬銀川에서 출토된 서하西夏의 화총이다. 이 두 화총은 전당前膛, 약실藥室, 미공尾銎 이렇게 세 부분으로 구성되어 있고, 전당에 화약, 철사, 작은 돌, 탄환을 순서대로 넣고 도화선에 불을 붙여 화약을 폭발시키면 철사등이 발사되어서 목표를 맞췄다. 두 총을 비교하면 다음과 같다.

	길이	관벽 두께	무게	비고
인촨銀川 총	24밀리미터	0.8밀리미터	1.5킬로그램	나무 사용
우웨이武威 총	100밀리미터	12밀리미터	108.5킬로그램	고정 사용

13세기 초, 중국의 화총은 금속으로 제작되었을 뿐만 아니라 이미 화창과 화포(대포)도 구분할 만큼 기술이 크게 발전했다.

중국의 화기 기술은 몽골에 의해 서아시아로 전파되었고 아라비아인들이 다시 유럽으로 전파했다. 14세기 후기, 유럽에는 권총hand-gun/handcannon이 사용되기 시작했다. 이 권총은 방아쇠나 총개머리 없이 두 손으로 관을 잡고 다른 조수가 옆에서 총열의 화문에 불을 붙이는 것이었는데, 그 화력은 송대의 돌화총처럼 상대방을 놀라게 하는 정도였다. 14세기 말, 서유럽에서 점화구 총火門槍이 출현했는데, 덴마크의 로드보세Lodbosse는 주요 부분이 13세기 말 중국의 아성총阿城銃과 거의 같았다. 14세기 유럽의 대표적인 점화구 총이라고 할 수 있는 타넨베르그 건Tannenberg Hand Gun은 길이 33밀리미터로, 성함星函, 전당前膛, 약실藥室로 이루어졌고, 가늠쇠, 가늠자, 방아쇠, 손잡이, 개머리판 등이 없었다. 발사할 때 왼손으로 포신을 누르고 조준한 뒤에 오른손으로 화승火繩이나 화탄火炭으로 점

타넨베르그 건.

화했다. 이 총은 1351년(원대 지정 11)에 개발된 것과 별 차이가 없고, 14세기 말의 홍무洪武 소총과 구조가 같았다. 홍무 소총은 길이가 42~44.5밀리미터이고, 총알을 발사하는 포대와 화약을 장전하는 약실과 미공으로 구성되어 있는데 미공에는 나무를 끼워서 개머리판으로 사용했다. 왼손으로 총을 잡고 오른손으로 화승에 불을 붙이는 구조였다. 홍무 소총은 총열이 길고 나무 개머리판이 있어 위력이 상당하고 사용하기도 편리했다.

15세기 이전, 세계 각지에서 화총 기술이 발전했지만 아직 점화구touch hole 단계일 뿐이었다. 화문총은 금속관 한쪽을 막아 발사관으로 삼고, 다른 한쪽 끝에 작은 구멍을 뚫어 점화했다. 발사관 한쪽 끝에 나무를 대어 손으로 잡고 조준하거나 발사를 조절하도록 했다. 이렇게 손으로 잡는 화문총은 몇 가지 문제가 있었다. 첫째, 가늠자와 개머리판이 없어서 목표를 대충 보고 쏴야 했다. 병사들의 눈이 불을 붙이는 곳에 가까이 있어서 목표를 자세히 볼 수 없었고, 자연히 명중률이 낮았다. 둘째, 총열이 짧아서 화약을 많이 장전할 수 없고 사정거리도 짧았으며 어떤 것은 너무 크고 무거워서 전투에는 적합지 않았다. 셋째, 점화 방법에도 문제가 있었다. 서유럽의 화총은 불을 붙이는 화탄의 불쏘시개를 보관하기 어렵고, 점화할 때도 한 손으로 화탄을 잡은 채 반드시 옆에서 조수가 불을 붙여주어야 했다. 송대의 돌화총은 화승으로 점화를 하는 방식이었는데, 화탄으로 점화하는 것보다는 편리했지만 발사할 때는 서유럽식 화총과 마찬가지로 한 사람이 옆에서 점화를 해주어야 했다. 넷째, 발사과정이 복잡했다. 탄약을 장전하기도 불편해서 적중률이 낮고 사정거리도 짧았으며 발사 속도도 느려 연속으로 발사할 수 없었다.

대포도 상황은 비슷했다. 중국에서는 14세기 초에 돌탄을 발사하는 대포가 제작되었다. 얼마 후, 여러 종류의 중형포가 나왔는데 가장 중요한 것은 사석포射石砲, bambard라고 불리는 거대한 포였다. 포대는 동이나 주철로 만들어서 약 136킬로그램의 돌을 발사할 수 있었다. 포를 발사하기 위해서는 대량의 화약이 필요했기에 포신을 화약으로 다 메꾸면 발사할 돌이 포대 바깥으로 돌출되기도 했다. 명중률이 낮고 포탄의 속도가 느렸으며 사정거리 역시 짧아 병사들이 포를 최대한 성 근처까지 옮긴 후 발사해야 그나마 목표에 근접할 수 있었다.

14세기 말, 유럽에서는 대포 제작에 큰 진전을 보였다. 거친 연철봉鍊鐵棒을 연결해서 고리로 고정된 발사대를 만든 것이다. 영국의 왕 리처드 2세는 이 포로 런던탑을 지켜냈다. 영국의 유명한 몬스멕Mons Meg 포는 주철을 연결환으로 이어서 만든 것이다. 15세기 중엽, 돌탄 대신 주철로 만든 포탄을 사용하자 포당 내경砲膛 內徑과 탄체彈體 사이의 틈이 줄어들어서 포탄의 속도가 빨라졌고 충격도 커졌다. 이렇게 발전된 포가 1470년부터 성을 공격할 때 사용되면서, 성의 방어 설비를 신속하게 무너뜨리며 큰 성과를 거뒀다.

그러나 이 포에도 큰 결함이 있었다. 대포는 금속관을 막아놓은

몬스멕.

채 화약과 포탄을 포대에 넣고 한쪽에서 화승에 불을 붙여서 전장식 대포(전당포 前瞠砲)라고 불렀다. 탄약을 장전하는 과정이 매우 복잡한 데다 한 발씩 쏠 때마다 진동 때문에 포신이 많이 움직였다. 포를 제 자리로 옮기고 다시 각도를 조절한 뒤 뜨거워진 포신을 물로 식혀 물 기를 닦아낸 다음에야 다시 화약과 포탄을 장전하고 발사할 수 있었 다. 이런 결점을 극복하기 위해 후당 後瞠에서 포탄을 장전하는 후장 식 대포를 개발했다. 이 역시 단철로 주조했는데, 포신이 큰 압력을 견디지 못해 화약을 많이 장전할 수 없었고 공기압도 약해서 추진력 이 약해 사정거리가 약 90미터로 실전에서는 큰 활약을 하지 못했다.

화약도 문제거리였다. 흑색 화약의 위력은 초석 硝石 (질산 칼륨)의 배합 비율로 결정된다. 오늘날 흑색 화약을 만들 때는 초석을 75퍼 센트까지 넣지만 15세기 이전 중국에서는 통상적으로 60퍼센트 정 도를 넣었고, 유럽에서는 더 낮은 비율로 넣었다. (로저 베이컨이 만들었다는 화약에는 초석이 겨우 41퍼센트였다.) 그리고 분말 화약을 사용했는데, 여기에 들어가는 세 가지 성분(초, 유황, 숯)은 휴대하거나 운송할 때 불안정한 상태가 되는 데다 화약 분말의 공간이 부족해서 연소 시 폭발이 충분히 일어나지 않았다. 이런 결점으로 인해 발사할 때 많은 화약(전체 총신에서 4분의 3가량의 공간을 화약이 차지했다)이 필요했다. 이를 해결하기 위해 화약을 가루 형태보다 좀더 굵은 입자로 바꿔주는 기술이 개발되어 세 가지 성분이 안정적으로 유지되었다. 그리고 점차 화약 입자 사이에 충분한 공간을 확보해서 바로 폭발할 수 있도록 했다. 중국에서는 북송 말년에 이미 초의 함량이 높은 입자 화약이나 고체 화약을 만들었는데, 명대 초기에 이르러서야 입자 화약이 일반적으로 사용됐다. 서유럽에서는 15세기가 되어서야 입자 화약이 사용됐다. 중국과 서유럽의 관형 화기의 기술은 수준이 비슷했지만 중국이 약간 우위를 점했다고 평가할 수 있다.

화약총 시대의 화총은 실전에서 궁노보다 실용적이지 못했다. 영국의 장궁長弓은 사정거리가 200미터를 넘었으나 화총은 50미터를 채 넘지 못했다. 정확도 면에서도 화문총은 궁노와 비교가 안 되고, 장전하고 발사하는 속도도 궁노보다 한참 늦었다. 게다가 화총은 날씨가 좋아야만 사용할 수 있었다. 그럼에도 화문총은 장점이 컸다. 화문총은 철이나 동으로 제작했는데, 세계 각지에 철광과 동광이 널려 있었고 제련 기술이 발전하면서 생산량이 늘어 공급이 충분해서 가격도 저렴했다. 반면 궁노는 특정 품종의 나무를 사용해야 하는데 갈수록 구하기가 어려워 원료 공급이 제한적이고 불안정했다. 근대 공업이 발전하면서 화문총은 대량 생산이 가능했지만, 궁노는 장인의 손 기술에 의존하다보니 생산 역시 소규모였다. 또한 숙련된 궁수를 양성하는 데 상당한 시간이 필요했기에 훈련 기간에서도 차이가 났다. 그리하여 화문총은 갈수록 널리 사용되었다.

3. 16세기의 역사적 전환: 근대 초기 서유럽의 군사 혁명

화기 기술이 개발되면서 새로운 무기가 등장하자 군대의 편제, 전술과 전략, 후방 보급 등 군사 제도의 여러 방면에서 변화가 요구되었다. 이 변화가 바로 군사 혁명이다. 화약 혁명은 이 군사 혁명의 전주곡이었다.

16~17세기 서유럽에서는 정치, 경제, 사회 조직, 문화 등에서 큰 변화가 발생했고 군사 부문도 예외는 아니었다. 이 변화가 유럽의 군사사軍事史를 바꾸었고, 이를 근대 초기 서유럽의 군사 혁명이라고 한다.

1955년, 군사사학자 마이클 로버츠는 '1560~1660년의 군사 혁명'이라는 관점을 제시하고, 이것이 "유럽의 역사 발전에 심대한 영향을 미치며 중세와 현대 사회를 구분하는 분수령이 되었다"고 했다. 이후 서양의 군사사학계에서는 반세기 동안 논쟁이 진행되면서 "근대 초기 서유럽에서는 화기 혁명을 시작으로 군사 혁명이 발생했다. 이 군사 혁명이 발생한 시기는 14~18세기 초기 혹은 16~17세기로 서로 다른 주장이 나오며 그 범위 역시 다르다"라는 결론을 얻었다. 무기 기술의 관점에서 군사 혁명을 본다면 14~18세기 초, 군대 편제의 변화 등의 다른 요소를 고려한다면 16~17세기가 군사 혁명 시기에 부합한다. 무기 기술을 중심으로 한 군사 혁명은 실제로는 앞서 말한 '화약 혁명'을 가리키며 이는 서유럽뿐 아니라 유럽 전역과 아시아의 여러 지역(오스만 제국, 페르시아 사파비 제국 등)에서도 일어났다. 『대영백과사전』에서는 '화약 혁명' 시기를 1300~1650년으로 기술했다. 두 번째 의미의 군사 혁명은 화약 혁명과 군대 편제의 변화 등을 아우르는데, 이는 서유럽 국가에서만 나타난 현상이다. 서유럽에서는 두 가지 의미의 혁명이 모두 일어나서 군사 혁명의 또 다른 모델이 되었다. 이처럼 군사 혁명을 구별하는 것은 중국의 군사사를 연구하는 데 유의미하다. 중국은 '화약 혁명'이 송대부터 청대까지 오랜 시간에 걸쳐 진행되었고, 두 번째 의미의 군사 혁명은 청대 말이 되어서야 출현했기 때문이다.

15세기 이전, 중국과 서유럽은 화기 기술이 가장 발전한 곳이었고, 중국이 서유럽보다 앞섰으나 15세기 이후로 양자 간의 우위가 뒤바뀌기 시작했다. 15세기 서유럽에서는 화문총을 필두로 화기 기술이 발전하기 시작한다. 화문총의 목제 손잡이를 개선해서 사격할 때 개머리판을 어깨에 대도록 개조한 것이다. 이로부터 조총火槍은 병사가 자신의 어깨 위에 무기를 올려놓고 발사하는 긴 총신長管 총기류가 되었다. 15세기 중엽, 조총의 사정거리가 늘어나고 정확도가 높아졌으며 조작이 간편해졌다. 총신이 늘어나 화약을 더 많이 장전할 수 있었고, 이로써 발사력과 탄환 정밀도가 높아졌다. 그리고 불을 붙이는 화탄을 화승(불심지)이나 금속 용품으로 대체했다. 화승은 연소

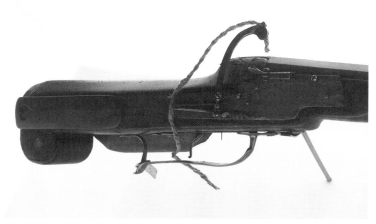

화승총은 불이 붙은 화승을 점화구에 갖다 대어 총알을 발사하는 총이다.

시간이 길어서 불씨를 오래 유지할 수 있었다. 또한 방아쇠가 점화
장치가 되도록 개발했다. 즉, 둥글게 굽은 쇠붙이를 총의 측면에 부
착해서 쇠붙이의 아랫부분이 방아쇠 역할을 하도록 하고 윗부분은
불이 붙은 채 천천히 타들어가는 화승을 붙잡도록 한 것이다. 병사는
그저 방아쇠를 당겨 화승이 화혈에 닿도록 하고, 두 손으로 총을 잡
고 눈을 떼지 않은 채 목표물을 겨냥할 수 있었다. 이렇게 조총의 성
능은 크게 개선되었고 화승총이라는 새로운 시대를 열었다.

　15세기 화승총은 아퀴버스arquebus가 진화한 것이다. 유럽에서
여러 이름으로 불리지만 가장 보편적으로 통용되는 '갈고리 총' 아
퀴버스는 총신의 무게가 약 5~7킬로그램, 탄환의 무게는 1온스에 못
미치고, 초속 240미터, 사정거리는 약 90~180미터이며 발사 속도가

매우 느렸다. 1470년대에는 3분 안에 두 발을 발사하면 대단한 속도였다. 아퀴버스의 장점은 총열 아래에 손잡이가 달려 있어서 벽이나 나무와 같은 단단한 물체에 손잡이 부분으로 총을 고정시키고 발사할 때 반발력을 줄일 수 있다는 것이다. 15세기 중엽에는 개머리판에 보호목을 장착해서 총을 어깨에 대고 사격할 수 있게 되었다. 이후 개머리판의 크기를 줄이고 모양을 곡선으로 만들어 뺨이나 어깨에 대도록 했다. 하지만 가늠쇠만 있을 뿐 가늠자가 없었기에 정확한 조준이 어려웠고, 방아쇠도 없어서 오른손 엄지손가락으로 지렛대를 눌러 점화시켜야 했다.

15세기 후반, 가늠자와 방아쇠가 만들어졌고, 화승으로 약실의 화약에 불을 붙인 다음 다시 발사 탄환을 점화하는 방식이 등장했다. 또 지렛대를 대신해 V형 스프링과 톱니바퀴를 조합해서 발사를 준비하는 동안 화승을 안정된 상태로 유지하게끔 만들었다. 그렇게 함으로써 방아쇠를 잡아당기는 힘도 커지고 실패 확률이 줄어들었다. 개량을 거듭하며 점차 방아쇠 격발식 화승총으로 진화했다. 이것이 군사사학자 케네스 체이스가 말한 협의의 '머스킷musket'이다.

머스킷의 어원에는 여러 해석이 있는데, 이탈리아어로 새매를 가리키는 moschetto에서 따왔다는 설이 있다. 새매처럼 위엄 있고, 용맹하며, 정확하다는 것이다. 서양에서 새의 이름을 따서 명명한 것이 우연인지는 몰라도 이 총이 동아시아에 전해온 뒤 새 조鳥 자를 붙여 조총鳥銃이라고 불렀다. 머스킷은 아퀴버스에 비해 성능이 월등하게 뛰어나 엥겔스는 "전쟁에서 군사 목적으로 사용되기에 적합한 최초의 화승총"이라고 했다. 머스킷은 화승총matchlock, 바퀴식 방

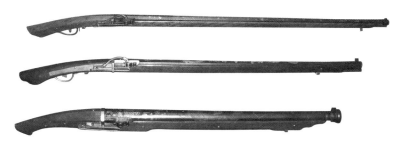

조총은 전근대 일본과 조선, 중국에서 사용된 아퀴버스급 화승총으로,
일본에서는 종자도총 혹은 철포라고 불렸다.

아틀 격발식wheelock, 수석 발화식flintlock 등을 포함하는 긴 총신
화총의 통칭이 되었다. 하지만 이 총들은 각각 점화 방식, 형태가 달
라서 머스킷이 곧 화승총이라고 할 수는 없다. 라이플rifle이 발명되
기 전, 모든 화총은 활강식총(총신 내부에 나선형의 홈이 없는 총)이었
지만 그렇다고 머스킷이 곧 활강총이라고 할 수도 없다. 16세기에 머
스킷은 아퀴버스를 대체했으나 이후 18세기에는 라이플에 밀리기 시
작하더니 19세기 이후 역사에서 사라졌다. 16~18세기, 머스킷은 유
럽 보병에게 가장 중요한 무기였으며 오랫동안 사용되었다. 17세기 이
전, 불을 붙이는 화승총 역시 머스킷에 이어서 약 3세기 동안 전장
을 주름잡았다. 이렇게 오랫동안 함께 사용했기에 습관적으로 머스
킷을 화승총이라고 불렀던 것이다.

　1499년, 이탈리아의 나폴리에서 작성된 무기 주문서에 화승총
이라는 단어가 처음 등장한다. 최초로 화승총이 사용된 기록은
1521년 이탈리아의 전투였다. 초기에는 우둔하고 무겁기만 한 총이

었는데, 16세기 스페인의 화승총은 구경이 23밀리미터, 무게는 11킬로그램에 달했다. 무게 때문에 들고 움직이기 어려웠고, 총을 쏠 때 누군가 옆에서 불을 붙여줘야 했으며 다른 병사에게 기대거나 전문적인 구조물로 받쳐야 했다. 대형 화승총을 발사할 때는 큰 반동이 생겼으며 탄약을 장전하기 어려워서 발사 속도마저 매우 느렸다.

1580~1630년 무렵, 총의 길이는 158센티미터(총신 121센티미터)까지 짧아졌다. 17세기 말, 화승총은 더욱 정교해져서 대부분 길이 117센티미터, 구경 1.905센티미터로 지금의 소총 형태에 거의 근접했다. 화승총의 발사 방식도 바뀌어서 이전에는 어깨나 가슴 앞부분을 받치고 발사했지만 모두 어깨를 사용했다.

그러나 화승총이 아무리 발전해도 화승(불심지)으로 점화해야 하는 치명적인 결점이 있었다. 전투 중 병사들이 대량으로 불심지를 소지해야 해서 당시 프랑스에서는 "하루 전투를 위해서는 1리유lieue의 화승을 지고 있어야 한다"라는 말이 있을 정도였다. 또 점화할 때 조심하지 않으면 몸에 지닌 화약 가방에 불이 옮겨 붙어서 부상당하기 일쑤였다. 전투 중에는 화약이 땅에 많이 떨어져서 불이 붙은 심지로 인해 예상치 못한 대형 사고가 일어나기도 했다. 총을 발사하려면 심지에 불이 붙어야 했기에 비가 오거나 바람이 부는 등 날씨의 영향을 많이 받았고, 야간 행군 시에는 적에게 위치가 노출되기 쉬웠다.

유럽인들은 화기의 발사 속도를 높이기 위해 많은 노력을 기울였다. 화문총은 조작과정이 복잡해서 발사가 늦은 것이 결함이었다. 화승총은 점화 방식을 개선하긴 했지만, 다른 결함들은 해결하지 못했다. 총신이 여러 개인 볼리건volley-gun으로 시험하기도 했는데, 볼리건은 동시에 여러 발을 발사하고 화력이 강력했다. 15세기 말에서 16세기 초, 프랑스 루이 12세가 총열이 50개인 볼리건을 만들기도 했다. 오스만 제국에서는 이를 모방해서 총신 8개짜리 볼리건을 제작했다. 그러나 점화 문제를 해결하지 못해 널리 사용되지는 못했다.

15세기 서유럽의 대포는 기술적으로 매우 낙후했다. 사실 유럽에서는 대포에 대한 기대가 그리 높지 않았다. 1520년, 마키아벨리는 "대포는 폭탄 목표점이 보병 위에 있어 보병을 맞추지 못한다. 조준점이 높으면 포탄이 보병 위로 날아가고, 낮으면 앞에 떨어진다"라고 설명했다. 1604년, 한 영국 작가는 "대포는 사람을 크게 다치게 하지 않는다. 아마 한 번도 다치게 한 적이 없을 지도 모른다"라는 유머를 구사하기도 했다. 보병이 엎드리기만 하면 포탄은 머리 위로 멀리 날라가버렸던 것이다.

15세기 서유럽의 대포는 뒤에서 화약을 장전하는 후장식이었다. 개량을 거듭하며 성능은 크게 개선되었다. 16세기 포르투갈이 아시아로 가져온 불랑기포는 포신은 가늘고 길며 구경은 작고 가늠쇠와 가늠자가 있어서 원거리 사격에도 상당한 위력을 발휘했다. 발사틀 구실을 하는 모포母砲가 있고 실탄을 모포에 삽입한 뒤 발사하는 5~9개의 자포子砲가 있었다. 자루 부분과 중앙에는 자포가 삽입되었고 발사과정에서 반동 때문에 튀어나오지 않도록 빗장쇠를 꽂는 구멍이 뚫려 있었다. 하지만 관과 구경이 작고 포신과 포구의 비율도 맞지 않는 등 구조적인 문제가 있었다. 충분한 반동력을 얻지 못하고, 화약을 많이 장전하지 못해 사정거리가 짧아서 살상력 또한 제한적이었다.

15세기 중엽이 되자 주조 기술이 발전하면서 대포를 일체식으로 만들자 밀폐 문제가 해결되었다. 16세기 전기에는 이탈리아 수학자 니콜로 폰타나 타르탈리아가 포탄을 진공에서 45도 각도로 발사했을 때 사정거리가 가장 길다는 것을 발견하면서 포병학의 기초가 형성 되었다. 16세기 중엽, 유럽에서 구경이 비교적 작고 청동과 숙철熟鐵 로 주조한 컬버린포Culverin가 등장했다. 컬버린포에는 바퀴를 달아 지면이 고르지 못해도 신속하게 이동이 가능하게 했다. 16세기 말, 실탄이나 금속 조각 등으로 산탄을 만들어 쏘자 살상력이 크게 증가 했다. 그러나 화총의 발전 속도와 비교했을 때 대포의 발전은 여전히 더디게 진행되었다. 대포의 사정거리, 정확도, 살상력을 증가시키려면 포 구경이 20배 이상 넓어져야 하고, 포신 벽이 두터워서 대량의 화

컬버린포.

약이 폭발할 때 생기는 거대한 압력을 견뎌내야 했다. 대포는 아무리 가벼운 것일지라도 옮기기 어렵고 준비과정 또한 복잡했다. 17세기 이전까지 대포는 성을 공격하는 데는 큰 문제가 없었지만 야전野戰에서처럼 매 순간 변수가 나타나는 곳에서는 효율적이지 못했다.

1600년 전후, 서유럽에서는 발사 속도와 정확도를 높이기 위해 갈릴레오 갈릴레이의 탄도 포물선 이론과 뉴턴의 공기 저항 연구가 이용되었다. 스웨덴의 국왕 구스타브 2세 아돌프는 포의 무게를 줄여 기동성을 높였다. 군사사학자 트레버 뒤피는 "17세기 대포를 생산하는 기술은 크게 발전했지만, 이후 2세기 동안 대포의 사정거리나 위력, 주요 형태에는 그다지 변화가 없었다. 주로 기동성이 제고되거나 편제를 개편하는 등 전술이나 사격 기술 등이 향상했다"라고 설명했다.

17세기 초, 네덜란드가 동아시아에 가져온 대포(중국인들은 홍이포

홍이포.

紅夷砲라고 불렀다)는 새로운 형식의 대포였다. 탄약을 앞에서 장전하는 전장식으로, 약실의 벽 두께가 당경膛徑과 같고 포구의 벽 두께는 구경의 절반을 차지해서 포신이 폭발 압력을 충분히 견딜 수 있었다. 홍이포는 포신의 길이가 2~3미터, 구경은 100밀리미터 이상, 앞은 얇고 뒤는 두꺼웠으며 무게는 2톤 이상의 무거운 중형포로, 가늠쇠, 가늠자가 있어서 명중률이 높았다. 그리고 포차에 탑재하면 기동성도 뛰어났다.

군사사에서 무기 기술의 진보는 군사 영역의 변혁을 이끌어냈다. 16~17세기에 화기 기술이 비약적으로 발전하면서 서유럽은 대외적으로는 처음으로 천하무적의 지위를 차지하게 된다. 대내적으로는 화기의 사용이 보편화되면서 군대 조직과 작전 방식에 큰 변화를 겪고, 군사 혁명이 일어났다.

4. '중국 기술'의 전파: 16세기 이전 화기 기술의 전파

화기 기술은 중국에서 최초로 발명된 이후 세계 여러 지역으로 전파되었다. 전파과정을 크게 두 단계로 나눌 수 있는데, 먼저 12~15세기 동쪽에서 서쪽으로, 즉 중국에서 실크로드를 경유해 서유럽으로 퍼져나간 것이 첫 번째 단계다. 두 번째 단계는 16~17세기 서쪽에서 동쪽으로, 즉 서유럽에서 세계 각지로 화기 기술이 확산된 시기를 가리킨다.

중국과 서유럽 사이에는 중간 지대가 넓게 펼쳐져 있다. 두 대륙의 동부(동북아시아와 동남아시아) 역시 화기 기술이 전파되는 범위 안에 놓여 있는데, 이 두 지역을 '유럽·아시아 대륙의 중간 지대'와 '동부 변경 지대'라고 한다.

(1) 중간 지대: 화기 기술의 서유럽 전파

중국에서 발명된 화기는 중간 지대를 통해 전파되었는데 주로 몽골이 그 역할을 담당했다. 몽골이 흥기하기 전, 여진과 서하가 송나라와 전쟁을 하면서 화기의 제작 기술과 사용법을 배웠고 몽골이 이들로부터 전수받았다. 1218~1223년, 칭기즈칸이 서쪽으로 1차 정벌을 떠날 때 중국의 노포弩砲, 불화살火箭, 비화창飛火槍 등을 사용했고, 이는 중앙아시아에 처음으로 화기를 소개하는 계기가 되었다. 칭기즈칸이 2차 정벌에 나서고 1258년에 바그다드를 함락시키면서 이슬람 세계의 중심인 아바스 왕조(750~1258)가 멸망했다. 이 과정에서 화기 기술이 아라비아 지역에 전해졌다. 아라비아인 하산 알라마는 1285~1295년에 쓴 『기마술과 병기』에서 화약, 불꽃, 화기가 모두 중국에서 전래된 것이라 밝혔다. 당시 중국을 거란이라고 했으므로 아라비아인들은 화약의 주원료인 초석을 '거란의 눈雪', 불화살을 '거란 화전火箭'이라고 불렀다. 이들은 몽골인에게서 화기 기술을 배워 유럽인과 싸울 때 사용했고, 곧 유럽인들도 이 기술을 익혔다.

몽골은 인도에도 화기 기술을 전파했다. 칭기즈칸이 중앙아시아의 강국인 호라즘Xorazm을 멸망시키고 인더스강에 도착한 것이다. 인도인들은 이 전쟁에서 처음으로 화약의 위력을 경험했다. 몽골 제국 시기, 원나라는 북인도를 통치하던 델리 술탄국과 왕래가 잦았는데, 이를 통해 화기에 관한 지식이 전달되면서 중국에서 초석을 수입했다. 인도 남부에 위치한 힌두 왕국인 비자야나가르 제국Vijayanagar(1336~1567)도 중국과 교류했고, 특히 명대 초기 정화가 대항해를 할 때 이곳에 여러 번 들르기도 했다. 인도는 1366년에 화기에 관한 기록을 남겼고, 1443년에는 페르시아 사절단이 이곳에 와서 폭죽 공연을 보았다고 한 것으로 볼 때 남인도에는 14세기 혹은 15세기 초에 불꽃놀이나 폭죽에 쓰이는 화약이 있었음을 짐작할 수 있다.

(2) 동부 변경 지대: 화기 기술의 동아시아 전파

중국의 화기는 동아시아 각국에도 전해졌다. 한자 문화권인 조선, 일본, 베트남을 비롯해 인도차이나반도에 위치한 미얀마, 캄보디아, 시암 등도 중국으로부터 화기 기술을 배웠다.

① 동북아시아

· 조선: 1274년, 원나라는 고려를 정벌하고 정동행성을 설치했는데 그 과정에서 조선에 화기 기술이 전해졌다. 1374년, 명나라는 염초焰硝 30만 킬로그램, 유황硫黃 12만 킬로그램과 여러 화기를 제공하면서 왜구 침입에 맞서도록 했다. 1380년, 화기로 무장한 고려군은 나세羅世를 원수, 최무선을 부원수로 내세워 500여 척의 왜구 선박을 침몰시키고 큰 승리를 거두었다. 나세는 조선에 귀화한 중국인으로, 1352~1374년에 병기를 만드는 군기감 판사軍器監判事를 맡아 화기의 중요성을 적극 주장했다. 조선인들은 중국의 염초 장인인 이원李元을 초빙하고, 초를 끓여 화약을 만드는 방법을 배웠다. 1377년, 최무선은 조정에 화통도감火桶都監(화총火銃을 화통이라고 했다)을 설치할 것을 건의하고 명나라의 화기를 모방해 제조하고, 화기를 사용하는 군대를 창설하는 등 화기 기술을 국산화했다. 1392년(홍무 25), 고려의 장군이었던 이성계는 조선을 건국하고 명과 친밀한 관계를 유지했다. 세종이 재위하는 동안, 일본에서 유황 약 5만 킬로그램을 수입해서 화기를 제조했다.

· 일본: 몽골은 일본에도 화기를 전했다. 1274년(원 지원 11, 일

본 분에이文永 11), 원나라가 아직 중원을 통일하기 전에 먼저 일본 정벌에 나서면서 쓰시마와 이키섬壹岐島를 점령하고 히카다만 博多灣까지 진출했으나 해전에 익숙하지 못한 데다 태풍까지 만난 탓에 후퇴했다. 일본 역사에서는 이 전쟁을 '분에이의 역文永の役'이라고 한다. 1284년(지원 21, 고안弘安 7) 원나라는 다시 일본 정벌에 나섰지만, 또다시 태풍에 역병까지 유행하자 퇴각했는데 이는 '고안의 역弘安の役'이라 한다. 두 번의 전쟁에서 원군의 강력한 화약과 화기를 경험한 일본인들은 큰 충격에 빠졌다. 1292년, 일본의 『몽고습래회권蒙古襲來繪卷』은 몽골의 2차 침입 당시의 풍경을 그렸는데, 원군이 화약이 가득한 철깡통鐵罐을 발사하자 검은 연기와 섬광이 귀를 찢는 듯한 굉음과 함께 쏟아져 사무라이들이 혼비백산하는 모습이 담겨 있다. 15세기 초에는 일본군도 화포를 사용했다. 오닌應仁의 난(1468~1477) 때, 비포飛砲와 조총을 사용했고, 이후에도 계속 중국의 화기 기술을 받아들였다. 1494년, 중국의 동총銅銃이 사카이마치堺町과 간토關東에 들어왔다. 1528년, 사카이마치에서는 중국의 화총을 모방한 길이 30~40센티미터, 무게 2킬로그램의 작은 동총이 제조되었지만 실전에서는 별다른 효력을 발휘하지 못했다. 당시 일본인들은 아직 초硝를 다루지 못해서 화약의 또 다른 원료인 유황만 생산했다. 명나라 초, 중국과 일본의 무역관계가 어느 정도 회복되고, 물자 교류가 증가하자 일본은 유황과 동을 중국으로 수출했다. 1403년, 한 번에 유황 6000킬로그램을 보내기도 하는 등 당시 유황은 중일 무역의 주요 상품이었다.

오닌의 난은 무로마치 시대인 오닌 원년(1467년)에 쇼군의 후계 문제를 둘러싸고
지방의 슈고 다이묘들이 교토에서 벌인 전란이다.

② 동남아시아

원나라는 두 번에 걸쳐 일본 원정에 실패했음에도 꾸준히 대외 확
장을 꾀했다. 1282년 참파로 출병했고, 1283년과 1287년 두 번에
걸쳐 미얀마 정벌, 1285년과 1288년에는 안남 정벌, 1292년에는 자
와까지 출병했다. 이 과정에서 중국의 화기 기술이 이 지역에 전해지
게 되었다.

· 안남(베트남): 원나라는 안남을 두 차례 정벌했는데 이 과정에
서 분화통噴火筒, 불화살, 총포 등의 화기를 사용했다. 명나라
초, 명군은 조총신기전火銃神機箭으로 안남의 코끼리 부대에 맞
섰다. 이 신기전은 화살대의 윗부분에 화약을 넣은 금속통을 장
치해 발사하는 것으로 구조는 조총과 유사했다. 이 전쟁에서 명
나라는 처음으로 대규모 화기를 사용했다. 안남은 레 왕조黎朝
(1428~1526)부터 총포, 화통 등의 화기를 제작했다. 영락 시기

기록에 "교지交趾를 정벌하면서 화기법을 배웠다"고 나와 있어서 명나라 화기가 안남에서 전해졌다고 잘못 알려졌다. 하지만 당시 안남에서 사용되던 화기는 중국에서 오래전부터 이미 사용되고 있었다.

- 진랍(캄보디아): 원대 사람인 주달관周達觀은 『진랍풍토기眞臘風土記』에서 진랍의 수도 앙코르Angkor에서는 매년 신년이 되면 왕궁에서 "천막을 여러 개 치고 그 위에서 불꽃과 폭죽을 터트렸다. 100리 밖에서도 불꽃을 볼 수 있었고, 폭죽은 마치 대포처럼 소리가 커서 성 전체를 진동시켰다"라고 했다. 13세기 말 캄보디아에서는 이미 화약을 생산한 다음 대량으로 폭죽을 터트리며 불꽃놀이를 했던 것이다.

- 시암(타이): 수코타이Sukhothai 왕조 시기(1257~1428), 매년 5월 왕궁 앞에서는 불꽃놀이를 하며 폭죽을 터트렸다. 이는 이들이 13세기 무렵부터 이미 화약을 제조하는 기술을 알고 있었음을 의미하고, 이곳을 경유하는 중국인들이 전해준 것으로 보인다.

- 미얀마: 중국 윈난에서 육로를 통해 미얀마로 화기 기술이 전해졌다. 원나라 때 미얀마의 바간Bagan 왕조가 원과 충돌했다. 원나라는 군대를 동원해서 정벌에 나섰고, 1277~1303년까지 26년간 전쟁을 벌여 1287년에 바간 왕조를 멸망시켰다. 1299년, 미얀마에서 다시 반항 세력이 일어나자 원군은 몇 차례 정벌에 나

섰지만 모두 실패했다. 이후 윈난과 서남 변경의 루촨족Luchuan 정권이 강력한 지방 정권을 형성했다. 1385년(홍무 18)~1448년 (정통 13)까지 명나라는 다섯 차례나 대규모 군사 정벌을 실시하고서야 지방 정권을 겨우 멸망시켰다. 이 전쟁을 통해 중국의 화기 기술이 전해졌고, 15세기 말에는 미얀마에서 제조된 화기가 다른 지역으로 퍼져나갔다. 1511년 포르투갈이 믈라카를 점령했을 때 미얀마에서 제조된 화기를 발견하기도 했다.

· 남양 군도: 1292년 원나라는 1000여 척의 배, 2만 명의 군대를 동원해서 자와를 정벌한 다음 1년간 점령했는데, 이때 중국의 화기 기술이 전해졌다. 이곳에서 장사를 하는 중국인들은 신년에 불꽃놀이와 폭죽을 터트리는 풍속을 들여왔다. 1443년, 수마트라의 불꽃놀이는 유명한 행사가 되었다. 16세기 초, 이탈리아 여행가인 루도비코 디바르테마는 수마트라의 불꽃을 만드는 기술을 소개했는데, 이는 그들이 이미 화약 제조 기술을 보유하고 있었음을 보여준다.

중간 지대와 동쪽 변경 지대의 국가들은 중국의 화기 기술을 배운 뒤, 꾸준히 개량을 시도했다. 아라비아인들이 비잔틴 제국과 전쟁할 때 적군이 투석기를 이용해서 '그리스 불Greek Fire(석유, 유황, 역청瀝靑을 합성해서 쉽게 불이 붙도록 만든 물질)'을 뿌리자 심각한 타격을 입었다. 아라비아인들은 바로 이 기술을 습득했고, 이후 몽골인에게 연소 화기 기술까지 배워서 기술을 자체 개발한 다음 그리스 불을

비잔틴 군사들이 사용한 무기를 묘사한 그림.
그리스 불로 인해 비잔틴군은 해전에서 기술적 우위를 점할 수 있었다.

발사할 수 있었다. 13세기 말에서 14세기 초, 아라비아인은 몽골인이 전해준 조총과 돌화총을 개량해서 두 개의 새로운 화기를 개발했다. 그중 하나는 긴 통에 화약과 철 구슬을 넣은 뒤 화살을 넣고 선을 점화시키면, 화약이 터지면서 철 구슬을 밀어내 화살이 발사되는 것이었다. 돌화총과 다른 점은 돌화총의 총알은 종이로 만들었으나 아라비아인들은 철 구슬을 사용해서 실전 효과를 높였다는 것이다.

안남인들은 점화 장치를 개량해서 영락제 때 명군과의 전투에서 사용했다. 명군은 안남의 화기가 우수하다는 것을 발견하고, 화기 전문가인 여징黎澄을 포로로 난징南京으로 데려왔다. 그런 다음 공부 주사에 임명하고 전문적으로 총전銃箭이나 화약 등 병기를 만들도록 했다. 그는 공부 낭중, 좌우시랑을 거쳐 1445년에 공부 상서까지 올랐다가 이듬해 사망했다. 명군은 여징의 공을 인정하며 그를 '화약의 신'으로 추대하고 매년 제사를 지냈다. 여징은 특히 화총의 총구 바깥에 장방형의 약통을 만들어 점화하도록 했는데, 점화 조작이 간편하고 안전했다. 약통에는 덮개를 만들어 비바람이 치는 날씨 등 어떤 기후 조건에도 화약이 젖지 않도록 해서 실전에서의 효과를 훨씬 높였다.

전쟁을 통해 화기 기술이 전파되면서 중국에서 서유럽으로 전파되는 데 수 세기가 걸렸다. 두 지역 사이에는 중간 지대와 변경 지대가 있어서 전파 속도가 느리고 기술의 운용에는 한계가 있었지만, 각 나라마다 기술을 '개량'하는 효과를 거뒀다.

5. '서양 기술'의 확산: 16~17세기 화기 기술의 전파

16~17세기 화기 기술의 전파는 그 속도가 빠르고 범위도 넓었으며 많은 지역에서 기술이 개량되었다.

(1) 중간 지대: 이슬람 세계로 화기 기술의 전파와 개량

16~17세기, 이슬람 세계에는 '이슬람 세 제국 시대'가 출현했다. 세 개의 제국은 터키의 오스만 제국(1299~1922), 사파비 제국(1501~1736), 인도의 무굴 제국(1526~1858)으로 모두 비非아라비아인이 세운 나라였다. 역사학자 윌리엄 맥닐은 이슬람 세계가 화기를 사용해 세력을 확장했다고 해서 이들을 '화약 제국Gunpowder empires'이라고 칭했다.

세 제국에서 사용하던 화기 기술은 모두 서유럽에서 온 것이었다. 오스만 제국은 서양과의 접촉이 잦아서 기술을 익히는 속도가 가장 빨랐으며 큰 성과를 거뒀다. 화승총은 15세기 말 유럽에서 발명된 후, 오스만 제국에 전파되어 개량을 거듭했고 마침내 '아시아식 화

화약 제국 중 하나인 오스만 제국의 포병대를 묘사한 그림(1788년).

승총'이 개발되었다. 이 화승총은 기존의 것과는 큰 차이를 보이며 전문가들은 기술적으로 유럽식 화승총을 능가했다고 평가하기도 한다. 아시아식 화승총은 다른 국가에도 전파되었고, 17세기 초 중국에서는 루미총魯密銃(lumi 혹은 lumiru)이라 불렸다.

14세기 말~15세기 초, 오스만 터키에는 이미 포병이 있었다. 1430년, 오스만의 포병이 비잔틴의 2대 도시 테살로니키에 진격하면서 처음으로 대포를 사용했다. 15~16세기에 이들이 사용한 대포는 유럽식 대포보다 기술적으로는 부족했지만, 좀더 무거운 포탄을 발사할 수 있었다. 이런 장점은 오스만 터키가 콘스탄티노플을 공격했을 때 빛을 발했다.

콘스탄티노플 성은 330년 로마 제국의 콘스탄틴 1세가 건설한 뒤 수차례 중건과 보수를 거치며 세계에서 가장 복잡하고 정밀한 요새 중 하나가 되었다. 이후 비잔틴 제국(즉 동로마 제국) 시대에 이 요새는 여러 적들의 침입을 막아냈고 뚫을 수 없는 방어선이라고 평가를 받았다. 하지만 1453년, 오스만 대군이 콘스탄티노플 성을 포위하면서 이야기는 달라졌다. 10만 명이 넘는 오스만 대군(가장 정예 부대인 수단의 금위군 2만 명을 포함)에 비해 비잔틴 제국은 이미 쇠락한 상태여서 콘스탄티노플 성에는 겨우 7000여 명(그나마 2000명은 충성심이 의심스러운 외국인 용병)밖에 남아 있지 않아서 절대적인 열세였다. 그러나 성곽이 워낙 견고해서 수비군들은 맹렬한 공세를 펼치는 터키군을 막아내고 있었다. 오랜 공격에도 성이 함락되지 않자 최후 수단으로 대포가 등장했다. 이 대포는 오스만 제국에서 비싼 값을 지불하고 초빙한 헝가리의 대포 전문가 우르번Urban(혹은 Orban)이 제작한 것으로, 가장 큰 것은 약 860킬로그램의 거대한 돌포탄을 발사할 수 있었다. 소 60마리와 장정 200명으로 구성된 부대는 거대한 포를 오스만 제국의 수도 에디르네에서부터 콘스탄티노플 성까지 운반했다. 이 '왕 대포' 외에도 대단한 대포들이 많이 있었다. 1464년에 주조한 다르다넬스The Dardanelles Gun는 오늘날 박물관에서 볼 수 있는데, 포 길이가 52미터, 직경 63센티미터, 중량은 1만6000킬로그램으로, 680킬로그램의 돌 포탄을 몇 킬로미터 떨어진 곳까지 발사했다. 그 견고한 성벽도 대포의 공격을 견디지 못하고 큰 구멍이 생겼

다르다넬스.

고, 터키군이 성을 함락시키는 데 성공하자 1000년 동안 기독교 제국을 이루어온 비잔틴은 망하고 말았다. 이로써 유럽—아시아의 육상 무역로가 끊겼고, 결과적으로 유럽인들이 신대륙을 발견하는 촉진제가 되기도 했다. 화기가 역사를 바꾼 전형적인 사례였다.

　오스만 제국의 맞수였던 사파비 제국은 중앙아시아 유목민이 세운 왕조로 기병 부대가 유명했다. 1514년, 오스만 제국의 화기 부대는 찰디란chaldiran 전투에서 사파비 제국의 정예 부대인 홍두군을 격파하는 놀라운 성과를 거뒀고, 그 영향으로 이슬람 세계는 '화약 혁명'의 파도에 휩쓸리게 되었다. 이후 페르시아도 화기를 도입하기 시작했다. 사파비의 황제 압바스 1세는 오스만 제국에서 총포를 제작한 기사를 초빙하고, 조지아인이나 아르메니아인 등의 기독교인 중에서도 화기를 다룰 줄 아는 사람들을 모집한 다음 화기 부대를 구성했다. 또 영국의 대포 전문가 로버트 셜리Robert Sherley와 장인들도 불러들였다. 이들이 많은 대포를 제작한 덕분에 압바스의 군대는 500문에 달하는 대포를 전투에 투입할 수 있었다. 압바스는 포병 부대(1200명)와 화승총 부대(1200명)를 창설하고, 주력 부대인 기병

(1만~1만5000명)도 화승총을 소지하도록 했다. 사파비 군대는 강력한 무력을 기반으로 중앙아시아의 광대한 지역을 정복했다. 이 지역은 원래 유목민들이 번갈아가며 통치하던 곳으로, 화기가 없었다면 페르시아의 정복은 어려운 일이었을 것이다.

한편, 칭기즈칸이 정벌에 나서면서 인도인들은 화기 기술에 관한 지식을 얻긴 했지만 잘 활용하지는 못했다. 1514년, 터키가 타부리즈Tabriz 전투에서 화기를 사용해서 페르시아를 대파하자 인도의 무굴 통치자들은 크게 놀랐다. 당시 무굴 통치자들은 오스만 제국과 우호적인 관계를 유지하고 있어서 터키의 대포 제조 전문가 우스타드 알리 쿨리Ustad Ali Quli를 초빙해 대포 제작을 의뢰했다. 1526년, 무굴 군대는 파니파트Panipat 전투에서 이 대포들을 사용했는데, 가장 큰 대포는 250킬로그램에 달하는 포탄을 발사했다. 1647년, 우츠베크가 막강한 군대를 이끌고 침입하자 무굴 군대는 대포를 사용해서 이들을 물리쳤다. 이는 세계사에 화약 제국과 유목 제국 간의 마지막 전투로 기록되었다. 무굴 제국은 화기 기술을 이용해서 인도 북부와 중부의 넓은 토지를 정복했다. 16세기, 인도 남부의 힌두교를 믿는 몇몇 나라에서도 포르투갈의 화기 기술을 도입해 무굴 제국에 맞서 독립을 유지할 수 있었다. 비자야나가르 제국은 인도 다음으로 원거리 대포를 사용한 국가로, 중앙아시아의 쿠만인들 가운데 포병을 고용하고, 이후에는 포르투갈인 포병과 화승총 사수를 고용하기도 했다. 1520년, 인도의 라이추르를 공격하는 전투에서 비자야나가르 군대는 대포를 쏘아 성을 폭격한 다음 포르투갈 출신의 화승총 사수들이 공격해서 요새를 함락시켰다.

이슬람 제국이 적극적으로 참여하면서 선진 화기가 이슬람 세계에 빠르게 보급되었다. 오스만 제국은 특히 중요한 역할을 했다. 1542년, 슐레이만 1세는 중앙아시아의 트란스옥시아나Transoxiana에 화승총과 경량 대포로 무장한 예니체리Janissaries 군단 500여 명을 파견했다. 당시 트란스옥시아나 지역에는 철제 화승총의 제조 기술이 보급되지 않은 상태였고, 오스만 제국이 군단을 파견하면서 중앙아시아의 화기 기술은 크게 발전했다. 그 밖에도 여러 나라에서 오스만 제국의 화기 장인들을 초빙하고, 무기를 제조하는 데 도움을 받거나 군대 편제나 전법을 차용했다. 17세기 사마르칸트, 부하라, 발흐Balkh 등의 나라에서는 모두 철제 화승총과 오스만식 경량 야포를 제조했고, 타슈켄트Toshkent와 안디잔Andizhan은 러시아가 무굴 제국과 화

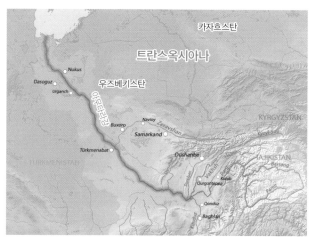

트란스옥시아나는 시르다라강과 아무다라강 사이에 위치한 지역으로, 현재의 우즈베키스탄과 카자흐스탄 등지를 포함한다. 주로 8세기 전후의 이 지역을 지칭할 때 쓰는 표현이다.

기를 밀수하는 데 거점으로 삼았다.

(2) 동쪽 변경 지대: 동아시아에서의 세계 화기 기술의 전파와 개량

16~17세기, 서유럽에서 출발한 선진 화기 기술은 동북아시아와 동남아시아로 전파된 후 널리 사용되었다. 동북아시아와 동남아시아에서는 화기 기술이 전파되고 화기를 개량하는 데 서아시아, 중앙아시아, 남아시아에 비해 훨씬 더 큰 변화를 겪었다. 특히 중국의 개량 성과가 가장 뛰어났다.

① 동북아시아

• 일본: 유럽의 화기 기술이 처음 일본에 전해지는 과정은 꽤 흥미롭다. 일본의 승려 난포 분시南浦文之가 쓴 『철포기鐵砲記』에 의하면, 1543년(덴몬天文 12) 8월, 왕직汪直이 중국 닝보 쌍위에서 출항했는데 승객 중에는 포르투갈인 2명(그중 한 명은 유명 작가인 페르낭 멘데스 핀투였다)과 일본인 무라슈쿠샤牟良叔舍, 기리시타다모우타喜利志多侘孟太가 있었다. 출항 후 배는 역풍을 만나 방향을 잃고 표류하다가 규슈 가고시마현의 다네가섬種子島에 도착했다. 이 두 명의 포르투갈인은 일본에 온 최초의 유럽인이었다. 이들은 일본인들이 그때까지 한 번도 보지 못했던 화총을 가지고 왔다. "길이는 2~3척尺으로 가운데는 뚫려 있고 아래는 막혀 있었는데, 옆의 구멍에 화약을 넣고 작은 총알을 넣으면 바로 발사할 수 있었다. 총을 발사하면 빛이 번쩍이면서 천둥 같은 소리가 났는데 모두 귀를 막아야 했다." 이 화총의 성능은 일본인들이 그

간 사용했던 화총보다 훨씬 좋았다. 일본인들은 이 총을 '남만뎃
포南蠻鐵砲'(당시 일본인들은 서양인을 남만이라 칭했고 남만인이 가져
왔다 하여 이렇게 칭했다)라고 했는데, 일본 역사학자들은 이로부
터 '일본의 철포가 시작되었다'고 추측한다. 당시 다네가시마의
영주인 시케토키惠時, 도키다카時曉 부자는 화총의 위력에 감탄
하며 높은 가격에 구입한 후 가보로 정하고, 제조법과 사용법을
전수받았다. 그리고 당시 유명한 장인인 야이타 기요사다八板淸定
에게 모방품을 만들도록 했으나 성공하지 못했다. 1544년, 포르
투갈 상선이 다네가시마에 오자 야이타 기요사다는 '남만인'들
에게 제조법을 배워서 화총을 만들었다. 이듬해, 일본의 첫 화승
총이 탄생했고 야이타 기요사다는 '사쓰마 뎃포鐵砲의 시조'라고
불렸다. 1544년(천문 13), 상인 야마다 사부로橘屋又三郞는 기요사
다에게 철포 제조법을 배운 뒤 사카이마치로 돌아와 철포를 거래
하는 무역상이 되었고, 사카이마치는 철포와 화약이 주로 거래되
는 중심 도시가 되었다.

일본인들은 꾸준히 화총을 개량했다. 특히 일본 장인들은 나사
를 만들고 초석을 제조하는 기술이 뛰어났다. 다치바나 도세쓰立
花道雪는 '조입早入'이라는 장치를 개발해서 화총 발사에 필요한 화
약량을 사수가 계량하고 탄환과 함께 하나씩 대나무 통에 넣어
몸에 지니도록 했다. 필요할 때마다 이 대나무 통을 열면 신속하
게 장전이 가능해서 발사 시간을 대폭 줄일 수 있었다. 이렇게 개
량된 총은 포르투갈에서 가져온 것보다 성능이 우수했고, 중국
인들은 이를 조총이라고 부르며 만드는 기술을 도입했다. 그래서

오다 노부나가는 도요토미 히데요시, 도쿠가와 이에야스와 함께
전국 시대에 천하 통일을 주도했다.

"조총을 일본에서 가져왔다"는 설이 나오게 되었다. 총기 운용 방법도 크게 진전을 보였는데, 가장 중요한 것은 오다 노부나가織田信長가 발명한 '삼단 사격법三段擊'이었다. 병사를 3인 1조로 편성한 다음, 사격술이 가장 뛰어난 병사가 사수를 맡고, 다른 두 사람은 총탄과 화승을 책임지도록 했다. 사수가 발사하고 나면 두 번째 병사가 총을 받아 앞에서 화약을 넣고 총알을 장전했다. 세 번째 병사는 동시에 화승의 위치를 조정해서 방아쇠를 원래 자리로 돌려 사수에게 건네줬다. 이 '노부나가 삼단 사격법'은 화승총을 쏘는 가장 효과적인 방법이다.

일본인은 대형 화승총을 만드는 데도 큰 성과를 거두었다. (일본에서 화승총은 뎃포, 대형 화승총은 오뎃포大鐵砲라 했다.) 오뎃포는

1573~1592년에 등장했고, 구유슈소준國友宗埈이 만든 '뇌파산雷破山'이 대표적이다. 그 위력이 산도 파괴할 만큼 강해서 지어진 이름이다. 이나도메稻富一夢齊 역시 오뎃포를 만드는 고수로, 186센티미터 거리의 '도부통稻富筒'을 제작했다. 오뎃포는 혼자서도 사용할 수 있고 배에도 설치할 수 있어서 도요토미 히데요시는 이를 일본 수군의 주력 중형 화기로 운용했다. 오다 노부나가, 도요토미 히데요시 모두 일본 각지의 제후를 토벌할 때도 이 오뎃포를 사용했다.

그러나 일본은 기술적인 면에서는 그다지 발전하지 못했다. 당시 일본의 주조 기술이 낙후되어서 서유럽의 화포 제작 기술을 잘 받아들이지 못했기 때문이다. 명나라 후기, 왜란의 기록에서도 일본군이 대포를 사용했다는 기록은 찾을 수 없다. 일본군의 원거리 무기인 오뎃포는 보통 뎃포보다 위력이 크지만 서양의 대포와는 비교할 수가 없었다. 그래서 일본군은 조선과의 전쟁 중 명군이 대포로 공격했을 때 속수무책으로 전혀 반격하지 못했다.

· 조선: 조선은 일본과 달리 서양의 화기 기술을 받아들이는 데 매우 인색했다. 서양인과의 접촉도 늦었고, 화기 기술에도 별다른 흥미를 보이지 않았다. 1589년, 임진왜란이 발발하기 전에 대마도의 소 요시토시宗義智는 조선 왕에게 조총 두 자루를 진상했다. 조선은 그때 조총을 처음 접했지만 일본과 중국의 군대에서는 이미 주 화기로 사용되고 있었다. 1592년, 일본이 조선에 침입하고 명군이 조선을 돕기 위해 참전하자 명군의 무기를 본 조선 장군

류성룡은 "우리나라에는 거의 없는 것으로, 모양이 이상해서 우리나라 사람들은 사용할 수 없는 것들"이라고 보고했다. 하지만 임진왜란을 겪으며 조선은 조총의 필요성을 느꼈고, 항복하는 포로들을 우대하면서 조총을 제조하도록 했다. 그러나 1598년에 전쟁이 끝날 때까지 조선군이 조총을 사용했다는 기록이 없는 것을 보면 널리 사용되지는 않은 듯하다. 전쟁 후기, 명군의 조언에 따라 조선군도 화기 부대를 설치하고, 명나라 장수 송응창宋應昌, 낙상지駱尙志 등이 병사 훈련을 담당했다. 1597년(만력 25년) 6월이 되자 훈련을 받은 군사가 2만여 명, 육군이 보유한 각종 대포는 300문에 이르렀다. 비로소 조선은 작전을 수행할 수 있는 화기 부대를 갖추게 되었다.

② 동남아시아

16세기, 동남아시아의 일부 국가들은 서양의 화기를 구매하고 제조 장인을 불러들이면서 적극적으로 기술을 도입했다. 이중 가장 성공을 거둔 나라는 인도차이나반도의 안남, 미얀마, 시암이었다. 시암의 수도 아유타야에 거주하는 중국인들과 미얀마 페구Pegu의 인도인들은 동남아시아에 화기 제조 공장을 설립했다.

• 안남: 안남은 후 레 왕조 시기(1428~1526)부터 총포와 화기를 생산했다. 16~17세기에 포르투갈, 스페인, 네덜란드와의 접촉을 통해 유럽의 화기 기술을 접했다. 이들은 연해에 침몰한 유럽의 배에서 총포를 건지고, 유럽 장인을 고용해서 그대로 제조하도

록 했다. 17세기 후여조가 분열했을 때, 남부의 응우옌Nguyen, 阮씨 정권은 1200문 정도의 동으로 만든 크고 작은 대포를 갖추고, 북부의 실질적인 통치자 찐Trinh, 鄭씨 세력도 컬버린을 포함해 대략 50~60문의 각종 철포를 보유하고 있었다. 안남의 병사들은 가죽으로 만든 탄약창에 발사에 필요한 양을 미리 준비해 두고 신속하게 발사해서 습격에 능한 소총수라는 평가를 받았다. 명대 후기, 안남은 성능이 좋은 화승총을 개발했는데 중국인들은 이를 '교총交銃(교지交趾의 화승총)이라고 불렀다. 교총의 화력과 성능이 서양이나 일본의 '조총' '루미총'을 능가했다는 평가를 받기도 했다. 명·청 시기 유헌정劉獻廷은 "교지는…… 화공에 능하고 교총은 천하제일이다"라고 했고, 굴대균屈大均은 "교총은 자와총이라고도 했는데 강노強弩 모양에 줄을 매서 어깨에 걸수 있었다. 적과 만났을 때 함께 발사하면 그 위력이 대단했다"고 말했다.

·미얀마: 16세기 초, 포르투갈이 미얀마에 왔다. 1534~1537년, 퉁구Toungoo 왕조는 세 차례에 걸쳐 페구 성을 공략했는데, 수비군이 포르투갈 화기로 무장하고 버티자 그 위력을 깨닫고 그때부터 적극적으로 서양의 화기를 도입하기 시작했다. 17세기 초, 미얀마 군대는 포르투갈로부터 시리암Syriam을 탈환하고 포로로 잡힌 유럽인들을 상미얀마에 있는 아바Ava로 강제 이주시켰다. 여기에 약 1000명의 무슬림 포로까지 합친 후 화기로 무장한 군대를 만들었는데, 이들이 미얀마 화기 부대의 골간이 되었다. 또한

화기를 다룰 줄 아는 외국 용병들도 고용해서 적극적으로 화기 부대를 키웠다. 16세기 중반, 미얀마는 보병 부대와 코끼리 부대를 화승총으로 무장시키고, 포병을 투입했다. 미얀마는 이들을 앞세워 중인반도中印半島의 초강국이 되어 한때 시암을 멸망시키기도 했다. 1564년, 아유타야를 공격했을 때도 화기를 주로 사용했다.

· 시암: 미얀마에 대항하기 위해 시암도 적극적으로 선진 화기 기술을 도입하기 시작했다. 1538년 파랍시 국왕은 120명의 포르투갈인으로 구성된 근위 부대를 설립하고, 자국의 병사들에게 화기 사용법을 가르치도록 했다. 16세기 말, 시암이 성능이 좋은 화약과 화총을 제작해서 일본의 도쿠가와 이에야스도 이 무기들을 달라고 요청할 정도였다. 그럼에도 미얀마의 무력에는 당해낼 수 없자 서유럽에서 화기를 구매하기 시작했다.

남양 군도의 상황은 조금 달랐다. 필리핀 외에 다른 지역들은 16~17세기에 이슬람교를 받아들이면서 이슬람 세계에 편입되었고, 그에 따라 이슬람 세계(특히 오스만 제국)를 통해 화기 기술을 습득하게 되었다. 수마트라 북부의 아체국은 16세기 오스만 제국으로부터 대량 원조를 받았다. 아체국이 믈라카를 공격했을 때 오스만 제국은 소총수와 소총 제작자, 용병 등을 포함한 약 500명을 파병하고, 대포와 탄약을 지원했다. 이들은 대포의 제작 방법을 아체인에게 전수했고, 그 덕분에 17세기 초기 상당한 수준의 화기를 보유하게 되었다. 술탄 무다Sultan Iskandar Muda 의 증언에 따르면 1200문의 중구경 동포銅砲와 800문의 선회포

swivel guns, 아퀴버스 등 2000문가량의 화기를 무기고에 보유했다고 한다.

· 기타 지역: 말레이반도의 국가들도 이슬람 세계를 통해 화기를 전수받았다. 포르투갈이 1511년에 믈라카를 점령했을 때 그곳에서 대량의 화기를 발견했다. 소형 에스메릴esmeril, 팔콘falconet, 세이커saker 등 그 수가 무려 3000문에 달했다. 포르투갈인들은 이 무기가 미얀마와 시암에서 제작된 것이라고 생각했지만, 말레이시아 장인들이 제작했을 가능성이 높으며 그 기술력은 당시 세계에서 가장 뛰어난 독일 장인에 버금간다. 자와 역시 17세기 초기부터 동포를 제작했다. 17세기 중엽, 롬복 서해안의 마타람에서는 3개월 만에 소총 800자루를 만들기도 했다.

16~17세기 동남아시아에서는 이슬람 세계에서 전수받은 기술로 상당량의 화기를 제작했고, 서유럽에서도 기술을 받아들였다. 동남아시아인들은 서유럽에서 화기를 구매하거나 외국 장인을 초빙하고, 심지어 용병들로 화기 부대를 구성해 주축 부대로 삼았다. 서유럽의 기술은 주로 포로나 용병, 선원이 주된 전수자였던 것이다. 하지만 이런 경로를 통해 얻은 지식은 제한적이었고, 현지에서 개량하는 데도 한계가 있었으므로 화기 기술이 완전히 현지화되었다고 보기는 어렵다. 동남아시아(특히 남양 군도) 내에서 전쟁이 발발했을 때 화기는 그리 보편적으로 사용되지 않았다. 자와에서는 대규모 전쟁도 없었고 설사 전쟁이 나더라도 추장이나 귀족들이 선봉에 서서 2시간

을 채 넘기지 않고 끝냈다. 사용하는 무기도 창이나 단도 정도였을 뿐 화기는 아니었다. 대포가 사용되긴 했지만, 주로 나무 요새를 공격했을 뿐 성을 공격하지 않았다. 자와의 군대의 전투 병력은 전체의 5분의 1 수준이었고, 더구나 총을 소지한 사람은 10퍼센트도 되지 않았다. 동북아시아와는 달리 동남아시아에서는 화기가 냉병기의 보완재로 사용되었다. 이는 선진 화기를 사용하는 서양인들이 아주 적은 병력으로 손쉽게 이 지역을 정복하고, 식민 통치를 할 수 있게 만든 요인이었다.

③ 중국: 화기 기술의 전파와 개량

명대의 중국은 외국의 군사 기술을 받아들이는 것을 망설이지 않았다. 명 초 안남을 통해 화기가 들어왔고, 16~17세기에는 서양의 화기 기술이 도입되었다. 대략 두 시기로 나눌 수 있는데 첫 단계(1520~1620)는 불랑기포와 조총이, 두 번째 단계(1620~1644)는 홍이포紅夷砲가 주를 이루었다.

중국에 최초로 도입된 서양 화기는 포르투갈에서 온 불랑기포와 조총이었다. 불랑기포와 조총은 당시 중국에서 사용하던 화기보다 성능이 우월해서 중국에 들어온 이후 빠르게 보급되었고, 주요 화기로 자리잡는 데 불과 반세기밖에 걸리지 않았다. 첫 단계에서 중국에 들어온 경로는 진공進貢이나 전투 중 노획을 통해서, 혹은 민간에서 도입하는 등 우연에 의한 것으로, 명 조정이 주도적으로 나선 것은 아니었다. 1511년, 포르투갈이 믈라카를 침공했다. 포르투갈 함대 사령관은 믈라카에서 장사를 하는 중국 선주들과 적극적으로 교류하면서 시암에 사절을 파견하는 것을 도와달라고 했다. 이 과정에서 중국 해상海商들은 포르투갈군이 보유한 화기에 대해 알게 되었다. 명대 사람 심덕부沈德符는 "홍치弘治 이후로 불랑기포가 보이기 시작했다"라며 1520년(정덕正德 15), 믈라카가 불랑기포에 공격을 당하자 사신을 보내 도움을 청했다. 어사 하오何鰲가 말하길, "불랑기포는 정교하고 강해서 남방의 화근이 될 것이다. (…) 불랑기포가 제일 강력하여 병기 중에서는 무적이다. 얼마 전 큰 배가 광둥성에 들이닥쳤을 때 포성이 엄청났다"고 했다. 사실 중국인들은 그 전부터 불랑기포를 사용해왔다. 1510년(정덕 5), 광둥의 도적 곽방郭芳이 푸젠 셴유仙游에 침입했을 때, 현지 의병인 위승魏升이 관청을 도와 "불랑기포 100문으로 공격해서 도적들을 물리쳤다"는 기록도 불랑기포가 푸젠 연해에서 보편적으로 사용되고 있었다는 것을 보여준다. 1519년(정덕 14), 영왕寧王 주신호朱宸濠의 반란을 평정하기 위한 전투 중 푸젠 푸톈莆田에 살던 은퇴한 병부상서 임준林俊이 왕수인王守仁(즉 왕양명王陽明)에게 주석으로 불랑기포의 모형을 제작해서 화약까지 보냈다. 왕수인은 이를 사용했고, 그 결과 "도처의 도적들이 놀라 다 도망가는 바람에" 큰 승리를 거두었다. 그는 이듬해에 『서불랑기유사書佛郎機遺事』라는 문장을 쓰고 곡曲까지 붙인 작품을 남기기도 했다. 당시 임준은 푸젠의 해상들과 자주 교류했는데 푸젠 상인들은 남양에서 불랑기포를 가져왔다. 1520년 이전 중국에서는 이미 불랑기포를 알았으리라 짐작된다.

중국이 포르투갈과 직접 교류를 시작한 것은 1517년이었다. 포르투갈 상선이 광저우항에 와서 진공을 하러 왔다는 표시로 대포를 쏘았는데 그 소리가 벼락처럼 컸다. 광둥의 첨사僉事 고응상顧應詳은 해적을 소탕하는 훈련을 하고 있다가 포르투갈인이 '총과 화약'을 진상하자 이를 사용해보고 '배에서 사용할 수 있는 좋은 무기'라는 것을 깨달았다. 그는 대포도 자세히 들여다봤지만, 이런 무기는 오직 해전이나 성을 지킬 때나 필요하지 "다른 전투에서는 무용지물"이라며 더 이상 관심을 갖지 않았다. 1522년, 포르투갈 선박 5척이 광둥 주장강珠江 입구에 와서 무력시위로 압박하며 툰먼섬屯門島에 정박 허가를 요구했다. 포르투갈 선박이 대포를 쏘자 명군은 모방해서 만든 서양 대포로 반격했고, 포르투갈 선박은 후퇴하며 방향을 돌려 신회이新會 시차오만西草灣으로 향했다. 다시 대포를 쏘며 공격했지만 명군에 의해 격퇴당했다. 명군은 포로로 잡힌 77명을 참수하고, 배 2척과 대포 20여 문, 소총 등을 압수했다. 툰먼 전투가 끝나자 왕횡汪鋐은 노획한 불랑기포를 조정에 보내 그 위력을 설명하고 개발할 것을 건의했다. "불랑기포는 강력한 위력으로 소총과 배를 지켜주며 성을 지키는 데도 효과가 있습니다. 여러 부서에 알려 제조하도록 하는 것이 좋겠습니다." 섭권葉權도 "포르투갈인들이 대포를 바다에 쏘자 파도가 산처럼 일고 미처 대응할 새도 없이 배가 부서졌다. 여느 오랑캐와 달리 포르투갈이 그렇게 오만방자하게 구는 것은 이런 기술 덕분이다. 만약 이런 물건을 우리도 몇 개 가지고 있다면 항우가 온다한들 무섭겠는가! 삼국 시대라면 여포 열 명도 죽일 수 있다"라고 목소리를 높였다. 1530년, 명 조정은 왕홍의 건의를 받아들여 불랑기포를 제조하기 시작했다.

명군이 시차오만 전투에서 노획한 포르투갈 화승총은 서유럽 머스킷의 초기 생산품으로, 그다지 성능이 좋지 않아서 주목을 받지 못했다. 1548년(가정 27), 명군은 포르투갈이 점령한 쌍위를 공격해서 포르투갈과 일본인의 화총을 노획했다. 이 화총은 이전 것보다 성능이 좋아서 명군은 곧바로 우수성을 알아보았다. 범경문范景文은 이 화총이 "열 발을 쏘면 여덟아홉은 명중하고, 날아가는 새도 맞출 수 있어서 이름을 조총이라 지었다"라며 어원을 설명했다. 조사정은 "소총은 송·원 시대에도 사용하는 사람이 있었지만, 행군 중 몸에 지니기에 편리한 것은 신창神槍, 쾌창快槍, 삼안포三眼砲, 자모子母만 한 것이 없다. 조총이 중국에 들어오자 다른 무기들은 상대가 되지 못했다. 다른 총들은 한 손으로 손잡이를 잡고 또 다른 손으로 화약에 불을 붙여야 해서 불안정한 상태로 발사됐다. 조총은 뒤에 가늠자가 있고 앞에는 가늠쇠가 있어 총알이 나갈 때 잡고 있는 손이 움직이지 않았다. 따라서 아주 미세하게 조준할 수 있고, 총신이 길어 압력을 모아서 쏘니 명중률이 높았다"라고 했다. 척계광도 "조총은 왜구가 개발한 것으로 원래 중국에는 없었다. 여느 화기와는 달리 갑옷도 뚫고, 명중률이 높아 활과는 비할 수가 없다. 정확하기가 동전의 가운데 구멍을 맞출 정도로 우수하다······ 총알이 갑옷도 뚫으니 당해낼 것이 없다. 기병이든 보병이든 조총이 가장 뛰어나다"라고 칭찬을 아끼지 않았다.

두 번째 단계는 상황이 완전히 달랐다. 이 시기에 서양에서 도입된 주요 화기는 서양 대포로 네덜란드가 가지고 온 것이었다. 명나라 사람들은 네덜란드 사람을 '홍모이紅毛夷'라고 불러서 그들의 대포를 '홍이포紅夷砲(청대에는 통치자들이 '夷'자를 싫어해서 홍의포紅衣砲

독일 출신의 예수회 선교사인 아담 샬은 1622년 중국에 와서 대포 제조 등을 도왔다.
1644년 병자호란 때 볼모로 잡혀온 조선의 소현세자와 사귀면서
천문 지식과 기독교 교리를 전해주기도 했다.

라고 개칭했다)'라고 했다. 명나라 사람들은 홍이포의 장점을 알아봤
다. 서광계는 서양 대포가 명중률이 높은 이유로 "좋은 재료, 정교한
기술, 강한 화약, 정확한 조준"을 꼽았다. 독일 선교사 아담 샬Adam
Schall(중국 이름 탕약망湯若望)과 군사 전문가 초욱焦勖은 "서양 대포
는 정교하고 견고할 뿐 아니라 명중률이 높으니 무적이다. 다른 무기
들보다 수천 배나 우수하다"라고 했다. 조준경이 달려 있어 거리를

가늠한 뒤 발사해서 그 위력이 크고 명중률이 높았다. 가늠쇠나 가늠자가 없는 불랑기포나 여느 중국 대포보다 훨씬 우수했다.

두 번째 단계에는 명의 조정이 나서서 주도적인 역할을 했다. 조정과 광둥, 푸젠 지방 당국은 신식 화기 모델을 찾았고, 적극적으로 서양 기술자를 찾아 제조하도록 했다. 불랑기포나 조총을 도입했을 때와는 달리 전문가들이 직접 나섰다. 서광계, 이지조 등의 과학자들이 앞장섰고, 1620년에는 아오먼에 사람을 보내 포르투갈의 서양 대포를 직접 구매하기도 했다. 대포가 베이징에 도착하자 서광계는 다시 조정에 상소를 올려 장인들을 선발하고 유럽 대포를 잘 다루는 포르투갈 기술자를 초청해서 제조법과 사용법을 지도하도록 건의했다. 신식 대포에는 고급 기술이 요구되었으므로 관련된 수학 지식과 이론, 실험을 담은 번역 서적의 출간도 줄을 이었다. 니콜라우스 스모굴레키의 『서양화기법西洋火器法』이나 하여빈何汝賓의 『서양화공신기설西洋火攻神器說』, 손원화孫元化의 『서법신기西法神機』, 아담 샬과 초욱의 『화공격요火攻擊要』 등이 대표적이다. 이렇게 대규모로 수준 높은 기술이 도입된 것은 중국 역사상 전례가 없는 일이었다.

이렇듯 중국은 서양의 화기 기술을 도입하는 데 처음에는 수동적이었지만 이후에는 주도적으로 나서서 기계뿐만 아니라 관련 과학 지식까지 함께 도입했다. 그리고 화기 기술을 깊이 연구하고 개량해서 새로운 화기를 만들어냈다. 일본도 비슷한 행보를 보이긴 했지만, 중국은 일본보다 좀더 전면적으로 심도 있게 연구해서 전문 서적을 편찬했고, 일본은 이를 가져다 서양 기술에 관한 지식을 익혔다. 16~17세기에 서양의 화기 기술을 도입하고 개발하는 과정에서 중국은 전 세계적으로 가장 성공한 국가였다고 할 수 있다.

주요 화기 기술이 서유럽에서 발전했으므로 서유럽은 기술의 근원지이자 전파 경로의 핵심이라고 할 수 있다. 다른 지역에서는 선진 기술을 받아들이면서 각자 개량을 시도했다. 이 개량된 기술도 함께 전파되었으므로 화기 기술은 국제적으로 개량된 셈이다. 이런 의미에서 본다면 서유럽만이 기술의 근원지라고 할 수 없다. 니콜라 디 코스모는 15세기 중엽 이후 오스만 제국과 포르투갈이 화기 제조와 사용 기술을 아라비아, 인도, 동남아시아에 전파했다고 주장했다. 코스모는 적어도 1520년대부터 중국이 몽골을 침입할 때 불랑기포를 사용했고, 그보다 일찍 하미哈密, 투루판吐魯番 등 무슬림 세력이 명나라에 저항하면서 오스만 제국에서 도입한 화기를 사용했으며, 동남 연해의 '왜란'에서 일본의 화기가 척계광의 주의를 끌었다고 밝혔다. 따라서 아시아에서 화기가 전파된 것을 향해 기술이 발전하면서 유럽인의 활동 범위가 넓어진 결과라고만 해석할 수는 없다.

서유럽의 화기 기술이 전세계로 전파되는 흐름 속에서 유럽과 아시아의 많은 지역이 이 거대한 파도에 휩쓸렸다. 그러나 지역별로 화기와 화기 기술을 대하는 태도가 매우 달랐다. 적극적인 곳도 있지만 그렇지 않은 곳도 있었고, 적극적이라고 해도 도입하는 방식에는 차이가 있었다. 전통적인 방식, 즉 전쟁이나 동맹국의 지원을 통해 신식 화기를 얻기도 하지만, 상인들이 대량으로 구매하거나 외국 기술자를 고용해서 생산하기도 했다. 일부 지역에서는 신식 화기와 관련된 과학 지식도 배워서 기초적인 것부터 높은 수준까지 원리를 이해한 다음 기술을 개량하기도 했다.

식민지 정복자나 해적, 용병, 기술 장인, 선교사 등이 화기 기술의 전파과정에 참여했지만, 가장 중요한 역할은 국제 무역을 하던 상인들이 맡았다. 이 무역 상인들은 일반적인 상인이 아니라 각지의 정권과 밀접하게 관계를 맺고 있거나 혹은 관방의 비호를 받았기에 '관상官商'(본국 정부의 지원을 받는 경우도 있었다)에 가까웠다. 이들은 무장 세력을 거느리고 때로는 도적질을 하기도 했다. '중간 지대'에서는 무슬림 상인과 유럽 상인들이, '동쪽 변경 지대'에서는 서유럽과 중국 상인들이 중요한 역할을 했다. 이들을 통해 선진 화기 기술은 전 세계로 신속하게 전파되었다.

6. 중국은 낙오하지 않았다: 명대 중후기 화기 기술의 진보

중국이 화기를 발명하긴 했지만 오랫동안 정체 상태에 머물렀다고 알려져 있다. 16~17세기 들어 서양의 선진 화기가 도입되면서 중국의 화기 기술도 발전했지만, 서유럽에 비해 뒤떨어졌다는 것이다. 나름대로 의미 있는 분석이지만 사실은 아니다. 16세기 이전, 중국과 서양에서는 화기 기술을 발전시키는 데 매진했고 각자의 장점을 개발하게 되었다. 서양의 화기 기술이 중국에 도입되고 난 후 중국은 적극적으로 개량 및 개발을 시도하면서 기술 수준을 높이고 서양과 어깨를 나란히 했다.

(1) 16세기 이전 중국 화기 기술의 발전

15세기 이전, 중국과 서유럽은 화기 기술이 세계에서 가장 발전한 지역이었다. 15세기 중국의 화기 기술은 괄목할 만한 성과를 거두었고, 서양의 기술에 비해 전혀 손색이 없었다. 어떤 면에서는 중국이 좀더 우위를 점하기도 했다.

특히 중국은 관형管形 화기에서 성과가 두드러졌다. 14세기에는 간단한 화총 수준에서 한 단계 도약하여 여러 종류의 화총과 화포를 만들었고, 하나의 관으로 한 번 발사를 하던 형태에서 이제 여러 관을 사용해서 연발이 가능했으며 조준과 격발 장치가 개발되었다.

15세기 초, 그때까지 사용하던 수총手銃이 분화하기 시작했다. 영락제 때 수총은 경형과 중형으로 나뉘었다. 경형 수총은 홍무제 때 사용되던 수총보다 짧고 정교해져서 길이는 35~36센티미터, 구경은 2센티미터 이하, 중량은 2.3킬로그램이었다. 중형 수총은 길이가 44센티미터, 구경은 약 5.2센티미터, 중량은 8킬로그램이었다. 전투에서의 수요에 맞춰서 기술이 진일보한 것이다.

총의 구조는 영락제 때처럼 간단한 직통형直筒形이 아니라 총구에서 약실까지 점차 굵어지면서 큰 압력에도 총벽이 견딜 수 있게 했다. 총신도 비율을 조정해서 총알이 더 멀리 갈 수 있도록 만들었다. 화문火門(화약 접시)에 덮개를 달아서 총에 연결하면, 화약을 장전한 후 덮개를 닫아 약실 내 화약이 건조하고 깨끗한 상태를 유지할 수 있었다. 그리고 화약을 장전할 때 쓰는 화약 수저를 만들어 병사들의 허리에 차게 한 다음, 일정한 양의 화약을 장전하도록 했다. 화약과 총탄 사이에 나무로 칸막이를 끼워 넣어서 화약의 밀폐성을 증가시켰고, 그 결과 폭발이 쉬워지자 발사 속도가 빨라지고 사정거리가 늘어났다.

수총은 끊임없이 개량을 거듭하면서 약실이 총렬에서 차지하는 비율이 축소되고 총관과 미공尾銎은 더 길어졌다. 총관의 길이는 사정거리, 위력과 비례하고 미공이 길어지면 손으로 잡고 움직이기에 편했다. 이렇게 총이 발전하면서 격적폄총擊賊砭銃과 독안신총獨眼神銃을 탄생시켰다. 격적폄총은 철로 만들었으며 총관 3척, 손잡이 2척, 사정거리 300걸음이었고, 육박전에서는 철퇴로도 사용이 가능했다. 독안신총도 철로 만들었으며 짧은 것은 2~3척, 긴 것은 4척이었고, 꼬리 부분에 긴 나무를 대어서 철로 만든 받침대銃架에 놓고 사격했다.

이 무렵 중국은 신창神槍 시리즈를 주조했는데 문헌에서는 세 가지 병기를 신창이라고 부른다. ① 영락 연간에 개발된 냉병기 가운데 총의 일종으로 총에 활을 걸고 쏘는 것 ② 산탄 발사 총 ③ 홍치 연간에 나온 것으로 총관이 길고 배가 커서 화살과 탄환을 같이 발사하는 것을 가리킨다. 화약을 장전한 다음 목마자로 총관의 기압이 새는 것을 막고 그 앞에 화살이나 탄환을 넣은 다음 화약을 점화하면 발사되어 사정거리가 300걸음가량 되었다. 훗날 신위열화야차총神威烈火夜叉銃, 단비신화전單飛神火箭, 삼지호월三只虎鉞 등이 신창에 추가된다.

14세기 이전의 화총은 결함이 많았다. 장전한 다음 발사할 때까지 속도가 느리고 무게가 많이 나갔으며 조준 장치 등이 없었다. 15세기, 기술 개량의 주요 목표는 이런 결함을 극복하는 것이었다. 그래서 총관을 늘리거나 하나의 총관이 여러 부분으로 나누어진 총이 개발되었다. 단발 혹은 연발 발사를 통해 문제를 해결하려 한 것이다. 1449년(정통 14), 총구를 돌려가면서 연달아 발사할 수 있는 총이 나왔고, 협파총夾把銃, 이안총二眼銃에서 십안총十眼銃 등이 개발되었다. 가장 많이 쓰인 것은 삼안총三眼銃으로, 총관 3개가 겹쳐 있고 한 번에 3개의 관에서 동시에 발사할 수 있어서 화력이 대단했다. 십안총은 한 개의 긴 총관에 10개의 마디와 10개의 화문이 있어서 마디마다 화약과 탄환을 장전하면 연속적으로 발사가 가능했다. 크기가 작아 혼자서도 사용이 가능해서 실전에서도 유용하게 쓰였고, 당시 서양에서 발명한 다관화총多管火銃과는 사뭇 달랐다.

1450년(경태 원년), 요동遼東 주둔군戍軍의 건의에 따라 제작된 총은 수파총手把銃에서 나무를 7척까지 늘려 검을 붙이면 적과 맞부딪쳤을 때 오늘날의 총검처럼 쓸 수 있었다. 이렇게 냉병기와 화기를 결합해서 병사들이 육박전에서도 스스로를 보호하도록 했다.

원말 명초에는 구경이 큰 대구경구포大口徑臼砲를 제작하고 완구총碗口銃이라 불렀다. 홍무년 동안 주조한 완구총은 포신이 31.5~52센티미터, 구경은 10~10.9센티미터, 무게는 8.35~26.6킬로그램이었다. 1972년 허베이 콴청河北 寬城에서는 1385년(홍무 18) 영평부永平府에서 주조한 큰 완구총이 출토되었는데 전장이 52센티미터에 구경은 10.8센티미터, 무게는 26.5킬로그램에 달했다.

1377년(홍무 10) 구경 21센티미터, 전장 100센티미터의 크기에 양측에 포이砲耳가 있고 사격 각도를 조정할 수 있는 철포를 주조했다. 이 포는 지금까지 알려진 대포 가운데 세계에서 최초로 포이를 갖춘 것이다.

15세기 중국의 대포는 더욱 몸집을 키워 대장군포大將軍砲라고 불리는 대형포를 제조했다. '토목보土木堡의 변變' 이후 베이징의 경비를 강화하기 위해 우겸于謙은 대장군포 16문을 주조하도록 명했다. 대형 대포를 활발하게 주조해서 성화 3년 한 해에만 300문이 나왔다. 홍치 이전, 10여 종의 대포를 제조했으며 3년마다 대완구총을 300문씩 만들었다. 10여 종의 대포 가운데 '무적대장군'은 중량이 600킬

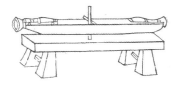

碗口銃

碗口銃用凳爲架上
加活盤以銃嵌入兩
頭打過一銃又打一
銃放時以銃口內啣
大石彈照準賊船底
艅平水面打去以碎
其船家爲便利

1606년 하여빈이 지은 『병록兵錄』에 기록된 완구총.

로그램에 달했고, 철 구슬 500개를 장전할 수 있는 엄청나게 위력적인 장거리포였다. 정덕, 가정 연간에 양일청楊一淸은 산시陝西 서쪽 변경에서 "대장군포의 위력이 대단하나 변경에서는 오랫동안 사용하지 않았다. 그래서 실습장을 선정하여 먼저 이장군二將軍을 시험해보았다. 화약을 장전하고 10여 걸음 떨어져 있었는데도 그 소리가 천둥처럼 컸고, 300걸음 바깥에서도 들려서 모두 놀랐다"라고 했다. 이 기록을 통해 장군포의 사정거리가 현저하게 개선되었음을 알 수 있다.

15세기 중국의 대포 기술은 발전을 거듭했다. 대포의 구조와 성능 모두 이전에 비해 개선되었고 종류도 늘어났다. 동과 철로 주조되고 경형과 중형으로 나뉘었다. 또한 현대의 박격포와 같은 단신도 있었고, 구경이 큰 것과 장신이지만 구경이 작은 것도 있었다. 장전하는 화약의 양을 정확하게 계산하기 위해 동銅 수저를 사용해서 대포마다 필요한 양을 새겼다. 발사 시 반동을 줄이기 위해 대포를 고정하는 철제 고정쇠도 개발되었다. 오늘날 더욱 관심을 끄는 것은 포대를 상하좌우로 움직이며 조준 사격이 가능하고 대포의 기동성을 높였다는 점이다. 이런 구조는 현대 대포와 매우 유사한데, 당시 기술이 이미 상당한 수준에 올랐음을 보여준다.

(2) 16~17세기 중국 화기 기술의 발전

16세기, 서양의 화기가 들어오자 중국의 군사 기술은 새로운 단계에 접어들게 되었다. 조총과 불랑기포, 홍이포로 대표되는 선진 화기를 중국의 기술과 접목해서 더욱 성능이 뛰어난 무기를 만들었다.

포르투갈이 16세기 초에 조총을 동아시아에 가지고 왔다. 명나라 사람들은 조총의 장점을 알아봤고, 적극적으로 받아들이면서 부족한 점도 발견했다. 명대 후기의 과학자 송응성은 "조총은 왼손으로 총을 잡고 상대방을 겨눈 뒤, 오른손으로 불을 붙여 발사한다. 30걸음 이내에서는 참새가 산산조각이 나고, 50걸음 정도 떨어진 곳까지는 맞추지만, 100걸음부터는 총알에 힘이 없다"고 했다. 화기 전문가인 조사정은 서양, 동남아시아, 일본, 터키 등에서 온 총과 중국의 총을 비교해서 다음과 같이 말했다. "조총이 수백 걸음 바깥의 목표물을 명중시킬 수 있는 것은 발화 장치 때문이다. 이 장치가 결정적인데, 루미가 가장 좋고, 서양 총이 그다음이며 일본 총이 제일 하품이다. 루미가 이렇게 좋은 것은 발사자가 발화 장치를 조작할 수 있고 손잡이가 달려서 다른 나라 것보다 위력이 세기 때문이다. 서양 총도 조작은 편하지만 불을 다루기 어렵고 힘이 전달되지 않아서 루미에 미치지 못한다. 동남아시아 총과 일본 총은 조작이 어려운데 일본 총은 기계가 복잡해서 매우 불편하다. 이렇게 작은 차이로 인해 아주 다른 효과를 내니 세심하게 연구해야 할 것이다." 또한 조사정은 "이 조총들은 새를 잡기 위해 만들었다. 그래서 손잡이가 짧아 조준이 쉽지 않고, 익숙하지 않으면 목표물을 맞출 수 없다. 루미, 삼장三長 등은 손잡이를 길게 해서 어깨에 밀착하고 잘 잡아야 한다. 서양 총과 일본 총은 반드시 두서너 달은 연습해야 손에 익숙해질 것이다"라고 했다.

조사정은 좋은 평가를 받은 루미총을 개량하는 데 힘을 쏟았다. 총의 길이를 늘려 더 많은 화약을 장전하도록 해서 총알을 밀어내는 추진력과 정확도를 높였다. 격발 점화 장치도 개머리판에 넣어 방아쇠를 당기면 화약을 점화할 수 있게 해서 발사 동작을 간소화하니 사정거리는 늘어나고 명중률이 높은 화승총이 탄생했다. 이는 유럽이나 일본, 터키의 총보다 위력이 훨씬 강했다. 또한 적의 튼튼한 갑옷도 뚫을 수 있는 대형 조총도 개발했다. 조사정은 중형 루미총을 개조해서 당시 동아시아에서 가장 위력적인 화승총을 만들었는데 이는 일본의 오뎃포보다 성능이 좋았다. 총관은 보통 조총보다 길고 무거워서 사정거리가 더 긴 편이었다. 송응성은 일반 조총과 모양은 비슷하지만 총관이 더 길고 화약을 더 많이 장전해서 사정거리가 두 배인 조총이 있다고 했는데, 그것이 바로 개량된 대형 조총이었다.

숭정 초년, 서광계는 "만주족은 조총이 작아 갑옷을 뚫지 못하자 (…) 장인들을 재촉해서 큰 조총을 만들었고, 이는 철갑옷도 뚫었다" 라고 했는데 이 대형 조총이 바로 송응성이 언급한 '조창鳥槍'이었다.

화승총이 날씨의 영향을 많이 받자 조사정은 바람이나 비에 구애받지 않는 합기총合機銃, 헌원총軒轅銃 등을 만들었다. 조사정 같은 군사 전문가들이 만든 조총과 조창은 당시 세계에서 가장 선진적인 화기였다. 명대 후기, 중국이 발명한 '자생 소총'은 중국이나 동아시아 문헌에 나타난 최초의 수석 발화식燧發槍이었다. 자생 소총은 화총 기술의 역사에서 본다면 놀라운 발전이었다. 서유럽에서는 1620년대 프랑스에서 처음으로 실전에서 쓸 만한 수석 발화식 총이

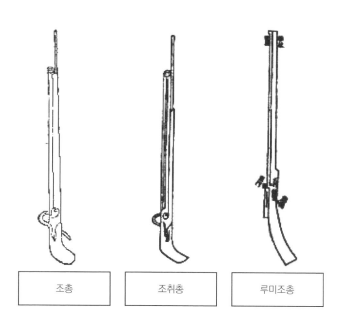

| 조총 | 조취총 | 루미조총 |

나타났는데 거의 동시에 중국에서도 출현했던 것이다. 1605년(만력 33), 서광계는 화륜火輪(바퀴 모양의 부시)을 이야기하면서 "부싯돌을 부딪혀 불꽃을 만드니 불씨가 되었다"고 했다. 1635년(숭정 8), 필무강은 새로운 소총을 만들면서 "예전 화승총은 비바람이 불어도 먼저 화문을 열고 적을 향해 거총했다. 하지만 비바람에 젖으면 한 발도 쏠 수 없거나 조준을 못 해서 오발이 많았다"라고 했다. 이 문제를 해결하기 위해 화승槍機를 수석槍機으로 바꿨다. 이 구조에서는 방아쇠를 당기면 공이치기가 수석을 때려 불꽃이 만들어지고, 이때 화문개가 위쪽으로 열리면서 화문에 놓인 점화약을 발화시킨다. 그 다음 화구를 통해 총열 뒤쪽의 약실에 장전된 발사약을 점화하게 되었다. 이 자생 소총이 바로 수석 발화식 총이었다.

16세기에는 불랑기포가 중국에 유입되었다. 명나라는 전쟁 중 노획한 이 대포를 세밀하게 연구한 뒤 결함을 발견하고 개량을 시도했다. 비교적 이른 시기에 불랑기포를 접촉한 고응상顧應詳은 "이런 포는 해전이나 성을 지키는 데는 적합하지만 다른 전쟁에서는 쓸모가 없다"라고 했다. 왕경王琼과 왕횡汪鋐 등의 노력으로 함포船砲를 개량해서 성을 지키는 데 적합한 유성포流星砲, 기동성이 뛰어난 가타架駝 불랑기총을 결합한 수발手發 부랑기총, 동체철심銅體鐵心의 합금포중合金砲中, 표준 불랑기총, 전차에 장착하는 연철소鍊鐵小 불랑기 등 여러 종류의 불랑기총이 만들어졌다. 양문兩門 또는 삼문三門 불랑기총을 같이 연발 사격하는 연이連二 불랑기와 연삼連三 불랑기도 있었다. 이때 만든 불랑기총은 대·중·소 10여 종류로, 가장 큰 것은 3미터의 크기에 무게는 250킬로그램이었고, 가장 작은 것은 70센

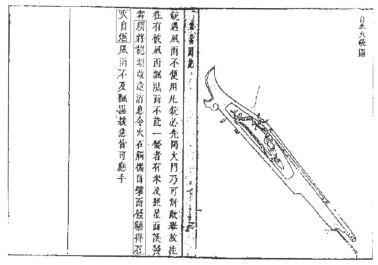

火自燃風雨不及瓢濕類皆可應手

若顧將能頤改造消息令火在胸懷自擎而候驗得

往有被風雨瓢濕而不能一發者有末及照星而誤發

銃過風雨不便用凡銃必先開大門乃可對敵舉放性

自生火銃圖

火器圖巻

아시아 최초의 수발창: 자생화총.

티미터, 무게 56킬로그램으로 각각 함포, 전차포, 야전포, 기병포로 사용됐다.

명대에 생산된 각종 불랑기 대포는 300~400문에 달해 그 수가 여느 국가보다 많았다. 당시는 주로 중소형 불랑기포 위주였는데, 최대 중량이 180킬로그램 정도여서 위력에 한계가 있었다. 위력을 강화하도록 불랑기포를 개량해서 가정 시기부터 명대 후기까지 다섯 종류의 새로운 중형 대포가 탄생했다. 그중 한 종류인 '신비포神飛砲'는 중대형 대포로, 서양식 홍이포와 불랑기포의 장점을 합치고 단점은 보완한 것이다. 홍이포의 불을 뿜어내는 듯한 위력, 강한 살상력에 불랑기포의 자총子銃 발사 방식을 겸비했다. 반면 홍이포는 무겁고 장전하는 데 오래 걸리는 것이 약점이었는데, 장시간 연속 발사해도 포신이 깨지지 않아서 명 조정은 '신위비전대장군神威飛電大將軍'이라는 이름을 붙였다. 그 위력이 아주 강해서 '화공 중 사자후를 토함'이라고도 표현했다. 필무강은 이 포가 어떤 대포보다도 실전에 강하다고 했는데, 중형 대포로서는 이미 세계적 수준이었다.

만력 말기, 당시 세계에서 가장 선진화된 홍이포가 수입되었다. 명나라가 자체 제작한 철화총鐵火銃의 최대 사정 거리는 1.18킬로미터에 불과하고 포신이 폭발할 위험도 있었다. 그런데 1800킬로그램짜리 홍이포는 약 3킬로미터까지 적중 가능했고 최대 4킬로미터까지 날아갈 수 있었다. 명 조정이 나서서 홍이포의 장점을 차용해 대포를 만들었다. 1624년(천계 4), 광둥 후먼虎門 바이사白沙 순검巡檢 하유何儒는 14문을 제작하고 그중 몇 개를 영원寧遠 전투에 보내 사용했다. 1630년 2월 8일, 서광계의 지시에 따라 400여 문이 제작되었고 이후 아담 샬 역시 500여 문을 제작했다. 숭정제는 그의 노고를 치하하며 금으로 만든 하사품을 보냈다. 양광 총독 왕준덕王尊德, 노상승盧象升, 홍승도洪承疇 등 변방을 지키는 관리들도 긴급한 상황이 발생하면 현지에서 주조해서 사용했다.

이때 주조된 홍이포는 수량이 많았을 뿐 아니라 성능도 많이 개선되었다. 베이징의 바다링八達嶺 장성 박물관에는 1628년(숭정 원년)에 제작된 홍이포 1문이 소장되어 있는데, 가늠자, 가늠쇠, 포이가 있고 총벽은 철심동체鐵芯銅體다. 랴오닝성 박물관에는 1642년(숭정 15)에 오삼계吳三桂가 제작한 '정료대장군定遼大將軍'포가 있는데, 포신 381.8센티미터, 구경 10.2센티미터, 외구경 29~64센티미터, 중

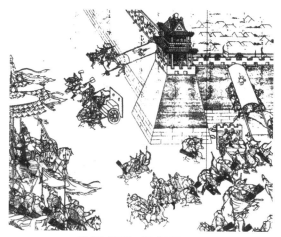
청나라 실록에 기록된 영원 전투.

량은 2500킬로그램에 달하고 포 전체가 옻칠을 한 것처럼 번쩍거렸다. 유홍량劉鴻亮에 따르면 "숭정 시기 처음으로 주조한 철심동체는 '첩승비공멸노안변발공신포捷勝飛空滅虜安邊發貢神砲'와 '정료대장군'이다." 앞서 만들어진 포와 비교하면 이 두 문의 포는 관벽이 얇고 가벼워서 제작비가 적게 든 반면 내구성이 좋았다.

　이렇듯 명나라는 유럽의 대포에 중국의 주조 기술을 결합해서 당시 세계에서 가장 성능이 좋은 대포를 만들어냈다. 칭화대 황이눙黃一農 교수는 명나라가 이렇게 빨리 홍이포를 양산할 수 있던 것은 당시 우수한 주조 기술 때문이라고 했다. 장인들이 철심동체 주조법을 사용하고, 동의 녹는점(1083도)이 철의 녹는점(1538도)보다 한참 낮은 것에 착안해서 철을 냉각시킨 후 진흙 모형이나 밀랍失蠟法, cire perdue을 이용해서 동으로 벽을 만들었다. 한편, 서양에서는 미국의 군인 토머스 로드먼이 남북 전쟁 당시 철 대포를 만드는 주조법을 개발했다. 가운데가 빈 모형에 냉각수를 넣어 철제 대포관을 안에서부터 바깥으로 응고하게 하면, 크기가 훨씬 크고 예전 것보다 5~10배나 오래 쓸 수 있는 대포가 만들어졌다. 명대의 철심동체 주조법은 두 종류의 금속을 사용하지만 원리는 로드먼의 방법과 비슷했다. '정료대장군'은 로드먼의 대포보다 2세기나 앞섰다. 명대 후기 장인들은 당시의 기준으로 세계에서 가장 좋은 대포를 만들어 낸 것이다.

군사사학자 케네스 체이스는 18세기 이전 세계 여러 나라에서 발명된 화기를 두 종류로 구분했다. 하나는 서유럽과 일본에서 만든 것, 다른 하나는 오스만 제국, 사파비 제국과 중국에서 만든 것이다. 전자는 보병, 공성전攻城戰 위주의 전쟁을 하면서 발전되었고, 후자는 고도의 기동성을 가진 유목 민족의 기병을 상대하면서 발전된 결과물이다. 하지만 화기의 운용 면에서는 서유럽과 일본이 달라서 비교할 수 없다. 한편, 명나라와 후금(여진족)의 전쟁 역시 보병과 공성전 위주의 전쟁이었기에 그의 주장에 반박의 여지는 있다. 명대의 주적은 몽골이었는데, 몽골의 기병을 상대로 조총과 대포는 그다지 실효성을 거두지 못했다. 척계광은 지저우薊州에서 병사를 훈련시키면서 "몽골과의 전투에서 조총을 아무리 쏘아도 잘 맞지 않아서 전투에 난항을 겪었다"라고 했다. 군사 전문가인 하여빈도 "조총은 남쪽에서는 많이 사용하지만 북쪽에서는 잘 사용하지 않는다. 삼안총은 그 반대다. 북방은 날씨가 춥기 때문에 손으로 조작해야 하는 조총은 사용하기 쉽지 않다. 화문이 열리면 강풍에 화약이 날아가버려서 오랑캐 기병 부대가 바람처럼 달려들면 아무 방법이 없다"고 말했다. 그래서 명대 북방을 지키는 장수들은 조총 사용을 기피했다.

명대 후기, 군사 기술자들은 조총과 전통적인 기술을 조합하여 삼안총 등 새로운 다관多管 화기를 개발했다. 병서 『무비요략武備要略』에서는 "삼안총은 길이 약 30센티미터에 총구는 조총처럼 커서 탄환을 세 발 넣을 수 있었다. 철로 만들어 총구가 밀착되어 3개의 관이 하나처럼 되었다"고 했다.

재료가 철이라는 것을 제외하면 삼안총은 조총과 제조법이 거의 같았다. 이 총은 주로 몽골과의 전투에서 사용되었는데 조총보다 효과가 있긴 했지만, 조사정은 "말 위에서 삼안총은 몽골 기병에게 충분히 위협을 줄 수 있다. 그러나 육박전이 벌어지면 무거워 들기가 쉽지 않으니 조준을 못 해서 허공에 쏘아대곤 했다"고 지적했다. 그래서 그는 '익호翼虎'라는 기병이 사용할 수 있는 개량포를 개발했다.

척계광이 지저우를 지킬 때, 대장군포와 불랑기포의 장점을 결합해 '무적대장군'이라는 신식 중형 대포를 개발했다. 이 포는 무게가 630킬로그램에 달했고, 모체는 대장군포를 이용했으나 중간 부분을 포함한 전체 모양은 불랑기포를 닮았다. 목표물에 따라 상하로 움직일 수 있어서 명중률이 높았고, 포를 이동시킬 때도 마차에 싣고 3~4명이 충분히 움직일 수 있었다. 무적대장군포는 자총子銃 3문이 있는데 각각의 자총에는 5~7층으로 철 구슬 500개를 장전할 수 있었다. 포탄이 떨어진 곳은 60미터 이상 주변이 파헤쳐지니 그 위력이 대단했다. 발사한 다음에는 손쉽게 다른 자총으로 바꿀 수 있어서 불랑기처럼 민첩하게 연발 발사가 가능했다. 이 포는 기병들이 달려들 때도 효과가 있었다.

또한 명대에는 조총 기술을 전통적인 다관 화총에 접목해서 화승으로 점화하고 연사하는 개인 화기를 만들어냈다. 조사정이 설계한 신뢰총迅雷銃은 그중 가장 대표적인 것으로, 5개의 관을 화승총과 결합시키고 원판에 둥글게 배치한 후 속이 빈 나무를 이용해 속에 구슬을 넣고 총부리에는 화살을 장착했다. 실전에서는 사수가 총이나 도끼로 받침대를 만들어 그 위에 올려놓고 첫 번째 관에 불을 붙여 발사했다. 발사 후 원판을 72도 돌리고 두 번째 관도 불을 붙여 발사하고 이후 순서대로 발사한다. 적이 가까이 오면 총을 거꾸로 잡아 도끼로 사용할 수 있다. 조사정은 신뢰총이 무겁고 장탄 속도도 늦자 관의 길이를 줄이고 관도 3개로 줄이는 등 문제점을 개선했다. 이외에도 자모총子母銃의 원리에 조총을 결합해서 대형 조총인 응양포鷹揚砲와 격전총擊電銃도 개발했다.

화약도 크게 발전했다. 영락 시기에 출간된 병서 『화룡신기진법火龍神器陣法』은 화약을 배합할 때 화약의 특징을 설명하고, 작전에 따라 다르게 사용해야 한다고 강조했다. 송대의 병서 『무경총요武經總要』의 기록과 비교해보면, 『화룡신기진법』에 기록된 대포 화약은 성분이 14종에서 4종으로 간소하게 줄어들었으며, 배합이 바뀌면서 불이 빨리 붙고 위력은 더 강해졌다. 명대 후기에 이르러 조총은 분말 대신 입상 화약을 사용했다. 명 초에는 초硝 78.7퍼센트, 유황 7.9퍼센트, 탄 13.4퍼센트의 비율이었는데, 후기에 이르자 초가 75.8퍼센트, 유황 10.6퍼센트, 탄 13.6퍼센트로 검은화약의 최적 비율(초 75퍼센트, 유황 10퍼센트, 탄 15퍼센트)에 가까워졌다.

放迅雷銃圖

用牌套銃上。
從照門由牌
眼看前照星。
打放〻完牌
斧與同事兵
用銃本身作
鎗用

신뢰총.

　전체 중국 왕조를 통틀어 명대에 병서 출간이 가장 활발했고, 대부분의 병서는 16~17세기에 나왔다. 그중 척계광의 『기효신서紀效新書』 『연병실기練兵實紀』, 유대유의 『도검속편韜鈐續編』, 당순지의 『무편武編』, 정약증의 『주해도편籌海圖編』 『해방도론海防圖論』 『강남경략江南經略』, 하양신의 『진기陣紀』, 왕명학의 『등단필구登壇必究』, 조사정의 『신기보神器譜』, 하여빈의 『병록兵籙』, 모원의茅元儀의 『무비지武備志』, 손원화의 『서법신기西法神機』, 초욱의 『화공격요火攻擊要』, 손승종의 『차영구답합편車營扣答合編』 등은 작품성이 뛰어나다. 그중 『신기보』 『서법신기』 『화공격요』는 화승총과 대포의 제조와 사용법을 설명한 병법서이자 전법서다.

『화룡신기진법』에는 당시 사용하던 화기류에 대해 다음과 같이 말했다. "화공의 종류는 전기戰器, 매기埋器, 공기攻器, 육기陸器, 수기水器 등 다양하다." 이와 함께 여러 화기를 열거했는데, 명대에 출현한 신무기만 해도 40여 종에 달했다. 천계원년에 출간한 『무비지武備志』에는 화기 180여 종이 소개되었고 그중 관형 화기가 24종이었다. 『병록』 가운데 「서양화공신기설西洋火攻神器說」은 중국 최초로 서양의 대포 기술을 연구했다. 이 책에는 서양 대포의 크기와 탄약의 용량, 주조 기술, 탄도 사정거리 등을 소개하고, 사용법을 설명하기 위해 그림까지 곁들였다. 1799년에 일본어로 번역되어 일본의 무기 전문가들이 참고하기도 했다.

이렇게 17세기 중엽까지 중국의 화기 기술은 여느 곳에 비해 절대 뒤떨어지지 않았다. 중국은 서유럽과 함께 화기 기술이 가장 선진화된 지역이었고, 다른 지역에 기술을 전파하는 공급처이기도 했다.

7. 초기 군사 세계화와
초기 경제 세계화

경제 세계화 시기에 접어들 무렵, 선진 화기 기술이 전 세계에 전파되면서 군사 세계화를 일으켰다. 16세기 이전에 화기 기술이 전파되는 주된 경로는 전쟁이었지만 이 방식은 수 세기의 시간이 소요되었다. 두 지역 사이에는 '중간 지대'와 아시아 동부의 '동쪽 변경 지대'가 넓게 펼쳐져 있어서 한계가 있었다. 16~17세기(초기 경제 세계화 시대), 화기 기술의 전파는 중대한 변화를 겪게 되었다.

첫째, 지역 간의 이해관계가 이전보다 밀접해져서 서로 충돌하거나 전쟁이 발발할 가능성이 커졌다. 전혀 접촉하지 않던 나라들도 경쟁 상대가 되거나 잠재적인 적, 혹은 실질적인 적이 되었다. 이에 따라 선진 화기에 대한 수요가 늘어났다. 둘째, 세계적인 네트워크가 형성되면서 지식과 기술이 빠르게 전파되고, 시공간의 한계가 줄어들었다. 선진 화기 기술의 전파는 더욱 용이해졌고 속도가 빨라졌다. 셋째, 국가가 더 이상 군사 기술을 독점할 수 없게 되었다. 초기 경제 세계화의 주역인 상인은 이익을 추구하는 본성을 가지고 있다.

만약 유용한 지식이나 기술을 가져와서 더 큰 이익을 얻을 수 있다면 상인들은 국적을 불문하고 높은 가격을 제시하는 고객에게 이를 판매했다. 넷째, 어떤 지역에서 군사 기술의 혁신이 일어나면, 이는 한 나라나 지역에 국한되지 않고 새로운 군사 기술이 개발 및 개량되도록 촉진했다. 한층 더 위력적이고 선진화된 군사 기술은 좀더 빠르게 전파되어 군사 기술의 세계화를 이루게 되었다.

엥겔스는 유럽의 군사사를 연구한 뒤 "전쟁은 칼에서 시작해서 현대의 총까지 이르렀고, 현재 전쟁의 승패를 결정하는 것은 칼을 쥔 사람이 아니라 무기"라고 했다. 하지만 군사사학자인 제러미 파커는 "단순히 '기술이 우세한' 것만으로는 전쟁에서 승리할 수 없다"고 했다. 이는 스위스의 군사 전문 작가 앙투안앙리 드조미니가 19세기 초기에 "선진화된 무기 장비가 작전에서 승리할 기회는 높였지만, 전쟁에서 이기는 것은 무기 스스로가 아니다"라고 한 말과 같은 맥락이다. 20세기 무렵 전쟁의 승패는 무기 기술보다는 전투 방식이나 군대 조직 등의 다른 요소에 의해 결정되는 경우가 많았다. 만약 전투 방식과 군대 조직을 바꾸지 않은 채 선진 무기만 보유한다고 해서 승리를 보장할 수는 없다. 1894년에 일어난 청일 전쟁이 좋은 예시다. 선진 무기를 도입하는 것에 비해 전투 방식이나 군대 조직을 바꾸는 것은 좀더 복잡하고 어려운 일이다. 하지만 전투 방식, 군대 조직의 변혁은 군사 혁명의 전제이며 군사 혁명을 이뤄내야만 효율적으로 선진 무기를 사용해서 적을 이기는 근대적인 군대를 만들 수 있다. 세계 군사사에서 1300~1650년의 '화약 혁명'과 16~17세기의 '군사 혁명'을 구분하는 이유가 여기에 있다.

4장

큰 변화:
초기 경제 세계화 시대의 동아시아

1. 문화권과 변화:
15세기 이전의 동아시아

오늘날 '문화권'이란 말은 '동아시아 문화권' '기독교 문화권' '이슬람 문화권' 등으로 쓰이며 매우 익숙하다. 일반적으로 문화권은 같은 문화적 특징 혹은 문화 요소를 포함하는 지리적 구역의 최대 범위를 말한다. 지리적으로 떨어져 있거나 다른 부족이나 민족이 한 문화권에 포함되기도 한다. 문화권은 인간의 생활에 필요한 물품이나 경제, 사회, 종교 등을 포함하고, 부분적으로 혹은 지역 전체가 이동하기도 한다.

초기 경제 세계화 시대 동아시아에서 어떤 변화가 일어났는지 파악하기 위해서는 먼저 명대 이전의 동아시아를 알아야 한다. 명대 이전의 동아시아에는 3개의 문화권, 즉 협의의 동아시아 유가 문화권, 동남아시아와 남아시아의 바라문교 문화권, 중앙아시아의 이슬람 문화권이 형성되었다. 그 밖에도 명의 서부 외곽 지대(여러 동남아 지역, 스리랑카, 신장과 티베트 등)에는 불교 문화권, 세력은 미비하지만 유구한 역사의 조로아스터교Zoroastrianism, 祆敎 문화권이 있었다.

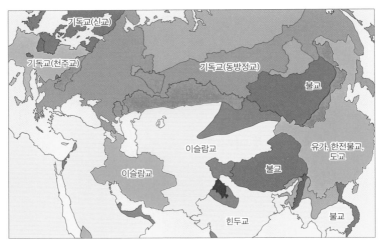

아시아 주요 종교 문화권.

(1) 바라문/힌두교 문화권

동아시아는 중국과 인도라는 양대 문명의 주변부에 위치해 있어서 그 영향을 많이 받았다. 그런데 양대 문명이 동아시아에 끼친 영향은 매우 달랐다. 중국은 주로 경제적인 측면에, 인도는 문화와 종교적인 측면에 영향을 주었다.

인도 문화는 중국 문화보다 일찍 동남아에 전해져서 종교는 물론 문자나 예술, 건축 등에도 큰 영향을 주었다. 인도의 바라문교는 기원전 7세기에 창시되었고, 기원전 6~4세기에 최고조에 달했다가 쇠락하기 시작하면서 7세기 중엽에 다른 종교와 융합하며 새로운 종파를 탄생시켰다. 8~9세기에 바라문 신종파는 불교와 자이나교Jainism의 일부 교리를 흡수하고 인도의 민간 신앙과 결합한 뒤 상카라Sankara의 개혁을 거쳐 점차 힌두교로 발전했다. 힌두교와 바라문교는 본질적으로는 차이가 없고, 이들 종교의 모든 교파는 기원전 1500년의 베다를 경전으로 삼고 각자 다른 경문을 신봉하기도 한다. 따라서 전기의 바라문교는 고古바라문교, 힌두교는 신新바라문교라고도 하는데, 여기서는 이를 바라문/힌두교라고 칭하겠다.

바라문교는 기원전 3세기 혹은 더 이른 시기에 동남아시아로 전해진 후 이 지역 최초의 주요 종교 신앙이 되었다. 특히 통치 계층이 대부분 바라문교를 받아들여 '힌두화 왕국'이 출현했다. 인도차이나 반도에서 출현한 초기 '힌두화 왕국'으로 참파, 브난Bnam, 캄부자Kambuja, 랑카수카Langkasuku 등이 있고, 후기에는 크메르, 캄보디아, 께다 뚜아Kedah Tua, 삼불제, 마자파힛 등이 있다. 그중 앙코르 왕국(캄포디아)의 수리야바르만Suryavarman 1세(1002~1050년 재위)는 바라문교를 숭배해서 사원을 여러 곳에 세우고 전성기를 구가했다. 오늘날 우리가 앙코르와트에서 볼 수 있는 건축물은 대부분 바라문교의 것으로, 수리야바르만 2세(1113~1150년 재위)와 자야바르만Jayavrarman 7세(1181~1219년 재위) 시대에 세워졌다. 남양 군도에서는 힌두교/불교 왕국이 출현했는데 그중 중요한 나라는 7~13세기에 건립된 남수마트라의 스리위자야 왕국과 13세기에 자와섬 중동부에서 발전한 싱가사리Singhasari 왕국이다. 14세기, 싱가사리 왕국의 기반 위에서 세력을 확장한 마자파이트 왕국은 전성기를 맞이했을 때 오늘날 인도네시아와 말레이시아를 합친 것과 같았다.

동남아시아에서 바라문/힌두교의 영향력은 주로 상층 계층, 특히 통치자나 궁정 내 계층으로 한정되었다. 이들은 예법 제도를 통해 통

힌두교 인구 분포.

치를 공고히 했기에 바라문/힌두교는 상층부 종교로 간주되었고 일반 민중들과는 동떨어졌다. 오늘날 일부 학자들은 인도 문명이 동남아시아 백성들에게 미친 영향이 제한적이었다는 점을 들어 유럽학자들이 주장하는 '힌두화'라는 관점에 의문을 표하기도 한다.

(2) 불교 문화권

불교는 인도에서 흥기한 후, 마우리아Maurya 왕조 시기에 가장 번성했다. 당시 아소카Asoka 왕은 불교를 국교로 정하고, 이에 따라 칙령과 교리를 확립하면서 전국에 불탑을 세웠다. 동쪽으로는 미얀마, 남쪽으로는 스리랑카, 서쪽으로는 시리아, 이집트 등에 사람을 파견하고 남아시아 각국에 불교를 전파시킴으로써 세계적인 종교로 성장시켰다. 불교는 대략 두 갈래의 전파 노선을 보이는데, 남쪽으로는 스리랑카를 거쳐 미얀마, 타이, 캄보디아, 라오스 등으로 뻗어나갔고, 북쪽으로는 파미르고원을 지나 중국, 조선, 일본, 베트남 등으로 향했다.

아소카 왕의 시대가 지나자 인도에서의 불교는 점차 쇠퇴하기 시작했다. 이후 메난드로스Menandros와 카니슈카Kanishka의 지지를 기반으로 삼아 일시적으로 성행했으나 다시 쇠퇴했고, 하르샤Harsha, 굽타Gupta 왕의 통치 시대, 바라 왕조 시대에 크게 부흥했다가 쇠퇴의 길로 접어들었다. 당시 성행하던 힌두교로 인해 불교는 쇠퇴할 수밖에 없었다. 결국 13세기 인도에서 불교는 사라졌으나 인도 주변 국가에서는 전혀 다른 모습이 나타났다.

불교는 스리랑카를 통해 바라문교와 거의 동시에 동남아시아에 전래되었다. 그러나 초기에 불교의 영향력은 바라문교/힌두교에 미치지 못했고, 흥망성쇠가 거듭되었다. 스리랑카는 불교가 전래되는 중요한 전진 기지였고, 아소카왕은 아들 마헨드라Mahendra를 보내 선교했다. 기원전 1세기 스리랑카에는 마하위하라Mahavihara와 아바야기리Abhayagiri 두 개의 불교 교파가 출현했다. 마하위하라는 남전불교南傳佛教의 정통파로 미얀마, 캄보디아, 라오스 등에서 이를 받아들였다.

스리랑카는 남전불교의 발상지이지만, 11세기 초에는 남인도의 촐라인Cholas이 침입해서 53년간 통치한 곳이기도 했다. 이 통치자들은 바라만교를 전파하며 불교를 탄압했다. 불교가 쇠퇴하자 비사취파가毗舍取婆诃 1세(서기 1055~1114) 때 미얀마에 사신을 보내서 미얀마의 고승이 스리랑카로 와서 불법과 비구계법을 전수해줄 것을 요청했다. 12세기 후반, 파라크라마Parakrama 1세가 교파의 단결을 도모하며 불교의 진흥을 시도했다. 비록 완전히 성공하지는 못했지만, 동

불교 인구 분포.

남아시아의 비구들이 스리랑카를 수양의 장소로 삼게 되고 마하위하라파가 미얀마, 태국 등에 전파되면서 번성했다. 훗날 불교가 다시 쇠퇴했을 때, 역으로 미얀마, 태국에서 교단을 초청하기도 했다.

인도차이나반도에서는 2세기에 소승 불교가 태국 남쪽에서 출현했다. 5세기, 불교는 미얀마 중부의 흐모우자(Old prome)까지 전파되었다. 6~11세기 몽족이 오늘날 태국과 미얀마를 포함한 드바라바티Dvaravati국을 건설하고 소승 불교를 받아들이면서 인도차이나반도의 다른 나라와 지역에까지 전파했다.

미얀마에는 4~5세기에 스리랑카로부터 불교가 전파되었고, 최초로 상좌부불교上座部佛敎, Theravada Buddhism가 들어왔다. 10세기 이후 대승 불교와 밀교도 전래되었다. 1044년, 아나우라타Anawrahta가 전국을 통일하고 미얀마 최초의 통일 왕조인 바간Bagan 왕조를 건설했다. 그는 마하위하라파를 국교로 정하고, 2대에 걸쳐 카라웨익궁karaweik Palace 불탑을 세웠다. 1057년에는 남부 지역을 정복하면서 그곳에서 비구, 삼장성전, 사리, 보물 등을 가지고 왔다. 고승 아라한Arhan의 영도에 따라 종단 개혁을 실시하면서 상좌부불교를 신봉하자 원래의 대승 불교, 밀교, 바라문교는 점차 사라졌다. 전성기에는 1만3000좌에 이르는 탑과 승원僧院이 곳곳에 있었다. 12세기에 승단은 스리랑카파와 원래 있던 미얀마파로 분열했다. 스리랑카파는 곧 다시 시바리Sivali, 따말린다Tamalinda, 아난다Ananda의 3개 종단으로 나뉘어 분열되었지만, 각 교단은 불법佛法 선양이라는 하나의 목표를 추구하면서 불교의 흥성을 유지했다.

부남扶南(오늘날 캄보디아)에 불교가 전래된 시기는 5~6세기였다. 6세기에 부남은 진랍眞臘으로 이름을 바꾸었고, 종교는 대승 불교, 소승 불교와 힌두교가 공존했다. 9~12세기경에 지어진 앙코르 성의 궁전 건축물에서 이들이 공존했음이 드러난다. 드하라닌드라바르만Dharnindravarman 2세(1150~1160)는 대승 불교를 선호했고, 왕실의 종교로 정했다. 1181년 자야바르만Jayavarman 7세가 왕위에 오르면서 앙코르 왕국은 전성기를 맞았다. 그는 47년 동안 두 왕비와 함께 많은 사원을 세우고 대승 불교를 보급하는 등 불교를 전파하기 위해 노력했다. 1219년, 자야바르만이 죽고 난 후 그에게 '가장 위대한 불교도'라는 익호가 주어졌다. 그동안 바라문교는 별다른 차별을 받지 않고 승려들은 궁정에서 관직을 수행했다. 중국 여행가 주달관周達觀은 1296년 진랍에 가서 약 11개월간 머물며 『진랍풍토기』를 썼는데, 이는 오늘날 캄보디아 역사를 연구하는 데 가장 진귀한 자료로 사용된다. 이 책에는 당시 진랍에서 바라문교와 불교가 주를 이루었고, 농촌에는 불교가 좀더 깊이 뿌리를 내리고 있었으며 대승 불교는 이미 남전불교로 전환했다고 기록되어 있다.

타이로 불교가 전래되는 과정에서 우여곡절을 겪었다. 8세기 남양 군도의 싱가사리 왕국이 국세를 떨칠 때 대승 불교를 전파하기 위해 바다 건너 말레이반도, 타이 남부, 캄보디아 등으로 승려를 파견했다. 1044년에는 미얀마의 바간 왕조가 상좌부불교를 전파했다. 바간 불교의 영향을 받아 상좌부불교를 신봉한 타이족은 란나, 란쌍의 작은 두 나라를 세웠다. 훗날 란쌍이 북동쪽으로 진출해서 이후의 라오스가 되었다. 수코타이 왕조(1257~1436)가 건립된 후, 스리랑카 불교를 적극적으로 지지했는데 특히 람캄행Ramkhamhaeng 왕은 승려들을 보내서 공부하도록 한 뒤 돌아와 승단을 만들어 경經, 율律, 논論 등 삼장三藏을 깊이 연구하도록 했다. 그의 적극적인 후원 하에 상좌부불교는 타이에서 지배적인 위치를 차지했다.

라오스는 14세기 후반 파왕이 정권을 잡은 후 불교가 퍼졌다고 명확히 기록되어 있다. 파왕은 유년기에 아버지를 따라 크메르Khmer를 유랑하다가 고승 마하파사만타Mahapasamanta를 만난 후 불교를 접했다. 이후 역시 신심이 가득한 불교 신자인 크메르 국왕의 딸을 왕후로 받아들였다. 국왕 내외가 고승을 모시고 사원을 세우며 불상을 주조하자 백성들도 점차 불교를 신봉하기 시작했다.

남양 군도에서는 불교가 5세기부터 수마트라, 자와, 발리 등지로 전래되었다. 당나라 고승 의정義淨에 따르면, 7세기 중엽 인도네시아 섬 몇 곳에서 소승 불교가 이미 성행하고 있었고 이후 15세기까지 왕조를 주축으로 대승 불교와 힌두교를 믿었다고 한다.

15세기 이전 불교가 동남아시아에 전래된 지 1000년이 지났지만 여전히 소수 지역에서만 유행하고 있었다. 사회의 상층 계층이 바라문/힌두교를 받아들인 반면 불교는 그렇지 않았고, 일반 백성들에게도 뿌리를 내리지 못하면서 흥망성쇠를 거듭했다. 반면 북쪽에서는 불교가 성공적으로 전파되었다. 기원전 3세기, 아소카 왕의 전폭적인 지지를 받은 불교는 인도 북부에서 간다라와 케시미르까지 전파되었다. 200년 후, 불교는 간다라에서 토카리Tochari(혹은 박트리아Baktria, 大夏), 카슈미르, 위톈Yutian, 길기트Gilgit 등지에 전해졌고, 인도 북부에서 현재 파키스탄의 남부를 거쳐 이란 동부를 뚫고 파르티아Parthia까지 확산되었다. 기원전 1세기, 불교는 바크트리아에서 동쪽으로 소그디아나Sogdiana까지 전래되었다가 타림 분지Tarim Basin의 남쪽을 따라 카슈가르Kashgar, 루란Loulan까지 전해졌다. 기원전 2세기에는 타림 분지 북쪽으로 쿠처Kuqa와 투르번까지 전래되었다. 서쪽으로는 1세기에 중앙아시아 대국인 쿠샨Kushan까지 전파되었다. 쿠샨의 왕 카니슈카Kanishka 1세는 유명한 학자들을 곁에 두고, 불교의 고승을 중심으로 회의를 소집해서 삼장三藏에 대해 새로운 해석을 하기도 했다. 쿠샨의 전성기(105~250) 시절의 영토는 오늘날 타지키스탄을 넘어 카스피해, 아프가니스탄, 갠지스강 유역까지 이르렀고, 한나라, 로마, 파르티야와 어깨를 나란히 하면서 세계 4대 강국 중 하나가 되었다. 이곳은 실크로드의 요충지였기에 상업이 발전하고 중국과의 무역이 빈번해지면서 자연스럽게 불교가 중국에 전래되었다.

티엔은 소승 불교를 숭상했지만 5세기에 대승 불교가 전래되었고, 8세기까지 불교 문화의 중심지로서 지위를 유지하며 불교가 동쪽으

8세기~9세기 무렵 암벽화 속 회골인. '회골'은 '귀환'을 의미하며
이들이 정치 권력을 확립하면서 중국 역사에 중대한 영향을 미쳤다.

로 전파되는 데 큰 영향을 미쳤다. 401년(동진 융안隆安 5)에 중국의
고승 법현法顯은 티엔을 방문해서 이곳의 승려가 수만 명에 달하며
백성들이 모두 대승 불교를 믿는 것을 목격했다. 투루판 지역의 고창
高昌도 불교의 중심지역이었다. 9세기 중엽, 회골回鶻 또는 回紇(위구르)
중 일부가 투루판 지역으로 들어와 고창 회골국을 세웠다. 회골인들
은 원래 마니교摩尼敎를 숭상했는데 이곳에 온 이후 현지 주민들과
어울리면서 불교를 믿기 시작했고, 우수한 불교 문화를 창조했다. 고
창, 구자龜玆, Kucina, 위텐 등지를 서역의 3대 불교 중심지역이라 부
른다.

중앙아시아, 특히 토카리, 케시미르, 타림 분지에서 불교는 오랫

동안 가장 중요한 종교였다. 간다라와 몽골 지역에서도 환영받긴 했지만 일반 백성에게는 뿌리내리지 못했다. 이곳과 아시아 북부에서 불교는 유일한 종교는 아니었지만 요교, 힌두교, 네스토리우스파 기독교晶斯脫里派, 유태교, 마니교, 샤머니즘과 현지의 신앙까지 모두 평화롭게 공존했다.

불교가 전해지기 전, 티베트 주민들은 티베트족들이 숭상하던 일종의 정통 무교巫敎인 분교苯敎(혹은 분파교苯波敎, 속칭 흑교黑敎)를 믿었다. 4세기 중엽, 손첸감포Srong bstan sgam-po왕 시기에 인도에서 불교가 전해졌다. 791년, 치손데첸Trisong Detsen왕은 불교를 국교로 선포하고 분교를 금지시켰다. 9세기 중엽, 836년에 분교를 신봉하는 귀족들이 정변을 일으켜 치손데첸 왕을 죽이고 형인 란다르마Langdharma를 왕으로 옹립하면서 불교는 심각한 타격을 입었다. 새로운 왕은 사원을 폐쇄하고 벽화를 지웠으며 경전을 불태우고 승려들을 박해했다. 이를 '란다르마 법란'이라고 하며 티베트 불교 역사에서는 '암흑 시대'에 해당한다. 978년, 불교는 다시 한번 티베트의 문을 두드리며 중흥기를 맞이했고 이후 통치적 지위를 확보했다.

인도에서도 불교는 수차례 변란을 당했는데 특히 1203년 이슬람 세력이 침입하자 큰 불교 사원들은 모두 훼손되고 많은 불교학자가 티베트로 망명을 떠났다. 이를 통해 티베트는 불교의 중심지가 되었다. 원나라가 건국된 후, 조정은 불교(특히 장전불교藏傳佛敎)를 중시하고 쿠빌라이는 사키야薩伽波, Sakya 법사 파스파八思巴, Phags-pa를 국사國師(훗날 이 지위는 황제의 스승으로 승격)로 추대했다. 국사에게 옥인玉印을 하사하고 중원의 법왕의 자격으로 천하 불교를 통치하도록 했으며 동시에 외교 업무를 관장하는 총제원總制院(이후 선정원宣政院으로 개명)을 담당하도록 했다.

(3) 이슬람 문화권

이슬람교는 7세기 아라비아반도에서 전성기를 맞이한 후, 빠르게 퍼져나가 중동, 북아프리카, 서아시아 등 광대한 지역과 유럽의 일부까지 확장됐다. 이 거대한 흐름은 중앙아시아에까지 파급되었고, 715년에 아라비아인들은 중앙아시아 대국인 토카리까지 차지했다. 이후, 중앙아시아 유목 민족(특히 돌궐인)은 신봉하던 불교, 마니교, 배화교를 버리고 이슬람교로 개종했다. 가장 먼저 이슬람교로 개종한 돌궐의 카라한 칸국Kara-Khanid Khanate 왕조(992~1212)는 이슬람교를 위톈, 야르칸드Yarkand 등지에 전파했다. 13세기, 이슬람교는 천산북록天山北麓의 동쪽 끝 준거얼准噶爾 분지와 남쪽의 창파츠성昌八剌城까지 나아갔다. 이슬람교를 신봉하는 또 다른 돌궐의 왕조인 가즈니Ghazni 왕조(962~1212)는 인도 북부를 향해 꾸준히 성전을 도발했다. 가장 유명한 군주인 무하마드(998~1030년 재위)는 '위대한 장군이며 지치지 않는 이슬람 전사'라고 불렸다. 그는 인도를 열일곱 번이나 침공해서 갠지스강 유역의 카나우지kannauj까지 진출하고, 라호르Lahore를 중심으로 하는 펀자브Punjab를 병합한 다음 무슬림 세계로 편입시켰다. 그리고 그는 북상해서 카라한 왕조와 연합해서 중앙아시아의 대국인 호라즘Khorazm을 멸망시켰다. 무하마드는 서쪽으로 진격해서 라인(오늘날 테헤란 남부), 하마단Hamadan까지 점령하고 압바스 왕조 이래 최대 제국을 건설했다. 1026년, 무하

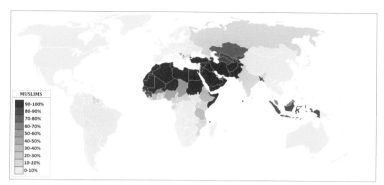

이슬람교 인구 분포.

마드의 군대는 안힐와라Anhilwara(오늘날의 시드퍼 파타Siddhpur Pata)
에 위치한 인도의 솔랭키스Solankis 신묘神廟를 공격했다. 이곳의 승
려들은 무하마드에게 재물을 헌납하면서 불상을 파괴하지 말아 달라
고 간청했지만 무하마드는 "나는 돈에 팔리지 않으며 우상을 파괴할
것이다"라며 폭력을 자행했다. 고르Ghurid 왕조(1150~1206)는 인도
북부의 대부분 지역까지 뻗어나가며 무슬림 통치 세계를 한층 더 넓
혔다. 델리 술탄Delhi Sultantes 왕조(1206~1526)시기에 인도 북부는
완전히 이슬람교로 뒤덮였고, 그 이후에 무굴이라는 강력한 제국이
탄생했다. 이슬람의 교세는 해안을 따라 남하하면서 인더스강 입구
까지 도달했고, 인도양 무역의 중심지인 구르자라국Gurjara(오늘날의
구자라트)을 정복했다. 이슬람 상인들이 아라비아해와 인도양 무역을
장악했고, 이에 따라 이슬람교는 해로를 통해 동남아시아에 전파되
었다.

1136년과 1267년, 남양 군도에서 이슬람교를 신봉하는 술탄 왕조

와 사무드라국Samudra이 건국했다. 13세기 초, 이슬람교는 수마트라 북부와 연해지역에 광범위하게 퍼져 있었다. 1292년 마르코 폴로가 중국에서 귀국하다가 수마트라를 경유하면서 무슬림 성을 발견했다. 모로코의 여행가 이븐 바투타가 1345~1346년에 수마트라를 지나 중국을 여행할 때, 수마트라에서 이슬람이 번성했다고 기술하기도 했다. 이를 통해 이슬람교는 중부와 남부, 심지어 자와까지 멀리 전파되어 이 지역의 중심 종교로 자리잡았음을 알 수 있다.

근대 학자들은 송대 무렵 이슬람교가 참파에 전해졌다고 한다. 그러나 14세기 이집트 작가 다마스키의 기록에 의하면, 7세기 중엽, 아라비아 3대 칼리프인 우스만Uthman이 집정할 때 이슬람교가 참파에 전해졌다. 참파 남부의 판두랑가Panduranga 지역에서는 8세기 중엽부터 무슬림 사회가 존재했다. 9세기 후반 참파의 통치 중심이 북쪽으로 이전하자 판두랑가의 이슬람 세력은 빠르게 발전했다. 참파의 전설에 의하면 알라Allah는 1000~1037년 사이 '수도에 군림했다'고 전해지는데, 이에 따라 1000년에 이미 하늘에서 강림하고, 참파의 국왕이 되어 비자야vijaya에 수도를 정한 다음 37년간 통치 후 메카로 돌아갔을 것이다. 이 전설은 참파에 무슬림 정권이 있었음을 의미하며 이를 세운 세력은 판두랑가의 무슬림일지도 모른다. 10세기부터 1471년까지 참파 사회에 이슬람교가 널리 퍼져 왕족들 가운데 많은 사람이 귀의하자 정치적으로도 한층 공고해졌다. 참파의 남부지역에도 무슬림은 지방 정권을 수립했다.

15세기 이전 남아시아, 중앙아시아, 동남아시아 지역에서는 이슬람교가 힌두교, 불교, 기타 종교를 대신해 널리 퍼졌고, 이슬람 문화권이 형성되었다. 그러나 이 문화권의 범위는 제한적이었다. 역사학자 아널드 토인비는 『인류와 대지Mankind and Mother Earth』에서 서유럽인들이 동남아시아에 오기 전의 종교 분포에 대해 다음과 같이 분석했다. "1511년 포르투갈이 믈라카를 점령했을 때 동남아시아에는 이미 4개의 종교가 공존하고 있었다. 그중 상좌부불교와 이슬람교는 상대적으로 늦게 전래되었다. 상좌부불교는 베트남, 참파의 일부와 말레이반도 최남단 쪽을 제외하고는 거의 인도차이나반도 전체를 정복한 상태였다. 베트남인들은 중국의 대승 불교를 믿었다. 참파와 말레이시아 대륙은 무슬림 세계가 되었다. 해도海島 말레이시아에는 표면적으로는 무슬림이 많았지만 실제로는 여전히 힌두교도가 다수였다. 발리섬의 말레이인은 대부분 신심 깊은 힌두교도였다. 보르네오와 연해지역의 말레이인은 무슬림이 되었지만, 광대한 내륙지역에 살고 있는 이들은 여전히 이교도였다."

(4) 유가 문화권

동아시아 경제가 발전하면서 '유가 경제권(중화 문화권, 한자 문화권, 동아시아 문화권이라고도 함)'은 수십 년 동안 많은 사람의 주목을 받았다. 중국과 함께 이 문화권에 속한 한국, 일본, 베트남 중에 베트남은 한대漢代 이래 약 1000년 동안 중국에 속하는 지방이었고, 유가 문화를 가장 먼저 이식받았다. 한반도에서는 기원전 7~1세기에 신라, 백제 정권이 중국 문화를 받아들였다. 고려 시대(918~1392)에는 유학이 전해지면서 정치, 시험, 교육 제도 등에서 중국을 모방했다. 일본은 4세기에 『논어』가 전해져 6세기 중엽부터 당의 정치 제

다이카 개신의 도화선이 된 을사의 변을 묘사한 그림.
일본 황실로 권력을 되돌리고자 했던 다이카 개신 이후로
일본은 중앙집권적 정치 체제를 갖추고, 천황을 중심으로 관료제를 실시하게 된다.

도를 전면 모방하는 '다이카 개신大化改新'을 추진했다. 특히 8~12세
기에는 당의 과거 제도를 모방해서 귀족의 자제를 관리로 선발하는
공거제도貢擧制度를 실행했다.

　당대唐代에 형성된 유가 문화권은 15세기 이전까지는 초기 발전
단계에 머물렀다. 한대에는 조정의 지지 하에 경학經學이 발전했지
만, 위진 시대가 되자 지식인들은 현학玄學에 이끌려 도교에 심취했
고, 수당 시대 지식인들이 불교에 깊이 빠졌다. 당시에 "유가는 깊이
가 낮아 천하의 인재들을 수용하지 못한다儒門淡薄 收拾不住"라는 말
이 유행할 정도로, 훌륭한 인재들이 도교, 불교, 또는 유사한 종교
분야에 심취했다. 유학의 핵심인 내성지학內聖之學의 전통은 한대 이

후 오랫동안 맥이 끊겼다. 송대에 이학理學이 유행하면서 비로소 유학의 전통이 연결되기 시작했다. 하지만 위진남북조를 거치면서 수세기에 걸친 전란과 민족의 대이동으로 인해 유학의 발원지인 중원의 일부분이 '오랑캐화 혹은 이민족화'되기도 했다. 역사학자 천인췌陳寅恪는 "당대 중엽, 허베이河北 사회는 전부 오랑캐화胡化되어 동한, 위진, 북조 시대의 모습을 회복하지 못했다"라고 했는데, 범양范陽의 수재 노점盧霑과 같은 경우가 전형적인 예시였다. "천보天寶 이후 삼대가 연燕과 조趙의 관직을 맡았는데 두 지역 모두 땅이 비옥하고 가축이 풍부했다. 나이가 스무 살이 되어서도 주공이나 공자를 모른 채 오직 술, 사냥 등 노는 일에만 몰두하고 입만 열면 전쟁 이야기였다."『신당서新唐書』에서는 더욱 분명하게 "황하 이북은 모두 오랑캐 문화였다"라고 기술했다.

송대, 새로운 유학이 탄생하고 발전하면서 큰 변화가 발생했다. 이 '신유학新儒學'은 주자(즉 주희朱熹)가 집대성했으며 송대 이학이라고도 불린다. 신유학의 탄생은 수·당 이래 쇠퇴 일로를 걷던 유학의 부흥을 의미하며 이는 유학 스스로 변혁을 꾀한 결과였다. 유·불·도의 3교 사상은 오랫동안 공존했고, 서로 교류하고 때로는 충돌을 겪기도 했다. 위진 시기에 유학은 현학, 불교, 도교에 의해 개조되었다. 개조된 유학은 핵심 가치관은 유지하면서도 불교와 도교의 일부 사상과 두 종교를 믿는 백성들을 흡수하면서 대중성을 확보했다. 일부 학자들은 여전히 '구舊유학'에 빠져 있었지만, 많은 학자가 일반 백성들에게 '신유학'을 가르치려 했다.

원대에 들어와 상황은 역전되었다. 몽골의 통치자들은 유학보다

국사國師의 칭호를 받고 전체 불교의 총통總統이 된 파스파.

는 종교, 특히 불교를 숭상했다. 황실이 불교를 숭상하고, 쿠빌라이는 불교 사원의 세금을 면제해주는 등 실질적인 우대 정책을 펼쳤다. "사람들의 발길이 닿는 곳마다 사찰을 세우고 수행을 한다"는 말이 나올 만큼 전국에서 불사가 이뤄지고 특유의 제사제도帝師制度를 세웠다. 1341년(지원至元 7), 쿠빌라이는 서번西番의 승려 파스파를 황제의 스승인 국사로 임명하며 '하늘 아래에서 오직 한 사람 위皇天之下, 一人之上'라는 지극히 존엄한 지위를 부여했다. 기록에 의하면 황제가 모든 일에 "국사의 자문을 받았다"고 되어 있고, 원대에만 모두 12명이 서번 승려가 국사로 임명된 것으로 미루어 짐작건대 그가 얼마나 불교를 총애했는지 알 수 있다. 원의 통치자들은 유가의 학설을 이용해서 통치를 공고히 하려고 했지만 다른 왕조들처럼 유학을 존중하지는 않았고 바얀Bayan(중국명 백안伯顔) 등 권신을 특히 배척했다. 유학을 공부한 사대부의 사회적 지위도 아주 낮아 정소남鄭所南은 『심사心史』에서 '사회적 신분상 유사가 9등이고 그다음 거지가 맨 아래였다'라고 할 정도였다.[*]

송대 이전까지 베트남은 중국에 속했고, 베트남 역사에서는 군현 시대 혹은 북속北屬 시대라고 칭한다. 찌에우 다(중국명 조타趙佗)가 남월을 세웠을 때 유학이 전해졌고, 한대에 이곳으로 파견된 관리들은 유학 경전을 가져와서 교육을 실시했으며 사회 질서와 풍습 속에 유가 사상이 자리잡도록 했다. 영향을 가장 많이 받은 것은 동한 말 교지 태수交趾 太守를 지낸 시니 엡(중국명 사섭士燮)이었다. 그는 유학에 정통하고 『상서』『좌전』 등 경전에 조예가 깊었다. 그는 교지를 40년간 다스리면서 "노나라의 풍류를 익히고, 지식이 풍부하고 아랫사람에게 겸손하며 이 지역을 학문과 예절이 통하는 사회로 만들어놓았다"라고 평가받았고, '남교 교육의 시조, 사대부의 왕'으로 추대되었다. 그가 죽은 뒤에는 '문묘文廟'에 안장된 후 베트남에서 지극한 추앙을 받았다. 특히 당대에는 교주에 안남도호부를 설치하고, 지방 관리들은 교육을 통해 유학을 확산시키고 풍속을 정화했다. 교지의 주민들도 중원에서 유학한 다음 과거를 통해 관리가 되기도 했다. 당시 유명한 문인인 두심언杜審言, 유우석劉禹錫, 한악韓渥 등

---

[*] 원대의 사회적 신분 등급은 첫 번째가 고급 관리, 두 번째는 일반 관리, 세 번째는 승려, 네 번째는 도사, 다섯 번째는 의사, 여섯 번째는 수공업자, 일곱 번째는 장인, 여덟 번째는 기생, 아홉 번째가 유사, 그리고 마지막이 거지였다.

이 이곳을 여행하기도 했다. 이처럼 베트남에서 유학이 일정한 지위를 확보하긴 했지만 불교처럼 신앙으로 백성들에게 받아들여진 것은 아니었다. 베트남 독립 초기인 응오 왕조吳朝(939~965), 딘 왕조丁朝(968~980)과 전례 왕조前黎朝(980~1009) 등은 여전히 불교를 국교로 신봉하고 유학을 배척했다. 리왕조李朝(1009~1225)에 들어서 통치자가 유학을 중시하기 시작해 불교를 숭상하면서도 유·불·도를 함께 존중하는 정책을 펴서 유학의 지위가 제고되었다. 쩐왕조陳朝(1225~1400) 말, 불교는 쇠퇴하고 유학이 그 자리를 대신하게 된다.

한국에는 오래전에 유학이 전해졌지만 14세기 말 이전까지는 영향력이 미미했다. 한·당의 유학은 소수 지식인만이 향유하는 상층 계층의 전유물이었기 때문이다. 958년 고려에서 과거 제도를 실시하면서 유학 경전을 시험 과목으로 채택하고, 992년 최고 교육 기관인 국자감과 향교에서 경학 박사들이 귀족의 자제를 교육시키면서 유학은 발전했다. 993년 거란이 고려를 침입해 30여 년간 전쟁이 이어지면서 관이 주도하는 교육은 큰 타격을 입고, 유학 교육은 민간이 주도하는 형태로 바뀌어 사학私學이 출현했다.

일본은 막부 시대(1192~1867) 이전에 유학이 전래되었는데 역시 한·당 유학의 핵심인 '오경'이 주된 내용이었다. 막부 시대에는 송대의 이학이 중심이 되긴 했지만 여전히 불교의 부수적인 역할에 지나지 않았다. 가마쿠라鎌倉 시대(1185~1333) 중기, 송나라와의 문화적 교류가 활발해지며 유학을 다녀오는 승려가 늘어나자 이들이 주축이 되어서 유불일치론儒佛一致論을 포함한 선학禪學이 전파되었다.

15세기 이전의 베트남, 조선, 일본에서 유가 문화는 상류사회에 국한되어 일반 백성들에게까지 뿌리내리지는 못했다. 일반 백성들은 유학보다는 불교나 다른 종교의 영향을 깊이 받았다.

(5) 기독교 문화권

동아시아에 기독교가 전래된 것은 당대의 경교景敎까지 그 역사가 거슬러 올라간다. 1623년(명 천계 3), 장안 부근에서 집을 짓던 사람이 우연히 '대진경교유행중국비大秦景敎流行中國碑'라는 글자가 새겨진 비석을 발견했다. 고증을 거쳐 이 비석이 당 태종 때 경교가 중국에 전래되었음을 기록한 것임이 밝혀졌다. 1908년, 고고학자들은 간쑤성甘肅省 둔황敦皇 석실에서 경교 문헌을 찾아내 경교가 중국에 전래된 과정에 대해 밝혀냈다. 서양 교회의 역사와 당대의 기록을 비교하니 '경교'는 당시 중국에서 기독교를 부르는 명칭이었으며, 전해진

'대진경교유행중국비'가 새겨진 비석.

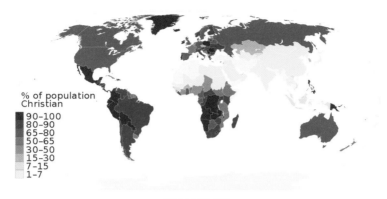

% of population
Christian
90–100
80–90
65–80
50–65
30–50
15–30
7–15
1–7

기독교 인구 분포.

시기는 635년이었다. 이 비석은 기독교가 중국에 전해진 사실을 보여주는 가장 오랜 역사 기록이다.

경교는 중국인들이 기독교 네스토리우스파Nestorianism를 부르는 명칭이다. 이 파는 페르시아 경교波斯景敎, 혹은 대진교大秦敎라고도 불린다. 5세기 초, 서양 기독교 사회에서 교리를 두고 다툼이 있었고, 그 과정에서 콘스탄틴폴리스의 대주교인 네스토리우스를 이단으로 규정하자 이 교파에 속한 사람들이 페르시아로 이주해서 새로운 교회를 설립했다. 선교사들은 실크로드를 따라 중국까지 와서 선교를 했다. 당나라의 상류층은 이들을 반겨주고 현종 황제 역시 관심을 보였지만, 아마도 그의 음악에 대한 기호 때문이었을 뿐 기독교 교리 때문은 아니었을 것이다. 당나라 조정의 환대를 받은 선교사들은 수도 장안을 중심으로 활동했으며 중국 사회에 적응하기 위해 변화를 시도하기도 했다. 경교의 전통을 숭배, 계승하면서도 스스로 주교를 선발하는 독립적인 인사 제도를 채택해서 다른 동방교회의 특색을 받아들인 것이다. 이처럼 경교는 조정의 지지와 스스로의 개혁에 힘입어 중국에서 상당한 세를 확보했다. 경교 비석에 '교리가 널리 포교되었다' '교회마다 사람들로 들끓었다' 등의 표현이 있는 것으로 보아 당시 경교는 매우 흥성한 듯하다. 약 200년의 포교 기간이 지나 845년(회창會昌 5) 무종武宗이 불교에 대한 탄압을 시작하자 경교와 요교 등의 교파도 영향을 받았고, 점차 중원에서 완전히 자취를 감췄다.

그렇다고 경교가 완전히 소멸한 것은 아니었다. 중원에서 물러나 변경지역으로 활동 무대를 옮겼을 뿐이었다. 고고학자들은 투루판, 내몽골 지역에서 경교 신도들의 묘비를 발견했고, 시베리아에서도 십자가와 시리아어로 쓰인 묘지명을 발견했는데, 이는 무종의 멸불 정책이 나온 후 400년 정도가 지났을 때의 것으로 추정된다. 어떤 학자는 몽골 부족민들이 11세기에 경교를 받아들였고 쿠빌라이의 모친도 경교 신자였다고 주장하기도 했다. 몽골이 중원에 들어오자 경교도 다시 중국으로 돌아왔다. 원나라는 색목인을 우대했고, 경교를 신봉하는 사람들은 대부분 색목인이어서 이들은 병역과 세금을 면제받는 등 많은 특권을 누릴 수 있었다. 전장鎮江 지역에는 80여 곳의 경교 사원이 있었고, 이곳에서 거주하는 외지인 가구 167호 중 한 집은 기독교도(주로 경교 신자)였다고 한다.

몽골 제국이 전성기를 맞이할 때, 기독교가 주를 이루는 유럽은 적극적으로 이 슈퍼 강국과 우호적인 관계를 맺으려 했다. 로마의 천주교 교황은 몽골군 중에 기독교 신자가 있다는 이야기를 듣고 몽골에 사신을 파견했다. 1289년, 교황 니콜라이 4세는 몬테코르비노를 대도大都(오늘날 베이징)에 보냈고, 1294년에 성종成宗을 알현하고 거주를 허락받았다. 1307년, 교황 클레르몽 5세는 총 교구를 설립하고 몬테코르비노를 주교로 임명해서 중국과 원동遠東 사무를 총괄하도록 했다. 그의 노력 덕분에 천주교는 중국에서 자리잡았고 1328년에 주교가 82세의 나이로 세상을 떠났을 때 대도의 천주교 신자가 6만 명에 달했다.

경교와 천주교, 2대 교파 외에 다른 기독교 교파도 중국에 전해졌다. 1275년, 중국에는 캅카스 북부의 산지에서 온 3만 명의 동방정교회東方正敎會, Eastern Orthodox Church 신도들이 쿠빌라이를 위해 일하고 있었다. 원나라 통치자들은 각 기독교 교파의 신도를 통칭해 야리가온也里可溫, Arkagun이라 불렀고, 그 수는 10만 명 이상이었다. 이 시기가 중국 기독교의 황금시대였다. 그러나 당대의 경교처럼 원대의 기독교 선교활동 역시 조정의 지지 하에 진행되었고, 신도가 주로 외래 소수민족이어서 중국의 기층 사회에 뿌리내리지는 못했다. 조정의 지지가 점차 사라지자 교회도 더 이상 발붙일 수 없게 되고, 교파 간의 싸움이 일어나 기독교 발전을 저해했다. 무엇보다도 이민족 통치 하에서 박해받던 한족이 여러 특권을 누리던 몽골인과 색목인, 그들이 숭상하는 외래 종교에 호감을 가질 리 없었다. 1368년에 명나라 군대가 대도를 공격했고, 1375년 천주교도들이 전란 중 죽임을 당하거나 중국을 탈출하면서 대교구는 자연스럽게 사라지게 되었다. 원나라가 망한 후 기독교 세력도 함께 사라졌다.

2. 이슬람교의
제2차 동쪽 확산

15~17세기, 아시아 종교 문화권의 가장 큰 변화는 이슬람교의 2차 확장이다. 이를 이끈 세력은 아라비아인이 아니라 이슬람으로 귀의한 돌궐인들로, 중앙아시아, 남아시아와 동남아시아에 이슬람교를 전파했다. 그렇게 확장한 결과, 오늘날 아시아의 이슬람 세계가 탄생했다.

이슬람교가 다시 확장되면서 중앙아시아, 남아시아와 동남아시아 종교 문화의 판도가 바뀌었다. 이 지역에서 먼저 성행하던 종교는 대부분 궤멸되었고, 힌두교는 남인도에서 겨우 명맥을 유지할 뿐 남아시아의 다른 지역과 동남아시아에서는 완전히 사라졌다. 불교는 인도 본토와 중앙아시아, 남양 군도에서 사라졌고 마니교, 요교 등 중앙아시아에서 1000년 넘게 성행하던 종교도 뿌리째 뽑혀나갔다. 이슬람교는 인도 남부와 스리랑카를 제외한 지역에서 지배적 지위를 차지하기 시작했다.

불교는 중앙아시아, 남아시아, 중국에서 가장 중요한 종교로 자리매김했지만 이후 쇠락의 길을 걸었다. 인도에서는 힌두교가 부흥해 불교를 흡수하며 대중에게 뿌리를 내리고 통치자의 지지도 얻었다. 이슬람교가 무슬림 군대를 앞세워 인도에 도착했을 때, 인도인들은 격렬히 저항하며 남인도 영토의 절반을 지켜냈고, 북인도에서도 힌두교 신자들이 강력하게 저항하면서 무슬림 통치자들도 관대한 종교 정책을 펼 수밖에 없었다. 그러나 불교도들은 '비폭력'이라는 교리 때문에 무기를 들거나 조직적인 저항을 하지 못했다. 저명한 불교사학자 와더는 "불교의 교리는 비폭력이라는 강령 때문에 (…) 이슬람교에 대항해 (…) 직접적인 대응을 할 수 없었다"라고 했다. 12~13세기 인도 불교에 대한 최후의 일격이 가해졌다. 델리 술탄국의 장군 바크티야르 킬지가 이끄는 무슬림 대군이 비하르Bihar와 방글라데시를 공격하고, 인도 불교의 최고 학부인 날란다 대승원Nalanda Mahavihara과 오우덴테 프리시 사원Oudente Prisi Temple, 오타나푸리 사원Otanapuri Temple, 날란다 사원Nalanda Temple, 비크라마실라 사원Vikramasila Temple 등을 모두 파괴했다. 인도에서 1700년가량 생명력을 이어온 불교가 이렇게 사라져버렸다.

중앙아시아에서는 10세기에 이슬람교가 평화적으로 카슈가르에 전래되었다. 이곳에서는 지난 1000년 동안 불교가 주요 신앙이었고, 이전까지 이슬람 세력이 나타난 적은 없었다. 이슬람교는 10세기 중엽, 이곳에 들어와 카라한 왕조Qara Khanid를 세우고, 동쪽으로 확장하기 시작했다. 귀족 출신이자 언어학자인 마흐무드 카슈카르(1008~1105)가 쓴 『돌궐어 대사전』에는 수많은 돌궐 민요가 수록되어 있는데, 그중 「전장의 노래」는 이슬람교가 파죽지세로 동쪽으로 퍼져나가는 모습을 묘사했다. 중앙아시아 사학자인 바실리 바르톨트는 "당시 이슬람교가 동쪽으로 전파되는데 회골인들이 장벽처럼 가로막고 있어 어려움을 겪었다"라고 했다. 카라한 왕조는 불교를 숭상하는 우전국于闐國과 수십 년에 걸쳐 성전을 치렀고, 1006년에 마침내 멸망시켰다. 이로써 천년 불교 고대 왕국도 사라져버렸다. 12세기 초, 이슬람교는 타림 분지 서부와 남부의 오아시스 지역에 전파되어 아커쑤, 뤄창, 체모若羌까지 전선을 넓혔다. 카라한 군대는 허톈과도 40여 년의 전투 끝에 불교 왕국을 소멸시킨 뒤 투루판으로 공격의 방향을 돌렸다. 카라한 왕조와 고창 회골은 비록 같은 민족이며 돌궐어를 사용하지만 종교가 달라서 오랫동안 대치하며 교전 상태였다. 『돌궐어 대사전』에는 이 두 나라의 전쟁에 관한 이야기도 전해진다. 고창 회골인을 '타터塔特'라고 불렀는데, 이는 이슬람을 신봉하지 않는 회골인이라는 뜻이자 '가장 악랄한 이교도'라는 의미이기도 했다. 카라한 군대는 수차례 회골 지역을 침공하고 무력으로 백성들에게 불교 신앙을 포기할 것을 강요했지만 회골인들은 강력하게 저항했다.

14세기 중엽, 몽골 차카타이한국의 투글루쿠 티무르Tughlugh Timur(1347~1363년 재위)가 이슬람교 수피파의 책동에 따라 16만 군대를 이끌고 귀의했다. 이는 신장新疆 경내에 이슬람교가 전파되는 서막을 여는 매우 중대한 역사적 사건이었다. 액집정호자額什丁和卓는 티무르의 지지 하에 군대를 이끌고 쿠처庫車로 들어갔다. 그들은 가한可汗(민족의 최고 지도자를 이르는 말)의 이름으로 백성을 이슬람교에 귀의시켰으며 자원자에게는 세금을 면제해주고 재산을 보호하는 등 특혜를 주었다. 그리고 불교를 고수하는 승려들을 박해하면서 불교 사원을 파괴하고 경서는 불태웠다. 불교 신자들은 투루판으로 도망쳤고, 쿠처 주민들은 어쩔 수 없이 개종했다. 쿠처라는 장벽이 사라지자 고창 불교 왕국의 보호막은 없어져버렸다. 티무르가 죽고 아들 히드르 호자Khidr Khoja가 즉위한 후에도 적극적으로 이슬람교를 장려했다.

회골인들은 18세기까지 불교를 믿었다. 당시 하미왕哈密王은 전 세계가 이미 알라에 귀의했는데 이 지역 사람들은 어째서 아직도 불교를 믿느냐고 매우 화를 냈으며 포교자들에게 이슬람 사원인 청진사淸眞寺를 세워 불교도들을 귀의시키라고 명령했다고 한다.

이슬람 세력이 통치한 이후에도 투루판 지역에서 불교는 근근이 이어졌고, 수십 년 동안 두 종교는 공존했다. 1420년, 중앙아시아의 사마르칸 샤 류흐왕Shah Rukh(중국명 사하노왕沙哈魯王)이 명나라에 파견한 사신이 투루판을 지날 때, 이곳의 백성들이 여전히 불교를 믿는 것을 보았다고 했다. 16세기 무렵에 이슬람교는 이미 투루판의 주류 신앙이 되었고, 불교는 점차 세력을 잃어갔다.

명대, 중앙아시아에서 이슬람교는 더욱 강력하게 확장되었다. 명 태조 즉위 전후에 중앙아시아에서는 유목 민족이 티무르 제국을 건국했다. 이 제국의 창시자인 티무르 베그 구르카니(1335~1405)는 타메를란Tamerlane이라고 불리며 칭기즈칸의 후예임을 자처했다. 그는 중앙아시아 최강의 군사력을 갖추고 저항하는 적들을 잔혹하게 살해한 뒤, 머리를 잘라 금자탑을 세워 다른 사람들이 저항할 수 없도록 경고했다. 그는 전장에서 일생을 보냈는데, 우즈베키스탄 3차례 정

미하일 게라시모프가 티무르 베그 구르카니의
두개골을 토대로 복원한 흉상.

벌, 이리(伊犁) 6~7차례 정벌, 동페르시아 2차례 정벌, 서페르시아 3차
례 정벌, 러시아와의 2차례 전쟁을 통해 오스만 제국, 동유럽의 일
한국, 중앙아시아의 차카타이한국과 인도의 델리 술탄 등 이슬람 강
국을 모두 격파했다. 중앙아시아, 중동아시아, 인도의 주요 도시들
이 모두 그의 약탈을 피하지 못했다. 30년의 정벌 전쟁 끝에 그는 델
리에서 다마스쿠스, 아랄해에서 페르시아만에 이르는 거대한 티무르
제국을 건설하고 사마라칸트에 수도를 세웠다.

　명 태조가 새 왕조를 세우고, 1385년에 부안(傅安), 유위(劉偉) 등을
중앙아시아에 보내 차카타이한국에 충성할 것을 요구했다. 명에서
온 사신이 하미, 투루판, 일리 발리Ili Baliq에 도착하자 차카타이의
일가는 충성을 표했으나, 이들은 사마라칸트에서 체포되었고 오랜
시간 협상을 한 뒤에야 풀려날 수 있었다. 티무르는 1387년부터 3차

례(홍무 20, 25, 27) 사신을 보내 예물을 전달하고, 신하를 자처하면서 명의 의중을 파악하려 했다. 1395년, 명 태조는 다시 부안을 사마라칸트에 보내 티무르에게 감사의 서신을 전달했다. 그러나 티무르는 이미 중국 정복을 선포하고 오트라르Otrar에 대군을 집결시켰다. 그리고 사신에게 이슬람교에 귀의할 것을 강요했다. 부안이 귀국할 즈음 성조 영락제가 즉위했는데, 이 소식을 접하고 간쑤 총병甘肅 總兵 송성宋晟에게 경계를 강화하도록 명령했다.

1404년(영락 2), 티무르는 군사 20만 명을 데리고 중국 원정에 나섰으나 1405년 1월 19일 오트라르에서 향년 69세로 병사했다. 장엄한 능묘 안의 녹색 옥관에는 '내가 살아 있기만 하면 전 인류는 공포에 떨어야 할 것이다!'라는 호기로운 티무르의 말이 적혀 있었다. 중국의 작가 보양柏楊은 『중국인사강中國人史綱』에서 다음과 같이 썼다. "명조보다 딱 1년 늦게 중앙아시아에서 일어난 티무르한국은 몽골 제국이 이루었던 역사를 재현하려 했다. 1404년, 정난靖難이 끝난 이듬해에 티무르한국은 중국을 향한 동벌에 나섰다. 예상치 못하게 티무르가 도중에 사망하면서 정벌은 중지되었지만, 만약 그가 죽지 않았다면 현존하는 자료들로 미루어 볼 때 명나라 군사력으로는 대항이 불가능해서 분명히 새로운 이민족의 통치가 재현되었을 것이다." 보양은 단지 '새로운 이민족 통치'라고 표현했지만, 만일 티무르가 중국을 정복했다면 종교에 대해 비교적 관용적인 태도를 취했던 칭기즈칸, 쿠빌라이와는 달리 광적인 무슬림 정복자는 무력으로 중국인을 이슬람교로 개종하려 했을 것이다.

티무르가 죽은 후, 그의 후예들은 정권을 탈취하기 위해 피의 전쟁을 시작했고 제국은 사분오열되었다. 최종적으로 네 번째 아들 샤 루흐가 승리했지만 그는 겨우 트란스옥시아나, 아프가니스탄, 이란 동부만을 차지하고, 그 위세가 부친의 시대에 미치지 못했다. 하지만 샤 루흐는 1412년 티무르의 명의로 성조에게 서신을 보내 명나라가 이슬람교를 존중할 것을 요구했다. "나는 모하메드 법을 지킬 것을 선포했다…… 귀국도 모하메드 선지자가 정한 법률을 준수하고 그의 힘을 빌려 세계를 지배하는 제국이 되기를 갈망한다." 이에 대해 사오쉰정邵循正은 "샤 루흐는 자신이 무슬림의 수호자임을 천명하고 종교적 힘으로 중국에 맞서 내정 간섭을 허용치 않겠다는 의지를 보인 것"이라 했다. 아시아사 연구자인 르네 그루세는 "샤 루흐 이후 중앙아시아의 돌궐화된 몽골인들이 세운 차카타이한국은 무슬림 문화를 중국의 변경지역까지 확장하려 했다"고 주장했다. 『명사』와 『라시드 역사拉失德史』 모두 양국 사이의 전쟁을 기록하고 있다.

중앙아시아의 돌궐 무슬림들은 인도 북부를 정복한 뒤, 계속 동진했다. 방글라데시와 인접한 미얀마 서부 지역에는 예전부터 바다를 건너온 무슬림 상인들이 거주하고 있었는데, 이들의 영향으로 많은 사람이 이슬람교를 믿고 있었다. 미얀마 서부 아라칸 지역은 본래 불교가 유행하는 곳이었다. 1430년, 아라칸 왕이 인도로 망명하면서 무슬림 군대를 데리고 가서 이곳에도 이슬람교가 전파되었다. 국왕들은 모두 불교를 믿었지만 민간에서는 이슬람 세력이 빠르게 발전했다. 인도차이나반도의 동부, 천년 왕국 참파도 이슬람교를 받아들였고 17세기에는 많은 백성이 무슬림이 되었다.

14세기 말레이반도에서 이슬람교는 대규모로 전파되었다. 오래지 않아 해상 왕국 믈라카가 강대해지면서 해협 무역을 장악했다. 15세기 중엽 믈라카 왕국은 해협 양쪽을 정복하고, 1480년에 말레이반도 남부의 인구 밀집지역과 수마트라 연해지역을 통치했다. 통치자들은 원래 불교, 힌두교를 숭상하다가 모두 이슬람교로 개종했다. 국왕 바라미사와라(1390~1413년 재위)도 그중 한 사람이었다. 그는 개종한 이후 이스칸다르 사이야Iskandar Syah로 이름을 바꾸었다. 국왕이 개종하자 많은 신하들과 백성들, 후계자도 모두 무슬림이 되었고, 말레이반도는 이슬람화되었다. 동시에 자와에서도 각지에 신속하게 전파되면서 이슬람교가 세를 확장했다. 14세기 후반, 힌두교/불교를 신봉하는 마자파힛 제국의 왕실과 귀족들은 이미 개종한 상태였다. 무슬림의 힘이 날로 강해지면서 이들은 앞다투어 독립 정권을 수립했다. 그중 연해 무슬림 왕국 데목국Demak의 힘이 특히 강해서 1478년 마자파힛 제국의 영토 대부분을 탈취했다. 15세기 말, 마자파힛 제국이 쇠락하면서 이슬람을 믿는 지방 장관들이 하나씩 독립을 선포하고, 1513~1528년에 자와의 작은 연합국들에 의해 역사 속으로 사라졌다.

1575년, 수타위자야Sutawijaya는 이 지역을 통일하고 이슬람교를 숭상하는 마타람 왕국Mataram Sultanate(1582~1755)을 건설하면서 마자파힛의 잔여 세력을 모두 소탕했다. 마타람 왕국은 자와의 동부와 중부를 통치하고, 1639년 동부 자와에 위치한 힌두교를 믿는 바안巴蘭巴安을 멸망시켰다. 이슬람교를 신봉하는 반텐Banten 왕국이 힌두교를 믿는 서부 자와의 파사사란巴查查蘭을 멸망시키면서 자와섬에서의 이슬람화가 실현되었다.

동남아시아 많은 지역이 빠르게 이슬람화된 것은 현지 무슬림 통치자들이 당시 이슬람 세계의 지도자인 오스만 제국과 그 동맹자인 인도 무굴 제국의 적극적인 지지를 받았기 때문이다. 이슬람교에 귀의한 이후 이들로부터 군사 기술이나 군비 지원을 받았다. 이것이 이슬람 세력이 힌두교/불교 국가와의 투쟁에서 우세한 지위를 점하며 결국 승리로 이끈 배경이 되었다.

3. '불교장성'의 형성

이슬람교가 동쪽으로 퍼져나가며 동아시아 문화의 판도가 바뀌었고, 중국은 유사 이래 처음으로 강력한 문화적 공세에 직면했다. 만약 중국에서 불교 부흥운동이 일어나지 않았더라면 중국도 동아시아와 같은 운명을 맞이했을지도 모른다. 존 맥닐은 "16~17세기 불교도 제한적이지만 확장했다"고 분석했다. 이 불교 부흥운동(혹은 제한된 확장)은 남과 북으로 구분된다.

7세기 무렵 힌두교가 부흥하면서 인도의 불교 수행자들은 힌두교의 수행 방식(범어 경을 읽는다거나 비수인比手印 등 간단하게 배울 수 있는 방식)을 흡수한 밀종密宗을 만들었다. 밀종은 불교 의식에도 변화를 가져왔고, 대·소승 불교학보다 진보한 것으로 간주되며 진언승眞言乘이라고 불렸다.

인도에서 밀종이 번성하면서 티베트로 전해졌다. 8세기, 치송데짼Chisong Dêzain은 밀종의 낙본패마洛本貝瑪 상사上師를 인도에서 초청했다. 낙본패마는 훗날 '소중한 스승'이란 의미의 구루 린포체Guru

Rinpoche로 추앙되면서 티베트 불교의 시조가 되었는데, 그가 이끈 교파를 닝마파寧瑪派라고 하며 신도 모두 붉은색 모자를 써서 홍교紅敎라고도 했다. 11세기에는 밀레르빠 대사가 새로운 종파인 가마가취파噶舉派를 창건했다. 이를 백교白敎라고 하며 이 종파는 세력과 영향력이 가장 강하고 티베트 불교 중 처음으로 활불전세活佛轉世 제도를 채택했다. 14세기, 총카파宗喀巴 대사는 앞선 교파들이 불교의 종지를 깨닫지 못하고 생활을 엉망으로 만든다며 종교 개혁을 주창했다. 새로운 종파인 거루파各魯派는 황교黃敎를 설립하고, 결혼하지 않고 음주 및 살생을 금하는 계율을 세워 고행을 강조했다. 교리상 먼저 현종顯宗, 특히 대승각법을 학습하고 그다음에 밀종을 학습하도록 했다. 1409년(영락 7), 티베트 정월에 총카파는 라싸에서 대기원법회를 열었는데, 각 종파에서 1만 명의 승려가 참석했다. 법회가 끝난 후, 총카파는 라싸 동북에 위치한 빙코르산旺古爾山에 '미륵보살의 고향'이라는 의미의 간덴사甘丹寺를 세웠다. 사원을 세웠다는 것은 이 교파가 정식으로 설립되었음을 의미한다. 종교 개혁을 통해 거루파는 티베트 불교에서 가장 중요한 교파로 발전했다. 오늘날 말하는 장전불교藏傳佛敎는 바로 이 교파를 가리킨다.

1407년(영락 5), 성조는 가마가취파 5대 법왕 득은협파得銀協巴를 대보법왕大寶法王에 책봉했다. 가마가취파는 점차 세력을 키우며 '대보법왕'의 봉호를 지금까지 전용하고 있다. 1546년(가정 25), 드레풍사哲蚌寺의 쇠남갸초索南嘉措가 자신을 살아 있는 부처로 칭하며 거루파의 영수가 되었다. 1578년(만력 6), 쇠남갸초는 몽골의 알탄칸俺答汗(1507~1582)의 초청을 받아 칭하이靑海로 포교하러 가서 달라이

티베트 3대 거루파(황교) 사원 중 하나인 간덴사.
청 옹정제 때는 영수사永壽寺라고 불리기도 했다.

라마의 칭호를 받았고, 이것이 달라이 명호의 시작이 되었다. 쇠남 갸초는 달라이 3세로 인정되었다. 1642년(숭정 15), 몽골 화석특부고 和碩特部固는 이 파의 영수인 달라이 5세 로브상자춰羅桑嘉措의 요청을 받아 적대적 관계의 다른 파들을 격파했고, 이로써 거루파는 주도적 위치를 차지하고 장전불교의 최대 종파가 되었다.

　몽골은 샤머니즘의 전통이 강했고, 칭기즈칸이 통일 제국을 건설할 무렵 이 전통은 정점에 달했다. 쿠빌라이가 중원을 통일하고 원나라를 세운 후 장전불교가 전래되고, 쿠빌라이의 신앙이 곧 몽골 왕실의 것으로 발전했다. 1260년, 쿠빌라이가 몽골 대한이 되자 파스파를 국사로 임명했다. 1264년, 쿠빌라이가 베이징으로 천도해서 그곳에 전국의 불교와 장족 지역의 사무를 총괄하는 총제원을 설치했고, 파스파가 국사의 신분으로 이를 관장함으로써 원나라 중앙 정부의 고급관리가 되었다.

불교가 몽골에 전래되었지만, 백성들까지 모두 귀의한 것은 아니었다. 몽골인에게 불교는 생활 중 일부분이었고, 지역 고유의 풍습과 샤머니즘의 관습이 지배적이었다. 원나라가 망하여 북쪽 초원으로 쫓겨난 후 민간에서는 오랜 전통의 샤머니즘이 부흥했고, 불교는 몽골 사회에서 자취를 감추게 되었다. 16세기 후기, 총카파의 개혁을 거쳐 장전불교가 다시 몽골에 전해지며 2차 전파가 시작되었다. 이 과정에서 쿠투타이첸 황타이지와 알탄칸 이 두 사람의 역할이 매우 중요했다. 쿠투타이첸 황타이지는 칭기즈칸의 19대손이며 알탄칸의 질손姪孫이었다. 1566년(가정 45) 쿠투타이첸 황타이지는 병사를 이끌고 티베트로 원정을 떠났고, 시리무산허의 교회처에 사신을 보내 장족 종교의 수장에게 "항복하면 당신들의 종교를 존중하겠지만 그렇지 않으면 공격하겠다"라고 으름장을 놓았다. 장족 종교의 수장이 항복하자 그는 그중 세 사람을 데리고 몽골에 돌아와 자신의 스승으로 임명하고 장문藏文과 한문 불경을 익혀 몽골, 위구르, 장, 한어 등 여러 문자에 정통하게 되었다. 그는 알탄칸에게 장전불교를 받아들일 것을 여러 번 권했다. 청나라 초기에 출간된 『몽골원류蒙古源流』에서는 쿠투타이첸 황타이지가 처음으로 장전불교를 믿은 몽골 황족이라고 했다.

알탄칸은 장전불교에 귀의한 이후 격근한格根汗이라는 법명을 받았고, 명나라 사람들은 아부하이阿不孩, 안난俺灘, 안다諳達 등으로 불렀다. 그는 몽골의 토묵특부土黙特部를 이끄는 수령이었고, 그가 장전불교에 귀의하자 그의 영향 아래 있던 몽골의 각부 칸과 귀족들이 앞다투어 귀의하면서 불교는 다시 몽골 지역에 전파되었다. 1578년 (만력 6) 알탄칸은 최고 예우를 갖추고 칭하이 호반에서 쇠남갸초와 만났는데, 이를 '앙화사仰華寺 회견'이라고 한다. 알탄칸이 주재한 이 만남에는 몽, 장, 회, 한족 등 10만여 명이 참석했다. 이 의식에서 쿠투타이첸 황타이지는 몽골을 대표해서 쇠남갸초 일행에게 열렬한 환영의 뜻을 표하고 쇠남갸초로부터 봉호를 받았다. 연회장에서 알탄칸이 '옹곤翁袞' 상을 불사르자 몽골인들은 오랫동안 믿어온 옹곤을 포기했다. 그는 또 몽골 지역에 장전불교의 거루파를 전파할 것을 명령하면서 사원을 건설하고, 경전을 번역했다. 또한 계율을 실시하도록 하는 한편 행정 수단을 동원해 순장殉葬과 샤머니즘을 금지했다.

알탄칸이 장전불교를 받아들이기로 한 결정은 중국에 큰 의미가 있다. 판원란范文瀾은 당대 토번이 서역을 점령한 것에 대해 "이 새로운 형세는 토번이 무력으로 선교를 하는 무슬림의 침략을 저지하면서 한족 문화가 파괴되는 것을 막은 셈이다. 훗날 회홀이 서쪽으로 이주해서 천산남북 지역에 정주할 수 있도록 한 것은 중국 역사에 대한 커다란 공헌이다"라고 했다. 명대 중국의 상황을 보면, 그의 분석은 매우 적절한 것이었다.

남방에서도 큰 변화를 보였다. 미얀마에서 바간 왕조가 몰락하자 정권은 샨족撣族의 손으로 넘어갔고, 이후 약 200년간 분열이 계속되었다. 북방의 아와阿瓦 왕조나 남방의 페구庀古 왕조 모두 불교 포교를 중시했으나 몽족의 승려단과 스리랑케 계열의 승려단이 대립해서 포교가 잘 이루어지지 않았다. 담마데디 Dhammazeti(1473~1492년 재위) 때 불교 개혁을 실시하고, 승려들을 스리랑카에 파견해서 다시 비구계를 받도록 하자 승단 분열은 비로소 일단락되었다. 16세기, 동우 왕조(1531~1752)가 동남아시아 강국으로 발전하자 불교 역시 비약했다.

당시 시암국(현재의 타이)은 드바라바티Dvaravati, 墮羅鉢底, 스리비자야srivijaya empire, 室利佛逝, 롭부리Lopburi kingdom, 羅斛國의 세력 범위 안에 있었다. 드바라바티 백성들은 최초로 들어온 소승 상좌부 불교를 믿었다. 슈리비자야는 자와의 영향을 받아 대부분 대승 불교를 따르고, 소수의 백성만이 상좌부 불교와 바라문교를 믿었다. 롭부리는 대부분 힌두교를 믿었고 불교의 일부분을 차용했다. 1350년, 라마디빠띠Ramadhipati는 아유타야 왕조를 세우고, 스리랑카에 사신을 보내 승려를 초빙하고 승려 조직을 정돈하는 등 불교 개혁을 실시했다. 이후 건립된 아유타야Ayutthaya 왕조(1350~1766), 톤 부리 Thon buri 왕조(1767~1783), 방콕Bangkok 왕조(1782~현재) 모두 남전 상좌부 불교를 유일한 신앙으로 유지했다. 1408년, 정화가 두 번째로 서양을 여행할 때 시암국에 도착했다. 당시 정화를 수행했던 마환馬歡은 『영애승람瀛涯勝覽』에서 시암국은 "불교를 숭상해서 승려가 되려는 사람이 많고 승려의 복색은 중국과 아주 흡사하다. 나도 절에 머물며 제를 지내고 계를 받았다"고 기록했다.

14세기 중엽 이후, 캄보디아가 타이의 속국이 되면서 상좌부 불교가 전해졌다. 이후 라오스에는 캄보디아가 상좌부 불교를 전했다.

미얀마와 시암국 모두 인도차이나반도에 위치한 강국이었다. 이들이 불교를 신봉하면서 불교 문화권이 형성되었고, 이로써 중국 남쪽에서 올라오는 이슬람의 세력을 막을 수 있었다. 또한 몽골, 신장 북부, 칭짱고원까지의 지역에서 불교는 지배적인 지위를 차지했다. 중국의 서, 북, 남을 에워싸는 이른바 '불교장성'을 쌓은 것이다. 동아시아 세계, 특히 중국에서 이 '불교장성'은 매우 중대한 의미가 있다. 불교장성이 형성되면서 이슬람의 동쪽 진출을 막았고, 중국은 인도와 같은 운명을 피할 수 있었다.

4. 유가독존

동아시아 문화권이 재편되는 시기에 유가 사상 역시 부침을 겪었으나 15세기부터 유가 문화권은 동아시아 세계에 자리잡게 된다.

유가 문화의 핵심은 유학으로, 오랜 발전과정을 겪으며 단계별로 다른 형태를 보인다. 초기 단계의 유학은 하나의 학문이나 사상에 불과했고, 소수의 학자가 독점하며 관방官方의 무관심 속에 백성들의 생활과도 동떨어졌다. 두 번째 단계에서 유학은 관학官學이 되어 관리들의 정신세계를 지배했지만 백성들과는 여전히 거리를 두고 있었다. 세 번째 단계가 되어서야 유학은 민간에 확산되어 유가의 윤리가 생활에 깊이 뿌리박히게 되었다. 다만 유가의 학설이 백성들의 생활 속에서 자리잡기 위해서는 스스로 변화를 통해 적응해야 했다.

역사학자 첸무錢穆는 다음과 같이 말했다. "송·명 유학은 왕권 통치와 결합하거나 관리들의 치적을 기술하는 '관학으로서의 유학'에서 탈피하고, '교화를 우선'하는 세속적인 인문 전통을 실천함으로써 점차 '교화의 유학'의 역할로 변했다. 유학은 의장義莊, 사창私

倉, 보갑保甲, 서원書院, 향약鄕約 등의 각종 제도 및 사업을 통해 사회에 공헌했다. 송·명 이후 세족 문벌이 사라지면서 사회는 점차 평등하고 느슨해져 조직적이지 못한 모습을 보였는데, 유학에 따르면 사회의 모든 공공사업에는 반드시 '이끄는 지도자'가 필요했다." 만약 사대부가 사회에 관심을 쏟지 않고 관리가 된 후 자신의 출세와 부귀만을 좇는다면 반드시 부패하고 만다. "사대부 집단이 위로는 정치에 영향을 미치고 아래로는 농촌 사회에 관심을 가지면서 유학은 송대 이후 1000년 동안 중국 역사에서 안정적이고 지도적인 역량을 갖게 되었다."

　명조 건립 후 유학은 새로운 부흥기를 맞게 되었다. 1368년(홍무 원년) 태조는 조서를 내려 "천하가 안정되었으니 사대부들과 함께 다스리는 방도에 대한 토론"을 할 것을 지시하고, 과거 시험은 "『역경』 『서경』 『시경』 『춘추』 『예기』의 오경에서 출제하도록" 했다. 향시와 회시도 모두 정주이학程朱理學을 중심으로 치러지면서 유학은 비로소 관학으로서의 위상이 확립되었다. 1415년(영락 13), 성조는 정주 사상을 근거로 『오경대전』 『사서대전』 『성리대전』 등을 편찬해서 주자학의 독보적인 지위를 분명히 했다. 국가가 3권의 '대전'을 학교 교육과 과거 시험을 통해 주입하자 정주이학은 국가의 통치 철학과 이데올로기로 자리매김했다. 동시에 사대부들의 필독서가 되었고, 백성들의 정신세계에까지 영향을 미쳤다. 중앙 정부와 지방 사대부들은 넓고 촘촘한 네트워크를 운영하면서 유학 '교화' 활동을 펼쳤고, 이를 통해 유학에서 강조하는 사회의 이상과 윤리·도덕규범이 기층사회에 스며들게 되었다.

정주 이학이 주도하는 유가 사상은 베트남, 한국, 일본에서도 지배적인 이데올로기가 되었다. 베트남에서는 호꾸이리가 호 왕조胡朝(1400~1407)를 건립하고 숭유배불 정책을 실시하며 유학을 적극 장려했고, 후 레 왕조後黎朝(1428~1789) 이후 정식으로 자리잡았다. 그리고 응우옌 왕조阮朝(1802~1858) 시기 통치자의 적극적인 지지를 바탕으로 유학은 전성기를 맞았다. 후 레 왕조는 불교, 도교를 배척하고 유학을 정치, 법률, 문화 교육의 중심으로 삼았고, 그로 인해 백성들의 일상 생활까지 유학이 침투하게 되었다. 후 레 왕조부터 응우옌 왕조까지 400여 년간 유학은 베트남에서 독보적이고 주도적인 지위를 차지했다.

14세기 후반, 고려 말에 주자학이 한반도에 전파되었다. 그 핵심은 정주이학이었다. 고려가 쇠락하자 일부 문인들이 국가의 위기를 극복하고자 주자학을 도입했다. 이성계가 조선을 건국하자 정도전, 권근 등은 주자학을 무기로 불교를 배척하고, 통치 철학의 이데올로기로 삼았다. 이후 유학은 조선에서 절대적인 지위를 확보하고 학술 사상의 근간이 되어 현지화 과정을 거쳤다.

일본에서는 무로마치 시대室町(1338~1573), 선승 고잔을 중심으로 송학이 도입되었다. 궁정에서 송학을 익히기 시작하자 귀족들도 따라 배웠다. 무로마치 말기, 학자들이 전란을 피해 지방 호족들에게 몸을 의탁하면서 송학은 자연스럽게 지방으로 전해졌다. 그러면서 이전까지 선승들이 유학을 독점하던 국면이 깨지고 박사 공경, 살남薩南, 해남海南 등 3개 학파로 나뉘게 되었다. 가마쿠라, 무로마치 시대에 주자학이 전래되었으나 불교의 들러리 역할에 불과했다. 하지만 16세기 중엽, 주자학은 막부 정권의 지지를 등에 업고 관학의 지위를 확보했고, 이후 260년간 일본인들의 정신세계를 지배하게 된다. 경사 주자학파는 간략하게 경학京學이라고 부르며 후지와라 세이카藤原惺窩(1561~1619), 하야시 라잔林羅山(1583~1657) 등이 대표적인 인물이다. 후지와라 세이카는 일본 주자학의 창시자로 원래는 선승이었으나 유학을 공부하며 환속했는데, 이는 일본의 유학이 독립하는 상징적인 사건이 되었다. 그가 주자학을 적극 주창하면서 일본 주자학이 선종에 의존하던 시대에 종지부를 찍은 것이다. 그의 뒤를 이은 하야시 라잔은 더 나아가 주자학을 관학으로 만들었다. 그는 일생을 막부에 봉사하며 도쿠가와 이에야스를 도왔고, 주자학의 이론에 근거해 조의朝儀와 율령을 제정해서 막번 체제의 질서를 확립하고 도덕규범을 만드는 데 참여했다. 그리고 불교를 비판하고 기독교를 배척했으며 육왕陸王의 심학心學도 반대했다. 무로마치 시대 말, 유학은 간사이, 도사 등의 지방에서 점차 주도적 지위를 확보하고 통치 이데올로기의 사상적 기초를 마련했다. 이는 에도 시대(1603~1867)에 유학이 발전할 수 있도록 유리한 환경을 조성했다. 이전까지 불교와 유학이 공존했던 반면 도쿠가와 막부는 국가 이데올로기로서 유학을 장려하면서, 강제로 '이학異學'을 금지했고, 일본 유학은 최전성기를 맞게 되었다.

일부 학자들은 명대 왜구 문제로 인해 중일관계가 악화되고 문화적으로도 멀어졌다고 주장하지만, 이 시기 일본은 사실상 '유학독존'함으로써 중국의 핵심 문화가 일본 사회에 깊이 자리잡았다. 1453년, 일본은 9척의 견명선遣明船을 중국에 보내 조공 무역을 했다. 승려

쇼운즈이킨笑雲瑞訢은 이 과정을 기록하며 『쇼운입명기笑雲入明記』라는 책을 썼고, 명나라의 중하급 관리인 중서사인中書舍人이 한 말을 소개했다. "명나라에 조공을 하는 나라가 500개국이 넘는데, 그중 오직 일본인들만이 공부를 한 것 같소."

5. 기독교 전파

16세기 전후, 유럽 국가들이 해외 원정에 나서자 기독교는 전 세계로 전파되기 시작했다. 기독교는 유럽의 식민지 확장을 촉진하게 하는 중요한 동력이었다. 해외 원정의 선봉에 선 포르투갈과 스페인은 역사적으로 오랫동안 이슬람교와 전투를 치렀다. 전투를 하면서 쌓은 지리에 관한 지식과 항해술은 식민지 개척이라는 모험에 몸을 던지도록 만들었다. 특히 아시아는 매우 중요한 선교지역이었다. 1494년, 교황 알렉산더 6세가 포르투갈과 스페인의 세력 범위를 나누는 내용을 담은 첫 번째 조서를 반포했다. 대서양을 경계로 카보베르데Cabo Verde 군도의 서쪽 약 2220킬로미터 지점에서 경계선을 그리고, 이 선을 기준으로 서쪽에서 발견한 비기독교 국가의 땅은 스페인이 소유하고, 동쪽 지역은 포르투갈이 소유한다고 정했다. 이 선은 훗날 '교황 자오선Papal Meridian'이라고 불렸다. 이후 범위를 약간 조정해서 인도, 믈라카, 말루쿠 제도, 중국, 일본은 포르투갈이, 라틴 아메리카, 필리핀은 스페인이 통제한다는 것을 암묵적으로 인정받았다.

초기 기독교 선교활동은 성공적이지 못했다. 바스쿠 다가마가 인도 서해안에 도착한 이후 프란체스코회, 도미니크회, 예수회 등의 선교사들이 뒤따랐다. 1541년, 포르투갈 선교사들은 고아에서 로마 천주교 소속의 예수회를 건립하고, 1580~1595년에 걸쳐 15년간 3개의 포교단을 무굴 제국에 파견했다. 이들은 무슬림에 대해 적대적이었는데, 1560년에 종교 법정을 설치하고 잔혹한 종교적 박해를 가했다. 심지어 무슬림 신도가 '참회'하고 귀의하려 해도 고문하거나 화형에 처했다. 이런 편집증적인 종교관은 인도 민중의 강력한 반대에 부딪쳤고, 포르투갈의 선교활동이 성공하지 못하는 중요한 이유가 되었다. 인도는 신분 구조가 공고하고 다양한 언어를 사용해서 이슬람교나 힌두교를 제외하고는 다른 종교가 퍼지기에 쉽지 않았다. 포르투갈을 비롯해 훗날 인도를 식민 지배했던 영국도 선교활동에서는 성과를 거둘 수 없었다.

1540년, 포르투갈 국왕은 교황 바울 3세에게 포르투갈 신임 고아 총독과 선교사를 동행하게 해줄 것을 요청했다. 교황은 프랑수아 하비에르를 특사로 파견했고, 1542년 5월 6일 고아에 도착했다. 1543년, 하비에르는 믈라카를 거쳐 일본 가고시마로 가서 선교활동을 펼쳤다. 그는 많은 일본인이 불교를 믿는 것을 보고 "일본인을 선교하는 가장 좋은 방법은 일본 문화와 사상의 발원지인 중국에서 먼저 선교를 하는 것이다"라고 주장했다. 그는 고아에 돌아와서 포르투갈 왕에게 중국에서의 선교활동에 대해 보고하고 1553년 4월 14일 중국으로 향했다. 같은 해 8월, 광둥廣東 타이산台山의 상촨섬上川島에 도착해서 선교활동을 허가해줄 것을 신청했으나 받아들여지지 않았다. 12월 10일 하비에르가 말라리아에 걸려 사망했고, 예수회에서는 그를 "원동 선교의 개척자"라고 칭송했다.

중국 영토에 들어가지 못하자 예수회 선교사들은 아오먼에서 선교를 시작했다. 1565년(가정 44), 이곳에는 이미 5000명의 천주교 신자들이 머물렀다. 1566년 교황 비오 5세는 멜키오르 카르네이루를 아오먼 주교로 임명했고, 그에 따라 1568년 5월에 초대 주교가 부임했다. 카르네이루는 두 차례 광저우에 가서 선교 허가를 요청했으나 역시 받아들여지지 않았다. 그는 1569년 아오먼에 자선당과 병원을 설립하고 고아들을 보살피는 등 선행을 베풀면서 주민들을 천주교에 귀의하도록 했다. 최초의 정식 천주교 성당인 라자루 성당St. Lazarus Parish(망덕당望德堂)을 짓고, 이곳을 천주교 원동 선교의 전초지로 삼았다. 1576년 교황은 고아 총 주교 소속의 아오먼 교구가 중국, 일본, 베트남 지역을 관리하도록 했다. 1640년 아오먼 성당에는 신자가 4만 명에 달했고, 아오먼 교구는 중국과 원동 선교의 중심지가 되었다.

예수회는 아오먼에서 미켈레 루지에리, 마테오리치 등 중국에서 선교 경험을 쌓으려는 선교사들을 모아 중국어와 예절을 가르쳤다. 1594년 12월 1일, 유럽의 선교사와 중국인, 일본인 신자들을 대상으로 하는 작은 학교로 시작한 성 바울로 학원Coligio de San Paulo은 이후 중국어, 라틴어, 신학, 철학, 수학, 의학, 물리, 음악, 수사 등의 교과과정을 갖춘 대학으로 승격했다. 30여 명의 예수 선교회 수사가 교육을 담당했는데, 그중에는 수학자 줄리오 알레니, 프랑수아

1673년에 예수회 선교사들이 건축한 성 바울로 성당의 유적.
포르투갈의 영향을 받은 이 건축물은 1835년에 일어난 화재로 인해
현재 건물의 일부만 남아 있다.

삼비아시, 요한 아담 샬 폰 벨, 이마누엘 디아스, 철학자 요하네스 몬
테이루 등의 인물이 있었다. 이곳을 졸업한 수사는 200여 명으로,
1583~1770년에 중국에서 선교활동을 펼친 467명의 수사 중 40퍼센
트가량을 차지했고 예수회 선교의 훈련 기지가 되었다. 이들은 중국
전국으로 흩어졌고, 완전하지 않은 통계이지만 신도의 수는 1555년
에 20명으로 시작해서 1615년에 5000명, 1636년에 3만8200명,
1644년에는 15만 명으로 증가했다. 이 신도 가운데 명나라 조정 신
하와 황족도 포함되었다. 숭정 말년에는 종실 친왕 중 140명, 내궁
신자 40명, 황제가 책봉한 고명부인誥命夫人(봉호를 받은 부녀자) 80명
이 기독교 신도였다. "지방 정부의 독헌督憲, 현지사縣知事, 총병總兵

등 주요 관리들이 호기심에 작은 성당에 가서 미사에 참여했다"라는 기록도 있다. 명대 후기 천주교는 이미 상당한 규모로 발전했음을 알 수 있다.

일본에서 기독교 선교활동은 중국에서보다 성공적이었다. 1542년에 포르투갈이 처음 일본에 도착했다. 1561년, 오무라 스미타다大村純忠 영주는 요코세우라 항구를 개방하라는 포르투갈의 요구를 들어주고, 항구 주변 약 1킬로미터 이내의 토지와 농민을 천주교회가 사용하도록 했으며(이 과정에서 불교 신도는 일괄 이주시켰다), 무역에 종사하는 상인들에게는 10년간 세금을 면제해주는 등 좋은 조건을 제공했다. 1563년 오무라 영주와 신하 25명이 함께 세례를 받고 정식으로 천주교에 귀의해서 일본 역사상 첫 번째로 천주교 신자인 영주가 되었다. 오무라 영주의 영향을 받아 1200여 명의 주민들이 입교했다. 천주교를 믿지 않는 다른 영주들의 습격이 끊이지 않자 오무라는 로마 교황의 사신 알렉산드로에게 나가사키 부근의 모기茂木를 교회에 헌납하고 교회의 힘을 빌려 안전을 도모하고자 했다. 이후 적지 않은 다이묘를 포함해 많은 일본인이 천주교에 귀의했다. 하지만 1571년 스페인이 필리핀을 정복하자 도요토미 히데요시와 도쿠가와 막부는 서구 열강이 일본인 천주교 신자를 이용해 '스파이 군대(제오종대第五縱隊)'로 삼을까봐 지레 겁을 먹었다. 1587년에 도요토미 히데요시는 선교사를 축출하라고 명령을 내렸다. 1614년에 도쿠가와 막부도 칙령을 내려 천주교의 일본 내 활동을 금지시키고 신자들을 잔혹하게 박해했다. 그러자 신자들이 반기를 들었으나 바로 진압되고 포르투갈인들은 추방되었다. 1603년 일본에 들어온 네덜란드인들

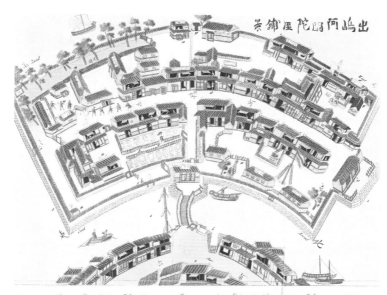

1634년 에도 막부는 외국인 유입을 막기 위한 정책의 일환으로
인공 섬인 데지마를 축조했다. 1824년경에 그려진 데지마의 조감도.

은 자신들이 무역에만 흥미가 있을 뿐 종교와는 무관함을 강조하며
거류를 허가받았다. 하지만 나가사키 항구 앞에 인공섬 데지마出島
로 거주가 제한되고 자유로운 외출은 불가능했다.

  동남아시아에서 기독교 선교는 상당히 성공적이었다. 1512년, 포
르투갈이 믈라카 군도에 거점을 마련하고 선교를 시작해서 17세기에
는 베트남과 타이에까지 기독교가 전파되었다. 1521년, 스페인은 필
리핀 중부를 중심으로 선교활동을 시작했고, 1571년에 마닐라를 점
령하면서 필리핀 전역에서 천주교 선교를 펼쳤다. 스페인은 필리핀에

서 천주교와 식민 통치라는 정교일체 전략을 취했고, 필리핀은 동남아시아에서 유일한 천주교 국가가 되었다. 네덜란드는 1605년에 코타암본, 1619년에 자카르타를 점령하고 기독교 선교를 시작했다. 1588년, 영국 해군이 스페인 무적함대를 격파하면서 영국과 프랑스는 동남아시아에서 포르투갈과 스페인의 지위를 대신하기 시작했고, 기독교 선교에 대한 통제권을 획득했다. 1615년에 프랑스 선교사가 베트남에 예수회를 설치하고, 1668년에 선교권을 얻었다. 반면 개신교를 신봉하는 영국과 네덜란드는 무역에 좀더 관심을 보이며 선교 활동에는 그다지 적극적이지 않았다. 1602년에 식민지 개척 사업을 위해 세워진 네덜란드 동인도 주식회사는 천주교를 포르투갈과 스페인의 잠재적인 식민 도구로 간주하고 선교활동을 금지했을 뿐만 아니라 천주교 신자는 고급 관리로 등용하지 말라고 명령했다. 따라서 영국과 네덜란드 식민지에서 천주교 선교는 그다지 성공을 거두지 못했다.

동남아시아에서 기독교는 신속하게 전파되었고, 필리핀이라는 비교적 큰 지역에서 성과를 거뒀다. 또한 아오먼을 거점으로 기독교 문화권이 형성되기도 했다. 기독교 문화 덕분에 동아시아는 서양과 더욱 긴밀하게 문화, 경제, 기술 교류를 할 수 있었다. 아널드 토인비는 이를 두고 다음과 같이 말했다. "서양 상인과 제국의 창시자들이 일으킨 층층의 거대한 파도가 몰고온 서양 문명은 모두 다른 모양을 하고 있었다. 첫 번째 파도는 포르투갈과 스페인이 자신들의 종교를 포함해 서양 문명을 비교적 완전하게 수출한 것이었다. 모든 문명에서 민족 종교는 핵심이다. 역량을 갖춘 비서유럽 민족들은 포르투갈과 스페인의 이런 시도에 저항했다. 두 번째 파도는 기독교를 믿지 않는 이교도 지역에서 네덜란드인, 프랑스인, 영국인이 서양 문명을 전파한 것이다. 이들은 문명을 선별한 다음 수출했다. 영국과 네덜란드의 상인과 관료는 선교사들의 활동에 전전긍긍하며 불만을 토로했다. 17세기 인류 세계에 침투한 서양 문명 중 가장 중요한 요소는 종교가 아니라 기술이다. 그중 무엇보다 중요한 것은 전쟁 기술이었다."

6. 문화권의 재정돈과
초기 경제 세계화

15~17세기 중엽에 일어난 동아시아 문화권의 재정돈과 초기 경제 세계화는 밀접하게 연관되어 있다. 4대 문화권 가운데 한 문화권을 제외하고 나머지 세 문화권은 종교와 관계가 있고, 종교를 전파하는 과정에서 상인들의 역할이 중요했다. 특히 이슬람교는 '이슬람 황금시대'에 무슬림 상인들이 아프리카와 아라비아, 아라비아와 아시아의 무역 노선을 장악하면서 영향력을 행사했다. 이슬람 문화는 상인을 통해 중국, 인도, 동남아시아와 서아프리카의 넓은 지역에 전해졌다고 해도 과언이 아니다. 불교의 승려와 기독교의 선교사들도 상인들과 동행했고, 무역 노선을 따라 종교가 각지에 전파되었다. 오직 유가만이 전파 경로가 달랐는데, 이는 유가가 학설이지 종교가 아니었기 때문이다. 유가 문화권의 발전은 상업화가 이룩한 경제 발전과 밀접한 관계가 있었다. 상업화는 곧 경제 구역화로, 경제 세계화의 단면이라고 할 수 있다. 초기 경제 세계화의 동력은 바로 무역이었고, 이는 동아시아 세계에서 문화권이 재정돈되는 데 중요한 역할을 했다.

앤서니 리드는 『1450~1680년 상업의 시대 동남아시아Southeast Asia in the Age of Commerce, 1450-1680』에서 이렇게 분석했다. "경제 변화가 사회 변화를 촉진하고, 문화가 전파되고 정치력이 침투하는 데 필요한 길을 만들어준다. 이슬람교와 기독교는 동남아시아 지역에서 이런 방식을 취했다. 대륙에서는 미얀마 남부에서 활동하는 몽족 상인들이 소승 불교 개혁을 이끌었다. 오래전부터 시장을 통제하고 무역을 독점해서 얻은 재력은 동남아시아 국가의 종잣돈이 되었다. 종교 사상과 상인의 재력은 결국 왕권을 강화하는 절대적인 무기가 되어 정적의 세력을 약화시키는 데 이용되었다." 웨이저우維舟는 이 책의 서평에서 "지금은 매우 혼란스러운 시대다. 여러 세력이 번갈아 힘을 쥐고, 상호 모순적인 추세가 나타나기도 한다. 지방 자치가 더욱 강화되는 한편, 여러 나라의 부상富商이 들어오기도 한다. 이렇게 경제가 발전하는 시대에는 정치력의 구속이 더욱 강화된다. 그 결과, 경제, 군사, 정치 등 각 방면의 요인이 아주 복잡한 화학 반응을 만들어낸다. 15~16세기 세계 경제는 긴밀하게 상호 작용하고, 17세기 중엽에는 동남아시아까지 국제 무역의 궤도에 밀어넣었다"고 했다.

동아시아는 지리적으로 넓고 지역별로 상황이 달라서 문화권의 재정돈과 경제 세계화라는 두 가지 역사적 사건의 관계도 단순화해서 말하기 어렵다. 대체적으로 동아시아 북부와 서부 대륙지역(중앙아시아, 아시아 북쪽, 칭짱고원, 인도차이나 반도)에서 이슬람교 문화권과 불교 문화권의 발전과 확장은 정치와 군사력이 주된 역할을 했다. 동부와 남부(동북아시아, 중국, 남양 군도)에서의 이슬람교, 기독교 문화권은 상업 무역에 의해 발전하고 확장되었다. 유교 문화권의 발전은 외부의 힘이 아닌 국내 상업화에 의존했다.

문화권의 발전은 초기 경제 세계화에 중대한 의미가 있다. 다른 지역에 살지만 같은 문화권에 속한 사람들은 문화적 동질성으로 인해 지식, 기술, 자원의 습득이 용이하고 무역 장벽이 낮다. 이런 현상은 유가 문화권, 남방의 이슬람 문화권, 기독교 문화권에서 명확하게 나타난다. 특히 유가 문화권 내에서 중국어는 공동의 소통 수단이다. 중국, 한국, 일본, 베트남 사람들은 별다른 어려움 없이 한자를 통해 지식과 기술을 습득하고, 무역을 할 때 중국어를 사용하곤 한다. 남양 군도의 무슬림 지역에서는 이슬람교를 통해 남아시아의 무굴 제국과 서아시아의 오스만 제국으로부터 군사 기술과 지식은 물론 무역 방식까지 습득했다. 기독교 문화권을 통해 서양의 상업 기술과 지식 등이 동아시아 세계로 들어왔다. 포르투갈어는 이 과정에서 상업 언어로서 중요한 역할을 했다.

군사 기술이 전 세계로 전파되는 과정에서 상인의 역할이 컸던 것처럼 동아시아 세계의 문화권이 재정돈되는 과정에서도 마찬가지였다. 서양의 양대 종교인 기독교와 이슬람교는 무력을 앞세워 선교하는 전통이 있었다. 14세기 비잔틴 황제 마누엘 2세는 무슬림 선각자인 모하메드가 "한 손에 칼, 한 손에 코란경을 들고 선교한다"고 비판했다. 하지만 12세기에 스페인 천주교도가 무슬림과의 전쟁을 벌일 때 칼라트라바 십자가Croix de Calatrava를 내세웠다. 이 표지는 기사의 검과 목사의 십자가를 조합해서 만든 것으로 '한 손에는 칼, 한 손에는 십자가'를 의미했다. 유럽인들 역시 식민지를 정복하는 과정에서 '한 손에는 칼, 한 손에는 십자가'를 들고 무력을 앞세워 선

칼라트라바 십자가.

교했던 것이다. 직접적으로 무력을 사용하거나 혹은 무력을 배후에
두고 상업 문화를 전파하기도 했다. 17세기 세계에서 가장 성공한 기
업은 네덜란드의 동인도 주식회사였고, '왼손에는 장부, 오른손에는
칼'이 그 상징이었다. 네덜란드는 상업적인 목적으로 아시아에 광대
한 식민지와 무역 네트워크를 구축하고, 이 네트워크를 통해 선진 군
사 기술(홍이포 등)을 동아시아 세계에 전했다. 그들은 기독교도였지
만 선교에는 그다지 관심을 보이지 않았고 오직 상업적인 이익에만
몰두했다. 무력을 사용하지 않고 평화적으로 상업 문화가 전파되기
도 했는데, 이는 상인들의 무역을 통한 것이었다. 이슬람교는 평화적
인 방식으로 남양 군도에 들어왔고, 무슬림 상인들의 상업활동을 통
해 현지 주민들은 개종했다. 이 상인들은 오스만 제국의 화기 기술을
믈라카 등지로 전해서 각 지방 정권들을 강력하게 무장시켰고, 이슬
람교가 확장하는 데 중요한 역할을 했다. 서유럽의 상인들은 화기 기
술을 미얀마, 시암에 전해 그들의 군사력을 강화시켜 남전불교의 부
흥에 큰 공을 세우기도 했다. 15세기 이래 동아시아 문화권이 재정돈
되는 과정에서 상인들의 역할은 매우 크고 중요했다.

5장

해양과 육지의 각축:
초기 경제 세계화 시대의 동아시아 국제 분쟁

1. 애증의 교차와 은원恩怨의 병존:
경제 세계화와 국제관계

중국 학자들은 인근 국가와의 관계를 연구할 때 '중국 중심론'에 치우치곤 한다. 중국인의 입장만 견지하다 보면 상대의 시각에는 소홀하기 쉽다. 인근 국가의 입장은 중국과는 여러 방면에서 다르고, 심지어 상반되기도 한다. 중국인들은 항상 "먼 친척은 가까운 이웃만 못하다"고 하면서 가까운 이웃을 중시하며 전통적으로 목린睦隣 정책을 펼쳤다. 하지만 이웃과 모두 화목하고 평화롭게 지내는 것은 중국인들의 바람일 뿐이다. 인근 국가와는 이익이 충돌할 수밖에 없고, 몇몇 국가는 중국에 대해 우호적이지 않은 정서를 가지고 있기도 하다.

중국인의 관점에서 중국과 일본은 '일의대수一衣帶水(옷의 띠처럼 좁은 강이나 바다를 사이에 둔 가까운 사이)'이며 2000년 동안 우호적 관계를 유지했다고 평가한다. 그러나 2013년 5월 4일, 당시 일본의 아소 다로麻生太郎 부수상이 인도 뉴델리에서 열린 한 강연에서 "인도와 중국은 육로로 접해 있고, 일본과 중국은 바다로 연결되어 있다. 과거 1500년 일중 역사에서 우리 관계는 한 번도 원만한 적이 없었다"고 말했다. 중국인들은 한반도와의 관계도 '순치상의 脣齒相依(입술과 치아처럼 서로 의지함)'에 비유한다. 하지만 2005년 6월 15일 당시 한국의 노무현 대통령은 미국의 부시 대통령과 회담하면서 "역사상 중국은 한국을 수백 차례나 침략했다"라고 말했고, 북한과 중국은 '사대주의적 관계로 엮여 있다'라며 비판했다.

베트남은 원래 중국에 속해 있다가 10세기에 중국에서 벗어나 독립 국가가 되었지만 여전히 중국과 종속관계를 유지했다. 19세기 후반, 베트남이 프랑스의 식민지가 되자 중국은 베트남을 독립시키기 위해 프랑스와 전쟁을 벌이기도 했다. 20세기 중엽, 중국은 미국에 맞서 싸우는 베트남 공산당에 전폭적으로 원조해서 승리를 거뒀고, 이에 중국인들은 베트남 사람들이 중국의 도움에 감격할 것이라고 생각했다. 그러나 현실은 완전히 달랐다. 역사상 베트남은 중국의 중앙 왕조에 반기를 드는 항쟁을 여러 차례 일으켰는데, 이를 '지방 반란'이라고 해야 할지 아니면 '침략에 대항했다'고 해야 할지 논쟁적인 문제다. 베트남의 역사 교과서에는 '북방(즉 중국)'은 베트남에 '폭력 통치'를 했으며 북방의 침략에 대항했다고 기술되어 있다. 1974년 서사군도 해전西沙海戰, Battle of the Paracel Islands 이후 베트남 정부가 편찬한 『베트남 고대사』에는 "베트남 역사는 중국의 침략사다"라며 중국에 대한 불편한 심기를 노골적으로 표출했다. 1979년, 양국의 국경에서 벌어진 전쟁 이후 베트남 언론은 더욱 극단적으로 중국을 적대시했다. 오늘날 베트남은 경제적으로 중국에 많이 의존하고 있지만 반화 정서는 여전하다.

그럼에도 역사적으로 이 나라들은 중국 문화의 영향을 많이 받았고, 중국과 더불어 '유가 문화권'을 형성하며 가까운 사이를 유지하고 있음을 부정할 수는 없다. 중국과 주변국의 관계는 애증이 교차한다. 인도가 독립한 후 초대 총리의 자리에 오른 자와할랄 네루는 1944년 영국의 감옥에서 『인도의 발견The Discovery of India』을 저술했다. 이 책에서 "인도와 중국은 인접국으로서 오랫동안 서로 애틋한 감정을 가지고 있다. 새로운 시대를 맞이했으니, 이제 참신하고 장기적인 우호관계를 창조해야 한다"고 했다. 1960년 중국의 저우언라이周恩來 총리는 인도를 방문해 이렇게 말했다. "두 나라는 5000년의 오랜 문명을 가지고 있다. 인도 갠지스강, 불교 사원, 경전 등은 중화 민족이 성장하는 데 풍요로운 영양분을 공급해주었다. 중국의 4대 발명품 가운데 종이, 화약은 인도의 경제 발전과 문화 번영에 공헌했다. 수천 년 동안 우리는 평화로운 관계를 유지했고, 역사의 긴 흐름 속에서 두 나라는 결코 전쟁을 벌인 적이 없다." 1950년대에는 "중국과 인도는 형제다"라는 구호가 히말라야산맥 양쪽에 울려 퍼졌지만, 1962년 이후에는 관계가 경색되어 반세기 동안 서로를 적대시하고 있다.

역사철학자 크로체는 "모든 역사는 당대사다"라는 명언을 남겼다. 중국과 인접한 국가가 애증의 관계를 맺는 것은 근대에 들어서면서 나타난 현상이다. 또한 이는 경제 세계화의 출현 및 발전과 어깨를 나란히 한다. 당대의 역사인 것이다. 경제 세계화는 세계를 하나로 연결하면서 지구촌을 만들었고, 각종 생산 요소와 자원이 그 안에서 자유롭게 움직이도록 했다. 이 과정에서 지구촌 주민들은 합리적 분업 원칙에 따라 협력했고, 국제 분업의 장점을 누릴 수 있었다. 경제 세계화가 이뤄지면 서로 관계가 긴밀해지고 이익의 문제가 달려 있어서 누구도 떠날 수 없다. 만약 한 국가가 오직 자신의 이익만 추구하고 남에게 손해를 입힌다면 그 관계는 장기간 유지가 불가능할 것이다. 거시적으로 쌍방에게 모두 이익이 돌아가야만 발전할 수 있다. 무력 충돌이 발생하면 대부분 얻는 것보다 잃는 것이 많기에 구성원들은 문제가 발생하면 협상을 통해 충돌의 빈도와 강도를 줄여야 한다. 그 덕분에 세계화는 번영과 평화를 담보하고, 인류에게 희망을 가져다줄 것이라는 긍정적인 평가를 받았다.

그러나 최근 세계화에 반대하는 움직임이 더욱 거세지고 있다. 2000년도에 말레이시아 총리 마하티르가 "세계화는 개발도상국을 더욱 가난하게 하고 부유한 나라는 더욱 부자로 만들었다. (…) 개발도상국이 지금까지 진행된 세계화 속에서 무슨 이득을 얻었는지 알 수 없다. 우리가 본 것은 서구 국가들만 갈수록 부유해져서 빈부 격차가 더 커진다는 사실뿐이다"라고 개탄했다. 미국의 전 국무장관 키신저도 "세계화는 미국에 유리할 뿐 다른 나라에는 불리하다. (…) 빈부 격차를 심화했기 때문이다"라고 했다. 미국, 독일, 캐나다, 프랑스, 이탈리아 등 14개국 정부의 수뇌가 참석한 베를린 국제회의에서 「21세기 현대 국가 관리 베를린 공보Communiqué de Berlin」가 발표되었는데, 그에 따르면 "세계화가 모든 사람, 특히 개발도상국에 이익을 가져다준 건 아니다." UN의 『인간 발전 보고서 Human Development Report』 역시 "지금까지의 세계화는 불균형적으로 진행되어 빈국과 부국, 빈민과 부자 사이의 골을 더 깊게 했다"며 세계화의 문제점을 인정했다. 2000년 8월 8일, 영국의 『가디언』지는 '세계화의 희생양'이라는 제목의 사설에서 서구 국가들이 세계화라는 미명하에 '새로운 식민지화'를 추진했다고 주장했다. 1970년에 노벨 경제학상을 수상한 폴 새뮤얼슨 교수는 "세계화는 양면의 날을 가진 칼이다. 경제 발전의 속도를 높인다거나 신기술을 전파하고, 빈곤 국가의 생활 수준을 향상시키는 데는 효율적이지만 국가 주권을 침탈하고, 현지 문화나 전통을 침식하며 경제나 사회 안정을 위협할 수 있다"고 분석했다.

경제 세계화가 각국의 이해관계를 밀접하게 만들면서 갈등과 충돌이 늘어났다. 이를 해소하기 위해 많은 노력이 경주되고 있다. 초기 세계 경제화 시대에 다양한 변수가 등장하면서 국제관계가 복잡해졌고, 지리적으로나 문화적으로 동아시아의 중심에 위치해 있는 중국은 변화된 세계 질서를 경험하게 된다.

2. 다양화:
초기 경제 세계화 시대의 국가

오늘날 국제관계에서 행위의 주체는 민족 국가nation state이지만, 이는 근대에 생겨난 개념으로 세계사에서 등장하는 '국가'와는 다르다. 국제관계의 한 단면인 국제 분쟁 역시 다른 양상을 보인다. 15~17세기 동아시아의 국제 분쟁을 좀더 이해하기 위해 먼저 역사상의 '국가'를 정교한 개념으로 이해할 필요가 있다.

'국가'는 정치학 개념이다. 현재 통용되는 '국가'는 영어의 country, nation, state 등의 단어를 포함한다. 이 책에서 국가는 엄밀히 말해, 영어의 state에 해당한다. state는 이탈리아 문예 부흥 시기에 마키아벨리가 사용한 'statos'에서 나왔으며, 이는 라틴어 'status'에 어원을 두고 있다. 중국어로 '국가'는 '국國' '가家' 두 글자를 합성한 것이다. 본래 '국'과 '가'는 두 개의 개념으로, '국國'이라는 글자만으로 유럽에서 통용되는 '국가'를 함의하고, '가家'는 가정이나 가족을 지칭한다. 진秦, 한漢 이후 통일 국가가 출현하자 유가에서는 '가족과 국가는 같은 구조로 연결되어 있음家國同構'을 강조했고, 여기서 '가'와 '국'이 합쳐진 '국가'가 탄생했다. 전한 유향劉向이 『설원說苑』에서 말한 "국가가 편안해야 백성에게 이롭다苟有可以安國家 利人民者"거나 『명사明史』에서 말한 "국가는 당신이 필요하다國家正賴公耳"처럼 국가는 한 나라의 전체를 지칭했다. 하지만 '국가'는 근대적 민족 국가의 개념이 아니었다. 청나라 후기, 서학동점西學東漸 시기가 되어서야 중국인들은 비로소 '국가'를 서양의 state에 부합하는 단어로 사용하기 시작했다.

막스 베버는 국가를 "하나의 인간 집단으로, 일정한 영토 내에서 폭력의 독점권을 정당하게 사용하겠다고 선포하는 것"이라고 정의했다. 경제학자 요람 바젤은 국가는 많은 성원의 조합이고, 이 성원들은 한 지역 내에 거주하며 감독자가 권력 기구와 공공 사무를 통해 관리하고, 이 과정에서 무력 사용이 가능하다고 했다. 이런 정의를 토대로 국가를 구성하는 두 가지 요소는 폭력과 영토라고 할 수 있다. 사회학자 찰스 틸리는 저서 『강제, 자본, 유럽 국가Coercion, Capital, and European States, AD 990~1992』에서 "국가란 무엇인가"에 대한 의견을 이렇게 밝혔다. "5000년 동안 국가는 세계에서 가장 방대하고 강력한 힘을 가진 조직이었다. 우리가 국가를 가정이나 단체가 운영하는 조직과 다르다고 여기는 것은 국가가 커다란 영토 안에서 다른 모든 조직보다 우선권을 행사하기 때문이다. 그래서 국가라는 말은 도시 국가, 제국, 민주 국가 혹은 다른 여러 형식의 정부를 포괄하지만, 부락이나 종족, 회사, 교회 등은 포함하지 않는다." 이 정의에 따르면 국가는 역사상 다양한 형태로 존재했고, 그중 민족 국가는 뒤늦게 출현했다. "중앙 집권적이며 편향적인 자치 구조를 가지고 인접 지역과 도시 국가를 다스리는 민족 국가는 역사상 매우 드물었다. 대다수 국가는 비민족적이며 도시 국가 혹은 제국의 형태를 띠거나 기타 유형에 속한다.”

세계사에 등장한 국가 모델은 매우 다양하다. 부락 국가, 봉건 국가, 군주 국가, 농업 제국, 유목 제국 등이 전통적인 모델에 속한다. 근대 초기에는 영토 국가, 민족 국가, 무역 제국, 식민 제국 등이 출현했다. 특히 민족 국가는 독립적이고 자주적인 정치 구조를 기반으로 한다. 전통적인 제국이나 왕국과 달리 민족 국가의 성원들은 공감대를 형성하는 ‘동포’이며 자신들이 만들어낸 체제에 충성한다. 이는 역사와 전통, 문화, 언어 및 정치 체제에서 비롯된 것이다. 따라서 하나의 민족 혹은 몇몇의 민족이 구성한 국족國族 모두 민족 국가의 요소이며, 중앙 집권제, 주권 인민화, 국민 문화의 동질성, 통일된 민족 시장 등의 특징을 보인다.

초기 경제 세계화 시대에는 여러 형태의 국가가 공존했다. 서유럽에서는 봉건 국가에서 민족 국가로 넘어가려는 흐름을 보였고, 이슬람 세계에서는 농업 제국이자 유목 제국이 주도했다. 중앙아시아와 아시아 북쪽에서는 유목 국가가, 동남아시아와 남아시아에서는 ‘만다라 국가’가 주를 이뤘다.

인류학자 토머스 바필드는 유목 제국에 관해 새로운 이론을 제시했는데, 유목 제국은 일종의 ‘제국 연맹’으로 “대외적으로는 하나의 국가처럼 독재를 하지만 내부 조직은 협상과 연맹으로 연결되어 있었다”고 한다. 이런 구조는 제국 기층의 상대적 자치를 보장하고, 유목민의 생산과 생활 방식에 부합하는 것이었다. 동시에 중앙 시스템을 활용해서 역량을 집중하면 집단 외교나 대규모의 정복이 가능했다. 초원에서 유목 민족의 지도자를 정한 뒤, 인근에 거주하는 농경 민족을 정복하거나 공금貢金(공물로 바치는 황금이나 돈)을 받아내는 형태였다. 이런 제국 연맹은 "초원 바깥에서 뽑아내는 자원으로 국가를 지탱하는 방식"을 통해 안정을 유지할 수 있었다. 일단 중앙의 힘이 약해져서 모두가 이익을 보장받을 수 없는 시기가 오면 연맹은 바로 와해되고, "제도가 붕괴되면 지방 부족 수령들을 통제할 수 없어 초원은 혼란에 빠져버렸다."

동남아시아와 남아시아의 '만다라 제국'은 변경 지대의 유동성이 강했고, 왕권과 신권이 긴밀하게 결합했다. 왕국의 힘이 강력할 때는 넓은 지역을 통제했지만 그리 안정적이지 못했다. 강성한 국왕이 사라지면 왕국의 번영도 종지부를 찍었다. 만다라 국가의 통치 세력은 통제할 수 있는 범위가 제한적이었고, 중심부에서 멀리 떨어진 변경 지대의 통제가 쉽지 않아서 유동성이 강했다. 각각의 나라가 서로를 흡수해서 자신의 힘을 키우려하기 때문에 분쟁이 끊이지 않았고, 변경 지대를 패권 쟁탈의 중심지로 삼아서 항상 불안정했다. 15세기 이전 동남아시아는 바라만교, 불교의 성격이 강했고, 그 이후에는 왕권이 이슬람교와 결합했다.

반면, 유가 문화권의 국가에서는 왕권과 신권이 결합되지 않았다. 조선, 일본, 베트남은 15세기부터 정교 분리의 과정을 거치며 만다라 국가들과는 다른 길을 걸었다. 일본은 봉건 국가에서 중앙 집권제의 주권 국가로 전환했고, 조선과 베트남 역시 중국을 모방해서 중앙 집권제의 주권 국가를 형성했다. 영토와 주권을 가지고 있지만,

영토의 경계나 국경선이 명확하지는 않고 변경의 개념만 있었다. 여기에 속한 사람들을 하나의 민족이라고 할 수 있지만, 백성들의 정체성national identity은 그렇게 분명하지 않았다.

중국은 국가의 형성과 발전이라는 측면에서 특수성을 띠었다. 철학자 헤겔은 "예외적으로 중국은 논리가 통하지 않는다"고 했으며 사회 사상가 루소도 "중국은 모든 규칙에서 예외"라고 했다. 중국의 특수성은 진시황이 통일을 이룬 후 약 2000년 동안 통일 국가를 유지했다는 점에서 찾을 수 있다. 중국사학자인 마크 엘빈에 따르면 "중화 제국은 '전근대pre-modern' 세계에서 예외적인 경우로, 영토나 인구가 중국과 비슷한 다른 정치 단위가 이렇게 오랫동안 안정적으로 유지된 곳을 찾기 어렵다. (…) 기원전 3세기에 형성된 이 제국은 4세기 초 이민족들에 의해 잠시 분열되었다가 (…) 6세기 후반에 다시 통일을 이뤘다. 이후 10세기 초를 제외하고 중국의 중심지역은 두 정권 이상 통치를 받은 적이 없다. 1275년도 이후에는 하나의 정권만이 존재했다." 세계사에서 오직 중국만이 이런 형태를 보인다. 광대한 토지에 사는 백성들은 하나의 공통 언어, 문화, 정체성을 가진 한족漢族을 형성했다. 사실 중국에는 한족 이외에도 많은 소수민족이 살지만, 사회학자 틸리를 비롯한 여러 학자들은 중국을 하나의 민족 국가로 간주했다.

중국의 또 다른 특징은 진나라 이후 중앙 집권적 관료 제도를 통해 사회 각층의 인재를 국가 관리 시스템 안으로 흡수해서 효율적이고 공평한 통치 방식을 구현했다는 점이다. 서양 중심적인 사고가 득세할 때는 중국의 이런 면을 부정적으로 평가했다. 하지만 프랜시스

후쿠야마는 중국의 통치 제도에 관해 긍정적인 시각을 피력했다. 그는 저서 『정치 질서와 정치 부패: 산업혁명부터 민주주의의 세계화까지Political Order and Political Decay: From the Industrial Revolution to the Present Day』에서 비교사적인 관점으로 다음과 같이 말했다.

국가의 부흥기를 연구한다면, 그리스나 로마보다 특히 중국을 더 주목해야 한다. 막스 베버가 정의한 현대 국가에 부합한 나라가 중국에서만 출현했기 때문이다. 중국은 통일된 중앙 관료 정부를 발전시켰고, 지중해의 유럽에 비해 더 많은 인구와 넓은 지역을 관리했다. 중국은 일찍이 로마의 공공 행정 기구보다 더 시스템화된 제도를 갖추고 능력에 따라 관리를 선발했다. 기원 1년, 중국의 총인구는 로마 제국과 비슷했지만, 통일된 규칙에 의해 지배를 받는 사람의 비율은 로마보다 중국이 훨씬 높았다. 물론 로마는 법률 부문에서 중요한 자산을 가지고 있고, 현대적인 의미의 정부 형태의 선구자로서 매우 중요하다. 그러나 국가 발전이라는 면에서 중국을 좀더 부각할 필요가 있다. (…) 카를 마르크스, 에밀 뒤르켐, 막스 베버, 헨리 메인, 페르디난트 퇴니에스 등이 정립한 현대화 이론에서는 산업화가 먼저 발생한 서양을 기준으로 두면서 편향된 시각을 따른다. (…) 현대 정치 시스템이 출현한 시기는 산업혁명이나 자본주의 경제보다도 훨씬 이전이었고, 우리가 지금 알고 있는 현대 국가의 요소는 기원전 3세기 중국에서 이미 출현했다. 그것이 유럽에서 나타나기까지 무려 1800년이나 기다려야 했다. (…) 현대화 이론에서 유럽을 발전의 기준으로 삼는다면 다른 사회는 왜 그렇지 않은가만을 살피게 된다. 나는 중국을 국가 형성의 표본으로 두고 다른 문명은 왜 중국의 길을 따라가지 않았는가를 살펴본다.

사회학자 허버트 스펜서는 "1600년대 중국에는 당시 세계에서 가장 넓은 지역을 통치하는 통일 정권이 있었다. (⋯) 유럽이나 인도, 일본, 러시아와 오스만 제국에는 효율적으로 영토와 백성을 다스리는 관료 조직이 없어서 농업, 무역 자원을 흡수할 여력이 없었다. 반면 중국은 1000년에 걸쳐 형성된 방대한 관료 시스템을 활용해 백성들의 세세한 생활 문제까지 처리했다"고 했다.

15~17세기 중엽의 동아시아에는 다양한 국가 형식이 존재했으며, 각각의 나라는 정치 형태나 외교를 처리하는 방식도 달랐다. 『케임브리지 중국사』는 당시 동아시아에 새롭게 출현한 일본의 무로마치室町, 오키나와의 쇼우尚氏, 한국의 조선, 베트남의 쩐 왕조陳朝, 짜오프라야 유역의 아유타야, 말레이 반도의 믈라카, 자와의 마자파힛 등에 대해 기술했다. 이 정권들은 공통적으로 자국에서 하나의 경제권으로 통일하고, 외국과 무역을 했다는 점에서 이전 왕조와 구분된다. 15세기 이전에는 조공 제도를 기초로 하는 동아시아의 국제관계 시스템이 이 지역의 문제를 처리하기도 했다. 특히 원대, 몽골 제국이 강성해져서 중국은 동아시아 세계의 '공주共主'를 자처했고, 감히 누구도 도전하지 못했다.

그러나 15세기에 들어 동아시아의 국제질서는 동요하기 시작했고, 경제 세계화 시대가 도래한 이후에는 국가 간의 이익 충돌이 더욱 잦아졌다. 초기 경제 세계화가 진행되면서 새로운 자원(종교, 기술, 제도 등)이 도입되고, 국가의 발전이 촉진되었으며 강력한 정권이 출현했다. 15~17세기 중엽, 동아시아 지역의 강자는 명실공히 몽골이었다. 인도차이나반도의 베트남, 시암, 미얀마가 새로운 강자로 부상했고, 동북아시아에서는 일본과 여진의 세력이 강성해졌다. 포르투갈, 스페인, 네덜란드 등 서양에서 온 강자들도 나타나기 시작했다. 이들이 동아시아의 국제질서를 바꾸려고 시도하자 충돌을 야기하면서 전쟁으로까지 이어졌다.

　지역의 강자로 부상한 국가가 상대적으로 강력한 무력을 갖추면서, 전쟁은 더욱 격렬해지고 규모 또한 커졌다. 자연스럽게 전쟁 비용이 많이 들게 되었고, 전쟁을 수행하는 데 경제의 중요성이 부각되었다. 그리고 국가의 모든 구성원이 전쟁에 항시 대비하면서 작전 수행을 준비할 것을 요구받았다. 이는 과거에는 볼 수 없던 상황이다.

3. 옛 '북적'과 새로운 '남만': 육상 강권의 쟁투

『예기禮記. 왕제王制』 편에는 고대 화하인華夏人들이 주변에 사는 비非화하인에 대해 묘사한 부분이 있다. "동쪽의 '이夷'는 머리를 산발한 채 문신을 하고 화식을 하지 않았다. 남쪽의 '만蠻'은 이마에 문신을 새기고 다리를 엇갈리게 걸으며 화식을 하지 않았다. 서쪽의 '융戎'은 산발한 채 가죽옷을 입고 쌀밥을 먹지 않는 자가 많다. 북쪽의 '적狄'은 짐승의 깃과 털로 옷을 짓고 동굴에서 살며 쌀밥을 먹지 않는 자가 많다." 이런 호칭은 외부인들에 대한 차별적인 시각을 드러내며 문화적 폄하의 의미를 담고 있기에 오늘날에는 사용하지 않는다.

명대, 중원의 정치, 경제, 사회에 중대한 위협이 되는 외부 세력은 '북로남왜北虜南倭'였다. '북로'는 북방의 유목 민족이고, 남왜는 왜구를 일컫는데, 그 외에 다른 세력들도 포함해서 '남만'이라 칭한다.

명대 후기, 외국 사신의 접대를 담당하는 행인사行人司에 엄종간嚴從簡이라는 자가 있었다. 엄종간은 외국에서 온 사신들과 빈번하게 만나면서 외국의 사정과 변방의 상황을 잘 이해했고, 또 직무상 대량의 내부 문건과 기록을 접할 수 있었다. 1574년(만력 2) 그는 내부 문건 등을 기초로 변방의 역사와 중외 교통사를 정리해서 『수역주자록殊域周咨錄』을 출간했다. 이 책은 외국으로 가는 사신들에게 참고 자료로 사용되기 위한 것으로, 옛것보다는 현실을 중시하는 후금박고厚今薄古의 전통에 따라 당대에 일어난 사건을 주로 다뤘다. 엄종간의 아들 엄기점嚴其漸은 『수역주자록』 10권에 「서북이고西北夷考」라는 서문을 쓰면서 '오랑캐들의 탐욕'을 질타했다. "'만이蠻夷'가 중국에 위협이 되고 있지만 더욱 경계해야 할 것은 북로남왜다."

(1) 북적北狄

『수역주자록』 17권의 「북적」에는 "북방은 춥고 어두운 기운이 가득하고 바람이 거세니 예로부터 중국의 근심이 되었다. 흉노, 돌궐, 거란, 여진, 몽골 등이 이어서 출현했다"고 나와 있다. 북적은 주로 동부 몽골, 몽골고원의 타타르와 우량하이兀良哈를 포함한 부족을 말한다. 이슬람교에 귀의한 다음 중국과는 비교적 소원한 관계였던 서부 몽골은 '서융'에 편입시켰다.

① 몽골

몽골고원의 유목 민족은 중국 역대 왕조의 위협 세력이었다. 13세기, 몽골 군대가 아시아와 유럽 대륙을 휩쓸 당시 중국도 그 통치 범위에 포함되었다. 몽골은 고비 사막을 중심으로 막남, 막북, 막서의 세 부분으로 구분된다. 대막大漠 이남 부족은 막남 몽골이라고 하고 대막 이북은 할하 몽골, 대막 이서는 막서 몽골이라 한다. 이런 구분은 청말까지 계속되었다.

　원나라가 망한 후, 명나라는 랴오닝 서부, 막남 남부, 간쑤 북부, 허미河密 일대에 20여 곳의 위소衛所를 설치하고 많은 군대를 주둔시켰으며 귀순한 몽골 부족장을 책임자로 임명했다. 15세기 초, 막서 몽골의 오이라트와 동부 몽골의 타타르가 스스로를 신하로 칭하고 명 조정에 공물을 바쳤다. 1409년, 명 조정은 순녕왕順寧王, 현의왕賢義王, 안락왕安樂王을 차례로 오이라트 수령으로 임명하고, 1413년에는 동부 몽골의 수령인 아루크타이를 화령왕和寧王으로 봉했다. 16세기 중엽 이후, 몽골 동부의 할하 부족이 막북으로 이주하면서 막북 몽골이 되었다. 남은 부족은 원 거주지에 머물며 막남 몽골을 형성했다. 1571년, 조정은 막남 몽골의 우익 수령, 투모터 부 알탄 칸을 순의왕順義王에 봉하고 다른 수령들에게도 관직을 주었다. 막남 몽골의 좌익은 계속 명 조정과 대치 상태를 고수했다. 막서 몽골의 오이라트는 16세기에 준가르准噶爾와 도르베트杜爾伯特, 토르구트土爾扈特, 호쇼트和碩特 등 4부로 분할되었다. 명대 후기, 토르구트는 볼가 강 하류로 이주하고, 1771년(건륭 36)에야 다시 원래의 땅으로 돌아갔다. 호쇼트는 동남쪽으로 이주하여 칭하이青海 등지에 자리를 잡았다.

　1368년, 원 순제 토곤 테무르는 잔여 세력을 이끌고 상도上都로 물러가 북방 초원에서 원나라 정권을 유지하면서 북원北元이라 칭했다. 북원 정권은 이후 267년간 더 유지하다가 명나라와 비슷한 운명을 겪으며 멸망했다. 1388년, 북원 황제가 죽자 뒤이어 성립한 몽골

알탄칸은 지속적으로 명나라를 위협했다. 전리품을 약탈하기도 하고,
만리장성을 넘어 베이징을 포위하는 경술의 변을 일으켰다.

가한을 명나라 사람들은 타타르가한_{韃靼可汗}이라고 불렀다. 1434년,
오이라트 세력이 동진하자 타타르는 쇠락했다. 15~16세기 '소왕자'라
고 불리던 다얀칸이 굴기했다. 그는 훗날 '몽골을 일으킨 왕'이라 불
리며 칭기즈칸, 쿠빌라이를 이어 세 번째로 중요한 몽골 지도자로 추
앙되었다. 그는 몽골 우익을 평정하고, 허미 일대의 이슬람에 귀의
한 이스마인을 소멸시킨 다음 오이라트를 토벌하면서 세력을 서역까
지 넓혔다. 그의 손자 알탄칸 때에 이르러 동부 몽골은 전성기를 맞
았고, 명 조정은 '북로' 문제로 가장 골머리를 앓던 시기였다. 다얀
칸부터 알탄칸 시대까지 장성 부근에서 계속 명군을 압박했고, 결국

1550년(가정 29), 베이징 아래까지 침범하는 '경술의 변庚戌之變'을 일으켰다.

오이라트는 알타이산에서 셀렝가강 하류의 광활한 초원에 분포되어 있었다. 토곤칸 시기에 그는 막서 몽골의 다른 부족들과 연맹을 맺고 힘을 키웠다. 그는 칭기즈칸 후예를 죽이고 동부 몽골을 지배했다. 토곤칸 부자는 신장과 중앙아시아 이슬람 지역을 통치하는 동차카타이한국東察合台汗國을 먼저 격파하고, 동부 몽골에서부터 서쪽으로는 알타이 지역까지 뻗은 강대한 나라를 건설했다. 1449년(정통 14), 토목보에서 명군을 대파하고 영종 황제를 포로로 잡은 뒤 베이징 성 코앞까지 진격했다. 그 후, 막남 몽골은 우익 수령인 알탄칸 때 가장 강대해져서 오이라트를 두 번이나 공격했다. 오이라트는 서쪽으로 카자흐스탄까지 쫓겨났다. 만력 초년, 동부 몽골과 오이라트는 서로 대치하는 상황이었다.

명 중엽부터 북원의 몽골 잔여 세력이 수시로 남으로 내려와 소란을 피우자 북방은 경계 태세를 늦출 수 없었다. 1550년(가정 29), '경술의 변' 중 알탄칸은 몽골의 철기 부대를 이끌고 베이징 성 외곽까지 내려와 8일 동안 노략질을 해서 풍성한 수확을 거두고 돌아갔다. 1449년 몽골군이 토목보에서 명군에 대승을 거둔 지 100년 만에 다시 한번 중대한 승리를 거둔 것이다.

1570년(융경 4), 명 조정은 알탄칸과 화의를 맺었다. 알탄칸은 명이 책봉한 순의왕 작위를 받고, 그의 동생과 아들 및 각 부족장들도 도독都督, 지휘指揮, 천백호千百戶 등 고위 관직을 수여받았다. 그리고 호시互市와 조공에 관해 몽골은 매년 1회 조공하고, 다퉁大同, 선부宣府, 연타延綏, 닝샤寧夏, 간쑤 등 11곳에 말馬 시장을 열어 무역한다는 협정을 맺었다. 이때부터 명과 몽골은 수십 년간 평화를 유지하고, 북방 경계지역은 오랜만에 안녕을 찾았다. 이 '융경 화의' 이후, 명 조정은 막남 몽골 세력이 좌, 우로 나뉜 것을 이용해 좌익과는 '거공拒貢(조공을 거부함)'하며 호시 무역을 거절했다. 불만을 품은 몽골 좌익이 요동 변경지역을 침입하자 조정은 다시 정책을 변경해서 제3의 지역에서 몽골 좌·우익과 호시 무역을 실시하는 한편, 몽골 우익과의 우호관계를 공고히 했다. 하지만 평화를 유지하기 위해선 대가를 치루어야 했다. 명 조정이 조공 무역을 통해 몽골에 엄청난 보상을 해준 것이다. 1593년(만력 21), 저장浙江 순안巡安 팽응삼彭應參은 "한해 세수입이 400만 냥인데 북로에게 360만 냥을 주니 세금을 거두어 오랑캐에게 다 주는 게 아닌가"라고 비판했다. 병과 급사중 장정관張貞觀도 "매년 그들에게 주는 돈이 100만 냥이고 20년이면 2000만 냥이다. 오랑캐에게 2000만 냥을 주면 그만큼 손해이지만 그들과 연맹을 맺지 않으면 어찌 견딜 수 있겠는가. 앞으로 큰 화가 될 것 같아 두렵다"고 말했다. 이 평화는 돈을 지불하고 얻은 것이었다.

'융경 화의' 이후, 몽골의 위협은 완화되었지만 아주 사라진 것은 아니었다. 만력 연간, 몽골 우익 수령의 힘이 약화되자 부하들은 수차례 변경을 침범해서 화의를 위반했고, 변경지역의 평화에 다시 빨간불이 켜졌다. 1590년(만력 18), 부득이 '역혁순상逆革順賞(규정을 위반하면 시장을 폐쇄하고 돈도 주지 않지만, 준수하면 다시 회복시킨다)' 정책을 실시한 다음에야 비로소 변경지역이 안정되었다.

중앙아시아에서 이슬람교에 귀의한 돌궐화된 몽골 통치자들도 수시로 변방을 침입했다. 1516년(정덕 11), 투루판을 통치하던 몽골 가한이 명나라가 사신을 구류했다는 이유를 들면서 기병 3000명을 이끌고 공격해왔다. 자위관嘉峪關 부근의 사쯔베이沙子貝 전투에서 명군 700명이 몰살당했다. 이 기회를 틈타 몽골군은 쑤저우肅州, 간저우甘州 등지까지 쳐들어와 이 지역을 수비하던 명군을 모두 죽였다. 1524년(가정 3), 부근 지역의 다른 몽골족도 가세해서 2만 명의 기병이 다시 쑤저우, 간저우를 공격했다. 이 전투는 『중앙아시아 무굴의 역사A History of the Moghuls of Central Asia: The Tarikh-i-Rashid』에도 기록되었고, 이교도에 대한 성전으로 평가받았다.

이 전투에서 몽골군이 오스만 제국에서 전해진 화기를 사용했다는 것은 주목할 만하다. 하지만 화기가 전쟁의 승패에 별다른 역할을 하지는 못했다. 화력이 그다지 위협적이지 못하고 기병들도 무기를 잘 다루지 못해서 몽골군은 화기 기술에 그다지 적극적으로 관심을 보이지 않았다. 1449년(정통 14), 명군은 토목보 전투에서 대패하고, 보유하던 신기총포 등을 오이라트에게 빼앗겼다. 하지만 오이라트가 이 무기들에 관심을 보이지 않자 명군이 다시 찾아왔다. 도지휘동지都指揮同知 양준楊俊은 '신창 1만1000자루, 신총 600자루, 화약 18통'을, 쉔푸총병宣府總兵 양홍楊洪은 '신총 2만2000자루, 신전 44만 자루, 포 800문'을 되찾았다.

16세기 말~17세기 초 화승총 등의 화기가 서부 몽골 오이라트에 전해지면서 빠르게 화기로 무장했다. 1637~1642년, 준거얼은 티베트를 공격할 때 700명의 화승총 사격수를 투입했는데, 유목 부락임을 고려했을 때 이는 상당한 규모였다. 서부 몽골은 직접 명나라를 공격한 적은 없었지만, 명 조정에는 항상 잠재적인 위협이 되었다. 만약 그들이 선진 화기로 무장했더라면 명나라는 골치를 앓았을 것이다. 명나라가 멸망하고 얼마 지나지 않아 위협이 현실화되었는데, 준거얼 몽골인들이 선진 기술을 이용해서 청나라에 큰 부담을 주었던 것이다.

명 조정은 몽골의 침략을 막기 위해 엄청난 경비를 들여 장성의 방어선을 구축했다. 명나라는 '북로'의 위협에서 한순간도 자유롭지 못했다. 『명사明史. 병지兵志』에 따르면 "변방 방어는 명이 망할 때까지 중요한 일이었다. 변경의 상황은 명과 운명을 같이했다."

② 만주

명대 여진(훗날의 만주)의 상황은 앞 시대와는 달라져서 『수역주자록』의 25권 「여진」에서 단독으로 다루며 '동북이東北夷'라고 칭했다.

(2) 남만南蠻

'남만'은 본래 고대 중원의 화하인이 남방의 비화하인을 폄하하려는 의도로 부르는 호칭이었다. 또한 이는 북방 호인胡人이 남방의 한인漢人을 부를 때도 사용했다. 남송 말과 명조 말에 몽골인과 만주인은 모두 남방 한인을 '남만'이라고 부르기도 했다.

명대 '남만'의 범위는 과거와 달랐다. 『수역주자록』 5권 「남만」에는 "정남쪽으로는 안남, 참파, 진랍, 믈라카, 시암, 자와가 있고, 서남에는 보르네오, 코지코데, 수마트라, 스리랑카, 삼불제三佛齊, 윈난

일본인이 묘사한 포르투갈인들의 모습.

의 소수 민족, 불랑기가 있다"고 했다. 즉, 남방 국가나 남쪽 지역이 '남만'에 속하는데, 여기에 남방 해역에서 온 포르투갈도 포함됐다. 일본도 이를 받아들여 포르투갈을 '남만'이라고 불렀다.

　명대 이전, '남만'은 주로 중국 남방에 사는 비非한족을 지칭했다. 당대唐代에 '남만'은 남조南詔를 가리켰다. 『신당서. 남만전』에는 3분의 2가량을 할애해서 남조를 다루는데, 이렇게 많은 분량을 차지한 것은 당대 이전까지 중국은 남방의 위협을 받아본 적이 없기 때문이었다. 남조는 윈난에서 일어나 강한 세력을 형성한 다음 당나라에 위협을 가한 최초의 국가였다. 『신당서. 남만전』에 의하면 남조의 영토는 윈난을 포함해서 동남쪽으로는 베트남에 닿고, 서북쪽으로는 토번, 남쪽으로는 여왕국, 서남쪽으로는 퓨 왕국Kingdom of Pyu, 북쪽으로는 다두강大渡河, 동북으로는 우巫(오늘날 구이저우, 쓰촨의 창장강 남안)까지 인접하는 인도차이나반도의 초강대국이었다.

남조와 당나라는 여러 차례 전쟁을 벌였다. 829년(당 태화太和 3), 남조는 서천西川(익주益州라고도 하는 청두 평원)을 공격해서 청두성을 압박했다. 비록 성을 함락시키지는 못했으나 퇴각하면서 각종 기술을 보유한 장인들을 수만 명이나 끌고 갔다. 2년 후, 이덕유李德裕가 서천 절도사에 부임해서 포로로 간 이들을 돌려보낼 것을 요구하자 4000명을 돌려보냈다. 869년(함통咸通 10)에 남조군은 2차로 서천을 침공해서 심각한 피해를 입혔다. 익주는 당대 후기 중국에서 가장 부유한 지역 중 하나로 당시 사람들은 천하의 부유한 지역을 '양일익이揚一益二'라 하면서 동부 창장강 하류의 양저우와 서부 청두 평원의 익주를 꼽았다. 익주는 중앙 정부에 세금을 가장 많이 내는 지역 중 하나였기에 남조가 이곳을 공격한 것은 당나라에 심각한 위협이 되었다.

860년(함통 원년), 남조는 군대를 일으켜 동쪽으로 진격해 안남도호부의 교지성交趾城(오늘날 베트남의 하노이)을 공략했다. 얼마 후 당나라가 베트남을 수복했지만, 3년 후 남조가 다시 공격하자 당군은 퇴각했다. 이렇게 남조가 계속 당나라를 공격하자 조정은 어쩔 수 없이 군사적 요충지인 구이린桂林에 대군을 주둔시켰고, 이는 '방훈의 난龐勛之亂'을 야기하게 된다. 이후 나라의 근본이 흔들리게 되

었고 황소黃巢가 난을 일으켰을 때 진압할 힘이 없어서 결국 당나라
는 멸망하고 말았다. 그에 따라 '당이 남조에 의해 멸망했다'는 관
점은 천인췌를 비롯한 역사학자들의 공감을 이끌어냈다. 샹다向達는
"의종懿宗 때 남조는 매년 변경 지대를 소란스럽게 했다. 중국의 남
부, 특히 안남과 옹관邕管(오늘날 광시廣西 좡족壯族 자치구인 난닝南寧
주변에 설치한 군사 조직)이 가장 심했다. 함통 시기 안남이 함락당하
자 옹관이 위험해졌고, 동남의 병사들을 구이린으로 보냈다. 이는 결
국 방훈이 반란을 일으켜 당나라가 멸망하는 단초가 되었다. 따라서
남조의 성쇠, 안남의 처지가 당 조정의 운명을 결정했다"고 했다.

　남조가 쇠락하자 뒤를 이어서 대리국大理國이 일어났다. 대리국
은 동쪽으로 헝산산橫山, 서쪽으로 미얀마에 인접해 동서로는 약
1500킬로미터에 달했으며, 남쪽으로 루창강鹿滄江, 북쪽으로 뤄뤄쓰
羅羅斯의 다두강大渡河까지 남북으로는 약 150킬로미터에 달했다. 대
략 오늘날의 윈난성, 쓰촨성 서남 지역, 미얀마 동북부, 라오스 북
부, 베트남 서북부를 포함한 크기다. 대리국은 남조와 달리 송나라
와 지속적으로 우호적인 관계를 유지해서 양국의 관계가 거의 단절되
었을 때도 전쟁은 일어나지 않았다. 1015년(북송 대중상부大中祥符 8),
대리국은 20만 대군을 파병해서 안남을 공격했고, 1132년(남송 소흥
紹興 2)에는 안남의 왕위 계승에 개입하면서 세력을 과시했다. 안남의
왕 리녠똥은 서자가 어릴 때 대리국으로 보내서 조지지趙智之로 개명
하게 했다. 1138년(소흥 8), 안남왕 리텬똥이 죽자 대리국은 조지지
를 호송하면서 군대를 파견하고, 태자인 리아인똥과 왕위를 다투는
일에 개입했다. 송 조정은 리아인똥을 지지했고, 결국 조지지가 패하

면서 왕위 다툼은 막을 내리게 되었다.

738년에 남조가 통일되면서부터 1253년에 대리국이 멸망할 때까지 5세기 동안 윈난은 중국 서남부와 인도차이나반도의 각축지가 되었다. 원나라가 대리국을 멸망시킨 뒤 윈난은 중국의 행정 구역이 되었고, 이후 남방의 위협은 사라지게 되었다. 그러나 남조와 대리국이 멸망한 후 인도차이나반도는 권력의 공백 상태가 되었는데, 안남과 미얀마가 기회를 틈타 발전했다. 15~17세기 중엽에 안남, 미얀마, 시암이 적극적으로 대외 발전을 꾀하면서 새로운 강자로 자리매김했고, 동시에 명나라에 위협적인 존재가 되었다.

① 안남

오늘날 베트남 지역은 기원전 3세기 중국의 진나라 때부터 '교지交趾'라고 불리는 중국의 지방이었다. '안남安南'이 처음 등장한 시기는 655년(당 영휘永徽 6)이고 청의 가경제가 새로운 이름인 '월남越南'을 하사할 때까지 사용되었다. 당대 안남 지역은 광저우廣州의 관할이었고, 행정 장관은 오부경략사五府經略使라고 했으며 광저우자사廣州刺史가 겸임했다. 679년(조로調露 원년), 안남도호부를 설치하고 관청을 오늘날의 하노이에 두었으며 광저우, 계주桂州, 용주容州, 옹주邕州 4곳의 도독부를 함께 영남오관嶺南五管이라 했다. 오대십국 시기에 안남의 지방 수령이 반란을 일으켜 중국에서 이탈했다. 968년(북송 건덕乾德 6), 딘보린丁部領이 군웅들을 평정하고 다이꺼비엣大瞿越國을 건립했다. 973년(개보 6), 딘보린이 사신을 보내 입공하자 송태조는 딘보린의 아들을 안남도호, 교지군왕으로 임명하고 안남의 독

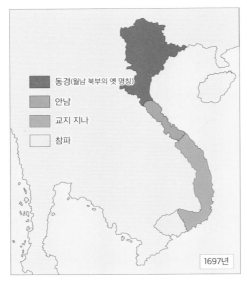

동경(월남 북부의 옛 명칭)

안남

교지 지나

참파

1697년

안남의 확장.

립을 묵인했다. 1174년(순희淳熙 원년) 초, 월남의 국왕인 리아인똥이 입공하자 송 효종이 정식으로 "국명을 안남이라 하고 남평왕南平王 리아인똥을 안남국왕에 임명함"이라는 내용의 국서와 이듬해 8월 '안남국왕인'의 인장을 내리자 그때부터 '안남국'은 국명으로 불리기 시작했다.

명나라 초기, 권신 호구이리가 내란을 일으켜 호 왕조胡朝를 건립했다. 명 조정은 쩐 왕조陳朝를 지지하기 위해 군대를 파병했다. 1408년(영락 6), 조정은 안남국을 교지포정사사交趾布政使司로 중국의 지방 행정 구역으로 편입하고 중앙 정부의 통제를 받도록 했다. 그러나 전쟁에서 명군이 수차례 패하자 선종宣宗은 퇴각을 명하고 교지포정사사를 폐지하자 안남은 다시 중국의 번속국인 안남국이 되었다.

중국에서 독립한 안남국은 오늘날 베트남의 북부만을 차지하고, 남부는 참파 왕국이 차지했다. 참파는 참파푸라占婆補羅(범어로 성城을 의미한다)에서 유래한 말로, 상고 시대에는 상림읍象林邑(혹은 임읍林邑)이라 했는데, 진한 시대에는 상부象郡 상림현象林縣이라고 칭했다. 192년(일설에는 137년이라고도 한다), 상림현 공조功曹의 아들인 유련歐連이 현령을 죽이고 스스로 왕의 자리에 오른 것이 참파국의 시작이었다. 8세기 후반, 참파국은 환왕국環王國으로 개칭했다가 오대 때 다시 참파로 바꾸었다. 참파는 인도차이나반도의 강국으로, 수도는 인드라푸라Indrapura(오늘날 다낭 근처의 동두옹)이며 15개의 속국을 두었다. 1369년(홍무 2), 참파왕 아탑아자阿塔阿者가 입공하자 태조는 참파왕에 봉했다. 참파는 고대 문명을 이어받았고, 인도 문화의 영향을 받아 남천축 문자를 쓰고 바라문교를 국교로 했다. 점성도占城稻가 이곳에서 생산되었는데, 북송 초년 푸젠성에 처음으로 전해졌다. 1012년(북송 대중상부大中祥符 4), 장난江南(강회양절江淮兩浙) 지역에 큰 가뭄이 들어서 수전답을 할 수 없게 되자 진종眞宗은 푸젠에서 점성도 3만 곡(1곡斛은 10말)을 가져왔다. 이를 파종시켜 성공을 거두자 허난, 허베이 일대에도 보급시켰다. 남송 시기 점성도는 전국 각지에 보급되어 농민들의 주요 양식이 되었다.

939년, 안남이 중국에서 독립하고 남으로 확장하기 시작하자 참파가 주된 희생양이 되었다. 1000년, 안남은 참파의 최북단에 위치한 3개 성을 병합하고 1312년 다른 지역의 종주권도 차지했다. 1471년, 안남 후 레 왕조의 레타인똥(성종, 1466~1497 재위)은 참파의 수도를 공격한 다음 참파 왕 반라차전槃羅茶全을 생포하고 광남도廣南道를 설

타웅우 왕조의 제3대 국왕인 타벵슈웨티.

치했다. 1693년에는 응엔후캉阮有鏡이 침략해서 왕과 대신들을 생포
했다. 1697년, 1000년 이상 이어오며 찬란한 문화를 창조했던 참파
왕국은 사라졌다.

② 미얀마

13세기 말, 미얀마의 바간 왕조가 멸망하자 내부 분열이 시작되
었다. 북부는 샨족이 중심이 된 아와 왕조, 남부는 몬족이 통치하
는 페구 왕조가 자리잡고, 서로 충돌하며 1386년부터 1425년까지
'40년 전쟁'을 치렀다. 이 두 나라 외에도 여러 나라가 각축을 벌였

는데, 그중 타웅우Taungoo가 가장 강했다. 민치노Minkyino(1486~1531년 재위) 시기에 아와 왕조와 혼인을 통해 연맹을 맺으며 곡창 지대를 확보하고, 또 페구 왕조와도 연합해서 아와를 견제하기도 했다. 1531년, 밍찌노의 아들 타벵슈웨티Tabengshweti가 즉위하면서 전성기를 맞이했고, 1539년에 페구 왕조를 공격하는 것으로 시작해 미얀마의 중남부를 합병했다. 1551년, 그의 사위인 버잉나웅Bayinnaung이 아와 왕조를 멸망시키고 다시 한번 통일 국가를 세웠다. 1581년 버잉나웅이 죽을 때까지 따웅우 왕조는 미얀마의 역사상 가장 강력했으며 인도차이나반도의 대부분을 점했다. 저명한 미얀마 역사학자인 하비G. E. Harvey에 따르면 "버잉나웅이 통치하는 동안 그 영향력은 전체 인도차이나반도에 미쳤고, 여러 다른 민족과 집단의 존경을 받았다." 그가 죽은 후, 내란이 일어나고 포르투갈 용병들에게 공격당하는 등 커다란 위기를 맞았으나 아나욱페틀룬Anaukpetlun(1605~1628년 재위)이 즉위하면서 잃었던 영토를 되찾으며 통일을 유지했다. 1659년, 명나라의 마지막 황제인 영력제가 미얀마로 도망가자 오삼계는 추격에 나섰고, 미얀마는 이를 막을 만한 힘이 없어서 영력제를 넘겨주고 청나라 군대는 미얀마에서 철수했다.

③ 시암

시암은 타이족이 세운 최초의 왕조인 수코타이 왕조(1238~1438), 아유타야 왕조(1350~1767)와 톤부리 왕조(1767~1782)를 거쳐 1782년 라마 1세가 창시한 짜끄리 왕조로 이어진다. 시암은 중국과 인접해 있지는 않았지만, 해로를 통해 매우 밀접한 관계를 유지했다.

중국의 사서에는 1370~1643년에 시암 사절단이 102차례에 걸쳐 중국을 방문하고, 무역을 진행했으며 명의 답방도 19차례에 이른다고 했다. 아유타야 왕조는 포르투갈, 네덜란드 등과도 무역이 빈번했다. 이들이 적극적으로 대외 확장을 꾀하자 참파와 캄보디아는 크게 위협을 느꼈다.

중국 고대 서적에 캄보디아는 여러 이름으로 기록되어 있다. 1세기 후반에 건국한 이래로 부남扶南, 진랍眞臘, 오가吳哥 등의 이름이 나와 있는데, 한대에는 구불사究不事, 수당 시대에는 진랍, 또는 길멸吉蔑, 각멸閣蔑(크메르의 음역으로 즉 고면高棉), 송대에는 진랍(또는 진리부眞里富), 원대에는 감발지甘勃智라고 했다. 명대 전기에는 감무자甘武者, 만력 이후에는 간포채柬埔寨라고 불렀다. 790년 자야 바르만 왕은 자와인이 통치하던 캄부자Kambuja를 정복했다. 812년, 자야 바르만은 정식으로 자와 왕국으로부터 독립을 선포하고 앙코르 왕조를 세웠다. 앙코르 왕국은 한때 지금의 미얀마 변경에서 말라이반도 북부까지의 광대한 지역을 통치하기도 했다. 참파와 전쟁을 치루면서 944년 동쪽으로 안남의 장산산맥, 서쪽으로는 미얀마, 남쪽으로는 시암까지 진출했다. 11세기 초, 자야 바르만 7세(1181~1215년 재위) 때 다시 참파를 점령하고, 오늘날의 타이, 라오스, 베트남 북부, 말레이반도 북부에 이르는 지역과 미얀마의 일부분까지 통치하며 '크메르 제국'을 형성하고 최전성기를 구가했다. 수도 앙코르에는 큰 건물들이 세워져 있고, 중심지역의 면적은 1036제곱킬로미터에 인구는 100만 명에 달해서 '중세기 세계에서 가장 큰 도시'라는 평가를 받았다. 주변부까지 모두 합하면 지금의 런던에 버금갈 정도였다. 원

시암 수코타이 왕조.

대에는 크메르 제국의 풍족함이 중국에까지 소문나서 '부유한 진랍'이라는 말이 유행했다.

　12~13세기, 앙코르 왕조는 참파, 시암과 계속된 전쟁으로 인해 점점 쇠락해졌고, 1431년 시암의 군대가 앙코르를 점령한 뒤 멸망했다. 1434년 다시 진랍을 세웠으나 수도 앙코르가 시암의 변경지역에 속하자 프롬펜으로 천도했고, 이때부터 중국에서는 간포채라고 부르기 시작했다. 나라가 망하지는 않았지만, 간포채는 활력을 잃고 안남과 시암이라는 강국 사이에 낀 약소국으로 전락했다.

4. '동양'과 '남양': 동아시아 분쟁의 새로운 장소

송·원 시기에 해역에서는 이미 국제 무역이 이뤄지고 있었다. 당·송 시기 해외 무역의 중심이 된 항구는 광둥 광저우였고, 원대에는 푸젠 취안저우였다. 현재 '동양'과 '서양'으로 구분하는 것은 광저우나 취안저우를 기점으로 침로針路(나침반이 가리키는 방향)에 따라 나뉘었다. 왕대연汪大淵은 『도이지략島夷志略』에서 여러 차례 '서양'을 언급했다. 주치중周致中도 『이역지異域志』에서 마바얼馬八儿(Chola, 오늘날 인도 동남해안)을 가리켜 '서양국'이라고 했다. '동양'이란 단어가 최초로 나타난 것은 원대 대덕大德 연간 진대로陳大露가 지은 『남해지南海志』에서였다. 그는 동양의 여러 나라를 '소동양'과 '대동양'으로 구분했다. 소동양은 필리핀 섬들과 보르네오섬, 대동양은 인도네시아 군도를 일컫는다. 명 초 정화가 항해하면서 이야기한 '서양' '동양'은 원대의 관점을 계승한 것이었다.

명대 중기에 '남양'이라는 새로운 이름이 나타나면서 점차 '소서양'을 대신해 사용되었다. 호종헌胡宗憲 등이 편찬한 『주해도편籌海

圖編』에는 타이창太倉 생원生員 모희병毛希秉의 말이 인용되어 있다. "남양을 오가는 외국 선박들은 류큐, 대식 등을 왕래한다. (…) 남양, 서양의 여러 나라는 민광閩廣(푸젠, 광둥)에서 가깝게는 수천 리, 멀리는 수만 리나 떨어져 있어서 선박들이 표류하는 등 고생이 심하다. 동양에서는 산을 보고 길을 잡거나 항구에 정박도 가능하며 20일이면 왕복이 가능하지만, 남양과 서양은 망망대해를 지나 어디인지도 모르는 곳을 가야한다." 시존룽施存龍은 "여기서 말하는 '남양'은 분명한 해역이 아니고 동해의 류큐, 인도양 연해의 아라비아 국가를 포함한다. 때로 '남양' '서양'의 두 개념이 공존하기도 하고 '동양'까지 삼자가 공존하기도 한다"고 했다. 진가영陳佳榮 역시 "『주해도편』에서 언급하는 남양은 남해 지역을 지칭하는 것이 아니다. 13권에는 창장강 입구를 구분하는 것으로 나온다"라고 했다. 이 개념들은 점차 정교해져서 '동양'은 동아시아(특히 일본), '남양'은 동남아시아, '서양'은 유럽 아메리카를 지칭했다. 이 책에서는 근대적인 해석 방법에 따라 '동양'은 중국의 동해 해역, '남양'은 중국의 남해와 남양 군도 해역을 가리킨다. 15~17세기 중엽 포르투갈, 스페인, 네덜란드는 남양에서 주로 활동하며 동아시아 무역에 적극적으로 참여하고 식민지를 건설했다.

(1) '동양': 일본의 부흥

'동양'에는 일본, 조선, 류큐가 포함된다. 많은 중국인은 일본의 역사를 잘 알지 못하고, 일본이 중국을 침략한 적도 있어서 반일 정서가 강하다. 그러나 인구 규모와 무역량으로 보자면 동아시아에서 일본은 중국 다음으로 가장 중요한 국가이며 동아시아의 국제관계에서 이 두 국가의 관계 역시 중요하다.

1500년대 일본의 인구는 1540만 명으로, 1억3000만 명인 중국의 7분의 1이자 800만 명인 조선의 두 배에 달했다. '서양'의 최대 국가는 오스만 제국으로, 슐레이만 대제(1520~1566년 재위)가 전성기를 구가하고 있을 때 인구는 1400만 명이었다. 유럽의 강국인 스페인도 인구가 500만 명, 영국은 250만 명에 지나지 않았다. 인구가 가장 많은 나라는 러시아 제국이었고, 1550년에는 약 1100만 명, 1600년에는 1300만~1500만 명에 달했다. 정확한 통계는 없지만, 인도의 무굴 제국의 인구가 1600년대 대략 1억~1억5000만 명이었다. 비슷한 시기에 동남아시아 인구를 모두 합하면 2200만 명이었고, 강대국인 3개의 나라의 인구는 각각 안남 470만 명, 시암 220만 명, 미얀마 310만 명에 지나지 않았다. 16세기와 17세기 초반, 일본은 중국과 무굴 제국을 제외하고 세계에서 인구가 가장 많은 나라였던 것이다.

16세기 일본인들은 은광을 많이 채굴했다. 일본은 세계에서 가장 중요한 백은 생산지 중 한 곳이었다. 16세기 말, 일본의 백은 생산량은 세계 총 생산량의 4분의 1에서 3분의 1까지 차지했고, 세계에서 구매력이 가장 높은 나라 중 하나였다. 이 시기 중국은 세계 최대의 상품 수출국이자 백은 수입국이었다. 따라서 일본은 중국의 가장 중요한 무역 파트너였다.

8세기 일본은 '다이카 개신'을 통해 중국에서 한자를 도입하고, 당나라 조정을 모방해서 중국식 국가 조직을 갖췄다. 또 당나라 수도 장안의 사례를 참고해서 도쿄와 나라 일대를 설계했다. 그러나 개

가마쿠라 막부를 개창한 미나모토노.

혁운동이 성공하지 못하면서 일본은 중앙집권적 통일 국가를 이루는 데 실패했다. 각 지역의 통치자들은 제후의 지위를 독립적으로 세습했다. 935~1185년, 양대 호족인 다이라 씨不氏와 미나모토 씨源氏가 내전을 벌였다. 미나모토노가 승리를 거두면서 관동의 가마쿠라鎌倉를 기반으로 하는 막부를 건립했고, 천황의 명의로 전국을 통치했다. 도쿄의 천황은 아무런 실권이 없었다. 1331년, 고다이고 천황이 정변을 일으켜 가마쿠라 막부와 호조 일족을 멸망시켰다. 1338년, 아시카가足利가 실권을 쥐고 막부를 도쿄로 옮겼으나 효율적으로 통치하지 못했다. 고다이고 천황은 도쿄에서 쫓겨나 독립적인 정권을 수립했다.

막부의 분열은 1336~1392년까지 계속되었고, 각지의 번주, 다이묘들은 독립적인 제후가 되었다. 아시카가 막부 시기에는 내전이 끊이지 않았고 국력이 쇠약해졌다. 1404년, 막부는 중국의 일본에 대한 명의상 종주권을 승인하고, 명나라가 중일 무역을 주도하는 현실을 받아들였다. 나약한 막부는 일본 각지의 번주와 다이묘들을 제대로 통제하지 못해서 많은 다이묘가 살길을 찾아 바다로 나가 왜구가 되었고, 왜구가 창궐했다. 명나라는 왜구로 인한 '왜환'에 시달리자 일본과 몽골의 위협을 가리켜 '남왜북로'라고 불렀다. 1467~1477년까지 10년간 내전이 일어나면서 도쿄는 전쟁터로 변했는데, 이를 '오닌의 난應仁之亂'이라고 한다. 1281~1614년은 일본 역사상 무정부 상태의 혼란이 가장 극심했던 시기였다.

이후 오다 노부나가(1534~1582), 도요토미 히데요시(1537~1598), 도쿠가와 이에야스(1543~1616)가 무장 통치를 하면서 일본은 다시 한번 정치적 통일을 이뤘다. 오다 노부나가는 1568년 도쿄를 공격하고 1573년 무로마치 막부를 멸망시켰다. 1582년, 오다 노부나가가 가신에게 살해당하자 도요토미 히데요시가 상황을 수습한 뒤 1590년 일본을 통일했다. 히데요시는 통일을 이룬 후 1592~1593년, 1597~1598년 두 차례 조선을 침략해서 중국으로 진출하려는 야망의 서막을 열었다. 히데요시가 사망한 후 내전이 발발했지만, 1600년에 도쿠가와 이에야스가 승리를 거두면서 도쿠가와 막부를 수립했다. 1615년 이에야스는 히데요시의 아들이 수호하던 오사카 성을 함락시키면서 일본의 새로운 지도자가 되었다. 도쿠가와 막부는 19세기 중엽 메이지 유신으로 막을 내릴 때까지 일본을 통치했다.

(2) '남양': 서양인이 왔다

남양 군도는 말레이 군도와 남아시아 도서 지역을 가리키며 아시아 동남부, 태평양과 인도양 사이에 위치한다. 필리핀 섬 북쪽의 바탐 군도, 남쪽으로 로티섬, 서쪽으로는 수마트라, 동쪽으로는 동남 군도까지 남북으로 약 3500킬로미터, 동서로 약 4500킬로미터 뻗어 있고, 육지 면적은 약 200만 제곱킬로미터다. 이곳은 세계 최대 군도이며 오늘날에는 필리핀 이외의 섬들을 가리켜 인도네시아 군도라고 하기도 한다.

남양 군도는 세계 경제사에서 매우 중요한 위치를 차지한다. 경제사학자 페르낭 브로델은 근대 이전의 중국, 인도, 이슬람을 원동遠東의 3대 '경제 세계'라고 했다. 15세기부터 3대 경제 세계의 연계가 강화되면서 슈퍼 경제 세계를 형성했다. 경제 세계의 중심이 바로 남양 군도였다. 인도, 중국, 이슬람이 대외로 확장할 때 이곳을 거쳐가야 했기 때문이다. 브로델은 남양 군도가 중심이 된 것은 1403년 믈라카 성城이 축성된 이후 혹은 1409년 믈라카의 건국부터라고 이야기한다. 황량하고 낙후한 남양 군도는 이때부터 외부 세력의 각축장이 되었다. 중국은 더 넓은 활동 공간을 확보하기 위해 남양 군도를 포함한 변경 지대를 개척하려 했다. 이 슈퍼 경제 세계에 속한 국가 가운데 한 곳이 발전하면, 다른 지역 역시 영향을 받았다. 하지만 이 슈퍼 경제 세계는 서로 다른 문명권들로 구성되어서 유럽과 달리 내부 결속이 긴밀하지는 않았다.

1세기부터 15세기까지 수마트라, 자와, 보르네오에는 인도화된 왕국들이 흥망성쇠를 거듭하고 있었다. 그중 중요한 것은 7~13세기 남수마트라에 세워진 스리비자야 왕국과 13세기 초 자와 중부와 동부에 자리한 싱가사리Singhasari 왕국이었다. 싱가사리 왕국은 케르타나가라왕Kertanagara(1268~1292년 재위) 시기에 최전성기를 맞이했고, 자와섬 전체와 인니 동부, 말레이반도 남부를 지배하며 스리비자야 왕국이 지배하던 해상 무역 대국의 자리를 차지했다.

 1290년, 케르타나가라왕은 삼불제를 자와로 쫓아내고, 그의 사위인 케르타라자사Kertarajasa는 마자파힛 왕국을 건설했다. 1292년(원지원 29), 세조는 1000척의 전함을 자와로 보내 마자파힛의 국왕과 연합했고, 싱가사리 군대를 궤멸시켰다. 이후 케르타라자사는 원군을 물리치고 자와를 통일했다. 14세기, 마자파힛 왕국은 더 발전해서 하얌 우룩Hayam Wuruk(1350~1389년 재위)이 인도네시아의 대부분 지역을 지배하고, 말레이반도와 필리핀 군도까지 세력을 뻗쳐 영토 면적은 162만 제곱킬로미터, 인구는 600만 명에 달했다. 이는 인도네시아 역사상 최초의 통일이며 전성기의 영토는 오늘날 인도네시아와 말레이시아를 합친 것과 같았다. 1370년, 명 조정은 부르나이에 사신을 보내면서 조공할 것을 촉구했다. 부르나이의 국왕은 마자파힛의 간섭이 두려워 조공을 승낙하지 않았고, 수마트라에 보낸 명나라 사신들은 마자파힛의 국왕에게 피살당했다.

 1370년(홍무 3), 마자파힛의 국왕은 명나라에 사절을 보내 무역을 청했다. 1404년(영락 2), 비크라마라파나Vikramavardhana왕은 다시 사절을 보내면서 조공했고, 성조는 인장을 하사했다. 그 이후 두 국

마타람의 위치.

가는 우호적인 관계를 유지했다. 마자파힛 왕국은 15세기 말까지 유지되다가 이슬람교를 믿는 마타람Mataram 왕조에 의해 멸망했다. 이슬람교를 믿는 것을 원치 않았던 마자파힛의 왕족들은 발리섬으로 도망가서 새로운 정권을 세워 힌두교의 전통을 이어나갔다. 발리섬의 주민들이 지금까지 힌두교를 믿으면서 이곳은 인도네시아에서 유일하게 힌두교를 믿는 섬으로 남아 있다.

앤서니 리드는 『1450~1680년 상업의 시대 동남아시아』에서 남양 군도를 다음과 같이 기록했다. "남양 군도는 지리적으로 매우 독특하다. 이곳의 특징은 삼림과 바다가 공존한다는 것인데, 삼림 지대 때문에 육로로는 접근이 어려운 반면 해양은 사통팔달이어서 중국인, 인도인, 페르시아인, 아라비아인, 서양인의 왕래가 끊이지 않았다. 이 개방된 공간은 외래 세력이 자유롭게 활동하고 경쟁하는 장소가 되었다. 전쟁이 자주 일어나지 않아서 장벽 같은 방어 시설이 없었고, 유럽인들은 이곳을 그저 '촌락이 모여 있는 지역'이라고 여겼다." 앤서니 리드의 분석대로 남양 군도는 군사력이 약했기에 유럽의 강력한 전함을 당해내지 못했고, 아주 쉽게 서양의 식민 지배자들의 먹잇감이 되었다. 16~17세기, 동아시아의 해상 무역 중심지는 모두 유럽인에 의해 점령당하거나 궤멸되었다. 초기 경제 세계화 시대에 접어들자 유럽인들은 필리핀 군도, 동인도 군도, 말레이반도 연해에 식민지를 건설하고, 제국 내에 남양 군도를 편입시켰다. 1629년, 남양 군도에서 가장 강력한 두 나라인 아체와 마타람이 참패당하자, 동서 무역이 번성했던 사거리인 남양 군도는 아주 황량한 지역으로 변해버렸다.

1510년, 포르투갈은 인도 서해안의 고아를 점령하고 식민지 건설의 기지로 삼았다. 16세기 중엽, 향료가 풍부하게 생산되는 믈라카 군도와 믈라카 사이의 항구에 성을 쌓거나 상관商館을 짓고, 정기적으로 함대를 운행하면서 왕래하는 선박들을 협박해서 세금을 뜯어내고 향료를 구매했다. 하지만 포르투갈은 동남아시아 상업 거점에 걸맞은 식민지 행정 시스템을 갖추지 못해서 역량이 분산되었다. 이들이 건설한 소위 '식민 제국'은 몇 개의 고립된 무역 거점이었을 뿐, 근대적 의미의 식민 시스템과는 거리가 멀어서 '창고 제국'이라는 평가를 받기도 했다.

비슷한 시기에 동남아시아에 온 스페인은 1571년 필리핀 마닐라를 점령했다. 10년 후, 필리핀은 스페인 군주의 직할 식민지가 되었다. 필리핀에서는 황금이나 향료가 생산되지 않았기에 스페인인들은 이곳을 믈라카의 향료를 탈취하는 기지로 삼을 계획이었으나 포르투갈과 네덜란드의 방해로 성공하지 못했다. 네덜란드와 영국도 뒤늦게 동남아시아에 왔지만 그들의 목표는 무역이었을 뿐 영토 확장은 아니었다. 이들은 믈라카 군도, 자와, 수마트라 등지에 상업 거점을 마련하고 무력으로 약탈을 자행했다. 네덜란드와 영국은 포르투갈, 스페인과 달리 무역 회사를 차렸다. 이 무역 회사는 현대적 개념의 회사가 아니라 국가가 관리 임면, 군대 모집, 세금 징수, 무역 독점 등의 뒷배를 봐주는 식으로 운영됐다.

이들이 동남아시아에 식민지를 건설한 주요 목적은 이를 기점으로 중국과의 무역을 위해서였다. 유럽인들은 엄청난 양의 백은을 가지고 중국과 큰 규모의 무역을 진행했고, 중국과 서양의 관계는 갈수록 밀접해졌다. 그만큼 분쟁과 충돌도 증가했는데, 유럽인들이 남양 군도에서 무력을 행사함으로써 중국에 심대한 위협이 되었다.

프린스턴대의 니콜라 디 코스모 교수는 다음과 같이 말했다. "15세기 중엽 이후 오스만 터키와 포르투갈은 화기 기술과 사용법을 아라비아, 인도, 동남아에 전파했다. 동남 연해의 '왜란' 중 일본의 화기는 척계광의 주의를 끌었다. 포르투갈, 스페인, 네덜란드 등의 선박과 대포가 동남아시아에서 위력을 발휘했기 때문이다. 17세기, 가장 강력한 무력을 갖추었던 네덜란드의 수비 병력을 다 합쳐도 2000명(그중 믈라카 400명, 브루나이 357명, 반달 300명, 바타비아 360명, 타이완 280명 정도)이 되지 않았다. 1635년에 아시아에서 활동하는 포르투갈인은 총 4947명이었다. 스페인이 필리핀을 점령한 후 스페인 사람들을 대규모로 이주시키긴 했지만, 1612년 마닐라에 거주하는 스페인인은 약 2800명에 불과했다." 어떻게 소수의 유럽인들이 순조롭게 동남아시아의 넓은 지역을 정복할 수 있었을까? 그들이 가져온 선진 화기와 그에 상응하는 전술, 군대 조직 등이 주요한 원인이었다. 이전 냉병기 시대는 인력 밀집형 군대로, 싸우는 사람의 수가 중요한 반면 화기 시대가 되면서 기술 밀집형, 자본 밀집형 군대로 전환했다. 선진 무기를 갖추고 잘 조직된 군대만 있으면 그 규모가 작더라도 구식 군대를 격파할 수 있었다. 그에 따라 중국이 정한 국제적 법칙(조공 제도)에 감히 도전할 수 없었던 일본, 안남, 미얀마가 반기를 들기 시작했다. 아주 적은 수의 포르투갈, 스페인, 네덜란드 등 식민 지배자들도 중국과 대적하고 심지어 공격을 감행하기도 했다. 군사학자 존 프레더릭 찰스 풀러는 화약을 사용함으로써 모든 사람에게 공평한 기회가 돌아갔고, 전쟁 자체가 평등해졌다고 평가했다.

5. 중화 조공 시스템의 실패:
동아시아의 전통적 국가 간 관계 프레임의 변화

근대 이전의 동아시아 국가들은 형태가 다양하고 처한 상황도 달라서 '국제관계'에 대한 이해 역시 제각각이었다. 국가 간의 관계를 맺을 때는 당사자가 이해하고 받아들일 수 있는 시스템이 있어야 한다. 일본의 하마시타 다케시 교수는 근대 이전의 동아시아에는 중국을 중심으로 조공 제도가 유지되었고, 이 제도는 오직 아시아에만 있는 특수한 시스템이며 이 기초 위에서 국제질서가 형성되었다고 했다.

중화 조공 시스템은 동아시아에서 가장 중요한 국제질서이지만 이에 속하지 않은 나라들도 있다. 또 중국을 중심으로만 구성된 것은 아니었고, 중국의 인접 국가들 역시 조공 시스템을 구축하기 위해 노력했다. 일본은 류큐, 조선은 여진, 안남은 참파, 란쌍 왕국에 조공을 요구하면서 2차 조공 시스템이 형성되기도 했다. 하지만 중국을 중심으로 한 중화 조공 시스템이 가장 중요했음을 부정할 수는 없다.

중국은 영토, 인구, 경제력, 정치 제도 등 모든 면에서 특수하기 때문에 어떤 나라와도 비교가 불가능하다. 이 특수성을 기반으로 조공 시스템의 중심에 중국이 놓인 것이다. 중국은 지리적으로 동아시아의 중심에 위치했고 인접 국가들은 중국으로부터 여러 자원(제도, 과학 기술, 문화 등)을 받아들였지만, 반대로 중국이 이들에게서 얻은 것은 많지 않았다. 그래서 중국인은 오래전부터 스스로를 '천하의 중심'이라고 여겼다.

전 세계에서 단 하나뿐인 국제관계 시스템은 중국의 외교 전통 위에 세워졌다. 이는 바로 유가의 '가천하家天下(한집안이 천하를 다스린다)' 개념으로, 천하를 가정으로 전제하고 인근 국가와 모두 화목하게 지낸다는 것이다. 이 전제에 따르면 중국은 가장家長이고, 다른 국가는 집안의 구성원이다. 정치적으로 중국과 인근 국가들은 종주국宗主國과 번속국藩屬國의 관계이고, 경제적으로는 조공 무역을 통해 교류한다. 번속국의 의무는 정치, 문화면에서 중국의 우월적 지위를 인정하고, 규정에 따라 사절단을 보내서 상징적인 복종을 표시하는 것이었다. 하지만 그렇다고 해서 실질적으로 중국의 통치에 복속하는 것은 아니었다. 중국의 조정은 번속국의 통치자에게 금 도장을 주어서 자국 통치의 정통성을 부여하고, 세자 책봉에 개입하면서 천자로서의 권위를 표현했다. 번속국의 군주가 자국의 특산품을 공물로 진상하면 중국 황제는 더 많은 양의 하사품을 내려 화답했다. 하버드대 중국 연구소 존 페어뱅크 교수는 "조공 시스템 속에서 중국이 이익을 얻었다고는 할 수 없다. 황제가 답례로 주는 예물의 가치가 공물보다 더 높았기 때문이다. 중국의 입장에서 이 무역의 의미는 제국으로서 상징을 과시하고 주변국들을 적당히 순종하도록 하는 것이었다"고 분석했다. 실제로 역사에 관심이 있는 중국인들은 조공 시스템에 관해 중국이 경제적으로 얻은 것은 없고 오직 황제의 허영심을 만족시키기 위해 충성을 '돈으로 구매'했다고 불만을 토로하기도 한다.

중국은 동아시아 지역의 안정을 유지하고 천하 번영을 도모하려했다. 번속국은 중국의 보호를 통해 국가 안보를 보장받으면서 독립적인 내정을 유지했다. 만약 외부로부터 침략을 받거나 내란이 발생하면 번속국은 중국에 도움을 요청하고, 이에 중국은 군대를 보내 침략을 막아주거나 내란을 평정했다. 중국은 번속국의 내정에 간섭하지 않고, 경제적 이익을 얻으려 하지 않았으며 국가 간의 분규가 발생해도 중국에 직접적인 위협이 되지 않으면 무력을 사용하는 것을 피했다. 그래서 어떤 학자는 중국과 인접국 간의 조공 — 종번관계가 '조공'과 '종번'의 조건을 갖추지 않았다고 보기도 한다. 이 '종번관계'에서는 상응하는 의무나 규정이 없었고, 중국 통치자가 실질적으로 권력을 행사하지 않는 데다 조공은 무역이라는 외투를 입고 있었을 뿐이기 때문이다. 실제로 중국은 다른 나라를 평등하게 대하며 간섭하지 않았고, 동아시아의 국제질서는 기본적으로 무력에 그다지 의존하지 않았다.

이로 인해 근대 이전의 동아시아에서는 같은 시기 유럽, 중앙아시아, 서아시아 지역보다 각국 간에 발생한 충돌의 수가 적고 그 규모도 작다. 대다수 동아시아 국가들이 오랫동안 평화를 유지해온 것이다. 이런 의미에서 중국 중심의 국제관계는 믿음, 포용, 협조를 기조로 윈윈win-win을 추구하는 국제관계라고 할 수 있다.

평화적 수단으로 동아시아의 국제질서를 유지해온 중화 조공 시스템은 명대에도 이어졌다. 명나라 건국 초기, 태조는 두 가지 대외 정책을 공표했다. 첫째, 다른 국가를 공격하지 않는다. 둘째, 조공관계를 이용해서 이득을 취해서는 안 되며 조공 무역과 사인私人들의 해외 무역을 혼동해서는 안 된다. 명 태조는 후손들에게 남긴 『조훈록祖訓錄』에서 이와 같이 말했다. "안남, 점성, 고려, 시암, 류큐, 서양, 동양 및 남만의 작은 나라들은 산과 바다로 갈라지고 변방에 위치하니 물품이 부족하고 백성들은 명령을 따르기 쉽지 않다. 만약 이들이 자기 능력을 과신해서 중국 변방을 소란케 한다면 이는 불행한 일이다. 나는 중국이 부강하다 해서 후손들이 일시의 전공을 탐하여 아무 이유도 없이 전쟁을 일으키는 일은 절대 없도록 하길 바란다. 다만 오랑캐들이 서북을 압박해서 변방의 화근이 되니 만반에 대비해야 할 것이다." 또한 태조는 특별히 '정벌해서는 안 되는 나라'를 열거했는데 조선, 일본, 류큐, 안남, 시암, 점성, 서양, 수마트라, 자와, 서자와, 삼불제국, 보르네오 등이 이에 해당되었다. 명나라는 이에 따라 조공 시스템을 운영하고, 조공국 간의 다툼이 중국에 위협을 가하지만 않으면 무력으로 간섭하지 않았다. 명대 후기의 문인 원굉도袁宏道는 조선과 일본이 충돌했을 때 "이웃 사람들이 서로 다투는데 나는 자식을 내보내 돕고 있으니 어찌 곤혹스럽지 아니한가?"라고 했다. 이는 이웃 나라의 분규에 대한 중국의 난처한 입장을 잘 표현한 말이다.

조공 시스템은 대체적으로 잘 운영되면서 동아시아는 평화를 유지했다. 물론 중국도 무력을 동원해서 번속국을 돕거나(1511년, 포르투

같이 믈라카를 침공하자 믈라카는 중국에 구원을 요청했고, 명 조정은 포르투갈을 질책하며 땅을 돌려주라고 했다) 다른 번속국의 침입을 억제하기도 했지만(안남이 점파를 계속 침공하자 명 조정이 나서서 간섭했다) 이는 매우 예외적인 경우였다. 대부분 무력이 사용되지 않았기 때문에 조공 시스템은 분쟁을 해결하는 데는 그다지 효과가 없었다.

명대 후기, 동아시아에 새로운 강자들이 등장하면서 중국의 지위에 도전하고, 심지어 직접 공격을 시도하기도 했다. 결국 이전까지의 국제질서는 유명무실해졌고, 명 조정은 새로운 국면에 직면하지 않을 수 없었다.

6. '조국은 위험에 처해 있다':
난세의 중심에 있는 중국

세계 근현대사에서 '조국은 위험에 처해 있다'는 유명한 구호다. 1789년, 프랑스 대혁명이 발발하자 유럽의 군주들은 공포와 적개심에 휩싸였고, 연합군을 조직해서 프랑스 본토를 압박했다. 1792년 7월 11일, 프랑스 혁명 정부는 외국의 간섭을 두고 '조국은 위험에 처해 있다'라고 선언하고 시민들을 모아 외적의 침입에 대비했다. 러시아는 '10월 혁명' 이후 서양 열강들의 공격을 받자 새로 탄생한 소비에트 정권이 '사회주의 조국이 위험에 처해 있다'라는 구호를 내걸었다. 1941년 7월 3일, 나치 독일이 소련을 기습 공격하자 이 구호는 또다시 소련을 들끓게 했다. 명대 중국 역시 국제 정세가 변하면서 '위험에 처하게' 되었다.

초기 경제 세계화 시대, '화약 혁명'이 일어나 '전쟁이 평등화'되면서 작은 나라도 '천조'의 권위와 조공 시스템하의 국제질서에 도전할 수 있게 되었다. 명나라는 남쪽에서 북쪽, 서쪽에서 동쪽까지 사면이 적들에게 포위당하는 위험에 직면했다.

명대 초기(1368~1449년), 몽골은 명나라에 가장 위협적인 존재였기에 명 조정은 북쪽으로 경계를 집중했다. '토목보의 변' 이후에도 상황은 변하지 않았다. 1450~1572년(경태~융경 연간)에는 변방의 위협과 왜구로 인한 해상의 위기가 고조되었다. '융경隆慶 책공' '융경 해금'을 분수령으로 몽골과의 관계가 완화되고 왜구 문제에도 점차 적응되어갔다. 만력, 태창, 천계 및 숭정 시기에는 동북 변경에서 또다시 위협이 출현하고, 남쪽 여기저기에서 소란이 일며 변경지역의 위기가 가중되었다. 이처럼 명나라는 건국 초기부터 위기가 끊이지 않았고, 이 위기들이 갈수록 가중되어 결국 멸망하고 말았다. 명대 중국인들에게 '조국이 위험하다'라는 문구는 결코 외면할 수 없는 현실이었다.

일본, 안남, 미얀마, 포르투갈, 스페인, 네덜란드 등 신흥 강자들이 가하는 위협과 더불어 명대 후기에 동북 지역에서 후금이 흥기하자 명 조정은 생사존망의 기로에 서게 되었다.

(1) 일본

일본은 여러 해에 걸쳐 내전을 겪다가 16세기 후반에 오다 노부나가, 도요토미 히데요시, 도쿠가와 이에야스가 무력으로 통일을 이뤘다. 하지만 통일을 완성시키기도 전에 조선과 중국을 침략할 야심을 키우고 있었다.

1577년, 당시 오다 노부나가의 신하였던 도요토미 히데요시는 "조선을 침략한 뒤 조선의 군대를 흡수하면 명나라 400여 주까지 차지할 수 있으니 주공이 일본, 조선, 중국 세 나라의 주인이 되는 것

도요토미 히데요시.

이 소신의 꿈입니다"라고 했다. 1587년, 히데요시는 규슈를 정벌할
때도 "살아 생전에 중국 영토를 차지해야 한다"는 꿈을 포기하지 않
았다. 1590년, 히데요시가 통일을 이룬 후 조선을 정벌할 야심을 드
러냈고, 이듬해 대마도 영주인 소 요시토시宗義智를 통해 조선 국왕에
게 다음과 같은 내용을 통고하라고 명했다. "일본의 도요토미 히데
요시가 조선 국왕에게 말한다. 우리 인접국들이 오랫동안 나뉘어 있
다 보니 기강이 문란해지고 황제의 영이 서지 않게 되었다. 이에 분
노해서 나는 힘을 모아 수년 만에 60여 곳의 지역을 토벌했다. 나는

비록 비천한 출신이지만, 모친이 해를 품에 안는 태몽을 꾸고 나를 낳았다. 점쟁이가 "태양이 비추는 곳마다 밝지 않은 곳이 없으니 이 아이는 널리 무력을 떨칠 것이다"라고 했고, 실제로 나는 전투마다 승리했다. 오늘날 안팎이 모두 편안하고 재정이 풍족하니 이런 제국의 풍요로움은 전례가 없는 일이다. 사람이 100년을 못 사는데 어찌 한 곳에서 만족하겠는가? 당신 나라의 길을 빌려 명나라를 공략하고자 한다. (…) 조선의 병사들은 나를 위해 선봉에 서달라." 히데요시는 먼저 조선을 점령해서 중국 침략의 디딤돌로 삼은 뒤, 중국을 정벌하고 일본의 천황을 베이징으로 이주시키려 했다. 그런 다음 닝보를 공격하고, 3년 동안 군비를 강화한 다음 남양, 인도 등 세계를 정복하는 것이 그의 계획이었다.

히데요시의 야심은 미친 자의 망상이 아니었다. 당시 일본은 세계에서 인구가 세 번째로 많았고, 전쟁에 필요한 인원을 충분히 징집할 수 있었다. 또한 국제 무역에 필요한 경통 화폐인 백은을 대량 생산해서 전쟁에 필요한 군비와 물자를 충분히 준비할 수 있었다. 조총 제조와 사용 기술이 대단히 뛰어났고, 수차례 내전을 겪으면서 풍부한 실전 경험도 가지고 있었다. 물론 명나라의 영토와 인구가 일본보다 10배 이상이었으나 일본은 명나라를 정복하는 전쟁을 수행할 만한 조건을 갖추고 있었다.

(2) 안남

명 초, 안남 정벌에 실패한 후 양국 사이에 전쟁은 더 이상 발생하지 않았다. 안남은 명나라를 종주국으로 인정했지만, 한편으로는 복수심과 경계의 눈초리를 거두지 않았다. 후 레 왕조의 레타인똥 때 중국과 마찰이 발생했다. 1474년, 안남이 윈난 변경에서 "1만여 명의 병사를 집결시켜 요새를 공략하니 백성들이 놀라 흩어졌다"고 한다. 명 조정은 윈난, 광둥, 광시 등 지방 관리들에게 경계를 강화할 것을 지시하고, 안남에 엄중히 경고했다. 1480년, 윈난의 지방 관리는 조정에 "후 레 왕조가 병사들을 훈련시키며 침공을 준비하니 우려하지 않을 수 없다"라고 보고했다. 1483년, 윈난 임안부臨安府 젠수이주建水州에서 안남인과 현지인 사이에 충돌이 발생했다. 명 조정은 안남이 여러 차례 변경을 침공한 것에 매우 분노해서 "영락 시기처럼 병사를 동원하면 후회하지 않겠는가"라며 문책했다. 가정 초년, 안남은 "광둥 친저우欽州 쓰퉁四峒을 침공했고 명 조정은 죄를 물으려 했다."

1527년에 후 레 왕조의 권신 막당중莫登庸은 황제를 강제로 퇴위시키고 막 왕조莫朝를 세웠다. 1537년(가정 16), 명 세종이 안남 토벌을 명했다. 명의 출병 소식이 안남에 전해지자, 막당중은 먼저 윈난과 연맹을 맺은 후 레 왕조의 군대를 격파하고 3만 대군을 동원해서 후 레 왕조의 왕자를 라오스 부근까지 밀어냈다. 윈난 순무 왕문성汪文盛은 막당중이 윈난을 침공할 것을 두려워하며 라오스, 차리車里, 위안장부元江府의 군사 7만 5000명과 코끼리 500마리를 동원한 다음 방어선을 구축했다. 막당중이 베이징에 화의를 청해서 전쟁이 일어나지는 않았다. 이후 안남은 노골적으로 중국을 자극하지는 않았지만 암중 윈난, 광시의 토사土司들과 내통해서 관직을 주거나 소총 등 화기를 제공하며 이들이 반란을 일으킬 것을 책동했다. 명대 말기,

윈난 순무 왕항王伉은 상소를 올려 "이 지역의 가장 큰 화근은 보명성普名聲으로, 그는 성격이 거칠고 전쟁에 능하며 이끄는 무리가 1만여 명에 이르는데 다들 아주 사납습니다"라고 했다. 총병관 목천파沐天波도 보명성이 안남과 결탁해서 관직과 무기를 받았으며 아주 거친 오랑캐여서 평정하기 쉽지 않다고 보고했다.

(3) 미얀마

1531년, 미얀마 동우 왕조의 군주 바인나웅Bayinnaung은 적극적으로 대외 확장을 꾀했다. 1555년에는 아와阿瓦를 공격해서 아와 왕조를 멸망시키고, 북진을 계속해서 중국의 변경까지 위협했다. 만력 시기, 미얀마는 계속 윈난에 대한 공격을 감행하면서 30년이 넘는 기간의 전쟁을 시작했다. 명나라가 중간에서 조정하려 했으나 실패한 것이다. 명의 심덕부는 "(1555년) 미얀마 아와를 공격했지만 우리 군은 막지 못했다. 이후 그들의 영토가 커져서 천조와 비슷해지니 윈난, 구이저우, 광시에서 반란을 꾸미는 자들이 모두 그곳으로 모여들어 도망자들의 소굴이 될까봐 심히 우려스럽다"고 했다.

(4) 포르투갈, 스페인, 네덜란드

포르투갈, 스페인은 동아시아 탐험과 식민지 확장의 선구자였다. 포르투갈은 서유럽에서 아프리카 해안을 따라 케이프타운에 도착한 뒤, 인도양을 지나 인도와 동남아시아에 이르는 항로를 개척했다. 스페인은 서유럽에서 대서양을 건너 아메리카에 도착했고, 다시 태평양을 지나 동아시아에 이르는 항로를 개척했다. 이들은 발길이 닿는 곳마다 식민지를 구축했고, 전 세계에 걸쳐 있는 식민 제국을 건설했다. 포르투갈은 유럽에서 가장 먼저 제국이 되었고, 또 가장 오랫동안(1415~1999) 유지했다. 스페인 역시 해가 지지 않는 제국으로 발돋움했다. 이들이 동아시아를 탐험하는 목적은 중국으로 향하는 항로를 찾는 것이었고, 결국 원했던 대로 중국에 도착했다.

가장 먼저 중국에 도착한 나라는 포르투갈이었다. 1511년(정덕 6), 포르투갈은 중국 연해에 와서 소란을 피우고 여행자들을 약탈했으며 금지된 품목을 운반했다. 1517년, 포르투갈은 광둥 툰먼섬에 도착해서 요새를 쌓고 화총를 제조하면서 온갖 약탈을 자행하고 백성들을 납치해 팔아넘겼다. 이듬해, 3척의 포르투갈 선박이 광저우 수역에 무단 침입하고 대포를 쏘자 주변 지역의 주민들은 공포에 떨어야 했다. 1521년, 명나라 군대는 툰먼섬에 주둔하던 포르투갈인들과 부근의 신훼이新會 시차오완西草灣에서 활동하던 포르투갈인들을 내쫓고 불랑기포를 노획했다. 1553년, 포르투갈 선박이 풍랑을 만나 화물이 물에 젖자 포르투갈인들은 해도부사海道副使 왕백汪柏에게 뇌물을 주고 아오먼에서 화물의 물기를 말리도록 허가를 받았다. 이들은 처음에는 천막을 치고 휴식을 취하는 정도였으나 체류 기간이 길어지면서 거주할 집을 짓고 정착하기 시작했는데, 그 수가 1만 명에 달했다. 하지만 명 조정이 아오먼을 포르투갈에 할양한 것은 아니라서 주권은 명나라에 있었고, 포르투갈은 매년 2만 량 정도를 토지 사용료로 납부했다.

스페인은 비교적 늦게 중국에 왔다. 1571년(융경 5), 필리핀을 침략해서 들어온 후 여러 차례 중국인을 집단 학살하고, 중국 수역에 전함을 파견해서 소란을 피웠다. 1626년(천계 6), 스페인은 타이완 북부의 지룽과 단수이를 점령하고 전초 기지를 마련했다.

해상 강국인 포르투갈, 스페인이 16세기 말에 쇠락하면서 명나라에 대한 위협도 약화되었다. 명 조정은 포르투갈인들에게 아오먼을 조차해주고, 대외 무역과 유럽 군사 기술을 들여오는 창구로 이용했다. 반면 네덜란드는 이 두 나라보다 훨씬 위협적이었다. 네덜란드는 스페인과 전쟁을 치르고, 1581년에 독립 국가를 건설했다. 그리고 100년이 채 지나지 않아 세계에서 가장 강한 해상 무역 국가가 되었다. 네덜란드의 대외 무역 총액이 서양의 무역 총액의 절반을 차지했고, 1만 척가량의 네덜란드 상선이 전 세계 해역을 휩쓸었다. 선진 항해 기술과 대외 무역에서의 우세를 기반으로 서인도 주식회사와 동인도 주식회사를 세웠고, 방대한 해외 식민 제국을 구축했다. 네덜란드의 동인도 주식회사는 명나라에 잠재적인 위협이 되었고, 이는 금세 현실화되었다.

네덜란드도 포르투갈과 마찬가지로 중국에 온 주목적은 무역이었다. 1605년, 함대 사령관 코르넬리스 마텔리프 더용어가 중국 황제와 시암 국왕에게 보내는 네덜란드왕의 친서를 가지고 11척의 함대를 이끌고 왔다. 편지의 내용은 네덜란드와의 무역을 허가해달라는 것이었으나 실현되지 않았다. 그러자 1608~1609년과 1617년에 열린 동인도 주식회사의 암스테르담 이사회에서 대중국 무역을 개척하기 위해 무력을 사용하기로 합의한다. 당시 상황이 네덜란드의 기록에 남아 있다. "중국에 우호적으로 요구했으나 중국 관리들은 거들떠보지 않고 부탁은 통하지 않는다. 시간을 절약하기 위해 무력을 행사

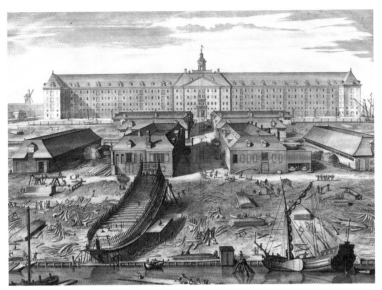

1726년 암스테르담의 동인도 회사 조선소.

해서라도 중국 황제가 우리 존재를 인식하도록 해야 한다. (…) 그리고 중국인이 마닐라, 아오먼, 교지 및 전체 동인도(바타비아는 제외하고)에서 무역하는 것을 제지하고, 중국 연해에서 소란을 일으켜 중국인들을 괴롭히면 적당한 해결 방법이 나올 것이다." 1619년, 얀 피테르스존 쿤 총독은 자와섬을 점령하고 바타비아를 건설했다. 바타비아의 네덜란드 평의회에서는 "12척의 선박에 네덜란드인 1000명과 150명의 하인으로 편성된 선단을 중국 연해에 보내 (우리가 오랫동안 기대해온) 무역이 가능한지를 조사해보라"는 결정을 내렸다.

1601년(만력 29), 네덜란드 상선이 처음 중국 해안에 도착했다.

1609년에 네덜란드는 타이완 부근의 펑후섬을 침략하려다가 쫓겨나자 푸젠 연해에서 대량 약탈을 자행했다. 네덜란드의 기록에는 푸젠 장저우에 침입해서 중국의 배 60~70척과 마을을 불사르고, 1400명가량을 납치한 뒤 재물을 약탈했다고 되어 있다. 1622년, 네덜란드는 다시 펑후섬을 점거하려고 했지만, 푸젠 순무 남거익南居益이 병사를 파견하자 실현되지 못했다. 1642년(숭정 15), 네덜란드는 스페인을 격파하고 타이완을 점거한 뒤 식민지를 건설했다.

(5) 만주

16세기 후반에 건주 여진建州女眞이 흥기했다. 누루하치는 속번국의 지위를 벗어나고자 1608년 라오양遼陽을 공격하고 다음과 같이 경계비를 세웠다. "변경을 사사로이 넘는 자는 누구나 사살한다. 만약 발견하고서 죽이지 않으면 마땅히 죄를 묻는다. 명나라가 이 약속을 지키지 않으면 광녕순무廣寧巡撫, 총병總兵, 라오양도遼陽道, 부장副將, 카이위안도開源道, 참장參將 등 여섯 아문 관리는 반드시 처벌한다." 이 비석은 명조가 이미 건주 일대를 통제하지 못하고 있음을 보여준다. 수년간의 전쟁을 거쳐 누루하치는 여진의 각 부족을 통일하고, 1616년에 금조金朝를 세워 연호를 천명天命이라 하니 역사에서는 후금後金이라 칭했다. 누루하치는 명조를 '남조南朝'라고 부르며 후금이 명조와 동등한 지위의 정권이라는 것을 표명했다. 그 후, 후금은 명나라를 계속 공격했고, 명대 후기에는 가장 위협적인 존재가 되었다. 후금은 수차례 전쟁을 거쳐 결국 천하를 차지했다.

국제 형세가 급변하면서 명나라는 전대미문의 도전에 직면했다. 춘추 시기, 중원의 화하 제국이 '남만'과 '북적'의 공격을 받는 상황을 "남이南夷와 북적北狄이 연합해서 공격하자 중국은 위기에 처했다"라고 묘사했다. 그로부터 2000년이 지난 후 명나라가 여러 강국에 포위되었고, 당시 지식인들은 이런 상황을 직시했다. 서광계는 조바심을 감추지 못한 채 "지금의 국세는 송대의 10분의 1에 지나지 않는다. (…) 누군가 반란을 일으키면 막을 수 없을 것이다"라고 했다. 이는 명나라가 망국의 위험에 직면했음을 보여준다. 확실히 당시 중국인들의 "조국은 위험에 처해 있었다!"

6장

전략과 군대:
명대 후기의 국가 운명과 군사 개혁운동

1. 중국의 전통적인 대외 정책

근대에 서양이 주도하는 국제관계에서 강대국은 항상 무력을 사용해서 이익을 얻었다. 반면 동아시아의 전통적인 중화 조공 시스템에서는 중국이 다른 나라들에 대해 무력을 거의 사용하지 않았고, 적극적으로 대외 확장을 시도하지 않았다.

중국과 인접한 안남, 미얀마 등은 자립 국가가 된 후 대외 확장을 국책으로 삼았다. 그와 달리 중국은 진대秦代 이래 '변경을 지키고 영토 확장은 하지 않는' 정책을 고수했다. 명대 후기, 선교사 마테오 리치는 중국의 대외 정책에 대해 다음과 같이 말했다.

(중국은) 주변 방어를 매우 잘한다. 자연적인 지형 덕분이기도 하고 과학적인 기술이 받쳐주기도 한다. 중국의 남쪽과 동쪽은 바다에 접해 있고 연안에는 작은 섬들이 별처럼 널려 있어서 적의 배들이 접근하기 어렵다. 북쪽에 있는 산과 준령은 타타르의 침략을 막아주고, 산과 산 사이에는 700킬로미터에 달하는 거대한 장성이 연결되어 방

어선을 형성하고 있다. 서북쪽에는 며칠을 걸어도 끝이 없는 사막이 있어서 적군이 침입했을 때 몸을 숨길 만한 장소가 되어준다. 서쪽에는 산들이 둘러싸고 그 너머 몇몇의 가난한 나라가 있다. 중국인들은 이들을 두려워하지도 않고 그럴 가치도 없다고 여기며 거의 무시하고 있다. (…) 명나라는 육군과 해군을 이용해 손쉽게 인접 국가를 정복할 수 있지만 황제와 백성들은 전쟁에 관심이 없다. (…) 이들은 자신들의 생활에 만족하고 있기에 정복하고자 하는 야심이 없는 것이다.

단언하건대 전 세계적으로 그 어떤 나라에서도 이렇게 많은 종류의 동식물을 발견할 수 없을 것이다. 중국의 기후 조건은 다양한 채소를 기르는 데 적합한데, 열대에서부터 북극 기후, 온대까지 아우른다. 각 성省의 풍요로움과 그곳에서 나는 것들이 자세히 기록되어 있다. 사람들이 생존하는 데 필요한 물건과 진기한 사치품이 모두 이 나라에서 생산되어서 외국에서 수입할 필요가 없다.

우리가 주목해야 할 것은, 이렇게 많은 인구와 넓은 영토, 풍부한 물산, 무기를 잘 갖춘 정예 육·해군을 가진 국가가 자신들의 생활에 만족하고 인접 국가를 정복하려는 야심이 없다는 점이다. 이는 유럽과 아주 다르다. 유럽인들은 항상 정부에 불만을 토로하고 다른 사람들의 물건을 탐내곤 한다. 유럽은 탐욕스런 통치자들 때문에 국력을 소진함으로써 조상의 유산조차 지키지 못하지만 중국인들은 수천 년 동안 유지하고 있다. 4000년 중국의 역사를 자세하게 살펴보니, 이들은 다른 나라를 정복하거나 영토 확장을 꾀한 적이 없다. 하지만 중국에 대해 잘 알고 있다는 역사학자들에게 물어보니 실제로는 그렇지 않고 그럴 수도 없다고 했다.

마테오리치의 관찰은 매우 예리하다. 그의 말대로 중국은 보수적인 대외 정책을 펼쳤고, 이는 중국이 오랫동안 풍요로운 국가였으며 자급자족할 수 있었기 때문이다. 역사학자 존 맥닐은 "송대 이래, 중국은 거대하고 다양한 생태지역 덕분에 유용한 자연 자원을 대량으로 보유했다. 각 왕조가 통제했던 지역은 하이난海南에서 만주滿洲, 신장新疆까지 위도의 차이가 30도 이상이며 열대에서 북극권에 이르는 기후를 보인다. 국가를 유지하는 데 필요한 목재, 곡식, 어류, 섬유, 소금, 금속, 건축용 석재, 가축과 유목 초지가 풍부하다. 이렇게 다양한 생태 자원은 국가를 보호하고 유동성을 공급해준다. 만약 어느 해에 곡식이 부족하고 세수입이 줄어들어도 다른 부분에서 이를 보완할 수 있는 것이다. 삼림에 화재가 나거나 가축이 유행병에 걸리거나 작물이 해충 피해를 입어도 국가 안정에는 큰 영향을 미치지 않는다. 이로 인해 유럽의 식민지 개척 시대 이전에는 어떤 국가도 중국과 대적할 수 없었다"고 했다.

1793년, 청의 건륭제는 영국의 조지 3세에게 보낸 서신에 "천조天朝는 물산이 풍부해서 없는 것이 없으니 외국 오랑캐에게 빌릴 물건이 없소"라고 밝혔고, 그의 아들 가경제 역시 "천조는 모든 것이 풍족한데 어찌 소국의 하찮은 물건이 필요하겠소"라고 했다. 18세기 후반, 애덤 스미스는 『국부론』에서 "중국은 유럽의 여느 나라보다 부유하다"고 했고, 프랑스의 중농학파들도 이 점을 인정했다. 중국은 모든 것을 가지고 있었기에 당연히 다른 나라의 재부나 자원을 탐내지 않았다. 중국의 인접국은 경제적으로 그에 미치지 못해 중국인들은 그들을 가난한 나라로 여겼다. 따라서 인접국을 정복한다고 해도

칭짱고원은 티베트고원이라고도 하며
세계에서 가장 높고 커서 '세계의 지붕'이라고 불린다.

별다른 이익이 없을 것이라 판단했다.

중국의 지리 환경도 대외 확장에 걸림돌로 작용했다. 페르낭 브로 델에 따르면 "중국은 대외 개방을 하지 않고 자급자족에 의존하는 국가다. 그리고 출구라고는 사막과 해양 오직 두 곳 밖에 없다. 그나 마 잠재적인 무역 파트너가 있을 때만 이 출구를 활용했다." 이 두 개의 출구는 정확히 말하면 '서역'과 '남해'로, 중국이 영토를 넓히 려면 이 지역 먼저 정복해야 했다. 동쪽에는 세계에서 가장 넓은 바 다인 태평양이 있고, 서쪽에는 높고 넓은 고원인 칭짱고원이 있으며, 북쪽에는 세계에서 가장 넓은 동토 지대인 시베리아가 있고, 남쪽에 는 열대 지대가 있어서 중국은 바깥으로 뻗어나갈 수 없었다.

중국의 남쪽에 위치한 열대 지대는 바로 동남아시아다. 중국인들 이 동남아시아로 진출하려면 몇 가지 문제를 해결해야 했다. 중국 고

전에는 남방에 '장기瘴氣(축축하고 더운 땅에서 생기는 독기, 일종의 풍토병)'가 많다고 기록되어 있는데, 장기는 고도의 전염성이 있는 악성 질환이다. 978년(북송 태평흥국太平興國 3), 태종이 남한南漢을 평정한 후, 독립을 선언한 교주交州(즉 교지交趾, 훗날의 안남)를 다시 수복하려 했다. 대신 전석田錫이 상소를 올려 "교전은 독기로 가득한 곳이며 빼앗아봐야 돌밭이나 다름없습니다. 폐하께서 덕을 베푸셔야지 어찌 이런 곳에 병사를 일으켜 야만족을 상대하려 하십니까"라고 반대했다. 태종은 상소를 보고 군사를 거둬들였다. 이렇게 교주가 독립을 유지할 수 있었던 것은 그곳에서 창궐하는 '장기' 때문이었다. 북송의 군인 대부분이 중원 출신이라 혹서에 적응하지 못하고 장기에 저항력이 약한 것을 우려해서 결국 전쟁에 나서지 못했던 것이다.

교주보다 더 북쪽에 위치한 영남嶺南 지역의 장기는 더욱 공포스러운 질병이었다. 장기로 인해 관리들이 부임하기를 꺼려서 1032년(명도明道 원년)에 인종은 영남에 부임하는 관리들이 연임하지 못하도록 배려했다. 1046년(경력慶歷 6), "장기가 기승을 부리니 이곳에서 근무하는 병사들은 적당한 곳으로 이주하라. 반란이 아직 끝나지 않아서 병사들이 오래 머물게 되면 의원들이 약을 지어 지급하도록 하라"는 명령을 내렸다. 명·청 시기, 윈난과 광시 일부 지역은 장기가 유행해서 군사 행동을 하는 데 지장을 줬다. 만력 연간 수차례 미얀마를 토벌하려 했으나 모두 '더위와 장기'에 막혀 퇴각하고 말았다. 1769년(청 건륭 34), 부원傅垣이 대군을 이끌고 미얀마 원정에 나섰으나 미처 전투도 하기 전에 부장 아리곤阿里袞이 장기로 사망하고, 병사들도 절반가량 죽어서 3만1000명 중 겨우 1만3000명이 생존했으며 부원 자신도 병을 얻어 철수할 수밖에 없었다. 열대 지역의 특수한 환경은 중국이 남쪽으로 확장을 꾀하는 데 제약이 되었다.

진한 이후 중국은 소위 중국 본부China Proper(오늘날에는 중국 내지라고 한다)만 상대적으로 안정적이었고, 확장할 만한 공간은 사막, 고산, 한랭한 황무지 등 척박해서 초목이 자라지 못하는 땅이었다. 농경 사회인 중국은 이런 땅에 매력을 느끼지 못했고, 정복한다고 해도 오히려 막대한 유지 비용이 필요했다. 중국의 대외 확장은 투입되는 비용에 비해 수익이 너무 적었다. 지리적 환경으로 인해 중국은 대외 확장의 운명을 가진 나라가 아니었던 것이다.

역사상 웅대한 야심을 품었던 진시황, 한무제 같은 황제는 변방을 개척하려 애썼다고 후대의 칭송을 받는다. 하지만 진시황이 흉노를 정벌하려 할 때 승상 이사李斯는 "불가합니다. 흉노는 성을 짓고 살지 않고, 마치 날아다니는 새처럼 잡기가 쉽지 않습니다. 우리 경무장 병사들이 들어가면 보급선을 유지할 수 없어서 식량 조달이 끊길 것입니다. 설사 그 땅을 차지한다고 해도 이득이 없고 백성을 얻는다 해도 통제가 안 됩니다"라고 말하면서 반대했다. 한무제가 민월閩越을 토벌할 때도 회남왕淮南王 유안劉安은 "월은 계곡에 대나무 집을 짓고 살며 배를 타고 물에서 하는 전투에 능하지만 우리는 그곳에 익숙하지 못하니 100명이 민월인 하나를 감당하기 어렵습니다. 설사 땅을 얻는다 해도 군현郡縣 설치가 불가능해서 다스리기가 힘듭니다"라며 반대했다. 그럼에도 진시황은 적극적으로 변방을 개척했다. 한나라의 가의賈誼는 『토진론討秦論』에서 "진시황은 남으로 백월百越을 얻어 구이린, 상군象郡을 설치하고 관리를 파견했다" "(북) 흉노를

270킬로미터가량 몰아냈다. 오랑캐는 감히 남으로 내려와 방목을 하지 못했고 우리 병사들도 활을 쏘지 않았다"고 기록했다. 하지만 동원했던 백성들의 불만이 폭발해서 죽창을 들고 덤비는 바람에 온 세상을 떨게 했던 진나라도 결국 망하고 말았다. 한무제도 변방을 개척해서 영토를 중앙아시아까지 넓혔지만 노년에 "세상을 소란케 한 것이 결코 백성을 위한 것이 아니었다"라며 『윤대죄기조輪臺罪己詔』를 지어서 "지난날의 잘못을 깊이 회개한다. (…) 짐이 즉위한 이래, 미친 짓들로 인해 천하가 소란스러웠으니 후회막급이다"라고 참회했다. 당의 전성기를 이끌었던 현종도 적극적으로 서역 경영에 나서서 처음으로 서부 영토를 확대했다. 그러나 백성들에게 엄청난 고통을 가져다주었고 경제가 크게 어려워지면서 당시 지식인들의 비판을 받았다. 이백李白은 「전성남戰城南」에서 다음과 같이 읊었다.

지난 해 싸움은 상건원桑乾源에서, 올해 싸움은 총하도葱河道에서.
조지條支 바닷물에 무기를 씻고, 천산天山 눈 위에 말을 놓아 먹인다네.
만 리 길 기나긴 원정에 병사들은 죄다 지쳐 늙었네.

백성들의 삶에 관심을 보였던 두보는 「병거행兵車行」에서 당시 상황을 절절하게 읊었다.

변방에 피가 흘러 바다를 이루어도 황제는 변방 개척의 꿈을 버리지 않네. 그대는 듣지 못했소. 한나라 산동 200여 개의 고을이 가시덤불에 뒤덮인 것을. 건장한 부녀가 호미와 쟁기를 잡고 일하지만 벼는 이랑에서 아무렇게나 자라고 있다네.

　중국은 변방을 개척해서 얻은 이익보다 손실이 훨씬 더 많았기에 반대 여론이 거셌다. 유향劉向은 진시황이 영남을 공략하는 것이 '물소 뿔, 상아, 비취, 보석' 등을 얻기 위한 황제의 사심 때문이라고 비판했다. 사마천은 한무제를 "사치와 탐욕이 극에 달했다. 형량과 세금은 무겁고, 궁실은 사치스러우며 대외적으로는 정벌을 일삼고 미신에 빠져 수차례 순시를 다니니 백성들의 피로가 누적된다. 또한 도처에서 도적이 출몰하니 도대체 진시황과 무엇이 다른가"라고 평가했다. 엄안嚴安은 한무제에게 이렇게 말했다. "진시황은 널리 위엄을 과시하려고 북쪽 변경을 정벌해서 북하北河까지 나갔습니다. 도수屠雎에게는 월越을 공격하게 했으나 결국 식량이 다 떨어져 대패했습니다. 결국 10년 동안 남자들은 징집에, 여자들은 잡일 동원에 시달리며 고생이 이루 말할 수가 없었고, 결국 천하의 반을 잃고 멸망하고 말았습니다. (…) 지금 또 전쟁을 벌이는 것은 바른 선택이라 할 수 없습니다. 지금 천하에는 닭이나 개 울음소리가 들리지 않고, 밖으로는 피로가 누적되어 있으니 출병은 백성을 위하는 일이 아니며 국가를 망가뜨리는 일입니다. 끝없는 욕심에 따라 살상을 일삼고 흉노와 원한을 만드는 것 역시 변경을 안정시키는 일이 아닙니다." 현명한 통치자였던 당 태종은 "중국 백성이 천하의 근본이고, 주변국의 사람들은 그저 가지 잎사귀에 지나지 않는다"고 하면서 "천하 통치는 나무를 기르는 것과 같아 근본이 튼튼하지 못하면 근심이 생기고, 근본이 튼튼하면 가지는 그다지 근심거리가 되지 않는다"라고 했다.

명의 태조는 후손들에게 남긴 『황명조훈皇明祖訓』의 첫 장에서 절대 가볍게 대외 정벌에 나서지 말라고 당부했다. 물론 명대에 대외 확장에 적극적으로 나서지 않은 것은 '선조의 말씀을 충실하게 받들어야 하는' 유가의 가르침 때문만은 아니었다. 태조의 유훈을 따르지 않고 수차례 인접 국가를 정벌하고 정화를 파견해서 명의 위세를 떨친 성조成祖와 같은 통치자도 있었다. 대부분의 통치자가 태조의 유훈을 잘 지키며 대외 확장에 소극적이었던 것은 경제적 이득과 정치적인 판단을 고려했기 때문이다. 만약 무리하게 변방을 개척하다가 경제가 파탄나면 정권이 흔들리게 되니 가볍게 정벌에 나서지 않았던 것이다.

동아시아의 중심인 중국은 영토를 확장할 생각이 없었고, 조공 시스템은 다른 나라들의 주권을 보장하면서 서로 이득을 얻는 일종의 호혜관계였다. 누군가 조공 규칙을 어긴다면 중국이 경고를 하기도 했으나 무력을 사용해 타국의 영토를 뺏지는 않았다. 중국의 영향력이 미치는 범위에서 전쟁은 거의 발생하지 않았다. 중국이 인접국과 전쟁을 벌일 때도 그 나라를 멸망시키거나 영토를 빼앗으려는 목적은 없었기에 국지전 수준에 그치거나 비교적 강도가 약해 근대 유럽의 상황과는 크게 달랐다. 페어뱅크는 "중국의 전통적인 대외 정책은 여러 비폭력 방법을 포함한다. (…) 전쟁의 목적은 적을 굴복시키는 것이지 소멸시키는 것이 아니고, 물리적 전과戰果보다는 심리적 효과를 얻기 위함이다"라고 했다.

2. 누가 강적인가: 명조의 국방 전략

국가 간에는 갈등과 충돌이 발생하기 마련이다. 이때 평화적 수단으로 해결이 안 되면 전쟁이 발발한다. 소련의 볼셰비키 혁명을 이끌었던 레프 트로츠키는 "당신은 전쟁에 관심이 없을지 몰라도 전쟁은 당신에게 깊은 흥미를 가지고 있다"라는 명언을 남겼다. 근대 이전에는 지리적으로 인접한 국가나 지역이 위협적인 존재였다. 근대 초기, 기술이 발달하고 경제 세계화가 이뤄지자 서로 멀리 떨어져 있는 나라도 적수가 되었다. 앞서 말했듯이 중국은 대외 확장을 할 이유가 없었고 실제로도 소극적이었지만 그 주변국은 달랐다.

앞서 인용했던 마테오리치의 "(중국은) 주변 방어를 매우 잘한다. 자연적인 지형 덕분이기도 하고, 과학적인 기술이 받쳐주기도 한다"는 말은 절반만 옳다. 중국은 지리적으로 외부의 공격을 피할 수 없는 위치에 있기 때문이다. 중국은 역사상 여러 번 외부의 침입을 받았고, 이민족의 침략에 '망하기도' 했다. 중국은 유럽과 아시아 대륙의 연변 지대에 위치했기에 부득이하게 해양과 육지 두 방향에서

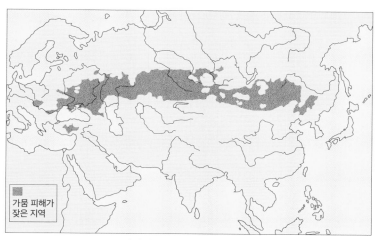

가뭄 피해가
잦은 지역

유라시아 대륙의 초원 사막 지대.

오는 위협에 직면해야 했다. 중국은 육상 대국이자 해상 대국이기도
하다. 중국의 해안선은 북쪽 압록강 입구에서 남쪽 베이룬항北侖港까
지 1만8000킬로미터에 이르며 '육해 복합형 국가'에 속한다. 지리정
치학에서 육해 복합형 국가는 연변 지대Rimland 국가라고 한다. 지
정학자 니컬러스 스피크먼은 "동반구의 권력 충돌은 심장 지대와 연
변 지대와의 관계, 연변 지대의 권력 분포, 대륙 연해의 압박으로 일
어난 해상 세력과 관련 있고, 서반구가 이 압박에 참여하는 정도와
연관돼 있다"고 했다.

초기 경제 세계화 이전에는 북아시아와 칭짱고원, 동남아시아 지
역은 인구수가 적고 경제는 낙후되어 중국에 위협이 되지 못했다.
당대, 칭짱고원의 토번과 윈구이고원의 남조가 강성했으나 얼마 후 모두 멸망했다. 그러나 북아시아와 중국 허베이 사이의 중간지역이 2000년 동안 중국을 위협하는 발원지가 되었다. 이 지역은 데니스 사이노어가 말한 중앙 유라시아로, 학계에서는 내륙 아시아로 통한 다. 오언 래티모어는 이 지역을 가리켜 이렇게 말했다. "태평양에서 파미르고원까지, 또 파미르고원 남쪽에서 중국과 인도의 경계선까지 있는 만주, 몽골, 신장, 티베트를 포함한다. 아시아 중부의 격리된 지 역이자 세계에서 가장 신비로운 변경 지대 중 한 곳이다. 이곳은 해 양과 더불어 중국의 영토 확장을 제한했다. 중국 대륙에는 변경 경 계선이 있는데, 인류 역사상 가장 위대한 만리장성도 그 산물이었다. (…) 이 지역에서 역사상 의미 있는 정벌 전쟁이 일어나거나 간혹 사 람들이 이민해오기도 했지만, 일반적으로 이곳은 그저 격리된 지역 으로 중국과 중동, 근동과 유럽 간의 교통을 잇거나 끊을 뿐이었다."

래티모어는 이곳을 '격리지역'이라고 했지만, 사이노어는 이곳에 서 서로 다른 문명이 각축한다고 생각했다. 이 지역은 경제적으로 확 실히 격리되어 있었지만, 인구 유동 면에서는 유럽과 아시아를 연결 하는 커다란 통로였다. 양 대륙의 인구가 이동할 때 이 지역을 통과 해야 했기 때문이다. 브로델은 유럽과 아시아 대륙의 양 끝단에 위치 한 동아시아와 유럽을 두고 한쪽에서 큰 기압 변화가 일어나면 이 통 로를 통해 다른 쪽으로 이동한다고 했다. 이런 전파는 이 지역에 사 는 유목 부족에 의해 실현되었다.

내륙 아시아에는 사막과 건조한 초원이 펼쳐져 있었다. 브로델은 "이 지역은 생존 조건이 열악해서 사막과 대초원(중국을 기준으로 서 부와 북부, 인도를 기준으로는 북부와 서부)은 여름에는 너무 덥고, 겨울에는 눈으로 뒤덮인다"라고 했다. 일부 오아시스에서는 농경이 가능하지만 "이 열악한 환경 조건에 적응하기 위해 유목을 주된 생활 방식으로 삼았고, 주민들은 터키인, 돌궐인, 키르기스인, 몽골인 등으로 다양하게 구성되었다. 이들이 사람들에게 남긴 인상은 '흉악, 용맹, 잔혹, 망명 정신, 큰 말을 타는 폭도' 등이었다. 정착 민족은 대포의 힘을 빌려서 이 야만적인 유목민들을 겨우 격퇴시켰다."

유목생활은 이 지역의 사람들을 상무호전尚武好戰하도록 했다. 브로델은 "문명에 위협적인 존재인 야만족은 대륙 중앙의 사막과 초원에서 생활하는 유목 부락이다. 대서양에서 태평양 연안까지 자연 조건이 열악한 황막荒漠 지대는 화약고 같은 곳이었다. 아주 작은 불꽃만 튀어도 이 화약고는 발화했다. 말과 낙타를 기르는 유목민들은 거칠어서 서로 충돌하기 일쑤였고, 가뭄이 들거나 인구가 늘어나면 바로 주변의 다른 초지를 침략했다. 이런 상황이 누적되다보니 이들의 이동은 수백 킬로미터에 걸쳐 연쇄 반응을 일으켰다"고 분석했다.

유동 인구의 목적지는 남쪽에 위치한 풍족한 농경지역, 즉 중국, 인도와 유럽 등지였고, 이 지역으로 이동하는 것은 그리 어렵지 않았다. "중국 변방의 새외塞外는 인구가 얼마 되지 않아 언제라도 들어갈 수 있었다. 인도의 펀자브는 10세기에 이미 무슬림들의 세상이었고, 이란과 카이바르의 유목 민족이 대다수였다. 동유럽과 남동유럽의 제방은 시기에 따라 방어능력이 달랐다. 유목 부락은 상대가 나약해지거나 방어에 소홀한 틈을 타서 비집고 들어갔다. 초원의 유목 부족은 벌떼처럼 몰려와서 상대방이 어떻게 방어하느냐에 따라 동, 서로 움직였다."

인도는 아프가니스탄산맥의 협소한 카이바르만이 유목인에게 개방되어 있었지만, 중국은 불행하게도 넓디넓은 고비 사막과 인접하고 있었다. 기원전 3세기부터 건설된 중국의 장성은 군사적으로 중요하긴 했지만 실질적인 효과보다는 상징성이 강해서 여러 차례 뚫렸다. 1368년 중국은 몽골을 쫓아내고 고비 사막에 건설된 카라코람Kara-koram 본부를 불살랐다. 이로써 유목 민족을 동쪽으로 밀어냈지만, 이들은 짧게는 1~2년, 길게는 10~20년마다 소란을 일으켰고, 갈수록 서쪽으로 향했다. 1400년, 캅카스인들이 볼가강을 건너 유럽에서 돌아왔다. 200년 동안 유럽 지역을 떠돌던 부족들이 이제는 쇠약해진 중국을 향하기 시작했다. 1526년에 자히르 무하마드 바브르가 인도 북방을 점령했고, 1644년에는 만주족이 베이징을 점령했다.

중국은 국방 전략을 짜서 안전을 도모해야 했다. 아서 월드런에 따르면 당시 중국에 두 가지 국방 전략이 있었는데, 하나는 북방 유목 민족과의 전쟁이고, 다른 하나는 문화, 경제, 외교 수단으로 본토의 화하 문명을 전하는 '회유 정책'이다. 중국은 유목 민족의 도전을 받았을 때 이 두 전략을 함께 운용했다. 월드런의 분류가 나름대로 설득력이 있지만 역사적 사실에 완전히 부합하지는 않는다. 진한秦漢은 '화하 문명의 본토 왕조'이긴 하지만 국세가 강성할 때는 진취적인 정책을 펼치며 적극적으로 변경을 개척했다.

원대를 제외하고 중국 역대 왕조가 펼친 국방 정책의 기조는 방어였다. 이 방어 전략은 적극적 방어와 소극적 방어를 포함한다. 적극적 방어란 변경 바깥으로 출병해서 전략적 요충지를 점령하고, 적의 의지를 꺾어 본국의 안전을 지키는 것이다. 소극적 방어는 변경을 따라 방어선을 구축한 다음 침입을 막아내는 것이다. 중국이 인접국과 벌인 전쟁은 대체적으로 방어적인 성격이었다. 한, 당, 청나라가 중앙아시아에서 수행한 전쟁이 모두 적극적 방어 전쟁에 속한다. 천인쳬는 당의 전성기 때 적극적으로 서북 확장을 꾀했던 이유를 다음과 같이 분석했다. "관중關中은 왕의 땅이고, 안서사진安西四鎭은 국가의 중심을 보호하는 요지였으며 장안으로부터 9000킬로미터 떨어진 캬슈미르 길기트Gilgit는 서쪽 문에 해당했다. 현종 때 화하, 토번, 대식 세 민족이 모두 강성해서 중국은 관롱關隴을 보호하기 위해 사진四鎭을 고수하지 않을 수 없었다. 사진을 지키기 위해서는 길기트를 통제해서 토번을 제압하고 대식과의 식량 원조 통로를 차단해야 했다. 당시 국제 정세에 비추어 볼 때 당이 서북을 개척한 것은 타당한 이유가 있었다." 그러나 송대에 이르러 소극적인 방어로 정책 방향이 바뀌었다. 만리장성은 소극적 방어 전략의 산물이다.

명대에는 이 두 가지 전략이 모두 사용되었다. 명 초, 영락제는 군대를 파견해서 몽골을 멀리 북쪽까지 몰아내고, 동남아시아에서도 (안남 등의 국가에 대해) 전쟁을 수행했다. 1449년, '토목보의 변' 이후 국방 자원이 부족해지자 소극적 방어 정책으로 돌아섰다. 토목보에서의 참패 이후, 황하 부근의 비옥한 오르도스Ordos 초원으로 국방 자원을 집중했고, 주둔군을 먹여 살릴 수 있는 관개 농업을 실시했다. 그러나 충분한 병력과 물자를 동원하고도 오르도스 초원을 수복하지 못하자 이곳에 장성을 쌓고 병사를 주둔시켰다.

오늘날 우리가 보는 장성은 명대에 쌓은 것이다. 명 조정은 200년이 넘는 시간 동안 벽돌 5000만 개를 쌓는 엄청난 공사 끝

대명여지도에 그려진 장성.

에 6400~7300킬로미터에 달하는 장성을 건설했다. 장성에 병사들
이 머무를 수 있는 군사 기지인 진鎭을 설립하고, 1531년(가정 10)에
37만1000명, 8년 뒤 61만9000명, 1582년(만력 10)에는 68만6000명
까지 증원했다. 군사력을 유지하기 위해서 선진 기술의 화기를 공급
했고 방대한 군비가 들었다. 매일 장성을 수비하려면 6만 명의 군사가
필요했고, 불랑기포 8000문, 신창神槍 1만2000자루, 신전神箭 36만
자루, 화약 150톤 이상을 갖춰야 했다. 국가 재정의 대부분이 여기에
사용되었다. 라이젠청賴建誠의 연구에 의하면, 변경 경비를 위해 매

년 편성하는 예산은 1531년에 은량銀兩 336만 량이었고, 1582년에는 827만 량으로 폭증했다. 1578년(만력 6) 국고 수입 367만 량이었음을 고려할 때 이는 엄청난 부담이 되었을 것이다. 명 조정은 다른 지역에서는 도저히 군사 행동을 할 수가 없었다.

본래 남방과 해상지역은 중국이 그리 위협적으로 여기지 않았다. 명대 이전까지는 '남쪽의 화南患'와 '바다의 화海患'가 존재하지 않았다. 초기 경제 세계화 시대에 엄청난 변화가 일어났다. 유목 민족이 기동성을 바탕으로 지리적 한계를 극복하고 여러 지역을 정복하기 시작했다. 15세기 말 항해 기술과 지리학이 발전하면서 해양과 육지 사이의 경계를 무너뜨렸고, 해상 세력이 중국의 새로운 위협으로 등장했다. 동남아시아 지역에서도 강력한 정권이 수립되면서 중국을 위협하기 시작했다. 명 조정은 '북쪽의 화'를 해결하지 못한 채 새로 출현한 남쪽과 해상의 위협을 맞닥뜨리는 상황에 봉착했다.

명 조정은 기존의 위협 세력인 '북쪽의 화'에 국방 자원을 집중했기에 새로운 위협에 효과적으로 대응할 수 없었다. 1527년(가정 16), 조정에서는 안남 토벌에 관해 상의했다. 양광군무병부우시랑兩廣軍務兵部右侍郎 채경蔡經은 만약 30만 명의 병사를 1년간 파병하면 군량 162만 석이 들고, 배와 말 등을 사는 비용으로 은 73만 량이 필요하다고 했다. 만약 전쟁을 1년 이내에 끝내지 못하면 문제는 더욱 복잡해졌다. 적극적으로 안남 토벌을 주장하던 임희원林希元은 2년의 시간이 걸리고, 병사 20만 명, 군비는 대략 160만 냥, 쌀 400만 석이 필요할 것이라고 예상했다. 안남을 토벌하기 위해 치러야 하는 대가가 너무 커서 채경의 의견을 받아들여 군사 행동을 취소했다.

명나라는 방대한 규모의 군대를 보유했지만, 실제로 동원할 수 있는 군사력은 아주 제한적이었다. 명 조정은 가장 위협적인 곳에 역량을 집중하고, 그 외에는 소극적으로 대응하는 전략을 취했다. 그러다 보니 항상 당하는 상황에 처했고, 해상에서는 더욱 그랬다. 원나라는 강력한 해군을 동원해서 일본과 자와로 원정했지만, 명나라는 왜구가 동해를 횡행하고 연해에서 소란을 피워도 효과적으로 대응하지 못했다. 이후 포르투갈, 스페인, 네덜란드 등 서유럽의 해상 강국이 동남아시아 해역에서 식민지를 건설하고, 무역을 할 때 제 마음대로 농단하거나 중국인을 살해하는 등 중국의 이익을 침해했지만 명 조정은 아무것도 할 수 없었다.

3. 큰일을 감당하지 못하다: 문제투성이의 명나라 군대

명나라는 동아시아에서 가장 큰 규모의 군대를 보유하고 있었다. 명 초, 총 병력의 수는 180만 명 이상이었고, 영락 때는 280만 명까지 늘었다. 1569년(융경 3), 병부시랑 담륜譚綸은 전국의 총 병력이 313만8000명이라고 보고했다. 이렇게 많은 병력의 수와 더불어 냉병기와 화기를 병용하는 군대로 선진화되었다.

송대 이전까지 중국 군대는 냉병기를 사용했다. 송대에 화기가 등장하면서 세계 군사사에서 유의미한 '화약 혁명'의 서막을 열었지만 초기 단계에 머물렀다. 원대에는 금속 관형 화기인 동화총銅火銃이 출현해서 화기 역사에 새로운 기점이 되었다. 하지만 아직 위력이 약해서 제한적으로 사용되었다. 명대에는 화기 사용이 매우 활발해졌다. 1380년(홍무 13), 규정에 따르면 "군 100호戶마다 총 10자루, 칼과 방패 20개, 활 30개, 창 40자루"가 지급되었다. 각 위소衛所마다 조총수가 위소병의 10분의 1을 점할 정도였다. 영락 시기, 수도를 지키는 경군京軍에 전문적으로 화기를 다루는 신기영神機營이 조직되었고, 이는 유럽 최초의 스페인 조총병보다 1세기나 앞선 것이다. 명대 중후기, 경군의 화기는 널리 보급되어서 "경군 10만 명에 화기병이 6할"이라고 했다. 변경을 지키는 부대도 화기로 무장했다. "10명 중 8명은 화기, 2명은 활을 익힌다"라는 말이 나올 정도였다.

군대 조직에도 큰 변화가 생겼다. 명군의 주력 부대인 경군은 훈련 부대였는데, 1550년(가정 29)에 개혁을 단행해서 훈련 부대와 전투 편제를 일원화했다. 이 부대는 모병제로 모집한 병사에 변군邊軍과 반군班軍을 합하고, 보병과 기병에 전차병을 더한 새로운 편제로 개편했다. 신기영이 보유한 화기의 수는 이전보다 늘어났고 기술 수준도 발전하면서 명나라가 망할 때까지 유지되었다. 하지만 이렇게 전향적인 변화에도 불구하고 명나라 군대는 심각한 문제를 가지고 있었다.

명군이 사용하는 화기는 질적인 면에서 큰 한계가 있었다. 명 초의 관형 화기는 창槍, 총銃, 포砲라고 칭했는데, 명칭을 엄격하게 구분하지 않는 것으로 보아 그만큼 차이가 크지 않았음을 알 수 있다. 중후기에 사용되던 화포와 화창은 기술적으로는 진전을 보이긴 했지만, 여전히 결함이 있어서 실전에서는 활에 미치지 못했다. 척계광은 "오늘날 강적(몽골)의 무기는 멀리서는 활, 가까운 거리에서는 칼이다. (…) 활은 멀어야 50보 거리여서 우리 병사들은 용감하게 앞으로 나가 싸우는데 육박전에서 활은 무용지물이라 두려울 것이 없다. (…) 총은 한 번에 여러 발을 쏠 수 없어서 무리를 상대할 수가 없다. 수창手槍은 100발을 쏘면 한 발 정도 적중하니 화살보다 실효성이 떨어진다"고 했다. 명대 후기의 군사 전문가 하여빈도 "조총은 남쪽에서 북쪽보다 많이 사용하고, 삼안총三眼銃은 남쪽보다 북쪽에서 많이 사용한다. 이유가 무엇일까? 북방에서는 조총을 쏘려고 화문을 열면 바람이 심하게 불어 화약이 날라가버리고, 그 사이 적의 기병이 달려들어 계속 사용할 수가 없으니 불편하다"고 했다. 이렇게 화기의 결함으로 인해 명군의 전투력은 큰 손상을 입었다.

명대에 화기는 군기국軍器局 소관하에 생산되었고, 회갑창盔甲廠, 왕공창王恭廠에서 주로 제작했다. 만력 말기, 두 곳에서 제조한 화기는 각종 연탄鉛彈 40만 발, 화약 36만 근, 약선 30만 개, 각종 화기(협파창夾靶槍, 쾌창快槍) 7000자루, 대포 1400문에 달했다. 연간 생산하는 수량은 그리 적지 않았지만, 실제로 경군이 사용하기에는 턱없이 부족했다. 게다가 화기의 질이 많이 떨어져서 실전에서 소용이 없었다. 만력 때, 조사정은 "태평성대가 오래 유지되다 보니 화기를 만드는 기술이 좋지 못하다. (…) 선인들이 만든 것을 제대로 이해하지 못하고 그림만 보고 따라 만들어서 질이 떨어지고 효과를 내지 못한다. 작금의 화기는 적을 이길 수 있는 무기가 아니다"라고 보고했다. 1591년(만력 19), 공부급사중 장정관張貞觀은 "불랑기, 화통火筒 등은 군인들이 익히지 않으면 쓸모가 없으니 적절히 개량해야 한다"는 내용을 담은 상소를 올렸다. 1618년(만력 46), 병부상서 설삼재薛三才는 다음과 같이 말했다. "경군에는 전차와 화기를 갖추는 것이 급선무지만 준비가 충분치 못했습니다. 지금 전차 1400량이 있긴 하지만 10년 전부터 고장이 많이 나서 250량을 공부에 보내 수리를 요구했지만, 그중 20량만 수리가 되었고 359량이 또 고장 났습니다. (…) 화기총포는 원래 7만992자루가 있어야 하는데 그중 4만6000자루만 사용이 가능합니다. 사정이 급해서 3600자루를 빌려서 사용하고 있지만 4만2000명이 손을 놓고 기다리고만 있습니다. 갑옷은 15만 개가 있으나 그중 1만8000개가 부서졌고, 선봉대가 쓰는 갑옷 7000개, 투구 9020개 중 대부분이 부서졌습니다. 또 동銅으로 제작한 회로포灰虜砲, 불랑기 등은 시험 발사에서 부서져버려서 다시 만들어야 합니다." 화기의 질이 너무 떨어져서 일부 부대는 화기로 무장하고도 거의 사용하지 않았던 것이다.

1622년(천계 2), 요동 감군도어사監軍道御史 방진유方震孺는 요동의 군대가 사용하는 병기를 보고 다음과 같이 말했다. "장점을 가진 병기를 사용해야 한다. 무엇이 장점인가? 오랑캐는 활에 능하고 우리는 화기에 능하다. 예전에 랴오양의 화기는 적에게 치명적이었지만 지금은 그렇지 못하다. 이것은 무기의 문제가 아니라 사람의 문제인데, 병사들은 화기가 쓸모없으니 차라리 칼이 편하다고 한다. 지금 화기는 성 위에 전시만 해놓으니 수비는 가능하지만 공격용으로는 적당하지 않다. 장수들마저 화기에 대해 잘 알지 못하고, 아는 자라고 해봐야 대장 이병성李秉誠, 편장偏將 담극종譚克從, 노지유魯之由 등이다. 화기가 이렇게 많아도 제대로 아는 자가 없어 장점을 버리고 단점을 취하니 이 얼마나 기막힌 일인가?"

화기뿐만 아니라 명의 군대 체제 역시 심각한 문제를 안고 있었다. 명대의 군대 체제는 아주 복잡한데, 우선 기본을 이루는 위소제衛所制가 있다. 위소제는 병사들이 평소에는 각자 위소 부근에서 훈련하다가 전쟁이 발발하면 출정하고, 끝나면 다시 원래의 위소로 돌아가는 것이다. 태조는 위소제를 통해 '병농합일' 제도를 만들어 경사의 위소 외에는 자급자족하도록 했다. 그러나 이 제도로는 전문화된 군대를 갖출 수 없었다. 병사이면서 동시에 농민인 시스템에서 사병은 진정한 직업 군인이라고 볼 수 없고, 위소 역시 전투 편제가 아니기에 정규 훈련, 특히 복잡하고 규모가 큰 실전 훈련을 거의 받지 않았다. 위소의 병사는 평상시에 농사를 짓거나 장사 등 다른 생업에 종사했는데, 점차 군관들에게 속한 소작농이나 노동자처럼 여겨져서 엄밀히 말해 군인이라 볼 수 없었다. 훈련도 농한기에만 진행되었다. 홍무 시기, 훈련 제도가 만들어졌지만 오래가지 못했고, 위소의 병사는 "손은 무기를 쓸 줄 모르고, 발은 전진과 후퇴를 모르며, 눈은 깃발의 색을 구별하지 못하고, 귀는 북소리를 구별하지 못한다"는 평가를 받았다.

명대 후기의 군대 편제는 위소제와 영병제營兵制가 병존했다. 영병제는 본래 위소제의 보완책으로, 위소병이 '농사일'로 훈련이 부족한 병폐를 해결하기 위한 것이었다. 영락 시기 경위京衛, 중도中都, 산둥, 산시, 허난, 다닝大寧 각 도사都司와 강남, 강북 위소 병사들로 경군의 삼대영三大營을 구성했다. 동시에 조량을 운송하기 위해 구성된 조군漕軍, 변경을 지키기 위해 설립된 술병戍兵, 지방 치안을 위해 구성된 총병, 순무 소속군, 도종위소都從衛所에서 뽑아 영營을 구성했다. 위소제는 법적으로 규정된 군사 편제이긴 했지만 사실상 병적 관리, 둔전, 방어 수단일 뿐이었다. 영병제는 기동 병력으로 구성되었지만 그다지 완전하지 못해서 명대 중후기부터 계속 보완해야 했다. 명대 중엽, 왕정상王廷相은 "영의 군사들이 공사나 나무를 베는 등 잡일로 1년 내내 훈련을 받지 못한다. 몸은 고되고 사기는 떨어져서 명색이 군인이지만 실제로는 시정의 잡부나 농사꾼과 다르지 않다. 이들

명나라 기병의 모습.

을 내보내 어찌 전쟁에서 이겨 황제의 위엄을 떨칠 수 있겠는가!"라
고 우려했다.

　각 위소는 고정된 주둔지가 있긴 했지만, 군사활동 지점이 계속
바뀌었기 때문에 각 위소의 병사 중 일부를 뽑아 다른 지역에 배치
했다. 이런 부대를 반군班軍이라 하는데, 그중 가장 중요한 것은 베
이징의 외소外所 반군이었다. 그들은 정해진 기간에 교대로 베이징과
경군의 삼대영에 편입되어 방어 훈련을 받고, 때로는 긴급하게 수리
가 필요한 곳에 배치되거나 제조 업무에 종사했다. 점차 주요 임무가
방어 훈련에서 수리, 제조 등의 잡무로 바뀌며 전투력을 상실했다.
1550년(가정 29), 직방주사職方主事 심조환沈朝煥은 반군의 월급을 지
급하다가, 대부분 병사가 거지를 고용해서 대신 받아가게 하는 것을
발견했다. 훗날 반군은 아예 일만 하고 훈련은 받지 않아서 아무도

그들을 군인이라 여기지 않게 되었다. 이들이 훈련을 받지 않고 장사나 다른 일을 해도 그들이 속한 반班에 돈은 계속 지급되었다. 명대 후기, 정세가 급변하자 그들을 변방으로 보내 공사에 동원하고 쌀을 운반하게 하는 등 노동을 시켰다. '반군班軍'에서 '반공班工'으로, 이들의 정체성이 군인에서 노동자로 변했던 것이다.

명대 병사들에 대한 대우는 형편없었다. 서광계는 병사들의 처지를 이렇게 묘사했다. "경영京營의 군사들은 한 달에 쌀 1~2석을 받는데, 영군은 훈련을 많이 받지 않아 각자 생업에 종사하며 호구지책을 마련했다. 매일 훈련을 받아야 겨우 기아를 면할 수 있다. 영군이 이렇게 사기가 떨어진 것은 처우가 나쁘기 때문이다. (…) 이들은 모두 하층민으로, 겨우 끼니만 때우고 엄동설한에도 몸을 간신히 가릴 정도로 옷을 입었다. 이렇게 대우를 받는데 송대 악비岳飛 부대의 효과를 내라고 하면 나는 할 수가 없다. 이들은 모두 부양가족이 있는데, 겨우 한 달치 식량인 6말斗에 은 6전錢으로는 가족을 보살필 수 없다. 이 월급으로 의식을 해결하고, 가족까지 부양하며 훈련에 전력을 쏟아 용감하게 적을 물리치라고 명령하는 것은 어불성설이다." 이와 같은 대우로는 좋은 병사를 모을 수가 없었다. 게다가 군인의 사회적 지위도 낮아서 다들 군인을 무시하곤 했다. 마테오리치 역시 이들을 보며 이렇게 말했다.

이 나라에서 병사보다 더 타락하고 게으른 계층은 없다. 군인들은 아주 비참한 생활을 하는데 이들이 군에 입대한 이유가 애국심이나 황제에 대한 충성, 명예를 얻기 위해서가 아니라 그저 부득이하게 노동을 하기 위해서일 뿐이다. 군인들은 황제의 노예로, 군대생활로 자신의 죄과를 치르거나 혹은 조상의 죄를 씻으려 한다. 훈련을 받지 않을 때는 가장 천한 일, 즉 가마를 메거나 가축을 기르는 일 등에 파견된다. 고급 관리와 장교들만이 군대에서 권위를 행사한다. 그러니 병사들에게 무기를 지급하는 것은 쓸데없는 일이다. 이들은 적을 공격할 수도, 심지어 자신을 지킬 수도 없다.

병사들의 월급은 형편없고, 사회적 지위마저 낮다 보니 대부분 생활고에 시달렸고 가는 곳마다 백성을 약탈하는 바람에 사회의 화근이 되었다. 왜구 토벌에 공을 세워 좋은 평을 받았던 광시廣西의 '늑대 부대'도 "가는 곳마다 소란을 피우니 가축도 평안하지 못했다. 이들이 온다는 소문이 나돌면 모두 문을 걸어 잠그고 도망을 가니 왜구와 조금도 다르지 않았다"고 한다. 민간에는 "차라리 왜적을 만나지 타향 병사를 만나면 안 된다. 왜구는 도망이라도 가지만 저 병사들에게 걸리면 살아남기가 힘들다"는 소문이 돌았다. 조선의 왜란 당시 조선으로 파견된 병사들도 백성들을 못살게 구니 "왜구가 해를 끼친 것은 얼레빗梳子이지만 명군이 끼친 해는 참빗篦子 같다"고 원성이 자자했다고 한다. 이를 전해들은 명 조정에서 조선의 사신 류성룡에게 캐어물었다. 류성룡은 완곡하게 "옛말에 이르기를 '군대가 주둔하는 곳에는 가시나무가 자란다'라고 했습니다. 어찌 작은 소란과 피해가 하나도 없고 세에 부합하는 자가 없을 수 있겠습니까? 명군을 참빗이라고 말하는 것은 지나친 표현으로 누군가가 왜곡하는 것일 겁니다"라고 답했다. 하지만 명군이 국내에서도 군기가 엉망이었으니 국외에서 한 짓은 보지 않아도 뻔하다.

병사들뿐만 아니라 군관들도 문제가 많았다. 명대 군직은 위지휘사衛指揮使 이하 모두 세습직이어서 군관들은 대부분 부잣집 자제였다. 우겸于謙은 군관을 가리켜 "모두 온실에서만 자라 고생을 모른다. 현명한 자는 드물고 대부분 게으르다. 사건이 터지면 당황해서 어쩔 줄 모르고 아무 대책이 없다. (⋯) 교만하고 배우려 하지 않는다"고 했다. 군관을 양성하기 위해 군사 학교인 무학武學을 세웠다. 무학에 입학하려면 시험을 치러야 하는데, 시험 과목이 진부하고 그 과정이 형식에 지나지 않았다. 설사 입학한다고 해도 주로 유학 경전을 가르치는 등 일반 학교와 다르지 않았다. 1632년(숭정 5), 산둥 도어사 유영예劉令譽는 "태평성대가 오래 이어지다 보니 모두 공명을 얻기에만 급급하고 천문, 지리, 전략, 기마 사격, 화기, 전차, 진퇴 공수의 전술 등은 전문적으로 배우려하지 않는다"고 했다.

엄격하고 효율적인 선발 제도가 없으니 인맥을 통해 군관 자리를 얻을 수 있어서 군관의 수는 계속 증가했지만, 조건에 부합하지 않는 사람들이 군관의 대열에 섞이게 되었다. 1392년(홍무 25)부터 1469년(성화 5)까지 경군의 군관은 2700여 명에서 8만여 명으로 폭증했다. 구조 조정을 두 차례 실시했으나 군관의 수는 줄지 않았고, 특히 위충현魏忠賢이 전횡을 일삼으면서 무관은 더욱 늘어났다.

이런 군관과 병사들로 조직된 군대는 어땠을까? 가정 시기, 이부 시랑 왕방서王邦瑞는 "지금 병사들은 대부분 노쇠한 시정잡배로, 그저 갑옷과 무기를 들고 있는 것에 불과하다. 군대의 병폐는 병사가 도망가는 게 아니라 이들이 잡일에 지나치게 시달리는 것이고, 병사들이 문제가 아니라 장교가 문제다. 제독提督, 좌영坐營, 호두戶頭, 파총把總 등 군관들은 세습으로 그 자리에 오른 교만한 자들로, 꼬박꼬박 월급을 타 먹고 훈련 때는 시정잡배들을 모아서 춤을 추며 웃고 떠들 뿐이다"라고 비판했다. 융경 시기 장염張鹽은 "군관들은 군인의 본분을 잊고 막대기 하나도 들지 않은 채 무술을 연마한다. 도저히 군인이라고 할 수 없다"고 했다. 이 군인들에게서 전투 의지라고는 찾아볼 수 없고, 적을 만나면 마치 호랑이를 만난 듯 도망쳤다. 『명사』에서 이르길, 1550년(가정 29년) 타타르가 침입했을 때, "병부상서 정여기丁汝夔 휘하에는 5~6만 명이 있었는데, 성문을 나서자마자 울면서 한 발짝도 나가려 하지 않았고 군관들은 안색이 변한 채 서로 얼굴만 쳐다봤다." 숭정 말년에 왕장王章이 경영을 순시할 때, 병사들이 "대포 소리에 귀를 막고, 말은 아직 움직이지도 않았는데 말에서 떨어졌다."

명군의 작전능력 역시 뒤떨어졌다. 전국시대 순자荀子가 각 나라의 군대를 평가하면서 제나라 군대의 '기격技擊'에 대해 "작은 규모의 전쟁에서나 적이 약한 경우 이 방법은 써볼 만하지만 큰 전쟁에서나 강적인 경우에는 병사들은 흩어져 도망다니기에 바쁘니 마치 날아다니는 새와 같다. 얼마 지나지 않아 패전하고 말 것이고, 나라를 망하게 하는 군대다"라고 했는데, 명나라의 대부분 부대의 모습도 이와 다르지 않았다.

명나라 군대는 이전 시대에 비해 상당히 개선되긴 했지만 전투력은 매우 떨어진 상태였다. 왜구와의 전투에서도 참상이 드러났는데, 1555년(가정 34) 불과 53명의 왜구가 저장강浙江, 장쑤江蘇, 안후이

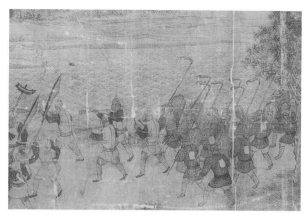
늑대 부대의 모습.

安徽를 휩쓸고 항저우, 후이저우, 타이핑현太平縣 등 20여 곳을 약탈한 뒤 난징南京까지 와서 압박했다. 이 왜구들은 80일 동안 수백 킬로미터를 돌아다니며 4000~5000명의 관병을 살상하는 등 온갖 만행을 저지르다가 진압되었다. 당시 명군의 전투력이 너무 떨어져서 조정은 어쩔 수 없이 서남 소수 민족에서 무장 군인을 선발하고 광시의 '늑대 부대'를 투입할 수밖에 없었다. 이렇게 투입된 병사들은 원시적인 냉병기를 가지고도 왜구와의 전투에서 혁혁한 공을 세우면서 정규군이 해내지 못한 전과를 올렸다. 이후 명 조정은 남쪽으로는 안남, 서쪽으로는 티베트, 북쪽으로는 몽골, 동쪽으로는 요동까지 대부분의 대내외 전쟁에 이 병사들을 투입했다. 숭정 초년, 영원 전투에서 활약한 원숭환袁崇煥의 수비군에도 5000명의 늑대 부대의 군사가 있었다.

4. 도전에 맞서다:
명대 말 군사 개혁운동

　명대 말, 동아시아의 정세는 큰 변화를 겪었다. 재상 장거정張居正은 한 지인에게 보낸 서신에서 "지난번에 헤어지고 난 뒤 정말 알아보지 못할 정도로 눈앞의 정세는 몇 번이나 변했다"고 전했다. 갈수록 시국은 급변하는 상황에서 낙후하고 부패한 군사 조직으로는 국가 보위라는 중대한 임무를 수행할 수 없었다. 명대 사람들에게 "조국이 위험에 처해 있다"는 인식이 자리잡고 있었다. 명대 중후기 지식인들은 군사 문제에 관해 깊은 관심을 보이며 무신들이 나서서 책을 집필하는 것이 유행하고 문신들 역시 토론에 적극적으로 참여했다. 중국의 역사상 흔히 찾아볼 수 없는 '사대부文士들이 병법을 논하는' 모습이 나타난 것이다. 대표적인 지식인으로 척계광, 유대유, 손승종, 원숭환, 당순지, 하여빈, 서광계, 필무강, 손원화, 이지조 등이 있었다.

　이들은 전문적으로 군사 문제를 다루는 저서, 즉 병서를 출간했다. 명대에 출간된 병서의 수는 역대 왕조 가운데 가장 많았다. 당시 지식인들의 군사 개혁에 대한 주장은 그들의 상소문이나 공문서, 조진條陳(일반 문장) 등의 문건에서도 나타난다. 그들은 화기뿐만 아니라 군대 조직, 훈련 방식에도 깊은 관심을 보였고, 최종 목표는 강력한 전투력을 가진 새로운 군대를 창설해서 국가를 위험으로부터 지켜내는 것이었다. 군사학적으로 군대의 전투력은 군인과 무기 장비, 그리고 양자의 조합 방식으로 결정된다. 현대식 표현에 따르면 '하드웨어'와 '소프트웨어'로 구분되고, 전자는 무기와 군인을, 후자는 편제와 군사 훈련과 같은 여러 제도를 가리킨다. 명대의 지식인들은 군사 문제를 두고 하드웨어와 소프트웨어 모두를 개혁할 것을 주장했다.

(1) 무기

명대 후기의 전쟁에서 선진 화기는 승리하는 데 관건이었다. 당시 지식인들은 이 점을 분명하게 짚었다. 가정 시기, 당순지는 "오랑캐들이 가장 두려워하는 것은 바로 중국의 화기"라고 했으며 융경 시기, 척계광은 좀더 나아가 이렇게 말했다. "맹자는 막대기를 가지고도 진초의 강한 군대를 이길 수 있다고 했는데, 정말 막대기를 무기로 전쟁을 이길 수 있다는 것이 아니라 사람의 마음이 하나로 합쳐지면 아무리 강적을 만나도 이길 수 있다는 말이다. 오늘날 적은 강하고 무기는 예리한데 우리는 어떤 준비를 하고 있는가? 활의 명중률은 조총에 비해 뒤처지니 절대 화기를 당하지 못한다. 적이 견고한 갑옷으로 무장하면 사격 방법을 바꾸지 않고서는 방법이 없다. 화기가 정교하지 않으면 차라리 없는 것만 못하다." 그리고 그는 "지저우를 방어할 때마다 우리가 이겼던 것은 활보다 강한 화기가 있기 때문이다"라고 했다. 조사정은 "우리 화기가 훨씬 쓸모가 있고 유리하다고 믿어야 적을 물리칠 수 있다"라고 했으며 서광계는 "수도를 방비하려면 무기, 화기를 막론하고 좋은 재료, 정교함, 수적 우세, 오랜 기간의 준비, 숙련된 기술 등 최소 다섯 가지 이상을 구비해야 한다"고 강조했다.

적보다 앞서려면 선진 화기를 도입한 다음 신속하게 대량 생산해서 부대를 무장시켜야 한다. 당시 지식인들은 유럽 국가들이 치열하게 경쟁하면서 화기 기술을 계속 발전시킨 덕분에 서양의 화기가 중국보다 앞서 있음을 깨달았다. 그래서 그들은 가장 선진적인 화기를 얻기 위해 서양의 기술을 도입할 것을 주장했다. 서광계는 "지금 가장 시급한 것 중 하나는 서양 화기를 제조하는 것이고, 총약은 반드시 서양인들이 만든 것이어야 효과를 볼 수 있다. (…) 총탄도 그들이 만들게 하고, 우리 장인들이 도우면 된다"라며 그렇게 해야 화기의 우수성을 보증할 수 있다고 믿었다. 명 조정은 아오먼에서 포르투갈의 총기 제작자들을 초빙해서 베이징과 덩저우에서 서양 대포를 만들도록 했고, 큰 성과를 거뒀다. 숭정 초년, 홍이포를 모방하려는 시도가 성공하면서 성능이 좋은 대포가 제작되기 시작했다.

(2) 군인

척계광은 "정교한 무기가 있는데 정예 병사가 없다면 아무 의미가 없고, 정예 병사가 있는데 정교한 무기가 없다면 역시 헛수고일 뿐이다"라고 했다. 우수한 군대는 선진 무기를 갖춰야 할 뿐만 아니라 이를 효율적으로 다룰 줄 아는 우수한 군인으로 구성돼야 한다. 군인은 전투력의 기초로, 체력, 전문 지식, 기율, 전투 의지, 작전 기술 등이 요구되는 자질이다. 선천적으로 타고나는 체력을 제외하고 대부분의 자질은 후천적인 것이고 군대에 들어온 후에도 양성될 수 있다.

■ 군인 선발

건강한 신체는 모든 군대에서 군인을 선발하는 기본 요구 사항이다. 명대 중후기 당시 지식인들이 제시한 기준은 건장한 신체와 더불어 용감함, 순발력, 성실, 인내심 등이었다. 가정, 만력 시기 하양신은 군인을 선발하는 기준에 관해 이렇게 말했다. "병사를 선발할 때 180킬로그램 정도의 무게를 들도록 하는데, 단순히 힘만 측정하고 그 정신을 보지 못한다면 힘만 세고 우둔한 사람을 뽑는 것이다. 무거운 것도 들 수 있어야 하지만, 눈과 귀가 밝고 손발이 민첩해야 중등 인재다. 여기에 젊고 힘이 세며 담력이 뛰어나면 상등 인재다. 몸집이 크고 담력과 무술이 뛰어나면 가장 좋다. 눈, 귀, 손발이 민첩하고 젊더라도 힘이 없고 먼 곳까지 걷지 못하면 하등 인재다. 중등 인재 중에서 성실하게 배우려 하고 감히 무엇이든 해보려고 하는 자는 상급이다. (…) 우선 정신력과 담력이 중요하고, 그다음이 체력과 민첩성이다. 20세 이상 40세 이하로 군인을 선발한다." 특히 척계광은 병사의 인품에 관해서 "절대 뽑아서는 안 되는 부류는 시정잡배들로, 얼굴이 희고 약삭빠른 자들이다. 간교한 자들은 안색이 불안하고 관리들을 마주치면 어찌할 바를 모른다. 가장 먼저 뽑아야 할 사람은 시골 출신의 성실한 사람이다. 농사를 지어 햇빛에 그을린 까무잡잡한 피부에 손등이 두껍고 신체는 장대하며 고생을 마다하지 않는 사람이 제일이다"라고 말했다. 서광계가 제시한 군인의 표준에 따르면 "20세 이상 40세 이하, 300킬로그램까지 들 수 있고, 24킬로그램 이상의 갑옷을 입을 수 있어야 한다. 용감하고 민첩하며 근성과 책임감이 있는 사람이어야 하며 이를 충족하지 못하면 뽑힐 수 없다."

냉병기 시대의 작전 방식은 주로 장수는 장수끼리, 보병은 보병끼리 얼굴을 맞대고 싸우는 것이었다. 이런 전쟁은 주로 체력에 의지하므로 문화적 지식은 별로 필요하지 않아서, 전통 군대의 구성원들은 대체로 문맹이었다. 명대의 군대도 이와 다르지 않았고, 척계광은 "보병은 우둔하고, 갑옷을 입은 군관도 글을 모른다"라고 했다. 하지만 점차 무기의 살상력이 커지고 사용 방법이 복잡한 화기가 등장하자 병사가 힘을 쓰는 경우보다는 적과 일정한 거리를 두고 싸우는 일이 늘어났다. 군관의 임무는 병사를 데리고 적진에 뛰어드는 것이 아니라 정보를 수집해서 적이 가진 장비와 그 사용 방법, 전투 방법 등 상황을 이해하고 정확한 대응 방법과 작전을 짜는 것이었다. 따라서 관병에게 요구되는 수준이 높아졌고, 군관에게는 지식이 요구되었다. 척계광은 "명장이 병법이나 글을 모르고 경험도 없이 변화무쌍한 전략을 운용할 수는 없다. 설사 지식이 있더라도 실제로 많이 경험해봐야 한다. (…) 어려서부터 지식을 쌓은 명장들은 실전에서 병법을 운용하거나 약간 변형해서 대처할 수 있다. 반면 군관이 용감하기만 하거나 배우지 못해 글자를 모르고 병법을 운용할 줄 모르면 지레 포기해버리곤 한다. 자질은 있으나 실전 경험이 없거나, 경험은 있으나 자질이 없으면 어떻게 국가를 지키는 인재가 될 수 있겠는가?"라고 했다.

전투에서 화기를 사용하려면 병사가 최소한의 문자를 해독하고 간단한 숫자는 계산하는 능력이 있어야 했다. 특히 홍이포는 사용법이 대단히 복잡했다. 원래 중국의 화총과 불랑기는 가늠자와 가늠쇠만 있어서 일직선상에 놓고 쏘면 명중률이 높지 않았다. 홍이포는 조준경, 총열, 포표砲表 등 보조 설비를 이용해서 "거리를 측량한 뒤 발포"하고, "성을 공략할 때는 조준을 잘해야 했다." 이지조는 "서양의 대포는 중량이 1800~3000킬로그램이고, 지면이 평편해야 바퀴가 잘 굴러간다. 거리에 맞춰 조정해야 하기에 정교한 계산이 요구된다"라고 했다. 그렇지 않으면 "기계는 좋지만 잘 다루는 사람이 없어 비법이 전해지지 않으니 작은 차이에도 엄청난 거리 격차가 생겨서 아무 쓸모가 없게 된다."

지식인들은 좋은 군인을 얻기 위해 처우를 개선할 것을 요구했다. 모병제에서 병사와 국가의 관계는 시장에서 물건을 사고파는 것과 같아서, 서광계는 "병사 선발은 물건을 사는 것과 마찬가지로 가격이 물건을 결정한다"고 주장했다. "걸맞은 대우를 받는 병사 한 명은 10명의 몫을 하며 적을 보고 도망치는 무리와는 비교할 수 없다. 좋은 조건을 제시해야 재능이 있는 사람들을 선발할 수 있다." 따라서 그는 "한 달에 1량兩 2전錢, 전쟁에 나가면 3량 이상을 주어야 한다. 또 수당을 줘서 사기를 높여야 하며, 겨울옷은 따로 지급해야 한다. 신병은 은 4분分부터 시작해서 차등 지급하고, 직급이 올라갈수록 많이 줘야 한다"고 구체적인 조건을 제시했다.

■ 군인 훈련

조건에 부합하는 병사를 선발하고 나면 훈련을 시작한다. 척계광은 부하들의 문화적 소양을 매우 중시했다. "글을 아는 자는 겨울밤이 긴 것을 이용해서 식사 후 책을 몇 쪽씩 읽고 산책을 하면서 되새기도록 해라. 잘 모르겠으면 이튿날 알 만한 선임에게 물어보면 된다. 글을 모르면 아는 사람에게 물어봐서 대략 이해한 다음 수차례 새겨보면 깨달을 수 있으니 누가 쉽게 모른다고 할 것인가?" 병사들은 군관의 지휘에 따라 전법과 문화적 지식을 배웠는데 "부대마다 책을 나눠 읽고, 글을 아는 자가 먼저 해석을 해주면 전 부대원이 따라서 암기했다."

엄격한 기율은 병사들의 수준을 제고하는 데 중요했다. 군사사학자 제프리 파커는 "전쟁에서 승리는 여러 요소로 결정되는데, 가장 중요한 것은 엄격한 기율이다. 기율을 통해 분산된 개인을 하나의 집단으로 만들고 작전에서 가장 의지할 만한 수단으로 삼아야 한다"고 했다. 명대에도 훈련을 통해 기율을 강화했다. 하양신은 "금령은 질서를 지키고 엄격하나 간편해야 한다. (…) 금령을 어기면 중형에 처하고 연좌로 책임을 물어 법을 두려워하도록 해야 한다"고 했는데, 척가군은 좋은 모델이 되었다. "열병 중 큰비가 내렸는데 절병浙兵(저장성 출신 병사)은 누구 하나 미동도 하지 않았다. 변방 군사들은 이를 보고 아주 놀랐고, 이후 이들에게도 군령이 통했다."

■ 작전 편제

무기 및 장비와 병사는 전투력을 키우는 요소이긴 하지만 일정한 조직을 통해 유기적으로 결합해야만 실질적으로 전투력을 발휘할 수 있다. 기본 조직은 전투 편제이며 척계광은 이를 가리켜 편오編伍라고 했다. 편오의 방식은 작전을 짜고, 작전은 무기 및 장비에 의해 결정되었다. 냉병기 시대에는 육박전을 기본으로 밀집형 방식을 취했다. 화기가 보편화되자 화기의 결함을 극복하고 위력을 발휘하기 위해 기존의 작전 편제는 개편돼야 했다.

초기 경제 세계화 시대의 조총은 전장화승총前裝火繩이었다. 이 총은 무겁고, 화약을 장전할 시간이 필요했으며 발사 속도가 느리고 사정거리가 짧아서 사용이 불편했다. 게다가 많은 적군(특히 기마병)이 몰려오면 대응하기 어려웠다. 척계광은 "예전에 수만 명의 철기병이 몰려드는데 이를 당할 수가 없었다. 우리는 대오도 갖추지 못한 채 철저하게 유린당했다. 적이 싸우려 하면 어쩔 수 없이 싸워야 했고, 적이 싸우려 하지 않으면 우리는 쳐다볼 수밖에 없었다. 적들이 주도권을 잡아 손님이 주인이 된 격으로 굴었고, 우리도 약해 보이기 싫어서 싸우고 싶은 마음은 간절했지만 기세를 당할 수 없었다"고 했다. 소총수를 보호하기 위해 냉병기를 소지한 병사와 소총수를 함께 편성했다. 척계광은 화총과 냉병기가 결합된 보병 전투조를 처음 만들었다. 융경 시기에는 지저우薊州, 창핑昌平, 바오딩保定, 요동 등 4개의 진에서 병사를 훈련시키면서 보병 부대를 만들었다. 이 부대는 기존의 10진 혹은 5진제의 편성 방식을 타파하고, 부部, 사司, 국局, 기旗, 대隊로 편제해서 12명이 1대, 3대를 1기, 3기를 1국, 4국을 1사, 2사를 1부, 3부를 1영營으로 해서 2700여 명을 편성했고, 그중 조총수가 1080명으로 40퍼센트를 차지했다. 불화살까지 합치면 화기를 사용하는 병사는 50퍼센트에 달했다.

명대 후기, 가장 선진 화기에 속했던 홍이포도 화약을 장전하고 발사까지 이어지는 속도가 느리고, 발사 후 진동으로 인해 원래 놓여 있던 자리에서 멀어져서 반드시 자리를 다시 조정하고 방향과 각도 설정을 다시 해야만 했다. 발사한 다음 물로 포신을 식히고 마른 수건으로 닦은 뒤에야 다시 포탄을 넣을 수 있었다. 이렇듯 대포는 준비과정이 번거롭고 시간이 많이 걸려서 중간에 적의 습격을 받을 가능성이 높아 야전에서는 반드시 보병들이 포병을 보호해줘야 했다. 또한 너무 무거워서 마차에 싣고 이동해야 했다. 명 전기에 전차는 그저 운반용으로 사용되다가 중후기에 들어서 대포와 방어 장치를 갖추고 작전을 수행할 만한 포차砲車가 되었다. 이로써 주요 무기를 갖춘 전차병車營이 생겨나 점차 독립적인 병과가 되었다. 점차 대포는 야전에서도 사용 가능해졌고, 대포 부대가 사용하는 화기의 범위와 종류, 수량은 보병과 기병을 크게 뛰어넘었다. 이는 중국의 군사사에서 기념비적인 일이다.

척계광은 기마 부대騎營와 경중영輕重營을 창설했고, 척가군은 보, 기, 차, 경중 4개 영으로 구성되면서 화기와 냉병기가 결합된 합성 군단이 되었다. 이 부대는 기존의 부대와 비교했을 때 작전능력 면에서 크게 향상되었다. 그러나 보, 기, 포 3개 병과를 합쳐 하나의 부대로 편성하고 서로 협조하도록 하는 것은 어려운 일이었다. 천계 시기, 손승종은 조직을 개편해서 척계광의 보, 기, 차, 경중 4개 영을 하나로 합친 새로운 전차 부대車營를 구성했고, 이 부대는 척계광의 부대보다 좀더 강력했다. 1631년(숭정 4년), 서광계는 "전차 부대는 새로운 편제로 (…) 영마다 쌍륜차 120량, 대포 120량, 식량 차 60량 등 총 300량으로 구성되었습니다. 서양식 대포 16문, 중포 80문, 응총鷹銃 100자루, 조총 1200자루가 있고, 전사 2000명, 보병 2000명이며 이들에게 갑옷과 무기를 모두 하나씩 지급해야 합니다. 이 부대를 훈련시켜 움직이면 진陣이 되고 머물면 영營이 됩니다"라고 보고했다. 이렇게 설계된 전차 부대는 화력 면에서 손승종의 부대보다 뛰어났다.

조총의 발사 속도가 느리고 정확도가 떨어지는 것을 보완하기 위해 실전에서는 밀집형 대형을 짜서 함께 총을 발사했다. 그에 따라 다층 경질 발사법이 개발되었는데, 이로 인해 전투 편제가 개편되었고 기율은 좀더 중요시되었다. 다층 경질 발사법은 세계 군사사에서도 유례가 없던 것으로, 예전에는 일본의 오다 노부나가가 발명했다고 알려져 '노부나가 삼단 발사법'이라고 불렸다. 하지만 명대 초기에 이미 사용되고 있었다. 이 사격 방식은 활의 사격법에서 유래했는데, 돌아가면서 활을 쏘는 법을 조총에 대입한 것이다. 경태景泰 시기, 왕순王淳은 "신기창은 좋은 무기였지만 사용하기 쉽지 않았다. 여러 줄로 배열한 상태에서 첫 줄이 먼저 쏜 뒤 그다음 줄로 가서 준비했다. 만약 적과의 거리를 고려하지 않고 한 번에 쏴버리면 다음 발사를 준비하는 사이에 적들이 밀고 들어와서 대응 방법이 없었다"고 했다. 척계광은 "첫 발을 쏘고 난 뒤 화승에 불을 붙이는 동안 대오가 흐트러진다. 한 손으로 총을 잡고 다른 한 손으로 심지에 불을 붙이니 만약 4명이 한 조를 짜서 한 사람은 불을 붙이고, 또 한 사람은 화약을 장전하고, 나머지 한 사람은 전달하게 하면 문제는

輪流放銃圖　輪流進銃圖　輪流裝銃圖

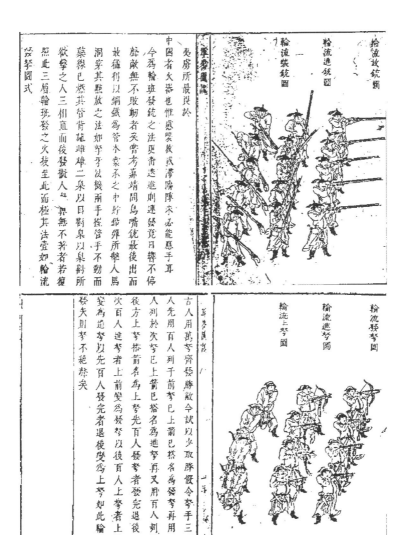

夷虜所最畏於
中國者火器也性感裝放武潭隊陣未必能應手耳
今為輪班發銃之法更迭進退則連發且轟不停
聲敵無不敗翻者夾管考嘉靖間烏嘴銃最後出而
敢猛利以銅鐵為管水索系之中鈐釰鐶所擊人馬
洞穿其點放之法如竹弩牙裁幾兩手操管不動而
藥線已然其背施雖雄二某以目對某以某料所
欲擊之人三州直而後發撚人卻無不著者若復
照此三層輪班發之火技至此而極其法壹如輪流
放擊圖式

輪流發弩圖　輪流進弩圖　輪流上弩圖

古人用萬弩齊發勝散令試以火取勝假令弩手三百
人先用百人列于前弩已上前弩已搭名為進弩再用百
人列於次弩已上箭者為上弩先百人發為發弩以後
次百人進弩者上前變為發弩先以後百人發者退後以
後方上弩搭箭者為上弩百人發完者退後變為上弩
變為進弩以先百人發完者退後變為上弩如此輪流
發失則弩不絕弩矣

위 화총의 삼단 발사법.
아래 노의 삼단 발사법.

해결된다"고 하면서 대안을 제시했다.

왕순의 말에 따르면 영락 시기에 구성된 신기영의 조총수 편제는 이제 세 줄이 되었다고 했다. "각 부대는 57명으로 구성되고, 대장과 부대장이 각 1명, 깃발군이 55명, 내기창內旗槍(창에 깃발을 단 무기) 3명, 방패 5명, 장도 10명, 약통 4명, 신기창 33명이었다. 적을 만났을 때, 좌우에 각각 5명이 칼을 들고, 맨 앞의 11명이 신기창을 발사할 준비를 하고, 가운데 11명은 대기하며, 뒷줄의 11명은 화약을 장전했다. 명령에 따르지 않고 함부로 쏘는 자는 대장이 처결하고, 장전할 때 태만하게 굴면 부대장이 처결했다. 이 방식을 사용하면 계속 사격할 수 있어서 적을 압박할 수 있다." 가정 시기, 명군은 더욱 발달한 조총을 사용하고 조총수 편제는 3줄에서 5줄로 늘렸다. 구준은 "소총수는 5명이 한 조이며 첫 번째, 두 번째 사람은 특정 사람을 조준하고, 세 번째와 네 번째는 화약을 장전하고 나머지 한 사람은 전문적으로 방향과 높이만 조절해주면 적군을 모두 맞출 수 있다"고 했다.

이렇게 열을 바꾸며 총을 발사하는 방식은 엄격한 기율과 상호 배려를 요구했다. 척계광은 이를 두고 다음과 같이 말했다. "조총이 처음, 불화살이 그다음이다. 남쪽에서는 대포, 불화살, 조총 모두 사용할 수 있다. 화기를 함부로 다뤄서 적들이 오기 전에 모두 쏴버리면, 막상 적이 닥쳤을 때 어쩔 수가 없다. 하지만 실전 훈련을 제대로 할 수 없는 것이 단점이다. 실전에서 누군가 관리해주지 않으면 맨 앞줄의 병사는 믿음을 갖지 못하고, 두 번째 병사는 조총 소리에 아무것도 못 하게 된다." 이 전법을 익히기 위해 병사들은 일상적으로 엄격한 훈련을 받아야 했다. 이런 훈련을 거친 뒤에야 군대의 전투 편제는 하나의 유기체가 될 수 있었다.

병사들의 일상적인 훈련을 개선한 데는 척계광의 공로가 가장 컸다. 재미 역사학자 레이 황(중국명 황런위黃仁宇)은 척계광의 공적을 다음과 같이 평가했다. "그간 이 귀한 경험이 전혀 주목받지 못해서 기록으로 남아 있지 않았다. 척계광은 전문가로부터 훈련 방법을 구전으로 전수받았다. 유대유가 간단히 서술하긴 했지만, 척계광이 좀 더 자세하게 기록해서 훈련 교범을 만들었다. (…) 척계광의 훈련법이 확산되기 이전에는 군대가 개인의 무예를 중시해서 무기를 제멋대로 다루면 영웅처럼 대접했다. 그래서 전국 각지에서 무술가, 염효鹽梟(소금을 몰래 팔던 사람들), 승려, 소수 민족이 군대로 들어갔다. 이들이 잘 조직된 왜구에게 추풍낙엽처럼 무너지자 비로소 전투의 승패는 개인의 무예 실력과 무관하다는 것을 깨달았다. 척계광은 새 부대를 훈련시키면서 병사들이 총기를 다루는 기술을 숙지하는 것 외에도 보병 부대에 긴 무기長兵器와 짧은 무기短兵器를 함께 배치하는 등 무기의 효율성도 고려했다."

군대의 훈련에 관한 전방위적인 설명을 기록한 척계광의 『연병실기練兵實紀』에는 병사들에게 높은 수준의 기율을 요구했다. 병사들의 행동은 시계처럼 정확해야 한다고 주장하며 740개의 구슬로 염주를 만들어 표준 보폭으로 시간을 측정했다. 한 걸음에 염주를 한 알씩 굴리는 것이다. 척계광이 강조한 것처럼 매일 반복되는 훈련은 군사적으로 매우 중요한 의미가 있다. 군인의 작전능력을 올리는 것 외에도 기율성을 강화해서 명령에 복종하게 하고, 단체정신을 함양해서 하나의 집단으로 만들어주기 때문이다. 군사사학자 파커 역시 척계광의 훈련 방법에 대해 높이 평가했다. "중국과 유럽은 두 차례에 걸쳐 보병의 훈련 방법을 개발했다. 첫 번째는 기원전 5세기 북중국과 그리스에서, 그다음은 16세기 말 같은 지역에서 일어났다. 대표적인 인물은 중국의 척계광과 네덜란드의 모리스 나소다."

명대 후기 지식인들은 서양식으로 병사를 훈련시킬 것을 주장하기도 했다. 초욱焦勖은 서양의 예를 들며 다음과 같이 말했다. "서양에서 화기 훈련은 마치 밥을 먹는 것처럼 절대 소홀히 하지 않는다. 훈련은 마치 어린아이를 가르치는 것처럼 아침저녁으로 반복하며 속성으로 진행한다. 병사들이 어느 정도 화기에 익숙해지면 열흘마다 시험을 치고, 성적이 나쁘면 벌을 받는다. 성적별로 9등급으로 나누고, 성적이 좋아지면 상을, 떨어지면 벌을 내린다. 세 번의 기회를 주고 그동안 변화가 없으면 혼을 내고, 다섯 번째에도 아무런 변화가 없으면 다른 일을 하도록 보직을 바꾼다. 한 계절을 시한으로 정해 기간이 지나도 통과하지 못하면 바로 퇴학시키고, 다시 군대로 들어올 수는 없다. 모든 병기와 식사는 지급되며 학비는 없다." 또한 서광계는 "요동을 회복하려면 포르투갈인에게 도움을 청해 우리 정병 2~3만 명을 훈련시켜야 한다. '화기를 훈련받으려면 반드시 아오먼의 상인을 이용해야 한다'는 말도 있다"고 했다. 그의 제안에 따라 1630년(숭정 3)에 포르투갈의 곤살루 테이셰이라 코레아가 교관들을 데리고 베이징에 와서 병사들을 훈련시켰고, 큰 성과를 거뒀다.

5. 성공과 한계:
명대 후기 군사 개혁운동의 결과

명대 후기 지식인들이 군사 개혁을 적극적으로 주장했지만, 명 조정의 운명을 되돌리지는 못했다. 어쨌든 이들은 과거와는 다른 형태의 새로운 군대를 창설하는 것을 목표로 삼았고, 일정 부분 성공을 거두기도 했다. 척계광이 세운 척가군과 손승종이 세운 요동 차영車營, 서광계 등이 세운 덩저우 화포영火砲營 등이 그 성과라 할 수 있다.

(1) 척가군

척가군은 1559년(가정 38) 저장 이우義烏에서 병사 3000명을 모아 창설되었고, 이후 계속 병사의 수가 늘어나면서 3년 뒤에는 1만 명으로 확대되었다. 이 부대는 남북을 오가며 왜구, 몽골과의 전투에서 수차례 승전보를 전했다. 1583년(만력 11), 척계광이 사직한 후 척가군 병사가 중심이 된 절병은 명대 후기의 군사활동에서 중요한 역할을 했다. 명대 후기에 손승종, 원숭환 등도 척가군을 양성하는 과정을 참고했다. 서광계는 "척계광이 지전에서 병사를 훈련시켰다.

척계광.

(…) 절병 3000명, 조총수 3000명이 근간을 이뤘다. (…) 이후 척계광의 부대는 유일한 강병이 되었다"라고 했다. 척가군은 명대 후기에 일어난 군사 개혁의 첫 번째 성과라고 평가할 수 있다. 실제로 척가군이 사용한 무기 중 가장 중요한 것은 화기였고, 최초로 야전 화기 부대인 전차병 부대가 창설됐다. 그의 부대는 영마다 2부部, 부마다 4사司, 사마다 4국局을 두고 국은 2연聯, 연은 2차車로 구성했다. 매 차車에는 불랑기포 2문과 병사 20명이 배치되었다. 영營은 병사 2604명으로 구성되었고, 포차砲車 128량에 불랑기 대포 256문이 실렸다. 매 영마다 포차 외에 고차鼓車 2량과 이를 다룰 병사 20명, 불화살 차 4량과 병사 40명, 좌차坐車 3량과 병사 30명, 대장군차 8량과 병사 160명 등 합계 250명을 배정했다. 차영은 잡일을 하는 인원

을 포함해서 모두 3109명으로, 불랑기포 265문, 조총 512자루, 자총 3304자루를 갖추고 화기를 사용하는 병사가 총 인원의 41퍼센트에 달했다. 척계광 부대가 보유한 화기 중 가장 위력적인 것은 불랑기포였다. 명대 말에는 홍이포가 점차 불랑기포를 대체했다. 군사 개혁의 분위기가 고조되고 서양의 군사 기술에 대한 이해가 깊어지면서 척계광의 부대뿐만 아니라 좀더 수준 높은 신형 부대가 창설되었다.

(2) 손승종의 차영

손승종이 창건한 차영은 군사 개혁의 중요한 성과이며 선진 화기로 무장했다는 것이 특징이다. 손승종은 "오랑캐와 싸우려면 차포병을 훈련시키는 것이 급선무다. 그렇지 않으면 기병을 막을 수 없다"고 보고 산하이관山海關에 가서 차영을 창설하는 데 매달렸다. 그는 웅정필熊廷弼이 재직할 당시에 버렸던 영봉차迎鋒車 600량을 수리해서 전차로 개량한 뒤 화기를 싣도록 했다. 1623년(천계 3), 전차전에 조예가 깊은 군사 전문가 모원의茅元儀가 들어오면서 차영의 조직 구성은 더욱 속도를 내게 되었다. 쉔부宣府와 다퉁大同 일대의 병사들은 모두 차포를 능숙하게 다뤘는데, 손승종은 이들 중 정예병 1만 2000명을 뽑아 산하이관으로 데려와서 12차영으로 편성했다. 매 영마다 관병 6627명, 보병 3200명, 기병 2400명, 차부 512명, 군관, 시종, 연락병, 군의관, 수의사, 잡역부 515명으로 구성되었다. 무기는 화기 위주로 갖추고 조총 256자루, 삼안창三眼槍 1728자루, 불랑기포 256문, 대포 16문, 멸로포滅虜砲 80문, 편상차偏廂車 128량, 준영봉차准迎鋒車 256량, 경중차 256량, 전마戰馬 3320필, 마차를 끌

손승종.

동물 408두가 포함되었다.

차영은 척가군과는 편제 방식을 다르게 해서 편상차 4량을 1승乘, 4승乘(16량)을 1형衡, 2형(32량)을 1충沖, 4충(128량)을 1영營이라고 했다. 매 승乘에 보병 100명, 기병 50명, 경중차부 16명, 소 8두가 있고, 매 형衡에 보병 400명, 기병 200명, 경중차부 64명, 소 32두가 있으며 매 충沖에 보병 800명, 기병 400명, 경중차부 128명, 소 64두가 편성되었다. 승乘은 전투의 기본 부대였고, 영營은 작전 부대였다. 손승종은 『차영련진규조車營練陣規條』를 집필하고, 병사들에게 책 내용을 암기해서 응용하도록 했다. 3일마다 소규모 훈련을 하고, 5일마다 합동 훈련을 실시하는데 손승종이 밤낮으로 직접 감독했다. 또한 10일마다 보초 근무를 하도록 했고, 20일마다 열병을 실시해서 뛰어난 병사에게는 상을 주고, 미숙하면 벌을 내렸다. 기술이 다른 병사에 비해 떨어지거나 훈련에 통과하지 못하면 바로 탈락시켰다. 그는 행군하거나 적과 조우했을 때, 혹은 수색 중 발생하는 문제와 대책을 모아 『차영백팔고 車營百八叩』 『차영백팔답 車營百八答』을 편찬했다.

손승종의 노력 덕분에 차영은 요동의 최정예 부대가 되었다. 1629년(숭정 2, 후금 천총 天聰 3), 후금의 황태극 皇太極이 수만 명의 병사를 이끌고 몽골을 돌아 다안커우 大安口에서 장성 방어선을 돌파했다. 11월 초에 쭌화 遵化와 싼툰잉 三屯營을 잇달아 함락시키자 순무 왕원아 王元雅, 총병 주언국 朱彦國 등은 자진하고 말았다. 후금의 군대는 베이징성 아래까지 파죽지세로 몰려들었다. 숭정제는 급히 손승종을 베이징으로 소환해서 수도 방어를 명령했다.

(3) 덩저우 화포영

화포영은 서광계가 주도해서 창건했다. 1630년(숭정 3), 명 조정은 왕정 王征을 등래 감군첨사 監軍僉事로, 손원화 孫元化를 우첨도어사 右僉都御史 순무 巡撫로 임명했는데, 당시 덩라이 부총병 副總兵은 장도 張燾였다. 이들은 모두 서양 화기에 관심이 많았다. 관심사가 비슷했던 이들은 산둥 덩라이에서 모여서 대포 부대를 편성했고, 서광계의 주선으로 포르투갈의 군사 고문단이 합류했다. 1630년 정월 초부터 2년간 포르투갈인들에게 포의 제작부터 조작 방법까지 전수받아 당시 가장 선진화된 무기인 서양 대포를 완전하게 익혔다. 이 부대는 전국 최정예 부대가 되면서 후금의 공략 목표였던 군사적 요충지인 동강 東

江을 사수하고, 수차례 후금 군대를 격파하기도 했다.

척가군과 차영, 화포영 이 세 부대는 명대 후기의 대표적인 신식 군대로 다른 부대와는 큰 차이를 보였다. 서광계는 이 부대가 다른 부대에 비해 "무기 비용은 10배가 들며 이들에게 지급되는 월급은 한 명당 세 명치가 든다"고 했다. 이것이 바로 기술 밀집형 군대와 자본 밀집형 군대의 차이였다. 신식 군대의 조직과 훈련 방식은 근대 초기 서양의 군대와 유사했다. 이들의 전투력은 다른 부대에 비해 월등히 높았다. 서광계는 "2만 명을 훈련시켜서 단결력을 기르고 기술을 익히도록 한 뒤, 요동에 주둔한 2만 명과 함께 조선 전쟁에 출정시키면 아주 빨리 전쟁을 끝낼 수 있다. 비용도 500~600만 냥이면 충분하고, 비옥한 땅을 얻을 수 있으며 변경의 안정을 굳건히 할 수 있을 것이다. 만들어놓은 무기들은 오랫동안 사용할 수 있다. 널리 병사를 모집해 3~4만 명만 더 훈련시킨다면 여진족도 제압 가능하고, 다닝大寧, 허타오河套 등지를 수복할 수 있다. 10만 명을 채운 후 2만 명은 금군禁軍에, 나머지는 변방에 배치하면 경영京營과 변방에 들어가는 경비의 5~6할을 줄일 수 있다"고 했다.

신식 부대를 창설한 것 외에도 기존의 부대를 개조해서 전투력을 향상시키는 개혁을 시행했다. 이렇게 개조된 부대는 신식 부대만은 못해도 구식 부대와는 분명히 차이를 보였다. 가장 눈에 띄는 변화는 손승종의 손을 거쳐 새로 탄생한 요동의 부대였다.

1622년(천계 2), 손승종은 요동경략遼東經略에 임명된 후 요동 지역을 방위하는 책임을 맡았다. 당시 요동 부대는 수차례 패배를 경험하면서 비관적인 분위기가 가득했다. 그는 이 분위기를 '두렵다' 한

마디로 표현했다. "이곳에는 오직 '두려움'뿐이다. 군사들은 두려움에 떨면서 카이위안開原, 톄링鐵嶺을 잃고 랴오양으로 물러났고, 다시 랴오양을 잃고 광녕廣寧으로 퇴각했다. 또다시 두려워하니 광녕마저 잃고 산하이관으로 밀려났다. 이들은 지금도 두려워한다. 랴오양에서 10만 명, 광녕에서 18만 명이 패했다. 세 번 패했는데 어찌 두렵지 않겠는가." 이렇게 두려워하며 적을 대했고, 산하이관 너머 지역을 '귀신의 나라'라고 불렀다. 손승종은 여러 방법을 통해 이 부대를 개조하기 시작했다. 그는 '현실에 맞는 정병 육성'을 목표로 부총병 이하 군관 60여 명, 천파총千把總 수백 명 등 자격이 부족한 관병 1만 7000명을 내보낸 뒤, 엄격한 훈련을 실시했다. 특히 그는 병사들의 '충성심'을 자극하고, 사기를 진작시켰다. 새로운 차영 12개, 수영水營 5개, 화영火營 2개, 선봉 부대 8개, 성곽 수비대 1만6000명을 육성했다. 그리고 만귀滿貴, 조대수祖大壽, 오양吳襄, 조솔교趙率敎, 원숭환 등 실력 있는 장수들을 선발했다. 손승종이 떠난 뒤 원숭환이 이 부대를 지휘했다. 당시 요동 4개의 진에는 모두 15만3000명의 군인이 소속되어 있었고, 이를 유지하는데 매년 은 600만 량 이상이 들었다. 원숭환은 병사들의 처우를 대폭 개선하고, 대포 등 선진 화기를 도입했다. 사서에는 "비록 손승종이 떠났으나 남겨진 성과 장병 조직, 무기들은 그가 운영하던 그대로 유지되어서 감히 적들이 넘보지 못했다"고 기록되어 있다. 따라서 역사가들은 영원 대첩의 공은 당연히 손승종에게 돌아가야 한다고 평가한다. 1630년(숭정 3), 명군은 쭌화, 융녠永年 등 네 곳의 성을 수복했다. 이 신식 부대가 서광계, 손승종이 꿈꾸었던 이상을 그대로 재현한 것은 아니었지만 그래도 군사 개혁의 중요한 성과임에는 틀림없었다.

　이 시기 군사 개혁운동이 화기의 수준을 한층 끌어올린 점도 중요하다. 손승종이 요동에 오기 전부터 이미 많은 화기가 배치된 상태였다. 1621년(천계 원년), 이지조는 "오랑캐 무리가 준동하기 시작한 이후, 신위神威, 비전飛電, 대장군大將軍 등의 무기로 무장하고 만반의 대책을 세우고 있습니다"라고 상소를 올렸다. 공부의 기록의 따르면 3년 8개월 동안 이 지역에 보충된 무기는 대포 1만8154문, 불랑기포 4090문, 총기 2080자루, 화약류 106만4194킬로그램, 철탄 125만3200개 등이다. 조정에서는 1622년부터 당시 가장 선진적 화기인 홍이포를 제작해서 1644년에 명나라가 망할 때까지 약 1000문을 제작했고, 대부분 요동으로 보냈다. 이렇게 무장한 요동군은 후금과의 전투에서 상당한 저항력을 보여주었으나 결국 장수들이 무능해서 패배했다.

　군사 개혁은 민간에서도 적극적으로 진행되었고 성과를 내기도 했다. 명대 후기 푸젠 해상에서 활동하던 정지룡 집단의 세력이 대표적이다. 정씨 집단은 대공선大熕船, 수거선水艍船, 이증선犁繒船, 사선沙船, 오룡선烏龍船, 총선銃船, 쾌초快哨 등 여덟 종류의 전함을 갖추고 신식 무기로 무장했다. 대공선, 수거선은 서양 협판선夾板船을 모방해서 대포를 장착한 함대였고, 폭은 약 5미터, 높이는 18~20미터, 물 흡수량은 3.6리터가량이었다. 이 전함에는 500명까지 탈 수 있었고, 병사들이 배 안에서 바퀴를 밟아 앞으로 나아가서 풍랑을 겁낼 필요가 없었다. 양측에는 수륜水輪이 달려 있고, 항해능력과 전투력이 뛰어났다. 그러나 이들이 주로 상대해야 했던 네덜란드 동인도 주

아버지인 정지룡의 뒤를 이어 해상 집단을 이끈 정성공.

일본 도쿠가와 막부 시기에 그려진 중국 정크선 목판화.

식회사의 전함과 비교해보면 상당한 차이가 있었다. 네덜란드가 아시아에서 건조한 협판선은 길이 180미터, 높이 18미터, 두께 60센티미터에, 3층으로 된 돛대가 5개여서 속도가 빠르고 뒤집히지도 않았다. 배의 양측에는 구멍을 내서 작은 대포를 여러 개 설치하고 갑판에는 6미터 길이의 대포를 설치했다. 배에는 적어도 20~30문의 포가 실려 있었다. 그리고 조해경照海鏡이 있어서 조준에 유리했다. 반면 초기 정씨 집단의 선박에는 대포가 2문밖에 없었고 화력 면에서도 네덜란드 선박에 미치지 못했다. 전함의 크기도 3분의 1에 불과해서 네덜란드 선박과 부딪치면 뒤집혀 침몰하기도 했다.

미국의 역사학자 토니오 안드레이드는 『잃어버린 식민지Lost Colony』에서 중국과 서양의 문헌 자료를 인용하며 양측의 무기 장비를 비교했다. "정지룡은 네덜란드의 과학 기술을 이용해서 신식 군대를 만들었다. 원래 중국의 범선에는 대포 6~8문을 갖추고 있었지만, 해상 세력인 정씨 집단의 주력 부대는 유럽식으로 건조한 선박 30척에 2층 대포 갑판을 갖추고 30~36문의 대형 대포를 장착했다. 이 대포들은 유럽식 포문을 달고, 움직이는 포가砲架가 있어서 후방에서 포탄을 장전할 수 있었다. 이는 모두 새로운 무기들이다. 스페인의 무적함대가 1588년 영국에 격파된 것은 바로 이런 구조의 선박이 없었기 때문이다." 타이완의 한 학자는 국성야國姓爺(정지룡)*의 대포와 사용법을 분석한 뒤 "그의 함대는 놀라울 정도로 현대화되어 있었다"고 감탄했다. 네덜란드의 화총 부대는 자신들이 발명한 배창사격

---

* 명나라 황제가 정지룡에게 성을 하사했고, '국가의 성을 가진 어른'이라는 뜻으로 국성야라고 불린다.

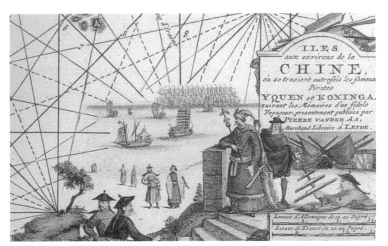

네덜란드인의 눈에 비친 정지룡.

법徘槍射擊法을 사용하면서 승승장구했지만, 정지룡의 부대에는 아무소용이 없었다. 중국은 이미 200년 전부터 배창사격법을 사용해왔기 때문이다. 또한 정지룡의 부대는 정병 훈련을 받으면서 적절한 지도법과 엄한 기율을 갖추었기에 네덜란드의 전략은 전혀 통하지 않았다.

정씨 부대는 명나라가 망한 이후 세계에서 유일하게 청나라에 중대한 위협을 가할 수 있는 세력이었다. 1658년(순치 15), 정지룡의 아들 성공成功은 17만 명의 대군을 이끌고 북벌에 나섰다. 대군이 창장강에 진입하기 전, 양산羊山 해역에서 폭풍우를 만나 큰 피해를 입고 샤먼厦門으로 퇴각했다. 이듬해 다시 창장으로 진입하고, 파죽지세로 딩하이定海, 과저우瓜州, 전장鎭江을 함락시키면서 난징南京을 포위하자 강남 전체가 크게 동요했다. 하지만 정성공은 청군의 계략에 휘말려 습격을 받고 대패했다. 다시 충밍崇明을 공격하며 창장으로의 진입을 꾀했으나 결국 성공하지 못하고 샤먼으로 퇴각했다. 그럼에도 정씨 세력은 여전히 청 조정에 위협적인 존재였다. 이들은 당시 세계 해상의 패주였던 네덜란드와 어깨를 나란히 할 만큼 강력했다. 이는 명대 후기에 신식 군대를 창설하기 위해 애썼던 조야의 지식인들이 내놓은 이면의 성과였다.

명대 후기에 시행된 군사 개혁은 상당한 성과를 거두긴 했지만, 몇 가지 한계가 있었다. 먼저, 신식 군대가 만들어지긴 했지만 규모가 너무 작았다. 척가군은 수천 명에 불과했고, 척계광이 지진에서 훈련시켰던 병사는 2만 명 정도였다. 서광계는 신군 2만 명을 훈련하려고 계획했지만 조정 대신들은 "비용이 많이 들고 효과가 미비하다"는 이유로 허락하지 않았다. 손승종, 원숭환이 요동에서 새로 훈련시킨 부대도 10만 명에 불과했다. 또한 이들에게 훈련이 얼마나 성과가 있었는지 의문이다. 제대로 훈련되었다면 원숭환이 영원 전투에서 광시의 '늑대 부대'에 그렇게 의존할 필요가 없었을 것이다. 신식 부대의 병사와 기존의 부대에서 새로운 훈련을 받은 병사를 모두 합해도 전체 명군의 수에 비하면 아주 적은 비율이었다. 명대 후기, 이 신식 부대원과 개조를 거친 병사들은 요동 전선에 배치되었고, 전투력이 떨어지는 기존의 부대가 그 밖의 다른 지역을 지켰다. 이는 청군이 아주 쉽게 각지의 명군을 격파할 수 있었던 이유였다. 연해의 정씨 집단만이 유일하게 청군이 이기지 못했던 명나라 군대였다.

기존의 부대와 신식 부대가 섞이다 보니 잡음이 생겨날 수밖에 없었고, 더구나 지휘 체계도 매우 고루하고 낙후해서 문제는 더욱 심각했다. 명 조정은 전쟁이 발발할 때마다 최고 사령관인 총병관을 새로 임명하고, 각 위소에서 정예 병사를 뽑아 임시 편제를 구성했다. 이렇게 각지에서 선발된 병사들은 알지 못한 채 연합 훈련과 실전 연습도 거치지 않고 전선에 투입되었다. 그 상황에서 전략을 수행하는 것은 매우 어려웠다. 또한 서로 다른 지역 출신의, 각자 다른 신분을 가진 병사로 구성된 부대는 지휘하기도 어렵고, 작은 마찰이 발생했을 때 적절하게 처리하지 않으면 바로 반란으로 연결되기 쉬웠다. 실제로 조선에서의 전쟁에 참전한 중남병中南兵과 요동병遼東兵 사이에 충돌이 발생했고, 전쟁이 끝난 후 남쪽 병사들은 이여송의 상벌 처리가 불공평하다며 소란을 피워서 모두 도살되었다. 1629년(숭정 2), 쭌화 부대에서 북군은 쌀 1석에 은 1량을 받고, 신군은 쌀 5말에 은 1량 5전을 받자 북군이 불만을 토로했다. 이후 몇 달치 월급이 지체되자 병사들의 불만은 극에 달했고 누군가 선동하기 시작했다. 이들이 쭌화 서문 바깥에 모여 나무로 망루를 쌓고 큰 글자로 "오직 충성으로 나라를 보위했으나 먹을 것이 없어 기아에 허덕인다"고 걸어놓고 반기를 드니 이것이 '지저우 쿠데타蓟州兵變'였다.

이런 군사 개혁의 한계로 인해, 새로운 훈련을 통해 배출된 정예부대원들은 나라를 지키는 전쟁에 참여하지 못했을 뿐만 아니라 아이러니하게도 여진족이 명나라의 천하를 뺏는 데 이용되었다.

7장

명대 후기,
동아시아에서 일어난 네 번의 전쟁

1. 강적이 국경을 압박하다: 명대 후기 동아시아의 군사력 비교

국제 형세가 급변하면서 명나라의 안전은 위기에 직면하고, 후기에 이르러 상황은 더욱 심각해졌다. 침략의 위협이 도사리던 북방뿐만 아니라 새로운 지역에서의 위협도 증가하고 있었다. 명 조정은 주력 부대를 방어선 부근에 주둔시켜 북방의 침략에 대비하는 한편, 새로운 위협에도 경계 태세를 취했다.

(1) 안남

안남은 중국에서 독립한 이후, 계속 대외 확장을 꾀하면서 상당한 규모의 군대를 양성했다. 영락 초년, 명 조정이 80만 명의 병사(실제로는 30만 명)를 동원해서 안남 평정에 나서자 안남의 호 꾸이 리 정권은 대외적으로 21만 명, 실제로는 7만 명을 동원하면서 명군에 대항했다. 당시 안남은 동남아시아에서 가장 큰 규모의 강력한 군대를 보유하고 있었다. 하지만 1471년에 레타인똥이 26만 명을 이끌고 참파국을 침략했을 때 두 달이 채 지나지 않아 수도가 함락됐다. 16세기 중후기, 남북조 시기(1533~1592)로 진입하면서 여러 정권이 출현했고, 그중 북방의 정씨鄭氏 정권과 남방의 응우옌 정권, 고평高平의 막씨莫氏 정권, 선광宣光의 무씨武氏 정권 등이 각축을 벌였다. 이들은 앞다투어 군비 경쟁을 했다. 정씨 정권은 응우옌 정권과의 전쟁에서 군사 10만 명, 수비 병력 5만 명, 코끼리 500마리, 전함 500척을 동원했고, 응우옌은 군사 4~5만 명, 코끼리 100마리로 맞섰다. 내전이 끊이지 않는 상황임에도 안남은 한편으로 남쪽으로 계속 확장하면서 참파를 공략했고, 결국 완전히 합병에 성공했다.

1427년(선덕 2), 명나라는 안남에서 철군했고 이후 양국 간에 커다란 충돌은 없었다. 안남의 군사력이 상당히 강해서 일단 전쟁이 발발하면 명 조정은 대군을 투입해야 했기에 부담스러웠기 때문이다. 이는 1537년(가정 16)의 정벌 전쟁에서 충분히 증명되었다.

(2) 일본

도요토미 히데요시가 내전을 진압하며 전국을 통일했을 때 경험이 풍부한 군인 30만 명을 보유한 상태였고, 이들은 좋은 장비를 갖추고 있었다. 1590년 말, 일본에 거주하는 중국인 허의준許儀俊은 사쓰마 영주로부터 히데요시가 조선 침략을 계획하고 있다는 소식을 듣고 푸젠 당국에 보고했다. "관백關白(히데요시를 가리킴)이 열국을 통일하고 바다를 건너 중국을 침범하려고 합니다. (…) 사쓰마에 두 명의 대장을 필두로 2만 명의 병력을 징집한 다음 조선을 거쳐 중국으로 갈 것입니다. (…) 대장 150명, 50만 명의 병사, 말 5만 필, (…) 창 50만 자루, 조총 30만 자루를 모았으며 내년 임진년(1592)

에 병사를 일으켜 3월 초하룻날에 배를 띄운다고 합니다." 허의준의 보고대로 1592년에 히데요시는 전국에 동원령을 내려서 30만 명의 병력을 9개의 군단으로 편성하고, 수군 9200명, 선박 700척을 합쳐 조선으로 진군할 군대를 준비시켰다. 1597년, 히데요시는 육군 14만 1490명, 수군 2만2100명으로 구성된 대군을 조선에 파견했다. 전투 경험이 풍부한 이 군대는 조선을 휩쓸었고, 불과 3개월 만에 한양, 개성, 평양 등 주요 도시를 포함한 18곳의 성을 완전히 함락시켰다.

(3) 미얀마

미얀마의 동우東吁 왕조는 인도차이나반도의 초강대국이었으며 강력한 군대를 보유하고 있었다. 1593년과 1606년, 미얀마는 30만 명에 달하는 대규모 병력을 일으켜 윈난을 침공했다. 이 군사들은 수가 많았을뿐더러 대부분이 인도차이나반도 곳곳에서 오랫동안 전투를 수행한 경험이 많은 정예 병사였다.

(4) 네덜란드

네덜란드는 동인도 주식회사를 통해 식민 통치를 했다. 1669년 동인도 주식회사는 150척의 무장 선박과 40척의 전함, 1만 명의 용병 등 강력한 군사력을 갖추고 있었다. 바타비아에 동인도 주식회사의 사령부를 두고, 스리랑카, 믈라카, 자와, 말레이 군도 등지에는 지점을, 케이프타운에는 역참을 설치했다. 역참에서는 이곳을 지나가는 회사의 선박에 연료와 물자를 보급하고, 선박을 수리하는 등 관리를 담당했다. 무장한 다수의 선박을 소유한 동인도 주식회사는 동아시아에서 가장 강력한 해상 세력이었다.

(5) 만주

1592년(만력 20), 누루하치는 강력한 군대를 보유하고 있었다. 임진왜란 전부터 기병 3~4만 명, 보병 4~5만 명으로 구성된 누루하치의 군대는 작전능력이 일본군보다 뛰어나다는 평가를 받았다. 누루하치와 황태극의 적극적인 노력으로 후금/청은 동아시아에서 가장 우수한 육군, 즉 만, 몽, 한 등이 포함된 팔기군八旗軍을 보유했다. 팔기군은 만주의 중무장 보병과 몽골의 기병, 한족의 화기병 등 약 20만 명으로 구성되었고, 한 번의 전투에 많은 병사를 투입할 수 있었다. 명군과의 싸얼후薩爾滸 전투에 6만 명, 랴오선遼沈 전투에 10만 명, 랴오위안遼遠 전투에 5~6만 명, 산하이관 전투에 10만 명 이상

팔기군 사열 모습.

의 군사가 투입되었다.

이는 당시 서양 강국들이 국제적인 전투에 투입한 병력과 견줘봐도 손색이 없는 규모다. 군사사학자 마틴 반 크레벨드의 기록에 따르면, "1560~1660년 '군사 혁명'의 시기에 유럽 각국은 병력의 수를 엄청나게 증가시켰다. 1567년, 스페인 알바 공작이 네덜란드의 반란을 진압할 때 투입한 보병은 9000명, 기병은 1600명에 불과했지만, 당시에는 상당한 숫자였다. 수십 년이 지난 후, 스페인이 플랑드르로 진격할 당시 군대의 규모는 수만 명에 달했다. 17세기 유럽에서 가장 큰 전쟁이었던 30년 전쟁(1618~1648)에는 10만 명이 넘는 병력이 투입됐다. 30년 전쟁의 막바지에 접어들 무렵, 참전국들은 너무 방대해져버린 군대를 유지할 수 없었다. 하지만 유럽을 전체를 휩쓴 이 전쟁에도 투입된 병력의 수는 누적된 것을 모두 합해서 100만 명(천주교도 40~50만 명, 신교도 60~70만 명)에 불과했다."

16세기 후반, 프랑스의 종교 전쟁 당시 주요 전투에 참전한 군인의 수는 대략 1만~1만5000명 정도였다. 30년 전쟁에 이르러서야 그 수가 크게 증가해서 프랑스, 신성 로마 제국, 스웨덴이 각각 3만 명 이상의 군대를 파견하기는 했지만, 16세기 단일 전투에 20만 명 이상이 투입된 경우는 없었다. 17세기 말 비엔나 전투에 20만 명 정도가 참전했다. 반면 명대 후기 미얀마나 일본, 혹은 후금과의 전투에서 병사가 20만 명 이상 투입되는 것은 그다지 드문 일이 아니었다.

유럽에서 선진 화기를 도입해서 바로 전쟁에 투입하기 시작한 일본은 중국에 가장 위협적인 존재였다. 노엘 페린은 『철포를 버린 일본인『Giving Up the Gun』에서 16세기 말 일본은 조총을 대량으로 사용하는 등 육상 화기의 정교함 면에서 이미 영국, 프랑스 등의 서유럽 국가를 초월했다고 주장했다. 1555년, 다케다씨武田氏의 군대는 군인 3000명과 조총 300자루를 보유하고 있었다. 1570년, 오타니小谷山 전투에 참전한 오다 노부나가의 부대에도 500자루의 조총이 있었다. 1575년, 오다 노부나가와 도쿠가와 이에야스 연합군은 다케다 가쓰요리武田勝頼와 나가시노에서 전투를 벌였다. 이때 노부나가는 처음으로 3000명의 아시가루(足輕, 하급 무사)에게 조총을 지급해 무장시키고 '삼단격' 전술법을 운용했다. 이 전술은 서양 흑기사들이 쓰는 반회선半回旋, Caracole 전법과 유사했다. 조총을 마치 비 오듯 계속 쏘아대며 타격을 입히는 것이다. 또한 연합군은 마책馬柵을 쌓고, 5.6미터 길이의 장총을 아시가루에게 무장시켜 조총수를 보호하도록 했다. 이들이 조총을 쏘면 짙은 안개가 생겨서 시야를 가렸고, 그동안 조총수를 보호할 수 있었다. 일본 전국 시대의 정예 기병인 아카조나에赤備는 조총의 위력 앞에 속수무책으로 1만여 명이 큰 타격을 입었고, 결국 7년 뒤에 다케다씨는 멸망하고 말았다. 조총으로 무장한 보병은 이 전투를 통해 크게 위용을 떨치며 이후 일본군의 주력 부대가 되었다.

일본인들은 이 선진 화기를 가지고 대외 약탈에 나섰다. '후기 왜구' 시대, 조총은 왜구가 보유한 가장 뛰어난 무기였다. 명대 후기, 정약증鄭若曾은 "왜구의 조총이 무서웠다. (…) 화약의 위력은 세고 발사 속도도 빨라서 잘만 쏘면 백발백중이었다. (…) 이 총은 소리 없이 갑옷을 뚫으니 막을 수가 없다"고 했다. 히데요시가 조선을 침

보병의 일종인 일본의 아시가루.

략할 때, 3000명으로 구성된 부대에 '철포 아시가루'가 200명가량 있었는데, 주로 이들이 조선군과 명군에게 큰 타격을 입혔다.

청조는 천하를 통일한 후 "활과 기병으로 천하를 제패했다"고 자랑했다. 여진족은 본래 활을 잘 쏘고 기마 전투에 능하다. 후금은 명군과의 전투를 겪으며 화기의 위력을 실감했고, 이를 적극적으로 도입했다. 숭정 시기, 이지조는 "화기를 가져야 주변 오랑캐를 제압할 수 있습니다. 오랑캐 추장은 난을 일으킨 이후 3년간 우리 무기 기술을 배워서 그 기세가 등등합니다"라고 말했다. 병부상서 최경영崔景榮도 "우리 장기는 오직 화공인데, 랴오양, 선양이 함락되면서 기술이 적에게 노출되었습니다"라고 했다. 이들의 증언을 통해 후금이 화기 기술을 빨리 습득하고 발전시켰음을 알 수 있다. 1639~1642년(숭정 12~15) 사이, 쑹진松錦 전투에서 명과 청은 모두 홍이포 등의 화기를 대량으로 사용했는데, 청군이 사용하는 대포의 강력함에 명군은 크게 놀라지 않을 수 없었다. 서광계는 "우리가 계속되는 전투에서 패배하면서 여러 무기를 빼앗기다 보니 적들도 우리 무기를 사용하면서 큰 차이가 없어졌다"고 했다. 숭정 말년, 청군의 대포는 수나 질적인 면에서 명군을 초월했다. 1643년(숭정 16), 요동 순무 여옥전黎玉田은 이를 한탄하며 이렇게 상소문을 올렸다. "우리가 적을 제압할 수 있었던 것은 화기가 우세했기 때문입니다. 그런데 이제 적도 화기를 가지고 있습니다. 적들이 진저우錦州에서 서양식 대포 100문을 제조한다고 하는데, 우리는 10문밖에 없으니…… 이제 방어하기가 어려울 듯합니다. 저들은 지금 우리보다 10배나 강한 무력을 확보하고 있습니다." 화기를 구비한 후금군/청군이 마치 호랑이가 날개를 단 듯 기세가 오르자 서광계는 "원래 저들의 활과 기마가 우리보다 강하긴 했지만 이제 화기의 수준마저 비슷하다니…… 지금 저들이 소유한 서양식 대포는 우리보다 강하다. 우리가 먼저 총을 사용했는데 어찌 충분히 준비하지 못했던가"라고 개탄했다. 그의 말처럼 후금은 선진 화기를 적극적으로 도입했고, 훗날 청나라는 동아시아에서 최강의 군대를 보유하게 되었다.

주위에 강적들이 둘러싸고 있었지만 명나라의 국방 예산은 한정적이어서 100만 대군이라는 명군의 위용과 달리 실제로는 그 수에 미치지 못했다. 1569년(융경 3), 병부시랑 담윤은 "전국의 병력이 313만

313만8000명이라 하지만 실제로는 84만5000명뿐이다. 이렇게 차이가 많이 나는 것은 탈영병 때문이다. 1438년(정통 3)의 병부의 기록에 따르면 탈영병의 수는 120만 명으로, 전체 병력의 절반에 달했다. 가정 이후 상황은 더욱 심해졌다. 당순지가 지전 薊鎮을 다녀온 후 '황화전 黃花鎮에서 쥐융관 居庸關까지 원래 2만3025명이 있어야 하지만 1만195명이 탈영했다'고 상소를 올렸다. 군사 요지인 쥐융관의 상황이 그랬다면 다른 지역은 훨씬 더 심각했을 것이다. 1568년(융경 2), 북방 9진의 군사의 수를 합하면 족히 100만 명은 되어야 하지만 실제로는 60만 명에 불과했다. 40만 명이 탈영한 것이다. 특히 명대 주력 부대인 경군에 탈영병이 많았다. 명 초, 경군에 속한 군인의 수는 80만 명 이상이었으나 '토목보의 난'을 진압하며 사상자가 매우 많이 나왔고, 부상병이 회복하고 합류하더라도 실제 병력의 수는 10만 명에 지나지 않았다. 만력 시기, 경군의 장교는 2727명, 병사는 20만6280명이라고 보고되었지만, 실제 병력의 수는 절반뿐이었다. 숭정 말년, 대외 전투에 경군을 파견하려 했지만 병사가 없어서 유민 遊民을 고용해 충당할 수밖에 없었다.

명대 중기에 일어난 전투 중 가장 규모가 큰 토목보 전투에서는 전장이 베이징과 그리 멀지 않아서 영종 황제가 직접 경군과 변방 군사를 모아서 통솔했다. 대외적으로는 명군이 50만 명에 이른다고 알려져 있었지만, 실제로는 25만 명에 불과했다. 만력 시기 조선 전쟁과 명대 후기에 발발한 요동 전투에 파견된 병사도 10~20만 명에 지나지 않았다. 그러나 일본, 미얀마, 후금, 몽골 등 상대 국가들은 거의 모든 병력을 투입하면서 전력을 다해 명과 싸웠다. 명군은 작전능력까지 현저히 떨어져 전투에서 항상 불리한 형세에 처했다. 명나라 후기(1573~1662) 중국은 끊임없이 주변국의 공격을 받았고, 네 차례에 걸쳐 대규모 전쟁을 수행했다. 중·미얀마 전쟁(1576~1606), 중·일 전쟁(1592~1598), 명·청 요동 전쟁(1618~1644), 중·네덜란드 전쟁(1661~1668)이 바로 그것이다. 이 전쟁들은 당시 세계에서 가장 큰 규모였고, 세계사에 큰 영향을 끼쳤다.

2. 서남 전쟁:
중·미얀마 국경 전투(1576~1606)

중국과 주변국이 벌인 네 차례의 전쟁 가운데 미얀마와의 전투는 다른 세 전쟁에 비해 비교적 관심을 끌지 못해서 그동안 제대로 연구되지 않았다. 그러나 전쟁의 규모나 기간으로 보면 중·미얀마 전투의 중요성은 크다.

1381년(홍무 14), 태조는 대장군 목영沐英을 윈난에 파견해서 원나라의 잔존 세력을 소탕하고, 서남부에 맹양孟養, 목방木邦, 미얀마, 팔백八百, 차리車里, 라오스 등 여섯 곳에 선위사宣慰司를 설치했다. 명 조정은 이 지역의 통치자들에게 선위사宣慰使 또는 토사土司라는 관직을 주고 윈난 당국이 관할하도록 했다. 하지만 이들은 독립적인 성격을 띠었고, 실제로 미얀마, 팔백, 라오스 등은 독립 정권이었다.

만력 시기에 미얀마의 동우 왕조가 강성해지면서 대외 정복을 실시했고, 현재 미얀마 영토의 대부분을 점령했다. 1576년(만력 4), 미얀마가 맹양을 공격하자 맹양의 토사는 적극적으로 방어하는 한편 윈난 당국에 도움을 요청했다. 진텅金騰 둔전屯田 부사副使 나여방羅

汝芳은 국경을 오가는 상인들을 모아서 지역 곳곳에 파견하고, 산길의 상태나 보급 상태 등을 정찰하며 부근 토사들에게 맹양을 구원하도록 했다. 그해 연말, 사개思個는 군사 1만 명을 이끌고 미얀마군의 후방을 공격해서 보급선을 차단하고 지형이 험난한 곳에 매복하며 주둔했다. 미얀마군이 반격하긴 했지만 이들은 보급선이 끊긴 상태였고, 사개가 지구전에 들어가자 역병까지 퍼져 미얀마군의 시체가 산더미처럼 쌓였다. 미얀마군은 사개에게 전투를 멈출 것을 요청했지만, 사개는 이를 거절하고 윈난 당국에 원병을 청해서 이들을 완전히 소탕하려 했다. 그러나 윈난 순무 왕응王凝은 전쟁이 확대될 것을 우려했기에 나여방에게 군사를 증원하지 말라고 명령했다. 나여방은 분노했지만 어쩔 수 없이 철군했고, 사개는 원군이 오지 않자 크게 실망했다. 사개는 도망치는 미얀마군을 추격해 거의 대부분 궤멸시켰다. 미얀마는 이 전쟁에서 크게 패했지만 더 이상 명군이 추격하지 않아서 그나마 숨통을 틔웠다.

1577년(만력 5), 진문수陳文邃가 윈난 순무로 부임하면서 변경 지대의 위협을 감지하고 방비에 나섰지만, 이듬해 명 조정은 선물과 함께 포로로 잡았던 미얀마의 코끼리 부대원들을 돌려보내며 위로했다. 그러나 미얀마의 왕은 이런 명 조정의 호의에 전혀 고마움을 표하지 않았다. 오히려 명 조정의 대외 정책이 느슨해진 것과 윈난 변경의 토사들이 사실상 고립무원 상태임을 눈치채고 다시 공격을 시도했다. 1579년(만력 7), 미얀마군이 맹양을 공격했고, 사개는 원군이 오지 않자 철군하다가 부하에게 붙잡혀 죽임을 당했다. 맹밀, 맹양, 목방 등지가 모두 함락되었지만, 명 조정은 어떤 조치도 취하지 않았다. 이듬해 윈난 순무 요인간饒仁侃이 사람을 파견해서 미얀마 당국을 달래보려 했지만 전혀 응하지 않았다.

1582년(만력 10) 겨울, 미얀마에 투항한 중국의 상인 악풍岳風이 미얀마의 군대와 토사의 병사 수십만 명을 이끌고 뇌롱雷弄, 잔달盞達, 간애干崖, 남전南甸, 목방 등을 공격한 다음 대량 학살을 자행했다. 이듬해 정월, 윈난 총병관 목창작沐昌祚, 순무 도어사 유세증劉世曾 등이 수만 명의 병력을 대동해서 반격을 가했다. 명 조정은 명장 유정劉綎과 참장參將 등자룡鄧子龍을 파병했고, 이들은 현지의 토사 군과 협조해서 야오관姚關 이남의 판즈화攀枝花에서 미얀마군을 대파했다.

이후 참장 등자룡은 싼젠산三尖山에서도 승리를 거두고 만전灣甸, 경마耿馬 등지를 수복했다. 명장 유정도 대군을 이끌고 압박하자 악풍은 1584년(만력 12)에 항복했고, 베이징으로 압송된 뒤 처단되었다. 명군이 계속 전진하면서 맹양, 맹연을 수복하자 현지 토사들은 미얀마 관리들을 죽이고 명 조정에 귀순했다. 유정은 웨이윈영威運營에서 맹양, 목방의 선무사와 맹밀의 안무사의 귀순 의사를 확인했다. 이로써 명나라는 미얀마가 점령한 모든 영토를 회복했다.

미얀마의 왕은 이 소식을 접한 후, 다시 군대를 동원해서 공격에 나섰다. 이때 명군은 이미 철군한 뒤여서 파총把摠 고국춘高國春이 병사 500명을 이끌고 나가 적군 수만 명을 상대했다. 동우 왕조의 세력은 대부분 물러난 상태였고, 명 조정은 맹밀 안무사를 선무사로 승격시키고 만막蠻莫과 경마에 안무사를 설치했다. 또 유정을 부총 병서참장副總兵署參將으로 임명하고, 미얀마의 코끼리 부대에 대항하기 위해 코끼리를 구입하는 등 윈난 변방의 경계를 공고히 했다.

1585년(만력 13) 겨울, 만막의 토사 사순思順이 유정과 그 부하들의 폭정에 불만을 품고 미얀마로 귀순했다. 맹양의 토사도 미얀마 당국이 군대를 파견해 만막을 점령할 때 동조했다. 1587년(만력 15), 맹양의 토사 사위思威는 맹밀의 토사 사충思忠, 만막의 토사 사순과 함께 병사를 일으키는 한편 명 조정에 구원을 요청했다. 윈난 안찰사 이재는 병사를 보내 수천 명을 사살하고 두 곳을 수복했다. 이듬해 맹밀의 토사 사충, 만막의 토사 사순은 다시 미얀마로 귀순했고, 미얀마군은 맹밀을 재점령했다. 1592년(만력 20), 미얀마군이 또다시 만막을 점령하자 등자룡이 군대를 이끌고 공격했고, 미얀마는 사주沙州까지 퇴각했다. 두 군대는 한 달쯤 대치하다가 미얀마군이 철군했다.

1593년(만력 21) 연말에 미얀마군이 코끼리 부대를 포함해 30만 대군을 이끌고 만막을 쳐들어와 점령하고, 납살臘撒, 망시芒市, 목룡木龍으로 나누어 진격했다. 윈난 순무 진용빈陳用賓은 만막을 수복하는 데는 성공했지만 적을 너무 경시하다가 매복 작전에 걸려 대패했다. 이듬해 진용빈은 서남 변경의 팔좌관八座關 주변에서 경계를 강화했다. 미얀마군이 수차례 이곳 주변을 침공하자 진용빈은 시암국과 협력해서 미얀마를 협공하려 했으나 결국 성공하지는 못했다.

1595년(만력 23), 미얀마군이 만막을 침범했다가 명군에 패했고, 이후 1598년까지 미얀마는 일시적으로 평온을 찾을 수 있었다. 1584~1593년에 미얀마가 다섯 차례 시암을 침공했다가 모두 패했다. 그동안 미얀마 남부에서는 몽족이 난을 일으켰고, 다른 지방 정권들도 연이어 독립을 선포하자 중국을 침공할 여력이 없었다.

가정에서 만력 사이, 미얀마와의 전쟁은 약 반세기 동안 진행되었다. 만력 21년과 34년에 미얀마가 두 차례에 걸쳐 30만 명을 동원해서 침입하는 등 전쟁의 규모가 크고 전투의 강도도 아주 셌다. 이는 비슷한 시기에 유럽에서 일어난 30년 전쟁과도 비교할 만하다. 이 전쟁으로 인해 윈난 지역은 크게 파괴되었다. 특히 윈난 서남부 지역은 이전에는 매우 풍요로운 곳이었지만 가장 큰 피해를 입었다. 주맹진朱孟震은 『서남이풍토기西南夷風土記』에서 미얀마군이 이 지역에서 자행한 학살 행위를 자세히 기록했다.

미얀마군의 침공에 대항하기 위해 명 조정은 윈난 변경에 상당한 규모의 군대를 배치해야 했지만 그렇게 하기 위해서는 막대한 군비가 소요되었고 보급선을 유지하기도 어려웠다. 명대의 서적에는 자세한 기록이 남아 있지 않지만, 청대의 상황을 통해 유추해볼 수 있다. 1768년(건륭 33), 조정은 미얀마를 정벌하기 위해 상서참찬대신尙書參贊大臣 서혁덕舒赫德, 윈구이총독 악녕鄂寧을 파견했는데, 이들은 미얀마 정벌이 어려운 이유로 다섯 가지를 댔다. "첫째, 만주 병사 1만 명, 한족 병사 3만 명이 출병하면 말 10만 필이 필요하지만 이를 조달하기가 어렵고 둘째, 10달 동안 4만 명의 병사와 10만 필의 말을 유지하는 데 필요한 양식은 쌀 42만 석에 이르지만 윈난성에서 나는 식량은 불과 35만 석에 지나지 않는다. 셋째, 내지로부터 변경까지 지형이 험해서 행군이 어렵다. 넷째, 보급선을 유지하려면 인부 세 명이 쌀 한 석씩 운반한다고 해도 엄청난 인원이 필요하다. 마지막으로 미얀마는 중국과 물이나 기후가 달라서 정복하기 힘들다. 이제까지 전쟁으로 인한 전사자보다 전염병으로 죽은 자가 많았던 것이 이를 단적으로 보여준다."

서혁덕과 악녕의 말은 과장이 아니었다. 명·청대 윈난 변경의 군대에 지급되는 군량은 모두 윈난 현지에서 공급했는데, 산이 높고 계곡의 물살이 빨라 운반하기가 어려웠다. "쌀 한 석을 운반하는 데 금金 10개가 들었고" 돈을 준다고 해도 그곳까지 가려는 사람이 없었다. 청나라 사람 예태倪蜕는 "윈난, 구이저우 지역은 당우唐虞 때 처음 발견된 후 진한 때부터 왕래하기 시작했다. 당대에는 난을 일으켜 골칫거리가 되었으며, 송대에 이르러서는 왕래가 끊겼다. 원대에 다시 왕래가 시작되고 명대에는 빈번해졌지만, 명을 끊임없이 괴롭히다가 결국 관계가 엉망이 되어버렸다"고 했다. 명이 전쟁에 패하자 명 초에 설립된 맹양, 목방, 팔백, 라오스, 고자古刺 등 선위사가 미얀마의 통제를 받게 되었다. 명나라는 많은 영토를 뺏겼고, 미얀마는 영토를 확장하게 되면서 동남아시아의 강국이 되었다. 심덕부는 이를 두고 다음과 같이 말했다. "미얀마는 중국에 버금갈 만한 토지를 갖게 되었고 윈난, 구이저우, 광시 등 서쪽 지역의 불만분자들을 흡수하면서 일거양득의 이익을 취했으니, 이에 대한 식자들의 우려가 적지 않다."

명나라 군대가 전쟁에 패한 원인 중 하나는 지형이나 기후 등 불리한 자연 조건이었다. 구이저우 서쪽이나 미얀마 북쪽의 깊은 산림 속에서 전투가 벌어지면 온대 지역의 평지가 익숙한 명군에게는 절대적으로 불리했다. 또한 명군은 병력과 장비, 훈련 등 모든 면에서 전력을 다해 공격하는 미얀마군에 뒤떨어졌다. 명군의 패배는 필연적인 것이었다.

3. 동쪽 전쟁:
중·일·조선 전투(1592~1598)

1592년에 일본이 조선을 침공하면서 6년에 걸친 전쟁이 시작되었다. 이 전쟁은 세 단계로 나뉘는데, 첫 단계는 임진왜란, 두 번째 단계는 중일 쌍방 화의부터 봉공封貢 논의의 실패까지, 마지막 단계는 정유재란이라고 한다.

일본이 전쟁을 일으킨 이유는 조선을 점령한 다음 이를 발판으로 중국을 침공하고 정복하기 위해서였다. 도요토미 히데요시는 오래전부터 전쟁을 준비했다. 당시 조선은 "약 200년 동안 전쟁이 없는" 태평성대가 지속되어서 군비가 매우 취약한 상태였다. 1592년 4월, 일본군이 부산에 상륙한 다음 별다른 저항을 받지 않고 신속하게 전국을 점령해갔다. 당시 조선의 왕 선조는 수도인 한양을 포기한 채 평양으로 피란을 떠났다. 5월 2일, 일본군은 한양을 침공하고 왕자를 인질로 잡았다. 6월 11일, 선조는 중국과 맞닿은 의주까지 도망쳤고, 15일에는 평양이 함락되었다. 조선 팔도 가운데 평안도 이북과 의주 일대를 제외하고 모두 일본군에게 함락되었다. 조선은 명나라에 구

부산진에서 조선군과 왜군이 벌인
치열한 공방전을 그린 「부산진순절도」.

원을 청하는 것 외에는 별다른 선택의 여지가 없었다.

7월 27일, 일본군은 두만강을 건너 지엔저우建州 여진과 하이시海
西 여진을 공격했다. 명 조정은 "일본이 조선을 침공한 것은 중국을
침공하기 위한 과정이므로 군대를 파견해서 조선을 구하는 것이 우
리를 보호하는 길이다"라며 선조가 압록강을 건너 요동반도 내의 콴
덴바오寬奠堡에 머물도록 하고 파병을 결정했다.

명 조정은 먼저 대조변戴朝弁과 사유史儒에게 기병 1000명을 준 다

음 압록강을 건너도록 하고, 조승훈祖承訓은 기병 5000명을 데리고 바로 평양으로 가도록 했다. 조선에서 보고받은 정보에 의하면 평양에 1000명의 일본군이 주둔한다고 했지만, 실제로는 1만 명에 달했다. 조승훈은 잘못된 정보를 입수한 탓에 적을 얕잡아 본 데다 평양의 길이 좁고 질어서 기병이 제 역량을 발휘하지 못했고, 일본 조총수들의 표적이 되었다. 게다가 명군과 협력하기로 한 조선군들이 도망치자 명군도 퇴각했다.

같은 해 8월, 명 조정은 병부 우시랑 송응창宋應昌에게 총지휘를 맡기고, 10월에 이여송을 전선 지휘관으로 임명한 뒤 전국 각지에서 정예 병력 4만 명을 선발했다. 12월 25일, 이여송은 압록강을 건너 조선으로 출병했다. 1593년 정월에 명군이 평양성에 도착했고, 고니시 유키나가小西行長가 이끄는 1만5000명과 전투를 벌였다. 명군은 대포 수백 문을 내세웠고 이에 일본군은 소총 부대로 맞섰는데 소총 기술 면에서는 일본이 다소 우세했지만 명군의 강력한 대포를 당해낼 수는 없었다. 조선의 기록에 의하면, "성에서 1.96킬로미터 정도 떨어진 곳에서 명군이 대포를 발사하자 마치 천둥소리 같았고 섬광이 번쩍이면서 하늘은 대낮처럼 밝았다. 비록 왜군도 소총으로 응수하긴 했지만 하늘을 찢는 듯한 명군의 대포 앞에서는 별 소용이 없었다." 이 전투에서 명군 796명이 사망하고, 1492명이 부상을 당했지만 일본군은 불과 10분의 1만이 살아 돌아갔다. 명군이 대승을 거둔 것이다. 이후 명군과 일본군은 번갈아 승패를 주고받았다. 같은 해 6월, 해전에서 패한 탓에 일본군의 보급선이 끊어지자 내륙에서도 패전을 거듭했다. 더욱 상황이 악화돼서 역병까지 퍼지자 명의 관

조명 연합군이 평양성을 탈환하는 모습을 담은 병풍.

리 심유경沈惟敬을 통해 베이징에 와서 화의를 논했다. 명 조정도 군량을 제공하는 데 어려움을 겪고 있었기에 조선에서 철수할 것을 결정하고, 유연劉綎이 남아 주요 군사지역을 지키도록 명령했다.

1597년, 히데요시는 육군 14만 명과 수군 2만 명을 이끌고 다시 조선을 침공했다. 그러자 명 조정도 총병관總兵官에 마귀麻貴를, 첨도어사僉都御史에 양호楊鎬를 임명하고 3만 명을 파견하는 등 신속하게 대응했다. 계속해서 참전 병력을 늘렸고 전쟁 말기에는 그 수가 11만 명에 달했다. 초기에는 일본군이 수적으로 우세해서 명군은 수세에 몰렸으나 지원군이 도착하면서 전세가 역전됐다. 히데요시가 사망하면서 일본군이 철수를 시작하자 명군은 이를 틈타 여러 차례 공격했고 마침내 일본군을 한반도에서 완전히 물리쳤다.

임진왜란은 당시 동아시아에서 발발한 전쟁 가운데 가장 큰 규모였다. 명나라 사람들은 "지금까지 일어난 전쟁 중에서 군대의 위세를 떨치면서 이렇게 빨리 승리한 적은 없었다"고 평가했고, 역사학자 케네스 스위프는 『용의 머리와 뱀의 꼬리: 1592~1598년 명나라와 동아시아의 첫 거대 전쟁A Dragon's Head and a Serpent's Tail: Ming China and the First Great East Asian War, 1592~1598』에서 이 전쟁을 '제1차 대동아 전쟁'이라고 명명했다.

4. 동북 전쟁: 명·청 요동 전투(1618~1644)

　명·청 전쟁은 명과 후금/청의 싸움이다. 1618년에 전투를 시작한 뒤 1644년에 청군이 베이징을 점령하면서 막을 내렸다. 명군과 청군은 사얼쉬薩爾滸에서 처음 맞부딪쳤다. 1618년(만력 46, 후금 천명 3) 누루하치는 '7대 한恨'을 선포한 다음 2만 명의 정예 부대를 이끌고 요동의 주요 근거지인 푸순撫順을 공격했다. 이 전투에서 명군은 패배해서 푸순을 잃고 말았다. 명 조정은 크게 놀라 푸젠, 저장, 쓰촨, 산시, 간쑤 등지에서 9만 명을 징발해서 요동에 집결시켰다. 이듬해 사얼쉬에서 다시 전투가 벌어졌는데 명군은 또다시 대패해서 정예 병력의 다수를 잃고 말았다. 이 전투로 인해 요동의 정세는 크게 변했다. 1621년(천계 원년, 천명 6), 누루하치는 대군을 이끌고 요동의 심장인 선양沈陽을 공격했다. 격렬한 전투 끝에 선양과 랴오양이 함락되고, 랴오허강遼河 동쪽의 70여 개의 성城도 모두 빼앗겼다. 후금은 바로 랴오양으로 도읍을 옮겼고, 1626년(천계 5)에 다시 선양으로 천도했다.

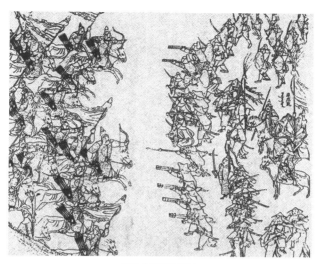

1619년 사얼쉬 전투.

선양과 랴오양이 함락된 뒤 광녕廣寧(지금의 랴오닝성의 베이전시)은 명나라의 관외 최대 거점이 되었다. 명 조정은 왕화정王化貞을 우첨도어사로 임명하고, 웅정필을 병부상서 겸 좌부도어사로 기용한 다음 산하이관에서 요동의 군무를 맡겼다. 당시 광녕에는 14만 명의 병력(실제로는 12만 명)이 있었지만 웅정필의 휘하에는 겨우 4000명밖에 없어서 실질적인 힘을 발휘할 수는 없었다. 그는 조정에 20만 명의 병력과 무기, 식량을 함께 지급해달라고 요구했지만 군무에 관해 무지했던 왕화정은 후금의 내부 갈등에 관심이 팔려서 웅정필의 요청은 받아들이지 않았다. 조정에서도 왕화정의 주장을 지지했다. 이렇게 웅정필과 왕화정의 의견이 엇갈리자 광녕 지역의 방어는 매우 위태로워졌다. 1622년(천계 2), 후금의 군대는 랴오허강을 건너 시핑바오西平堡, 전우바오鎭武堡, 뤼양이閭陽驛으로 향하면서 명군을 궤멸시킨 후 광닝까지 진격했고, 왕화정은 성을 버리고 도망가버렸다.

명 조정은 전세를 역전하기 위해 손승종을 내세워 적극적으로 닝진寧錦 방어에 나섰다. 손승종은 요동에 4년간 있으면서 9개의 성과 45개의 요새를 수복하고, 11만 명의 병력을 훈련시켰으며 수백만 벌의 갑옷과 수백만 개의 무기, 포석 등을 만들어 영토를 157킬로미터가량 넓혔다. 또한 토지를 개척해서 5000경頃(1경은 약 24제곱킬로미터)의 농지를 만들고 연간 15만 석에 달하는 양식을 확보했다. 또한 그는 능력 있는 장수들을 기용했는데, 그중 한 사람이 원숭환이었다. 원숭환은 영원에 부임한 후 성을 수리해서 방어선을 강화하고, 진저우錦州, 쑹산松山, 싱산杏山, 다링강大凌河, 요우툰右屯 일대의 54개 성을 수복했다. 명대 후기의 군사 개혁운동에 중요한 역할을 한 손원화가 서양 기술을 이용해 요동 포대를 건설하자고 건의하자, 조정은 원숭환과 함께 일하도록 지시했다. 원숭환은 손원화의 의견을 받아들이고, 영원에 성벽을 쌓아 올렸다. 또한 원숭환은 산하이관에서 홍이포 11문을 가져와 포병을 훈련시켜 새로운 공격 전술을 연마하도록 했다. 이외에도 둔전을 실시하고 백성을 위로했으며 훈련을 게을리하지 않아서 상당한 효과를 거두었다.

1626년(천계 6, 후금 천명11) 누루하치는 선양에서 13만 명의 대군을(대외적으로는 20만 명이라고 알렸다) 동원해서 원숭환을 압박했다. 이에 원숭환은 급히 군대를 동원해서 후금의 군대와 대치했는데, 이것이 유명한 영원 대첩이다. 누루하치는 원숭환에게 "내가 20만 명

제갈량에 비견될 만큼 찬사를 받았던 무장 원숭환.

의 병력으로 이 성을 함락시킬 것이다. 장군이 투항한다면 높은 작위를 내리겠다"며 투항을 종용했다. 원숭환은 "죽을 각오로 지킬 것이다. 항복이 무슨 말인가"라며 거절하고 후금의 공격을 막아냈다. 누루하치의 군대 중 1만7000여 명이 다쳤고, 선양으로 퇴각했다. 이 전투는 명군이 누루하치와의 전투에서 첫 번째로 거둔 승리였다. 누루하치는 "짐이 25세부터 수많은 전쟁을 하면서 이기지 못한 적이 없었는데 어찌 영원성 하나를 공략하지 못한단 말인가"라며 한탄했다.

　1627년(천계 7, 후금 천총 원년) 누루하치가 사망하고 황태극이 즉위하면서 후금을 청이라고 명명했다. 황태극은 즉위한 다음 서쪽으로 병사들을 움직여 진저우를 위협했다. 이듬해 명 조정은 원숭환을 병부상서 겸 우부도어사로 임명했고 12만 명의 병력을 주면서 지랴오덩라이텐진薊遼登萊天津의 군무를 담당하고 방어선을 구축하도록 했다. 그중 병사 4만 명은 산하이관을 방어하고 나머지 8만 명은 그 밖의 지역을 방어했다. 이후에는 관 내외를 지키는 정예 병사가 15만 명 이상에 달했다. 쳰툰前屯, 영원, 중허우中后, 중유中右 지역에 6만 명을 배치했는데, 그중 영원이 가장 중요했다. 사서에는 "오늘날 천하는 위관楡關이 제일 중요하고, 위관에서는 영원이 가장 중요하며 영원에서는 무신撫臣(원숭환을 가르킴)이 가장 중요하다"고 기록되어 있다. 원숭환은 이곳에서 3만5000명의 군사를 지휘하며 진저우를 지켜보고 있었다. 그가 이곳을 방어하고 있었기에 청은 베이징으로 진군할 수 없었고, 다른 통로를 찾아야 했다. 1629년(숭정 2), 청군은 10만 명의 몽골 군대를 선봉으로 커츠신喀剌沁 부락을 돌아 다안커우大安口와 룽징관龍井關을 공격했다. 명군의 정예 부대는 모두 요동 전선에 배치돼 있어서 산하이관 서쪽은 돌볼 여력이 없었다. 청군이 공격해 오자 명 조정은 총병 조솔교趙率敎, 원숭환, 만계滿桂 등에게 지원할 것을 명했다. 청군이 쭌화를 공격했을 때 조솔계가 전사하고, 베이징까지 그대로 진격했으나 명군이 완강히 버티자 청군은 후퇴했다.

숭정 후기, 북방의 동란이 계속되는 동안 청군은 성장을 거듭하고 있었다. 명·청 전쟁의 관건인 송진松錦 전투가 시작되었을 때 명군은 17만 명, 청군은 20만 명의 대군을 투입했다. 1639년(숭정 12) 2월부터 시작된 송진 전투는 3년간 계속되었고, 결국 명군은 대패했다. 『청태종실록淸太宗實錄』은 "명군 5만3783명이 죽었고, 말 7440필과 갑옷 9346벌을 획득했다. 명나라 병사들의 시체가 싱산에서 타산塔

山까지 가득하고, 살아남은 병사들이 버리고 간 말과 갑옷의 수가 수만에 달했다. 바다에 떠 있는 시체들은 마치 비둘기 떼 같았다"라고 기록했다. 이 전투의 패배는 명나라의 요동 방어 시스템이 완전히 붕괴되었음을 의미한다.

사실 이때까지만 해도 명군은 랴오시 지역, 특히 산하이관에 군사력을 집중하고 있었다. 청군이 수차례 장성을 넘어 관내로 진입했으나 결정적인 승리를 거두지 못한 것은 산하이관을 넘지 못했기 때문이다. 명 조정이 산하이관을 쥐고 있는 이상 청군이 관내로 들어오더라도 보급선을 유지할 수 없었다. 심지어 산하이관의 명군이 선양을 공격해서 청군의 심장부에 치명상을 입힐 수도 있었다. 따라서 명조를 멸망시키려면, 반드시 산하이관을 손에 넣어야 했다. 산하이관에는 3만 명의 정예 병사를 거느린 오삼계吳三桂가 버티고 청군을 저지하고 있었다. 1644년(숭정 17), 마침내 오삼계는 청에 투항했고, 뒤얼쿤多爾袞과 연합한 다음 베이징을 함락시킨 이자성李子成의 대순군大順軍 20만 명(실제 약 10만)과 전투를 벌였다. 이 전투에는 모두 10만 명 이상이 투입되었는데, 명의 패잔병 2만 명을 제외한 나머지 모두가 정예 병사여서 격렬한 전투가 이어졌다. 유건劉健의 『정문록庭聞錄』에는 "이 전투는 두 번째 날 결전이 시작되었는데, 이자성의 부대원들은 오삼계의 병사들이 정예병인 것을 알고 있었다. 오삼계의 병사들이 선봉에 서고 만주의 병사들이 좌우에서 공격하니 이자성의 부대는 패배해버렸고 청군은 진격해서 베이징까지 점령했다"고 기록되어 있다. 이후 청군은 각지에서 저항하는 무장 세력을 진압하고 전국을 통일했다.

5. 동남 전쟁:
중 · 네덜란드, 타이완 해협 전쟁(1661~1668)

17세기 초, 동아시아 해상을 호령하던 세력은 정지룡 집단이었다. 이들은 본래 해적 집단으로, 명 조정에 대항하며 싸우긴 했지만 국가적인 세력을 갖춘 것은 아니었다. 그렇기 때문에 정씨 집단이 외국 군대와 벌인 전쟁을 중국과 외국과의 전쟁이라고 할 수는 없다. 이후 정지룡이 명 조정의 초무招撫를 받아들이면서 국가 무장 편제에 소속되었지만, 여전히 독립적으로 행동하며 조정의 지휘를 받지 않았다.

정지룡의 세력이 커지면서 이해관계가 얽혀 있는 서양인들과 마찰이 발생했다. 그는 네덜란드, 영국 등의 상선을 약탈하고, "해상에서 정씨 깃발을 달지 않으면 왕래가 불가능하며 선박마다 2000금을 내야 한다"는 규정을 만들었다. 1628년 정지룡 선단은 푸젠 둥산섬 해역에서 네덜란드 선단을 공격하고, 두 척의 배와 선원 85명을 샤먼항廈門港으로 나포했다. 1633년, 네덜란드는 한스 푸트만스가 이끄는 11척의 전함과 미델뷔르흐Middelburg 범선 한 척을 파견해서 샤먼항을 기습했다. 당시 정지룡은 타이완에서 자유롭게 무역할 수 있는 허가증을 네덜란드에 발급하기로 했으므로 경계 태세를 낮추고 광둥 부근에서 해적 유향劉香을 격파했다. 샤먼항이 기습적으로 공격당하자 정지룡 휘하의 전선 10척과 다른 전함 5척이 침몰당했다. 네덜란드의 기록에 의하면, 25~30척의 전함을 격침했다고 한다. 네덜란드 전함은 모두 16~30문의 대포를 장착하는 등 단단히 무장했다. 7월 26일, 명 조정은 네덜란드의 기습을 질책하고 전함의 보상과 타이완에서의 퇴각을 요구했다. 그러자 네덜란드는 자신들의 우세한 무력을 내세우며 오히려 명 조정에 스페인, 포르투갈과도 교역하지 말 것을 강요하며 만약 받아들여지지 않을 경우 다시 공격하겠다고 위협했다.

네덜란드의 이런 요구에 정지룡은 분노했고, 대전함 35척, 화기를 실은 선박100척과 작은 배 400여 척을 동원해 일전을 준비했다. 네덜란드는 상황이 자신들에게 불리해지자 해적 유향과 이국조李國助 등에게 도움을 청했다. 10월 10일, 네덜란드 선단이 명군의 공격을 받자 유향은 네덜란드인들을 구해주고 포상을 요구했다. 10월 15일, 푸젠 순무 추유련鄒維璉은 정지룡을 선봉으로 내세워 공격에 나섰다. 10월 22일 새벽, 정지룡은 기후 조건이 좋지 않았음에도 140여 척의 전선을 두 부대로 나누어 진먼섬金門島 커뤄만科羅灣 부근에서 네덜란드 선박 9척, 해적 선박 50척을 공격했다. 정지룡이 쏜 대포에 네덜란드 선박 2척이 격침당하자 한스 푸트만스는 전세가 기울어졌음을 깨닫고 연합 세력인 해적을 버려둔 채 철수했다. 9척의 대형 전선 중 4척이 침몰하고 5척이 크게 부서졌으며 나머지 범선은 모두 불

타이난에 위치한 질란디아 요새. 정성공 부대의 승리로 네덜란드군은
요새를 포기하고 동인도 회사의 모든 재산을 이 요새에 남겨두고 퇴거했다.

타는 등 네덜란드는 이 전투로 인해 엄청난 손실을 입었다. 사서에서
는 이를 '커르오완 대첩'이라고 기록했다. 이후 네덜란드 동인도 주
식회사는 매년 정지룡에게 12만 프랑의 보호비를 지불해야만 회사
소유의 선박들이 중국 해역을 안전하게 통과할 수 있었다. 이후 정지
룡과 동인도 주식회사는 평화적 관계를 유지했다.

커르오완 대첩 이후 명 조정은 정지룡을 푸젠 부총병, 1640년(숭
정 13)에는 총병 겸 도독동지都督同知로 임명했다. 이후에도 남안백南
安伯, 평로후平虜侯, 평국공平國公 이렇게 백·후·공으로 계속해서 작
위를 높혀주었다. 푸젠 순무는 "지룡은 이곳 해상에서 지난 수십 년
간 누구도 이루지 못한 지대한 공을 세웠습니다"라며 그를 극찬하는
상소문을 올리기도 했다. 명이 멸망하고 정지룡이 사망한 뒤, 정지
룡의 아들 성공은 해상에서 세력을 유지하며 반청복명反淸復明을 시

도했다. 하지만 난징南京 전투에서 패배하자, 네덜란드가 점령한 타이완을 점령하는 것으로 목표를 바꿨다.

1661년(청 순치 18, 남명 영력 15) 정성공은 병력 2만5000명과 전선 수백 척을 이끌고 커르오완을 출발해 타이완으로 진격했다. 네덜란드는 병력을 타이난에 집중시키고 정성공의 전함이 상륙하지 못하도록 적극적으로 방어했다. 정성공은 물때를 이용해서 네덜란드 수군을 격파한 다음 보급선을 끊어 고립무원의 상태로 빠뜨렸다. 타이완의 총독 프레더릭 코이트는 끝까지 저항했지만, 바타비아에서 온 원군이 강풍을 만나 타이완에 상륙하지 못하고 인근 펑후로 피하자 곤경에 처했다. 정성공 부대는 네덜란드와 격렬한 전투를 벌인 끝에 대승을 거두고 타이난을 포위했다. 네덜란드 장교인 한스 라더가 투항하면서 정성공에게 내부 기밀을 제공하자 코이트는 서신을 보내 항복 의사를 밝히고 군사 500여 명과 함께 타이완을 떠났다.

정지룡, 정성공 부자가 네덜란드군을 이긴 것은 선진 화기 때문이 아니라 인해 전술 때문이라고 평가되곤 한다. 전투에서 네덜란드가 지긴 했지만, 네덜란드군은 선진 무기로 무장한 덕분에 적은 수로도 정씨 세력의 공격을 버텨냈다. 이 전투는 이후에 발생한 아편 전쟁의 복선이었다. 사학자 어우양타이歐陽泰는 "아편 전쟁에서 유럽 국가들이 강력한 위력을 지닌 윤선으로 공격하자 중국은 당해낼 수 없었다. 그러나 17세기까지만 해도 네덜란드가 가장 선진적인 무기인 대포, 조총, 선박을 동원했음에도 중국을 이길 수 없었다"라며 글로벌 히스토리의 관점에서 이 전쟁의 의미를 다음과 같이 분석했다. "1661~1668년까지 벌어진 중·네덜란드 전쟁은 유럽과 중국과의 첫 번째 전쟁이자 가장 의미 있는 전쟁이다. 이 전쟁은 이로부터 200년 후 발발한 아편 전쟁과 비교할 만하다."

조총과 장부

6. 명대 후기 군사 개혁의
역사적 유산

앞서 이야기한 네 번의 전쟁에서 명군은 전투마다 다른 모습을 보였다. 이는 명군이 투입한 부대가 각각 다르기 때문이다. 중·미얀마 전쟁에 투입된 명군에는 윈난 지역의 병사와 등자룡이 거느린 장시江西 병사 등 3000명이 포함되어 있었다. 이 부대는 화기로 무장하기는 했으나 명대 후기의 군사 개혁을 통해 훈련된 것은 아니었다. 따라서 이 전쟁에서 군사 개혁운동의 영향력은 그리 크지 않았다.

중·일·조선 전쟁에서 명 조정은 전국 각지에서 병사를 뽑아 조선에 파견했다. 이때 파견된 명군은 차병, 기마병, 정병正兵, 친병親兵, 남병南兵 등 여러 부대로 구성되었다. 남병은 과거 척계광이 훈련시킨 부대로, 화기로 무장해서 전투력이 뛰어났다. 남병은 하나의 고유 명사로 불릴 만큼 특히 주목받았고, 조선에서 맹활약을 펼쳤다. 평양을 공격하는 전투에서 명군은 퇴각할 위기에 처하자 이여송은 먼저 성에 들어간 자에게 은 5000량을 주겠다고 했고, 병사들은 앞다퉈 용감하게 진격했는데 그중 남병이 특히 돋보였다. 남병의 장수 오유충吳惟忠은 가슴에 총을 맞아 유혈이 낭자했지만 개의치 않고 병사들을 독려했다. 조선인들은 죽음을 두려워하지 않는 남병들의 모습에 크게 감탄하며 '남병의 용감함 덕분에 이번 전투에서 이겼다'고 했다.

명·청 전쟁과 네덜란드와의 전쟁에서는 서양식 화기로 무장하고 훈련을 받은 병사들이 크게 활약했다. 이 전쟁을 놓고 봤을 때 명대 후기의 군사 개혁운동은 상당한 성과를 거두었다고 할 수 있다. 만약 군사 개혁을 거치지 않았더라면 중·일·조선 전쟁과 네덜란드와의 전쟁에서 명군이 승리를 거둘 수 없었을 것이며 청군과의 전쟁에서도 난항을 겪으면서 그렇게 긴 시간을 버틸 수 없었을 것이다.

그럼에도 군사 개혁운동의 성과는 매우 제한적이었다. 이렇게 훈련된 신식 군대의 수가 그리 많지 않았던 것이 첫 번째 이유다. 척계광이 훈련시킨 남병은 2만 명에 불과했고, 이는 100만 명의 명군 가운데 너무 적은 숫자였다. 조선 전투에 참전한 남병은 1만1000명으로, 참전한 전체 병사 14만 명 중 적은 비율을 차지했다. 서광계가 신식 군대의 훈련 계획을 세웠으나 재정적인 압박으로 인해 고작 3000~5000명밖에 훈련시키지 못했다. 이 훈련 계획을 충실히 따른 부대는 덩저우 화포영이었는데, 그 수가 적기는 마찬가지였다. 소수의 신식 부대를 제외한 다른 부대에서는 주로 무장 장비를 개선하는 데 초점을 맞췄다. 그러나 대부분의 부대는 물론이고 경군조차 선진 화기를 갖추지 못했다. 선진 화기를 갖추더라도 사용법을 익히려면 병사들의 수준을 향상시키고 훈련 방식을 개선하는 등 새로운 시스템을 만들어야 하는데, 전통적 사고가 지배적인 군대에서 선진 화기만으로 큰 역할을 기대하기는 어려웠다.

더구나 명조의 정치 부패와 군대 내 파벌 싸움은 군사 개혁운동에 찬물을 끼얹곤 했다. 남병은 조선 전쟁에서는 탁월한 성과를 거두었지만, 이여송의 부대인 요동 병사들과 갈등이 심했다. 전쟁 후 논공행상을 하면서 이여송이 자신의 병사부터 먼저 챙기자, 남병은 뒤로 밀릴 수밖에 없었다. 전쟁에서의 공을 인정받지 못하고 상도 받지 못하자 남병 장군과 병사들의 불만이 커졌다. 조선의 대신 류성룡은 왕에게 올린 상소에서 "이여송이 승리를 거둘 수 있었던 것은 오로지 남병 덕분이었는데, 공은 오히려 요동 병사들의 차지가 되었습니다"라고 보고했다. 1595년(만력 23)에는 조선에서 돌아온 남병 3000명이 월급 문제로 피살되기도 했다. 조정에서는 권력 싸움 끝에 공유덕孔有德, 경중명耿仲明 등이 반란을 일으키면서 손원화가 덩저우에서 훈련시킨 덩저우 대포영과 서양식 대포가 모두 반란군의 손에 들어가고 그동안 전력을 다해 병사를 훈련시킨 손원화는 죽임을 당하고 말았다. 이렇듯 군사 개혁운동은 제한적으로는 성공을 거두었지만 망해가는 명나라를 구하지는 못했다.

명나라가 멸망하자 군사 개혁운동은 중단되었고, 1850년대 근대적 특징을 보이는 군대가 창설되기까지 무려 200여 년을 기다려야 했다. 그리고 청 말 신정을 펼칠 무렵이 되어서야 조야는 비로소 '신식 군대의 훈련'이라는 개혁운동에 공감하게 되었다. 명대 중후기부터 시작된 개혁운동이 실패하면서 중국 군대의 초기 근대화는 이렇게 마침표를 찍고 말았다. 아이러니하게도 명나라의 주적이었던 청나라가 군사 개혁의 성과를 부분적이나마 이어받게 되었다.

과거 몽골이 그토록 오랫동안 남송과 전투를 벌인 것과 달리 청이 이렇게 순조롭게 천하를 차지할 수 있었던 이유는 무엇일까? 청조 건립 초기, 프랑스 선교사 조아킴 부베(중국명 바이진白晉)는 『중국 황제의 역사적 초상Portrait historique de l'Empereur de la Chine』에서 이렇게 분석했다. "사실 타타르인(만주족)은 제국을 정복하는 과정에서 어떤 대가도 치르지 않았지만, 한인들은 서로를 죽였고 심지어 용감한 한인들은 오히려 만주족을 위해 자신들의 민족을 죽이는 데 앞장섰다." '가장 용감한 한인'는 누구였을까? 한학자 마크 엘빈은 "만주인이 중국을 정복한 것이 아니라 오삼계, 홍승주洪承疇 등 한족의 반란 세력이 만주족을 대신했다"고 했다. 또한 "1640년대 만주족의 작전능력은 명나라 군대와 비교할 바가 못 되었기" 때문에 만약 한족이 반란을 일으키지 않았더라면 만주족의 힘만으로는 중국을 정복하기 어려웠을 것이라 분석했다. 이는 분명한 사실이다. 좀더 정확하게 말하자면 청군이 비교적 쉽게 전투에서 이길 수 있었던 것은 오삼계, 홍승주 등의 한족의 반란 세력 때문이 아니라 청조에 항복해서 팔기에 편입된 명나라 군대인 한군 팔기, 특히 덩저우 대포 부대 때문이었다.

1631년(숭정 4) 공유덕, 경중명 등은 덩저우 대포 부대를 이끌고 후금에 투항했다. 후금은 이들을 기초로 화기 부대인 한군 팔기를 창설했다. 역사학자 천인췌는 『유여시별전柳如是別傳』에서 "만주어로 한군을 '니칸차오하(尼堪超哈, 한족 병사)'가 아닌 '우전차오하(烏珍超哈, 중화기 병사)'라고 한다. 요동성을 지키던 대포 부대가 항복하자 청조는 이들을 이렇게 불렀다"라고 했다. 청조가 중국을 통일하기 위해 일으킨 전쟁에서 한군 팔기의 화기는 명군에 절대적인 우세를 보였다. 귀순한 한족들의 도움으로 청군은 '신위대장군' 대포를 제조하는 등 기술적으로 당시 세계적인 수준에 도달했다. 한족 병사들로 구성된 포병 부대는 만주, 몽골의 기병 부대와 긴밀하게 협조하면서 불과 몇 년 만에 파죽지세로 중국을 정복했고, 새로운 제국 건설에 공헌했다.

청조가 중국을 통일한 후에도 한군 팔기는 청나라 군대에서 중요한 역할을 했다. 쳰무를 비롯한 몇몇 역사학자가 언급했듯이, 팔기 가운데 만주 팔기는 청조의 통일 이후 20년도 채 지나지 않아 전투력을 거의 상실했다. 몽골 팔기는 대부분 몽골에 주둔하고 있어서 어느 정도 전투력은 유지했지만 주력 부대는 아니었다. 한군 팔기는 청조 전기에 일어난 큰 전투에서의 주역이었다. 특히 준거얼과의 전투는 가장 힘겨웠지만 역사상 중요하게 평가된다. 준거얼은 당시 유라시아 대륙에서 가장 강력했던 유목 제국으로, 중국 신강, 티베트, 중앙아시아에 걸쳐 넓은 지역을 통치하고 있었다. 이들은 냉병기 외에 화기(주로 조총)도 사용했다. 1637~1642년, 몽골군이 티베트를 공격하자 준거얼은 조총수 700명을 투입해 대응에 나섰다. 1696년(강희 35), 준거얼의 수령 갈단Galdan은 '조총수 2000명이 포함된 5000명의 기마병'을 이끌며 중앙아시아에서 용맹을 떨쳤다. 청조는 100년 뒤에야 그들보다 우세한 화기를 이용해서 이들을 물리칠 수 있었다. 그 과정에서 대포가 결정적인 역할을 했다. 청나라의 궁중 화가였던 주세페 카스틸리오네가 그린 그림에서 준거얼과의 전투에서 청군이 대포로 무장하고, 상대는 조총을 사용하는 것을 볼 수 있다. 먼저 대포를 쏜 뒤 기병이 공격하는 청군의 전술은 준거얼을 압도했다. 당시 주력 부대는 한군 팔기였고, 이 부대가 바로 명대 군사 개혁운동이 남긴 유산이다.

청조는 명대 중후기의 훈련 시스템 개혁을 통해 가장 성과를 거둔 부대에 의존하며 상당히 오랜 기간 강력한 전투력을 보유할 수 있었다. 군사학자 제러미 블랙은 18세기 중국의 군대에 관해 다음과 같이 말했다. "중국은 육지에서 가장 강력하고 활력이 넘치는 군대를 보유했다. 이 군대 덕분에 17세기 후반 타이완을 수복하고(1683), 러시아인을 헤이룽강 유역에서 축출시켰으며(1682~1689), 준거얼과의 전투(1696~1697)에서 승리할 수 있었다. 18세기, 결국 준거얼을 멸망시키고 라싸에서 발하슈에 이르는 광대한 지역을 점령했다. (⋯) 1766~1769년, 중국은 미얀마와의 전투에서 승리를 거두지는 못했지만, 네팔의 할하족Khalkha이 영토 확장을 시작하며 티베트에서의 중국의 지배력에 도전하자 1792년에 군대를 파병해 카트만두까지 진격한 다음 중국의 권위를 인정하도록 압박했다. 그 외에도 수많은 큰 규모의 반란을 진압할 수 있었다."

통일 후 200년 동안, 청나라는 강력한 무력을 쥐고 있었기에 명대의 상황처럼 '사면에서 적의 공격을 받지는' 않았다. 주변국들은 청조의 강력한 무력을 두려워하며 매우 조심스러워했다. 명나라의 숙적들도 청군의 영향을 받았다. 명나라가 멸망하자 도쿠가와 이에미쓰德川家光는 도요토미 히데요시의 목표를 다시 이루기 위해 비밀리에 중국을 침공하려는 계획을 세웠다. 그러나 청나라가 등장하자 이 계획은 수포로 돌아갔고, 19세기 말에 이르러서야 일본의 야심이 드러나게 된다.

미얀마에서는 콘바웅Konbaung 왕조가 등장하면서 중국이 관할하는 변경지역의 토사들을 정복하고 이들에게 '화마례花馬禮(화花는 은銀을 가리키며 말과 함께 내는 일종의 세금)'을 요구했다. 토사들 중 일부는 이를 거절하고 중국에 군사 지원을 요청했지만, 당시 청은 신장新疆에서 전투를 하고 있었기 때문에 신경 쓸 여력이 없었다. 1762~1764년(건륭 27~29), 미얀마군이 점차 규모를 키우며 소란을 피우자 조정은 출병을 결정하고 이후 7년에 걸쳐 전쟁을 시작했다. 이 전투에서 청군은 지리적 불리함을 극복하지 못해서 수차례 패배했지만, 장기간에 걸친 전쟁으로 인해 미얀마군도 큰 타격을 입었고 결국 쌍방은 협약을 맺었다. 당시 미얀마는 숙적인 시암국을 멸망시키는 데 성공했는데, 청나라는 시암의 백성들을 부추기면서 다시 나라를 세울 기회를 제공했고, 미얀마를 곤경에 빠뜨렸다. 미얀마는 전쟁을 수행하기가 어려워지자 먼저 주도적으로 화의를 제의했고, 1788년(건륭 53) 다시 중국의 조공 시스템 속에 들어오게 되었다. 19세기 영국이 미얀마를 침공하자 1886년 중국과 영국은 「중영 미얀마 조약」을 체결했다. 이 조약에 따라 중국은 어쩔 수 없이 미얀마에서의 모든 특권을 영국이 가져가는 데 동의하고, 영국 역시 전통대로 미얀마가 10년마다 한 번씩 중국에 조공을 바치는 것을 인정했다.

수시로 명나라를 도발하던 안남은 청대에 들어 상황이 크게 변했다. 1788년, 남부의 떠이선 왕조는 북부의 후 레 왕조를 공격하며 내전을 일으켰고, 후 레 왕조는 중국에 도움을 청했다. 후 레 왕조는 청조의 번속국이었으므로 청 조정은 군대를 파견해 그들의 복위를

응우옌 왕조를 열고, 청나라를 모방해 제도를 정비한 가륭제.

도왔다. 전쟁 초기, 청군은 파죽지세로 진군했지만 응우옌이 강력하게 저항하자 크게 패배해서 변경지역으로 퇴각했다. 이후 응우옌은 청에 화의를 청했고, 건륭제가 동의하면서 그를 안남의 새로운 군주로 인정했다. 하지만 응우옌은 중국 양광(광둥, 광시)에 야심을 품고 적극적으로 전선을 구축하며 물자 보급을 준비하고 병사 훈련에 힘을 쏟았다. 또한 중국 내의 명나라 잔존 세력과 천지회, 백련교 등의 반청 세력을 부추기며 이들을 지방 수령으로 임명하기도 했다. 그의 책동으로 인해 화남의 해적 세력들이 빠르게 성장해서 그 수가 수천 명에 달했고, 이들은 중국 연해를 휩쓸며 관병들을 공격했다. 가경 초년, 안남은 광둥, 푸젠 지역의 해적 채견蔡牽, 장보張保 등과 합심하며 준동했다. 1792년, 응우옌은 사신을 보내 화친을 청하고 양광 지역을 예물로 달라고 요구하는 한편, 안남의 정예 부대인 코끼리 부대를 앞세워 바다를 지나 광둥으로 침공을 시도했다. 하지만 모든 준비가 끝나갈 무렵 응우옌이 갑자기 중병에 걸리는 바람에 이 시도는 무산되었다. 안남은 결국 전쟁을 포기할 수밖에 없었다.

1790년(건륭 55), 건륭제의 80세 생일에 안남, 조선, 유구, 미얀마. 라오스 등은 모두 황제의 여름 궁전이 있는 청더承德에 사신을 보내 축하했다. 응우옌은 직접 사신을 이끌고 와서 연회에서 청나라 의관으로 갈아입고 삼궤구고三跪九叩를 함으로써 신하의 예를 다했다. 조선의 사신 서호수徐浩修가 안남 사신에게 "왜 귀국의 의관이 만주와 같습니까?"라고 묻자 안남의 사신이 매우 난처한 표정을 지으며 "중국 황제가 우리 왕에게 특별히 의복을 하사하고 신하의 예를 갖추라고 해서 잠시 입은 것뿐이오"라고 답했다. 1829년(도광 9), 조선의 강시영姜時永은 이 사건을 언급하며 "청이 중국을 다스리면서 모두 오랑캐 복장을 입도록 했다. 건륭 때 안남의 왕이 요청하자 옷을 내려준 적도 있었다. 안남은 자기 의복이 있는 나라임에도 오랑캐 복장으로 갈아입었다. 오직 시암만이 안남과는 달리 명령에 따르지 않았으니 가상하다 할 것이다"라고 했다.

명대 후기에 네덜란드는 해양에서 위협을 가하면서 무력으로 중국의 문을 열고자 했고, 중국의 조공 시스템을 인정하지 않았다. 청군이 베이징을 공격했을 때 이탈리아 선교사 마르티노 마르티니(중국 이름은 웨이쾅궈衛匡國)는 귀국하기 위해 바타비아를 지나고 있었다. 마르티니는 네덜란드인들에게 청군이 중국을 통일하는 것은 시간문제라고 말했고, 동인도 주식회사에 청 조정과 접촉해서 무역을 시도하라고 건의했다. 동인도 주식회사 총독(포르트레 판 요안 마트사위커)

은 새로운 왕조가 들어섰으니 무역 허가를 얻을 수 있는 좋은 기회라고 여겨 청 조정에 조공을 요청했다. 청 조정은 이들을 이용해서 정성공 세력을 견제하려고 이 요청을 받아들였다. 1656년, 네덜란드 동인도 주식회사는 사절단을 광저우에 보내 4개월간 교섭한 끝에 7월 베이징에 도착했고, 순치제를 접견하면서 삼궤구고의 예를 갖추고 정식으로 조공국이 되었다. 이후 강희제가 항구를 개방하는 정책을 펴자 네덜란드는 중국과의 무역에 상당히 만족하며 이후 100여 년 동안 조공에 관한 별다른 간섭을 하지 않았다.

청 초기, 연해의 주민들을 내지로 이주시키는 천계령遷界令이 실시되자 광둥 당국은 60~70척의 전선과 5000~6000명의 병사를 파견해서 아오먼 해역을 봉쇄했다. 청 조정은 포르투갈이 보낸 예물을 모두 거절하고 선박들을 즉시 철수하거나 불태우라고 요구했다. 포르투갈 당국이 어쩔 수 없이 4척의 선박과 3척의 범선을 불사르자 아오먼 지역은 절망에 빠졌다. 아오먼의 포르투갈 당국은 국왕의 명의로 사절단을 베이징으로 파견해주고, 군대를 보내 자신들을 보호해줄 것을 요청했다. 1667년(강희 6), 포르투갈 인도 총독이 보낸 사절단이 아오먼에 도착해서 예물을 준비했다. 이 예물의 양은 황제에게 백은 1983냥, 황후에게 1269냥, 관리들에게 1만4382냥으로 모두 1만7634냥에 달했다. 여러 차례 교섭한 끝에 1670년에 포르투갈은 다시 조공국이 되어 아오먼의 조차租借를 유지할 수 있었다.

아편 전쟁이 발발하기 전까지 청나라는 동아시아에서 가장 강한 무력을 갖추고 있어서 누구도 감히 도발하지 못했다. 18세기 청나라 군대는 많은 화기를 구비했다. 이 화기는 주로 한군 팔기가 다뤘는데, 앞서 언급한 대로 한군 팔기는 명대 후기 군사 개혁운동의 산물이었다. 따라서 청조는 명대 후기 군사 개혁운동의 가장 큰 수혜자라고 할 수 있다. 군사 개혁운동을 적극적으로 계획하고 추진했던 서광계 등의 지식인들이 후금/청의 침입을 막으려고 했다는 점은 아이러니하다. 블라디미르 레닌은 "역사는 사람을 희롱하고 장난을 친다. 본래 이 방으로 가려했으나 결국 엉뚱하게 다른 방으로 가고 만다"라고 했는데, 근대 초기 동아시아의 역사가 바로 그러했다.

옹정제 이후 아편 전쟁까지 200여 년 동안, 중국의 화기는 기술적으로 별다른 진전을 보이지 않았다. 즉, 청대 중기의 화기 기술은 여전히 명대 후기의 수준에 머무르고 있었다. 청나라가 명대 군사 개혁운동이 남겨놓은 유산에 만족하고 더 이상 발전시키지 않았던 이유는 무엇일까? 청나라에 위협을 가할 만한 상대가 없었기에 굳이 힘들여서 개선할 필요성을 느끼지 못했기 때문이다. 현재 기술로도 충분히 상대를 제압할 수 있는데 왜 돈과 수고를 들여 대포를 만들겠는가? 또 다른 이유는 청나라는 소수 민족이 다스리는 나라였기에 당시 통치 계층이 수적으로 우세한 한족에 대해 경계심을 늦추지 않았고, 화기 기술이 한족의 손에 들어가 자신들을 위협할 만한 힘을 키울 것을 염려했기 때문이다. 명대 후기에 출간되었던 화기 기술에 관한 병서들도 청대에 많이 사라졌는데, 오히려 일본에 건너간 몇몇의 병서가 그대로 보전되어 있다.

청나라는 선진 화기 기술에 무관심했고, 그나마 가지고 있던 기술력조차 유지하지 못했다. 황이눙 교수는 "청조 초기 150년 동안 출간된 많은 병서 중 대포를 전문적으로 다룬 책은 없었다. 옹정 말기,

청 조정은 변방을 지키는 수비군이 한 번도 대포 훈련을 받지 않아서 거리 조정이나 조준 등에 아주 무지하다는 것을 발견했다. 도광 연간에도 조총을 갖추긴 했지만 사격 훈련을 하지는 않았다"고 했다. 1842년(도광 22), 임칙서林則徐는 이리伊犁로 유배를 가는 도중에 지인에게 이렇게 서신을 보냈다. "영국의 대포는 4킬로미터가량 발사되는데, 만약 우리 대포가 이 거리를 따라잡지 못하면 아무 소용이 없을 것이다. 계속해서 발사가 가능한 대포와 달리 우리는 한 발 발사한 다음 한참을 기다려서 또 한 발을 쏘니 이는 우리 기술이 부족한 것이다. 좋은 장비와 숙련된 기술이 필요하다." 청군은 무엇보다 대포를 쏠 줄 알아야 했다. 그렇지 않으면 악비, 한세충 같은 명장이 다시 살아온다고 한들 아무 소용이 없었다. 이는 명대 후기에 사람들이 불랑기포와 홍이포를 처음 접했을 때의 상황을 떠올리게 한다. 그때와 다른 점이 있다면, 명대에는 적에게 기술을 익혀 선진 화기를 주조하고 사용하기 시작했지만 청대에는 이미 가지고 있는 기술조차 이용하지 못하고 황폐화시켰다는 것이다. 맹자의 말에 따르면 "어려운 상황은 사람을 분발하게 하지만 안락한 환경에 놓이면 쉽게 죽음에 이른다." 국가의 일에 관해서 이 말은 깨지지 않는 영원한 진리일 것이다.

결론을 대신하며

결론을 대신하며

루쉰의 『광인일기』에는 다음과 같은 문장이 나온다. "역사책에는 연대가 없고 페이지마다 삐뚤빼뚤하게 '인의도덕仁義道德'이라는 몇 글자만 쓰여 있었다. (…) 비로소 글자들 사이에서 다른 글자를 찾아냈다. 책에는 온통 '식인吃人'이라는 두 글자뿐이었다." 이 문장은 '오사운동五四運動' 이전의 중국 역사에 대한 중국 선각자들의 격렬한 비판을 대표한다. 오늘날 관점에서는 다소 과격한 듯하지만, 분명 역사에는 명암이 공존한다.

중국의 역사 교과서에는 "중국과 인근 나라와의 관계는 대체로 우호적이었다. 설사 전쟁이 발발하더라도 가볍게 '형제끼리 다투는 것'이라 묘사하고, 전쟁이 끝나면 "어려움을 극복하고 형제의 정으로 다시 웃으며" 계속해서 교류한다고 했다. 이런 관점은 '주선율主旋律'처럼 중국사에 빈번하게 등장한다. 하지만 다른 나라의 입장에서 보자면, 중국과의 교류는 꽃길을 걷기도 했지만 피와 눈물로 점철된 면도 분명 존재한다. 역사에는 이렇게 양면성이 있기에 역사학자 페르낭 브로델은 역사에 공정성은 없다고 했다. 세계 시스템 이론을 주창한 이매뉴얼 월러스틴은 "역사책을 쓴다는 것은 정말 공포스러운 일이다"라고 하기도 했다. 이 책도 어쩌면 역사의 단면을 이야기하는 것일 수 있다. "역사학자의 임무는 자본주의의 좋고 나쁨을 판단하거나 규칙을 정하거나 잔재주를 부리는 게 아니라 이를 인식하고 이해하는 것이다"라는 브로델의 말에 따라 나는 초기 경제 세계화라는 현상을 인식하고 이해하려고 이 책을 썼다. 이와 더불어 역사에는 명암이 있음을 유념하고 이를 직시해야만 정확한 인식과 이해가 가능할 것이다.

1. 조총과 장부:
초기 경제 세계화 시대의 특징

줄곧 초기 경제 세계화에 대해 암울하게 묘사했지만, 이는 이 시대의 특징을 정확하게 설명한 것이다. 마르크스와 엥겔스의 『공산당 선언』 중 자본주의가 발전하는 초기 상황을 묘사한 부분은 다음과 같다.

자산가들은 상품을 팔기 위해 전 세계 곳곳을 열심히 뛰어다녔다. 그들은 발길이 닿는 곳마다 자리를 잡고 개척하며 새로운 관계를 맺었다. 낡은 국산품에만 의존하던 수요는 먼 곳에서 가져온 새로운 상품들로 대체되었다. 물질적인 것뿐만 아니라 정신적인 면도 마찬가지였다. 자산가 계급은 자신들이 지배권을 획득한 곳에서는 그곳이 어디든 봉건적, 가부장적, 목가적 관계를 파괴했다. 이들은 타고난 상전에게 사람을 얽매어놓은 온갖 봉건적 속박을 가차 없이 토막내버렸다. 그리하여 사람들 사이에는 노골적인 이해관계와 냉혹한 '현금 거래' 외에는 아무런 관계도 남지 않게 되었다. 자산가들은 종교적 경건함, 열정적인 기사도 정신, 소시민의 감성 등을 이기적인 계산이라는 차디찬 물속에 묻어버렸다. 또한 사람의 인격적 가치를 교환 가치로 계산했으며, 투쟁을 통해 쟁취한 자유 대신에 단 하나의 파렴치한 자유, 즉 거래의 자유만을 내세웠다. 한마디로 자산가들은 종교정치적 환상에 의해 가려진 착취를 공공연하고 파렴치하며 직접적이고도 잔인한 착취로 바꾸어놓았다. 고정적이고 경직된 관계, 그리고 이에 맞춰 적응한 관념과 견해는 모두 해체되고, 새롭게 형성된 관계는 자리잡기도 전에 벌써 낡은 것이 되어버렸다.

자본주의가 발전하면서 경제 세계화는 신속하게 진전되었고, 동아시아 세계에서 유지되던 기존의 질서는 무너졌지만 새로운 질서는 아직 정립되지 않은 상태였다. 세계 여느 지역처럼 동아시아도 무법천지가 되었고, 약육강식이라는 '밀림의 법칙'이 규범이 되었다. 인류애, 공공의 이익, 정의, 예의, 염치 등은 종적을 감추어버렸다. 대신 이곳에서는 총과 검이 날뛰고, 창과 대포 소리만 울려 퍼졌다. 그 이면에는 더 많은 상업적 이익을 얻고자 하는 욕망이 숨어 있었다.

서양에서 사법을 주재하는 정의의 여신은 왼손에는 저울, 오른손에는 긴 칼을 들고 있다. 근대 초기에 가장 성공한 기업인 네덜란드 동인도 주식회사를 대표하는 문구는 '왼손에는 장부, 오른손에는 칼'이었다. 이 시기에 일어난 군사 기술 혁명을 고려한다면, 칼은 조총으로 대체할 수 있다. 조총은 새로운 형태의 폭력이며 장부는 상업적 이익을 의미하므로, '조총과 장부'는 초기 경제 세계화 시대의 상징인 것이다. 이 시기에 왕성하게 이뤄지던 국제 무역과 폭력은 일정한 관계를 맺고 있었다. 더 많은 이익을 얻기 위해 이익 당사자들은 무차

별적으로 폭력을 사용했다.

　이런 상황은 상업의 성격과 상인의 본성에서 기인했다. 상업은 본래 고객이 필요한 상품과 서비스를 제공하되 원가보다 비싼 가격으로 팔아 이익을 남기는 행위이다. 이익은 상업이 존재하고 발전하게 하는 동력인 것이다. 이런 상업은 상인에 의해서 구현되므로 상인의 본성은 이익 추구라고 할 수 있다. 상인은 이익을 위해서라면 수단을 가리지 않는다. 플라톤은 상인을 가리켜 "기회만 있으면 이익을 추구하고 온갖 방법을 통해 폭리를 취한다. 그래서 상업과 상인에 대한 평판이 나쁘고 사회에서 경시당하는 것이다"라고 했으며, 아리스토텔레스 역시 "상인은 거래를 통해 타인을 해치면서 이익을 추구하는데 이는 자연의 법칙에도 어긋나므로 당연히 질책당해야 한다"고 했다. 키케로는 "상인은 천한 존재로 수치심을 모른다. 그들은 거짓말을 하지 않으면 얻는 것이 없다"고 했다. 동아시아에서도 상인은 오직 이익만을 탐하고 의리를 가볍게 여기는 존재였다. 당대 시인 원진元稹이 『고객락估客樂』에서 생생하게 상인들의 모습을 묘사했다.

　　상인이란 원래 머무는 곳이 일정치 않고, 돈벌이만 있으면 바로 행장을 꾸린다.
　　먼저 동업자를 구한 뒤, 가족과 작별을 고한다.
　　가족들은 "이득을 취하되 공명을 구하지 말라! 공명을 구하면 무엇인가 피해야 할 것이 있지만 돈벌이는 그럴 필요가 없다. 동업자들끼리 단합해서 진짜가 아닌 가짜를 팔아라! 사람을 사귈 때는 허세 있는 자는 피하라. 허세 있는 자는 별로 가진 것이 없다!"라고 당부했다.

이 당부를 깊이 새기며 길을 떠났다.

시장에서 바쁘게 움직이다보면, 고향은 생각할 겨를이 없다.

바로 이런 탐욕이 상인들을 쉬지 않고 온갖 어려움을 극복하면서 세계를 누비게 하는 것이다. 이어지는 구절은 다음과 같다.

구슬을 구하러 창해로 달려가고, 옥을 캐러 형산荊山과 형산衡山을 오른다.

북쪽에 가서 당항산黨項山의 말을 사고, 서쪽에서는 토번吐蕃의 앵무새를 잡는다.

염주炎州에는 불에도 타지 않은 직물이 있고, 촉蜀에는 비단이 있다.

월越나라 하녀는 기름진 피부를 자랑하고, 어린 아이의 눈동자는 밝게 빛난다.

비용이 많이 들어도 거리는 개의치 않는다.

경제 세계화의 초기에는 상업을 통해 이익을 추구하는 것이 시대적 흐름이었다. 국제 무역의 무대가 넓어졌지만 아직 규칙이 정해지지 않아서 상인들의 탐욕은 무법천지에서 노출되었으며 이들은 이익을 극대화하기 위해 어떤 수단도 마다하지 않았다. 마르크스는 『자본론』에서 더닝T. J. Dunning의 말을 인용하면서 다음과 같이 말했다. "자본은 원래 동란과 전쟁을 피해 도망간다. 자본의 본성은 겁이 많고 마치 자연계가 진공 상태를 피하는 것처럼 이윤이 적거나 없는 것을 두려워한다. 그러나 적당한 이윤만 보장되면 자본은 자신감을 드러낸다. 만약 10퍼센트의 이윤이 있으면 이를 좇아 분연히 움직일 것이고, 20퍼센트라면 좀더 활기찰 것이다. 이윤이 50퍼센트라면 기꺼이 위험을 무릅쓰고, 100퍼센트라면 인간이 만든 모든 법률을 짓밟고 넘어설 것이며, 300퍼센트라면 범죄까지 저지르며, 심지어 교수형의 위험도 마다하지 않을 것이다. 만약 동란이나 전쟁이 이윤을 가져다준다면 그 역시도 부추길 것이다. 밀수와 인신매매가 바로 이를 증명한다." 이 말만큼 초기 경제 세계화 시대에 동아시아에서 활동한 국제 무역 상인들의 모습을 잘 묘사한 것은 없다.

광적으로 상업 이익을 추구하다 보니 사람과 사람 사이, 나라와 나라 사이에는 냉혹하고 무정한 현금 거래나 이해관계를 제외하고 다른 어떤 관계도 성립되지 않았다. 이 관점으로 보면 왜 왕직이 부모의 나라를 배신하고 왜구의 두목이 되었는지, 어째서 정지룡은 명나라, 일본, 네덜란드 사이를 오가며 오늘은 친구이고 내일은 적이 되었는지, 어떻게 '형제의 나라'가 한순간에 적이 되어 전쟁을 하는지가 설명이 된다. 오직 '이익'만이 존재하는 것이다. 영국의 수상 팔머스톤이 이야기한 "국가 간에는 영원한 친구는 없고, 오직 영원한 이익만 있을 뿐이다"라는 말 그대로다.

2. "악이 역사를 창조한다":
초기 경제 세계화 시대의 역사 발전 동력

초기 경제 세계화 시대, 동아시아에서 '조총과 장부'는 오늘날의 관점으로는 용납할 수 없는 많은 악행을 저질렀다. 그러나 이 악행은 초기 경제 세계화 시대의 산물이자 경제 세계화가 출현하고 진전하게 하는 필요조건이었다. 이런 악행은 인류가 전통 사회에서 근대 사회로 발전하게 만드는 동력이기도 했다.

19세기 초, 헤겔은 "내가 말하는 열정은 개인의 이익, 특수한 목적, 혹은 간단히 말해서 이기적인 시도를 가리키고, 인류는 온 힘을 다해 이 목적을 실현하기 위해 노력한다. 그리고 이 목적을 위해 기꺼이 스스로를 희생하거나 혹은 그 자체가 된다"고 했다. 엥겔스는 헤겔의 주장에 크게 공감하면서 "사람의 본성이 선량하다고 말하는 것이 위대한 사상이라고 하지만, 인간이 악하다고 말하는 것이 더 위대할 수도 있음을 우리는 잊곤 한다"고 했다. "헤겔은 악이 역사 발전의 동력이라고 주장했다. 여기에는 두 가지 의미가 있는데, 하나는 신성하게 간주되는 사물을 멸시하는 것, 혹은 습관적으로 숭배하던 진부한 질서에 대해 반역하는 것을 진보라고 간주하는 것이다. 다른 하나는 계급 투쟁이 생겨난 이후 사람의 악랄한 감정, 즉 탐욕과 권력욕을 역사 발전의 두 기둥으로 보는 것이다. 봉건 제도와 자산 계급 제도의 역사가 이를 증명한다." 그에 따르면 탐욕이 문명사회가 출현하는 원인인 것이다. "문명은 고대에는 존재하지 않는 기본적인 제도를 완성했다. 그러나 그것은 사람의 타고난 품성을 해치며 가장 비열한 충동과 감정을 자극한다. 저속한 탐욕은 문명이 존재한 이래로 오늘날까지 사람들을 추동하는 영혼이다. 첫째도 돈財富, 둘째도 돈, 셋째도 역시 돈으로, 이는 사회적 부가 아니라 개인의 재산이다." 마르크스는 『경제학 — 철학 수고』에서 사상가 버나드 맨더빌의 주장에 깊은 공감을 표했다. "악으로 불리는 것들은 인간이라는 사회적 생물의 위대한 원칙으로 자리매김했고, 사업과 직업의 기초이자 생명력의 지주가 되었다. 우리는 여기에서 예술과 과학의 근본적인 힘을 찾아야 한다. 악이 없으면 사회는 불완전해지고 결국 쇠퇴하거나 소멸한다." '악'은 초기 세계 경제화를 구축했고, '조총과 장부'를 빌려 세계 각지의 사람들을 밀접하게 연결했다.

종교 개혁가 마르틴 루터는 『1524년 상업과 고리대금업On Commerce and Usury 1524』에서 유럽 국가들이 무역관계에서 합리적 질서를 세우지 못한 상황에 관해 다음과 같이 이야기했다. "상인은 장사를 하면서 엄청난 모험에 직면해야 하며 실제로 납치, 구타, 사기, 강도를 당하기도 한다. 만약 상인들이 정의를 위해 이런 모험과 위험을 감수한다면 그들은 성인聖人이 될 것이다. (…) 상인들이 전 세계를 대상으로 부도덕하고 비기독교적인 행위인 강도나 약탈을 한다면 하나님은 그 정의롭지 못한 부를 빼앗아버리거나 잃어버리도록 할 것이고, 이들이 납치되거나 죽더라도 이상할 것은 없다. 군주는 백성을 보호하기 위해 상인들의 부도덕한 거래를 금지시키고 이들이 백성을 약탈하지 않도록 해야 한다. 군주가 그렇게 하지 않으면 하나님은 기사와 강도를 시켜 상인의 부도덕한 행위를 처벌할 것이다. 하지만 그러면 하나님이 적을 궤멸시키려고 나쁜 놈을 시켜 또 다른 나쁜 놈을 때리는 형식이 된다. 기사는 상인에 비하면 좀도둑이다. 기사는 일 년에 한두 번, 소수의 사람에게 나쁜 행동을 하지만 상인은 매일 전 세계를 약탈하고 있다. (…) 이사야Isaiah의 예언이 지금 시험에 빠졌다. 당신의 군주와 도적은 파트너다. 그들은 1휠던Gulden(네덜란드 구 화폐)이나 반 휠던을 훔치는 백성은 교수형을 시키면서 정작 전 세계에서 약탈을 일삼는 자들과는 한통속이다." 만약 국가가 합리적인 무역질서를 세우지 못하거나 이를 원치 않으면 국제 무역은 약육강식의 질서에 따르게 되고, 국제 무역에 종사하는 상인들 역시 강도, 도적, 사기꾼이 되는 것이다. 마르크스는 『자본론』 3권에서 다음과 같이 주장했다. "상업 자본이 통치 지위를 점하고 있는 것은 어디서나 약탈이 용인되고 있음을 의미한다. 해적, 약탈, 노예 납치, 식민지 정복 등은 항상 함께 발생했다. 이는 카르타고, 로마 등의 국가나 베니스인, 포르투갈인, 네덜란드인 등이나 마찬가지다."

3. 새로운 시대:
명대 후기 중국의 책임과 실패

초기 경제 세계화 시대, 동아시아에서 '밀림의 법칙'이 국제질서로 자리잡게 된 것은 당시 중국이 국제 정세의 변화를 충분히 인식하지 못하고 새로운 국제질서를 형성할 때도 적극적으로 제 역할을 하지 못했기 때문이다. 변화무쌍한 정치 상황, 군사 정세의 변화, 활성화된 국제 무역 속에서 명 조정은 둔감한 데다 힘이 없어서 새로운 상황이 가져온 기회를 잡지 못하고 오히려 끌려다니기만 하다가 결국 망하고 말았다.

최근 많은 학자가 "명대 후기를 중국 근대화의 시작으로 보아야 한다"는 주장에 동의한다. 2008년 『허베이학간河北學刊』과 중국 명사학회는 "명대 후기 사회 변화와 중국 초기 근대화"라는 제목으로 토론을 진행했는데, 명사학회 회장인 장셴칭張顯淸 교수는 지배층의 구조나 경제적 기초를 닦았다는 점에서 명대 후기가 중국 근대화의 시작점이라고 주장했다.

조너선 스펜스 교수는 명대 후기 중국이 세계사에서 차지하는 위상에 대해 다음과 같이 말했다.

1600년 전후 중국인들의 문화생활은 여느 국가와도 비교가 되지 않을 만큼 번성했다. 탁월한 성과를 낸 동시대의 유럽 사회와 비교한다고 해도 이 시기 중국의 창조력과 상상력이 이룩한 성과는 절대 뒤지지 않는다. 16세기 말, 명나라의 수준은 최고 단계에 이르러 휘황찬란했다. 문화 예술의 성과, 도시와 상업의 번영, 인쇄 기술, 도자기, 사직업絲織業의 발전 등은 같은 시기 유럽이 도저히 따라올 수 없었다.

1600년 이후, 안정적이며 번영하던 유럽 국가들과는 달리 중국의 상황은 그리 좋지 못했다. 이 시기의 중국은 위기에 직면한 채 역사적 기로에 서 있었다. 스펜서 교수는 "이 시기가 '근대 유럽'의 탄생이라는 데는 동의하지만, '근대 중국'의 시작으로는 보기 어렵다. 서양이 세계를 휩쓸며 개척에 나설 때, 명의 통치자들은 해외 탐험을 막아 세계를 인식할 만한 기회를 잃었을 뿐 아니라 스스로 사다리를 넘어트려 불과 50년도 지나지 않아 이민족의 폭력 앞에 자신의 왕조를 바치고 말았다"고 했다.

만력제의 태만과 태감 위충현魏忠賢의 전횡 등에 대한 전통적 해석에 '계급 투쟁론'과 '자본주의 맹아론' 등 다양한 이론을 제기하기도 한다. 그러면서도 다들 공통적으로 명나라의 멸망이 역사적으로 필연이었음에 동의한다. 그러나 20세기의 가장 위대한 경제사학자로 평가받는 페르낭 브로델은 "제국의 흥망성쇠를 이야기할 때, 전성기로부터 조금 일찍 쇠락의 징조를 찾거나 멸망해가는 상황에서 조금 일찍 붕괴의 징조를 찾으려는 유혹은 피하는 것이 좋다"고 했다. 명나라가 멸망한 이유는 아주 많겠지만, 만약 지도층이 가정조嘉靖朝 때부터 새로운 국제 정세를 정확히 인식하고 적극적으로 대응했더라면 중국은 점진적으로 근대 사회로 진입했으리라 가정할 수 있다.

중국뿐만 아니라 17세기에는 많은 국가가 중국과 같은 길을 걸었다. 글로벌 히스토리의 시각에서 보자면, 명대 후기 중국이 직면했던 위기는 우연의 산물이 아니라 세계적인 '17세기의 위기The General Crisis of the Seventeenth Century'의 일환이었을 뿐이다. 학계에서는 '17세기 위기'에 관해 연구할 때 유럽의 사례에 집중하고 있다. 당시 유럽에서는 정치, 경제, 종교, 외교 등에서 모순이 폭발했고, 정치 혁명, 귀족의 반란, 민족 봉기, 종교 충돌, 농민 폭동 등 위기를 겪고 있었다. 각 나라의 상황이 달랐기에 위기가 드러나는 방식과 해결하는 과정, 각각의 내용, 성격, 결과가 모두 달랐다. 네덜란드, 영국 등 몇몇 국가는 정치 개혁에 성공하고 사회운동이 긍정적 성과를 내면서 새로운 정치, 경제, 사회 제도를 세우고 경제가 발전하며 국제 경쟁에서도 승리했다. 반면 포르투갈, 스페인 등의 국가들은 순조롭게 위기를 극복하지 못하면서 쇠락했고 결국 국제 경쟁에서도 낙오했다.

동아시아도 위기를 겪었다. 17세기에는 명나라가 망했고, 일본도 심각한 경제 위기를 겪으며 '간에이寬永 대기근(1642)'이 발생했다. 1640년대, 일본의 식료품 가격은 최고로 올라 많은 백성이 가축, 토지는 물론 심지어 가족까지 팔아서 생존을 모색하고, 또 어떤 이들은 재물을 포기하고 타향으로 도망가는 등 백성들이 절망 속에서 고통을 겪어야 했다. 은 생산량이 빠르게 줄어들자 구매력이 떨어졌다. 1635년, 포르투갈이 나가사키에서 쫓겨나면서 외국과 무역이 엄격하게 제한되었고, 상인들은 큰 손해를 입고 채권자들의 압박에 못 이겨 자살하기도 했다. 경제 쇠퇴는 사회 동란으로 이어졌고, 시마바라島原의 난이 일어나자 막부는 잔인하게 진압했다. 날로 악화되는 경제 상황을 타개하기 위해 막부는 '절약을 장려하고 소비를 제한하는' 등 상인과 무사들의 사치스러운 행위를 막고 농민들의 부담을 줄이려했다. 마침 동銅의 생산량이 크게 증가하면서 중국에 수출하자 점차 경제가 살아났고, 일본은 중국보다 빨리 '17세기의 위기'에서 탈출하게 되었다. 하지만 경제 위기를 겪으면서 일본은 동아시아에서 경쟁력을 잃고, 도쿠가와 막부 역시 도요토미 히데요시가 추구하던 해외 확장의 야심을 포기하고 쇄국 정책을 선택하게 된다.

명대 중국은 '17세기의 위기'를 극복하지 못하고 실패자로 전락했다. 그리고 뒤를 이은 청조는 심각한 경제 상황을 극복하고 사회 모순을 완화시켜 위기를 극복함으로써 18세기 중국은 다시 한번 번영을 구가했다. 하지만 청조 역시 근본적인 해결책을 내놓지 못해서 근대 경제 성장에 필요한 시스템을 만들지 못한 채 19세기 위기의 단초를 심어놓았다. 중국 근대화의 역사를 돌아보면, 명나라를 시작으로 역사의 기로에서 잘못된 선택을 했다고 결론지을 수 있을 것이다. 이 선택으로 인해 '경로 의존성Path-Dependence'이 생겼고, 중국은 200년 후에야 새로운 국제 환경 속에서 비로소 근대화의 길을 걷게 되었다.

옮긴이의 말

1990년대 중국 사회경제사 연구는 강남江南이 가장 큰 이슈였다. 개혁 개방 이후 경제 발전이 가속도를 내던 시기여서, 거시적인 관점에서 전통 경제로부터 중국 경제의 맥을 짚어야 한다는 요구가 대두되고 있었다. 그 가운데에 강남이 있었다. 16세기 중반부터 강남을 중심으로 동남 연해를 통해 유럽과의 교역이 시작되고 대량의 백은이 유입되면서 중국 경제는 이전 시대와는 확연히 다른 발전 양상을 보였다. 황런위黃仁宇 교수는 이로부터 이른바 중국의 장기 혁명이 시작되었다고 했다. 이런 변화를 수용한 여러 연구자 가운데 리보중李伯重 교수는 탄탄한 사료 분석과 경제학적 분석이 돋보이는 학자였다. 타이완 유학 시절 그의 문장을 통해 '가보지 못한 땅'인 강남에 대한 갈증을 해소할 수 있었다. 리보중 교수를 직접 만난 것은 한참 뒤의 일이었다. 중국 사회경제사 강의를 하다가 그의 저서 『이론, 방법, 발전 추세: 중국 경제사 연구신탐理論, 方法, 發展趨勢: 中國經濟史研究新探』(청화대 출판, 2002년)을 읽고 많은 도움을 받았다. 제목 그대로 중국 경제사 연구를 위한 다양한 방법론을 소개하고, 해외의 연구 상황과 그 이후의 추세까지 잘 정리된 책이어서 좀더 많은 사람에게 알리고 싶다는 욕심이 생겼다. 나는 리 교수에게 직접 편지를 쓰고 베이징으로 찾아가 오랫동안 품었던 여러 가지 궁금증을 풀었다. 그는 중국 사회경제사 연구를 개척하던 푸이링傅衣凌 교수의 1세대 제자로, 전통적인 역사학자다운 모습 그대로였다. 이듬해 이 책을 『중국 경제사 연구의 새로운 모색』(책세상, 2006)으로 국내에 소개했다. 이렇게 시작된 우리 교류는 이후 중국과 한국, 홍콩에서 개최되는 여러 학회로 연결되었고, 나는 리 교수로부터 자료는 물론 학문적으로도 많은 도움을 받았다. 최근 20여 년간 리 교수는 중국의 사회 경제사를 외국에 소개하고 외국의 연구 동태를 중국에 알리고 학자들을 중국과 연결시켜주는 역할에 힘을 쏟고 있다. 편협하지 않게 중국 사료와 서양 이론을 잘 해석하고 세계사적인 관점으로 중국 사회경제사를 설명한다는 점에서 귀감이 되었다.

최근 그의 저서가 국내 파주 북어워드에서 저작상을 받았다는 소식은 다시 한번 이러한 그의 연구가 국제적으로 평가받은 것이라고 생각한다. 이 책은 최근의 연구 성과를 일반 독자들과 소통하려는 그의 새로운 도전의 일환이다.

15세기, 대항해 시대 이후 유럽이 앞다퉈 동아시아로 밀려오는 상황에서 중국이 주변 국가들과 어떤 관계를 맺고 어떻게 변화를 만들어가는지 세밀하게 조명한 점이 돋보인다. 중국의 민낯과 입체적인 해석을 통해 생동감 있는 시공간의 변화를 느낄 수 있을 것이다. 이 책이 중국을 이해하는 복잡하고 긴 여정에서 또 하나의 길이 되리라 기대해본다.

　많은 연구자들이 기존의 연구 관행에 안주하다보니 어느새 대중으로부터 멀어져가는 현실에 무력감을 느끼곤 한다. 이런 시기에 리 교수의 연구를 또다시 국내에 소개할 수 있어서 기쁘다. 행여 모자란 부분이 있다면 그것은 온전히 번역자의 능력이 부족해서임을 밝혀둔다.

2018년 가을 자한제自閑齊에서
옮긴이 이화승

찾아보기

조총과 장부

1판 1쇄 2018년 11월 2일
1판 3쇄 2021년 3월 3일

지은이 리보중
옮긴이 이화승
펴낸이 강성민
편집장 이은혜
마케팅 정민호 김도윤 최원석
홍보 김희숙 김상만 함유지 김현지 이소정 이미희 박지원
독자모니터링 황치영

펴낸곳 (주)글항아리 | 출판등록 2009년 1월 19일 제406-2009-000002호
주소 10881 경기도 파주시 회동길 210
전자우편 bookpot@hanmail.net
전화번호 031-955-1934(편집부) | 031-955-2696(마케팅)
팩스 031-955-2557

ISBN 978-89-6735-551-7 03910

www.geulhangari.com